JN288554

トクヴィルと
デモクラシーの現在

松本礼二・三浦信孝・宇野重規 ──［編］

東京大学出版会

TOCQUEVILLE AND DEMOCRACY TODAY
Reiji MATSUMOTO, Nobutaka MIURA and Shigeki UNO, Editors
University of Tokyo Press, 2009
ISBN978-4-13-036233-7

序　文

　本書は 2005 年 6 月 10–12 日に東京大学山上会館及び日仏会館で行われたトクヴィル生誕 200 年記念国際シンポジウム「アメリカとフランス〜二つのデモクラシー？」（日仏会館主催，日仏政治学会，アメリカ学会，政治思想学会共催）において発表された報告を集めた論文集である．

　アレクシ（ス）・ド・トクヴィル（Alexis de Tocqueville, 1805–59）の思想史における重要性は欧米の学界において確立されたものであり，その著作は，直接論じているアメリカ合衆国やフランス革命といった対象についてはもとより，現代デモクラシーの諸問題を考えるために，今日最も広く参照される古典といってよい．

　シンポジウムのタイトル，「アメリカとフランス〜二つのデモクラシー？」は，トクヴィル自身の問題意識に即したものである（もし健在であったなら，当然参加が期待された，フランス最初の本格的トクヴィル研究者，ジャン＝クロード・ランベルティの著書は『トクヴィルと二つのデモクラシー』と題されていた Jean-Claude Lamberti, *Tocqueville et deux démocraties*, PUF, 1983）と同時に，開催された 2005 年当時の時代状況をも反映している．2003 年に開始されたイラク戦争がアメリカ一極主義の問題性を浮き彫りにし，国際社会における米国への対抗軸としてヨーロッパ，とりわけフランスの存在がクローズアップされた事実が，シンポジウムの背景として意識されていたからである．そうした二重の狙いは，シンポジウム開催時の趣意書によく示されているので，これを再録しておく．

*

　2005 年はフランスの歴史家，政治思想家アレクシス・ド・トクヴィルの生誕 200 年に当たり，『アメリカのデモクラシー』（1835/1840）と『アンシャン・レジームと革命』（1856）の著者にあらためて光が当てられる．そして，トクヴィルの政治思想の再検討は，単に過去の古典的思想家への歴史的興味に尽きぬ現

代的意義を有する．

　「9・11」の衝撃をもって開けた21世紀の世界は，経済と情報のグローバリゼーションを背景に，突出した軍事力を有する唯一の超大国アメリカの一極支配の現実があらわになりつつも，これに対する公然，隠然の抵抗，挑戦も絶えず，混迷を深めている．冷戦終結の時期に語られた自由民主主義の最終的勝利という幸福論は跡形もなく消え，「文明の衝突」が現実化しつつあるようにさえ見える．イラク戦争における米英と仏独の対立は，自由民主主義の価値理念を共有する諸国の間に横たわる亀裂をも明らかにした．しかも，この対立は単に当面の国際秩序の構想に関わるだけでなく，深く歴史に根ざすヨーロッパとアメリカの文化的背景の違いをも反映している．

　自由・平等の価値理念が世界全体に共有され，情報・通信技術の飛躍的発展に支えられた世界の一体化がとりわけ経済面で進行する一方，歴史的背景と文化の相違が政治や社会の多様性，対立と紛争を生み出している今日，近代デモクラシーの歴史的形成をあらためて問う意味は大きい．そして，そのような観点からデモクラシーの諸問題を考えるとき，最大の示唆を与えてくれる古典的思想家はアレクシス・ド・トクヴィルをおいてない．

　トクヴィルは，1830年代のジャクソン大統領時代におけるアメリカ社会の観察と，同時代のヨーロッパ，特にフランスの政治的社会的状況の分析とを重ねあわせ，デモクラシーの将来を占った．デモクラシーをキリスト教世界の必然とみなしつつ，それがとりうる多様な形態を，フランスとアメリカを比較し，さらにイギリスをも参照しつつ検討し，自由と平等とを結びつける条件を探るとともに，デモクラシーがもたらしうる自由への脅威，「民主的専制」の可能性に警鐘を鳴らした．アメリカとフランスの政治文化の比較はフランス固有の革命の伝統の批判的理解と不可分であり，1830年の七月革命，1848年の二月革命に自ら出会った体験に基づくこの問題の研究は，晩年の名著『アンシャン・レジームと革命』に結実する．その他，官僚的統合と市民の政治参加，世俗的な民主主義の文化における宗教の役割，アメリカの人種問題など，トクヴィルが取り組んださまざまな問題は，19世紀アメリカとフランスの歴史状況に深く関わりつつも，その後，今日にまで至るデモクラシーの発展の中で繰り返し問われてきた論点でもある．

序文

　本シンポジウムは，トクヴィルの思想の歴史的意義と現代性の両面を意識し，フランスとアメリカという「二つのデモクラシー」のモデルを軸に，現代世界の種々の問題を考えようとするものである．主題の性質上，トクヴィル研究者に限らず，フランスのアメリカ研究者，アメリカのフランス研究者を，歴史学，政治学，社会学など各分野から招き，日本の研究者を交えた学際的な共同討議を組織したい．トクヴィル自身はデモクラシーをキリスト教世界の中で考えていたとしても，今日それは決して欧米世界に限られるものでなく，非西欧世界，とりわけ日本の研究者にとっても重要な主題だからである．トクヴィルは自らの時代について「過去はもはや未来を照らさず，精神は闇の中を歩んでいる」と述べたが，似た状況があらためて現出したかに見える今日，彼の思想はわれわれに何を語りかけるか．

*

　イラク戦争そのものは短期間で終わったが，その後のイラク情勢は混迷を極めた．シンポジウムは，米国とそれに追随した諸国の「対テロ戦争」の問題性がアメリカを含めて世界の知的社会に広く認識され出した時期に行われただけに，本書収録の論文の中にも，国際政治の時の問題を明瞭に意識したものが含まれている．そして，米国の一極主義が国際社会に鋭い亀裂をもたらしたのはイラク戦争以来だとしても，経済と情報の世界化が進む中で超大国アメリカとどう向きあうかという問題は，冷戦終結後の世界の共通の関心事である．「帝国」論，「市民社会」論など，今日の政治的言説の多くもこの問題に関わっている．

　そうした言説の発信地の一つはヨーロッパ，特にフランスである．そこにはグローバリゼーションの中で「民主化」が世界中の課題となるからこそ，これを「アメリカ化」から区別し，デモクラシーのフランス・モデルを再検討しようとする志向が隠されている．近年著しいフランスにおけるトクヴィル研究の活性化の一つの要因であり，またトクヴィルに限らず，フランスにおけるアメリカ観の歴史があらためて関心を集めているのも同様の背景から理解できよう．冷戦期における米ソの「二つのデモクラシー」という問題関心に代わって，19世紀の歴史状況においてトクヴィルが取り組んだアメリカとフランスという「二

つのデモクラシー」の比較が，21世紀の新しい状況の中で再び脚光を浴びているのである．

オバマ大統領の登場とともに米国自身が一国主義から大きく方向転換し，米国発の金融収縮が引き金を引いた世界経済の構造的危機が進む今日の状況は，2005年当時から大きく様変わりした．それは，アメリカであれフランスであれ，特定の国をモデルとしてデモクラシーを論ずることの限界をあらためて意識せしめた．本書がシンポジウムのタイトルにある「二つのデモクラシー」を「デモクラシーの現在」に変更したのは，こうした状況を意識した結果である．

しかしながら，世界のこうした新しい状況によって，トクヴィルの思想の現代における有意性が減じたわけではない．むしろ，アメリカのデモクラシーを観察することでフランスのデモクラシーに対して問題を提起し，同時に，フランスからの視点によってアメリカのデモクラシーを相対化し，これを唯一絶対のモデルとすることなく，その強みと弱みを幅広い視角から分析したトクヴィル独自の業績は，今日ますます世界の注目を集めている．アメリカやフランスという特定の文化を超えてデモクラシーの諸問題を検討することが求められている今日，トクヴィル研究，アメリカ論，フランス思想史など，個別の専門領域を超えて，デモクラシーの歴史と現在を考えようとする広い範囲の読者に本書を提供したい．

目次が示す本書の構成はシンポジウムのプログラムを基本的に反映しており，例外は，モンフェラン駐日フランス大使(当時)の挨拶を内容に組み込んだことと，佐々木論文，樋口論文と合わせて基調報告として最初のセッションで発表されたザンズ論文を内容に即して第二セッションに組み込んだことだけである．第一篇，第二篇，第三篇はそれぞれシンポジウムの1日目，2日目，3日目のプログラムに対応しているが，各篇・各部のタイトルは本書編集に当たって付したものである．

トクヴィル研究の蓄積は厚く，これまでもさまざまな機会に国際会議，研究集会がもたれた．その記録が公刊されているものも多い．1805年7月29日，パリに生まれたトクヴィルの生誕200年に当たる2005年には，これを記念する会議や催しがフランスとアメリカを中心に世界各地で行われた．そのすべてを把握することは不可能だが，最も大規模で重要なものは，同年5月と9–10

月に米国イェール大学とフランス・ノルマンディーのスリジー・ラサールで二度にわたって行われた米仏の代表的研究者を集めた国際会議であろう．その概要は The Tocqueville Review/La Revue Tocqueville, vol. 27, no. 2 (2006) に公刊されている．この企画の中心になったオリヴィエ・ザンズ，フランソワーズ・メロニオ両氏に加え，リュシアン・ジョーム，ジェームズ・シュライファー，アラン・カハーン，アニエス・アントワーヌの計6人のイェール゠スリジー会議参加者は東京シンポジウムの参加者でもある（本書収録論文の内容は，ザンズ，カハーン，アントワーヌ三氏のものは同一テーマだが，他の三氏のものは独立のペーパーである）．その点で，東京シンポジウムのプログラムおよび本書の内容は米仏におけるトクヴィル研究の最前線とリンクするものといってよい（先に挙げた The Tocqueville Review/La Revue Tocqueville のイェール゠スリジー・シンポジウム特集号の序文は，2005年にトクヴィル・シンポジウムが行われた諸国を列挙した上で，特に東京シンポジウムの意義に言及している）．

　もちろん，日本でトクヴィルの生誕200年を記念してシンポジウムを行ったのは，欧米の研究動向をフォローすることだけが目的ではなかった．トクヴィルの政治思想は，フランスとアメリカの文化的背景を超えてデモクラシーの歴史と現在を考える準拠枠を提供するものと認められ，非西欧世界においてもますますその普遍的意義が認識されつつある．日本には明治初期以来の受容と研究の歴史があり，しかも現代日本の社会状況はさまざまな意味でトクヴィルへの関心を呼び覚ましている．このような観点から，東京シンポジウムはトクヴィル研究の専門家の集会にとどまらず，トクヴィルを通じて広くデモクラシーの歴史や現代世界の諸問題を論じる場として，そして日本における研究と議論を世界に発信し，国際的な学問的討論の舞台にのせることを目指して企画されたものである．近代世界の歴史的展開の中でトクヴィルがどう読まれてきたか，今どう読むべきかをフランス，アメリカ，日本のそれぞれの文脈で問い，現代世界の当面する緊急の課題を考えるのに彼の思想から示唆を引き出す，というシンポジウムの重層的な構成は本書にもそのまま受け継がれている．特に日本のデモクラシーの過去と現在の考察にトクヴィルがいかに有意であるかを論ずる視点は本書の大きな特徴であり，また，会議の席で，日本について知識の少ないフランス，アメリカからの参加者に大きな印象を与えた点でもある．

*

　以下，本書の構成，および所収の諸論文について簡単に紹介しておきたい．

　第一篇「トクヴィルという問い」は，トクヴィルの著作が今日あらためて読み直されるべき理由と，その前提となる過去におけるトクヴィル読解の歴史的蓄積を検討する．

　モンフェラン論文は，デモクラシーが世界に拡大する今日，なおそのモデルは複数あるということを主張する．デモクラシーの理念は普遍的だが，各国社会に定着し制度化される過程では，それぞれの歴史的文化的な要因の影響が大きい．「民主的専制」や「個人主義」など，デモクラシーが持つ脆弱性や危険性を克服するためにも，デモクラシーをめぐる各国固有の状況を踏まえたデモクラシーの複数性の承認が重要であると，モンフェラン論文は説く．

　佐々木論文は，トクヴィルが民主的平等社会の病理として指摘した「柔和な専制」が1980年代の日本社会に出現したと指摘する．自民党一党支配下の日本型政治システムにおいて，国民は腐敗を内包するこの政治システムに不信感をいだきつつ，「豊かさの追求」と「個人主義」に埋没した．バブル崩壊を機にこのシステムが融解した今日，佐々木論文は，市民社会の活性化，地方分権，司法改革の三点に，市民の政治関与活性化の希望を託す．

　樋口論文は，トクヴィルのデモクラシー論に，社会の遠心的諸力，すなわち，地方自治や結社が国家の専横を制約する立憲主義の一つの類型を認めつつ，フランスの共和国の理念に，個人の自由を社会の脅威から守る役割を国家が担う「積極的」立憲主義という，もう一つの類型を見出す．フランスにおけるトクヴィル復権の意味を認めつつも，日本社会の集団主義的傾向に対して，樋口論文はなお「積極的」立憲主義の果たすべき役割を強調する．

　このようにトクヴィルの現代的意義を説く三論文に続き，以下の諸論文は，むしろトクヴィル読解を歴史的視点から分析する．

　ザンズ論文は，出版直後から19世紀末に至る『アメリカのデモクラシー』に対するアメリカ人の反応を検証する．アメリカ人の最初の反応はトクヴィルの評価に無邪気に喜ぶか，批判に激しく反発するかのどちらかであった．トクヴィルの問題提起をアメリカ人が深く受け止める機会が訪れたのは，南北戦争の危

機の際であった．アメリカにおけるトクヴィルの排斥と受容のあり方を跡づけることを通じ，ザンズ論文は，ニューイングランド知識人が孤立していく物語を描き出す．

　メロニオ論文は，すでに民主化された国民としての自己満足を映す鏡をトクヴィルに求めるアメリカ人の傾向に対して，民主化がなお課題であった19世紀のヨーロッパでのトクヴィル受容を論じる．ヨーロッパにおいてトクヴィルは未知のデモクラシーへの指針であり，実践的関心と政治的党派性抜きには読まれなかった．フランスにおけるトクヴィル受容から，メロニオ論文はさらにドイツ，イタリア，ロシアにまで視野を広げる．

　シュライファー論文は，20世紀後半のアメリカで『アメリカのデモクラシー』がいかに読まれてきたかを回顧した上で，現代アメリカを牛耳る保守派のトクヴィル理解に対して，リベラルな立場からの読解の可能性を提示する．世界にデモクラシーを広めるアメリカの使命をトクヴィルから引き出すネオ・コン読解に抗して，シュライファー論文が焦点を当てるのは，むしろトクヴィルのアメリカあるいはデモクラシーへの警告である．

　第二篇「トクヴィルと三つの近代」は，アメリカ，フランス，日本という三つの歴史的文脈においてトクヴィル読解の意味を探る．

　ラコルヌ論文は，ピューリタンの伝統にアメリカ史の決定的要素を見るトクヴィルの「出発点」仮説の妥当性を，歴史認識の問題として検証する．トクヴィルが高く評価したアメリカの宗教事情と政教関係は，18世紀における啓蒙思想と革命の影響抜きにはあり得なかった．トクヴィルはその契機をほとんど無視し，現在を過去に投影してピューリタニズムを過度に合理的に描いているとラコルヌ論文は論じる．

　スミス論文は，アメリカ史におけるコンセンサス学派が無視したものとして修正主義史学が提起した，人種問題，階級格差，ジェンダー・ポリティクスの三争点が，いずれもトクヴィルに先取りされていたと主張する．他方，これらの問題に取り組んで平等化を推進したのは連邦政府であったとするスミス論文は，トクヴィルに依拠して過度の分権，民営化を主張する傾向にも歯止めをかける．

　ジョーム論文，カハーン論文はいずれも，19世紀フランス支配層の共通の課

題が，平等化がもたらす社会解体傾向に抗して，身分制原理と切れた新たなアリストクラシー(貴族制／貴族階層)を構築することであったとした上で，トクヴィルのアリストクラシー論を検討する．ジョーム論文は，ギゾーとトクヴィルがともに，イギリスの開かれたアリストクラシーに，統治を担う政治階級の成功例を認めつつも，フランスにおける「新たなアリストクラシー」の構想において鋭く対立した理論的背景を明らかにする．カハーン論文は，トクヴィルがアリストクラシーの禍福両面を的確に認識した上で，民主社会の危険な傾向性に対するアリストクラシーの抑制機能を重視した，そのバランス思考を強調する．

　富永論文は，ル・シャプリエ法以来100年にわたって中間団体を排除し続けたフランス共和主義のジャコバン的伝統に対する最大の異議申立人トクヴィルの先駆を，同じくアメリカ体験に基づいて討議的デモクラシーの担い手を自発的結社に見出したブリッソーに求める．その上で富永論文は，革命期の言説競争においてその主張が破れていく過程を丹念に跡づけている．

　渡辺論文は，トクヴィルの『アンシャン・レジームと革命』の理論的枠組みを用いて，フランス革命と明治維新の並行関係に新たな光を当てる．マルクス主義正統革命史学に対するフランソワ・フュレの破壊的批判によって「ブルジョワ革命」の概念自体が揺らいで以来，マルクス主義の立場からするフランス革命と明治維新の比較は大きく後退したが，渡辺論文はトクヴィルの理論の日本への適用を通じて二つの革命の比較の可能性を新たな角度から追求する．

　松田論文は，中村正直，福沢諭吉，徳富蘇峰，陸羯南，中江兆民らの明治知識人，あるいは大森鍾一のような地方制度を設計した官僚が，トクヴィルの理論や観念をいかに自らの政治目的に合わせて理解したかを，訳語の検討を含めて具体的に論じている．その場合，特に，デモクラシーを支える核心としての「公共精神」(「義気」と訳された)の重要性について，福沢，蘇峰，大森の理解の異同がポイントとされる．

　古矢論文は，第二次大戦後の日本におけるアメリカ研究に対する，トクヴィルの『アメリカのデモクラシー』の影響を探る．戦後の日本のアメリカ研究にとってトクヴィルの影響は大きく，トクヴィルのアメリカ理解は模範とされたが，驚くべきことに，アメリカ研究の特定の研究対象としてトクヴィルの名が

挙がることはほとんどなかった．このギャップの大きさの背景を探るべく，古矢論文は高木八尺以来，斎藤眞，本間長世とつづく日本のアメリカ研究を振り返る．

　第三篇「トクヴィルと現代デモクラシー」は，革命と戦争，多様性と統合など，現代デモクラシーの諸課題との関連において，トクヴィルを読む意義を再考する．

　ホームズ論文は，トクヴィルの革命論を歴史の問題としてではなく，「9・11」以後の世界にいかなる示唆を投げかけるか，という現代的関心から捉える．フランスの農民が土地保有者であったからこそ封建的諸特権を憎悪したというトクヴィルの分析は，グローバリゼーションが現代世界の政治的危機を深化させるメカニズムの理解にも有効であると，ホームズ論文は主張する．

　松本論文は，トクヴィルのテキスト自体はあくまでポスト革命期のヨーロッパの歴史的文脈において読んだ上で，ナポレオンの軍隊の遺産について彼のいだいた懸念が，現代の軍事大国，合衆国の「安全保障国家」化についても当てはまるのではないかと問う．

　グリーン論文は，移民問題を取り上げる．トクヴィルは直接的に移民問題を論じてはいないが，彼の社会理論の中心にある自発的結社の問題は移民研究と結びつきうる．すなわち，移民集団の中の自発的結社の活動は，新移民のアメリカ社会への統合に大きな役割を果たし，移民問題のあり方そのものを動かしてきたが，このことはトクヴィルが見出した結社の伝統が移民社会に生きていることを示すものであると，グリーン論文は論じる．

　三浦論文は，イスラム・スカーフ事件などの具体的な争点に触れつつ，レジス・ドゥブレや樋口陽一の理論に依拠して，アメリカをリベラル・デモクラシー，フランスをリパブリカン・デモクラシーと呼ぶ対比を提唱，天皇制デモクラシーの体質を引きずる日本社会の共同体性に対して共和主義モーメントの必要性を説き，合わせてトクヴィル読解の共和主義的転回を示唆する．

　アントワーヌ論文は，民主社会における市民の政治参加の理論が，トクヴィル独自の宗教論に支えられていることを強調する．政教分離を前提に，政治からの距離が宗教の固有の力を回復させ，それゆえに政治を限界づけるとともに市民の政治参加を支えることが可能になるというトクヴィルの視点は，第三共

和政のライシテ原理とは別の可能性を示唆するのではないかと，アントワーヌ論文は問題提起する．

宇野論文は，米仏両国における現代政治哲学の諸傾向の中にトクヴィリアン・モーメントを見出し，それがフランスでは共和主義に対する自由主義の導入を押し進め，逆にアメリカでは自由主義を批判する共同体主義や共和主義の主張につながっていることを指摘する．

＊

本書のもととなった東京シンポジウムは多くの人々と機関の協力なしに開催できなかった．なによりも，この会議を2005年度の中心事業の一つとして推進された財団法人日仏会館，特にフランス学長(当時)，フランソワーズ・サバン氏に感謝したい．東京大学での会議初日については，東京大学21世紀COEプログラム「先進国における《政策システム》の創出」および東京大学大学院法学政治学研究科附属比較国際法政センター(当時)の協力を得た．会議冒頭に格調の高い講演をされたベルナール・ド・モンフェラン大使をはじめ，駐日フランス大使館のバックアップは，トクヴィル・シンポジウムが日仏文化交流に果たす意義をさらに明瞭にするものであった．財政面では，国際交流基金，アメリカ研究振興会から大きな援助をいただいたほか，日本学術振興会，社会科学国際交流江草基金，関科学技術振興財団，中央大学人文科学研究所の支援を得た．この機会にあらためて深く感謝したい．これだけの規模の国際シンポジウムであったから，事務作業も膨大な量に上り，実に多くの人々の協力を得た．この点では，特に，準備段階から，資料の作成，会議の運営，事後の報告まで全般にわたって事務を統括された田中佳氏(一橋大学大学院博士課程院生(当時))に感謝したい．

本書に収録したテキストは，シンポジウム終了後，各執筆者が会議の報告に加筆，訂正を加えたものである．改稿の度合いは執筆者によって異なる．英文，仏文の論文の翻訳は編者が全体を点検したが，訳語や文体の統一は最低限にとどまる．トクヴィルの著作からの引用は，特に英訳を用いる場合，筆者によって使用テキストが異なるが，これを統一することはしなかった．メロニオ論文，シュライファー論文，ホームズ論文，渡辺論文は，本書に先立ち，雑誌『思想』

979 号(2005 年 11 月)の小特集に，巻頭言(三浦信孝「トクヴィル研究への期待」)，会議全体の紹介(松本礼二「トクヴィル生誕 200 年とデモクラシーの現在」)と合わせて発表されている(なお，本書に収録したシュライファー論文は『思想』掲載論文の最後の部分を，筆者自身の希望により削除した)．編者の要請に応えて質の高い論文を寄せられた寄稿者諸氏に改めて謝意を表するものである．編集作業が遅れ，公刊が予定より大幅にずれこんだのは，ひとえに編者の責任である．

　学術書の出版にただでさえ多くの困難がともなう今日，多数の執筆者の論文集の公刊を引き受けられ，ずるずると長引いた，ややこしい編集作業に当たられた東京大学出版会の奥田修一，竹中英俊両氏には感謝の言葉もない．

　　　　　　　　　　　　　　　　　松本礼二・三浦信孝・宇野重規

凡　例

1. トクヴィルの著書 *De la démocratie en Amérique*, *L'Ancien Régime et la Révolution*, *Souvenirs* については，本書では，順に『アメリカのデモクラシー』，『アンシャン・レジームと革命』，『回想』という訳語を宛てた．邦訳書のタイトルとは必ずしも一致しない．邦訳としては，それぞれ，松本礼二訳『アメリカのデモクラシー』全 4 冊（岩波文庫，2005–8 年），小山勉訳『旧体制と大革命』（ちくま学芸文庫，1998 年），喜安朗訳『フランス二月革命の日々：トクヴィル回顧録』（岩波文庫，1988 年）がある．

2. トクヴィルの用語については，文脈に応じて訳語を使い分けた．読者にあまりなじみのないと思われる主要なものに限り，フランス語と訳例を以下に示す．
　　aristocratie: 貴族／貴族制(政)／貴族階層／アリストクラシー
　　égalité des conditions: 境遇の平等／諸条件の平等
　　esprit de cité: 公共精神／公民精神
　　intérêt bien entendu: 正しく理解された(自己)利益／自己利益の正しい理解／啓蒙された自己利益
　　tyrannie de la majorité: 多数(者)の圧政(暴政／専制)

3. 引用文中の［　］内は引用者による注記を，……は省略を意味する．翻訳論文中の〔　〕内は訳注である．

目　次

序文(松本礼二・三浦信孝・宇野重規)

第一篇
トクヴィルという問い

I
トクヴィルをどう読むか

I–1　デモクラシーの普遍性と多様性　　　ベルナール・ド・モンフェラン　3

I–2　トクヴィルと日本の政治　　　佐々木 毅　9
　　　一つの体験的考察

I–3　「デモクラシー」と「立憲主義」　　　樋口 陽一　17
　　　トクヴィルに即して

II
トクヴィルはどう読まれてきたか

II–1　19世紀アメリカにおける『アメリカのデモクラシー』
　　　　　　　　　　　　　　　　　　　　　オリヴィエ・ザンズ　30

II–2　トクヴィルあるいはヨーロッパの不幸な意識
　　　　　　　　　　　　　　　　　　　フランソワーズ・メロニオ　61

II–3　現代アメリカにおける『アメリカのデモクラシー』
　　　　　　　　　　　　　　　　　　　ジェームズ・シュライファー　80

第二篇
トクヴィルと三つの近代

I
トクヴィルとアメリカ

I–1　トクヴィルとアメリカのデモクラシーの「出発点」テーゼ
　　　　　　　　　　　　　　　　　　　　　　ドニ・ラコルヌ　99

I–2 アメリカにおける不平等　　　　　　　ロジャーズ・M. スミス　127
　　　トクヴィルの憂慮に関する省察

II
トクヴィルとフランス

II–1 トクヴィルにおける「新たなアリストクラシー」の問題
　　　仏米英比較　　　　　　　　　　　リュシアン・ジョーム　147
II–2 分析装置としてのアリストクラシー　　アラン・カハーン　169
II–3 ブリッソーからトクヴィルへ　　　　　　富永　茂樹　205
　　　アメリカ，革命，民主政

III
トクヴィルと日本

III–1 アンシャン・レジームと明治革命　　　　渡辺　浩　222
　　　トクヴィルをてがかりに
III–2 義気と慣習　　　　　　　　　　　　　松田　宏一郎　247
　　　明治期政治思想にとってのトクヴィル
III–3 戦後日本のアメリカ研究とトクヴィル　　古矢　旬　270

第三篇
トクヴィルと現代デモクラシー

I
革命と戦争

I–1 民主化と惨事の時代にトクヴィルをどう読むか
　　　　　　　　　　　　　　　　　　　スティーヴン・ホームズ　283
I–2 デモクラシーは平和的か　　　　　　　　松本　礼二　301
　　　トクヴィルの軍隊・戦争論

II
多様性と統合

II–1 トクヴィルと移民問題　　　　　　　ナンシー・L. グリーン　318
　　　米仏比較史の視点から
II–2 トクヴィルとライシテ・市民権？　　　　三浦　信孝　333
　　　ひとつの比較史的展望

III
自由主義と共和主義

- III–1　市民権と宗教　　　　　　　　　　　アニェス・アントワーヌ　358
  トクヴィル的視座
- III–2　トクヴィルと政治哲学の再生　　　　　　　　　宇野　重規　370
  大西洋両岸におけるトクヴィル

第一篇

トクヴィルという問い

I
トクヴィルをどう読むか

I–1　デモクラシーの普遍性と多様性

ベルナール・ド・モンフェラン

　トクヴィル生誕から200年を経たいま，トクヴィルの作品に立ち返ることは，彼が後世に残してくれたすばらしい分析手段を使って，われわれを取り巻く世界をより深く理解するためのまたとない機会である．トクヴィルはモンテスキューとともに，フランスの最大の政治思想家の一人である．彼が第一級の政治思想家であるのは，その論証に力を与える文体の明晰さと簡潔さによってであり，デモクラシーという現象とその実質をなす自由と平等の弁証法を分析するときの思想的深さによってである．

　今日，われわれにとってトクヴィルがもつ意味は何か．ここでは，現在世界で多くの議論の的となっている二つの問題を取り上げるにとどめよう．

1. デモクラシーの発展と困難

　第一はデモクラシーの普遍性にかかわる問題である．東京でもパリでもワシントンでも，デモクラシーは自明の理だと思われている．ところがわれわれは，デモクラシーが自明の理ではないことを知っている．近代デモクラシーの諸原理が明確な言葉で表明され，それが実現の緒についた18世紀末から200年以上経った今もなお，デモクラシーという概念の普遍的性格については議論がある．デモクラシーは〔キリスト教西洋以外の〕いくつかの文化，いくつかの宗教とはたして両立可能だろうか．10年ほど前には，西洋的価値とは違うものとしての「アジア的価値」がさかんに唱えられた．今日ではイスラムとデモクラシーの関係が，特に二つは両立可能かどうかをめぐって，いたる所で議論されている．両立可能性についての疑いから，もう一つ別の問いが生まれてくる．デモクラシーの経験がない国の人民にデモクラシーを外から注入することは可能か，世界中にデモクラシーを効果的に広めるにはどうすればいいか，という問いで

ある．

　トクヴィルはこうした多様な問題をより明確に考えるヒントを与えてくれると思われる．彼はきわめて明白な二つの事実をわれわれに喚起する．

　彼にとってデモクラシーは，平等と人民主権という二つの要素から成る．平等への歩みは民主的システムを生む動因である．人民主権の教義は普遍的な土台である．

　しかし同時に彼は，デモクラシーの性質は法律 lois と習俗 mœurs の総体によって決まるのであり，国ごとに異なる歴史的文化的特徴をもつ「政治的制度」がその有効かつ実質的な道具であることを強調する．「政治的制度」とは，報道の自由，司法の地位，分権，結社の制度，権力の均衡などを指す．

　今日，われわれの周囲を見まわすと，状況は実に複雑である．

　一方で，人民主権は世界中でめざましい進展を見せている．南アメリカやアフリカでは，いくつかの深刻な危機が報じられるが，その陰で数多くの選挙が政治の現実をなしている．中東欧でもロシアでも事情は同じである．アジアもまた然り，イスラム圏でもトルコのようないくつかの大きな国で，デモクラシーは定着している．

　他方でわれわれは，これらすべての民主主義国が，トクヴィルが予見していた暗礁を避けるための諸制度を整備することの困難を経験していることを知っている．デモクラシーを待ち受ける暗礁とは，「多数の圧制」であり，大衆のコンフォーミズム〔大勢順応主義〕であり，民主主義的な「廷臣の精神」であり，中央集権である．新しい民主主義国の多くがこうした暗礁を避けるための諸制度を「西洋的」なもの，すなわち自分たちのアイデンティティとは無縁のものと見なすとき，その困難はいっそう強まる．

2．デモクラシーと平等化の力学

　この逆説からわれわれは何を結論として引き出せるだろうか．

　第一に，人民主権は急速に拡大したものの真に民主主義的な社会の建設は遅れ，その落差ゆえいくつかの民主主義国は脆弱さと幾多の危険を抱えている．その危険に対処する最良の方法は，個々の国が西洋モデルを模倣するのではな

く，それぞれ異なる文化的特徴をもつ社会に適合した均衡を見出すのを援助することである．トクヴィルは，デモクラシーは一つではなく複数であることを強調した．彼はそのことを，19世紀に存在したアメリカのきわめて自由なデモクラシーと，自由を尊重することにたえず困難があったフランスのデモクラシーとの根本的相違を分析することによって，示そうとした．モンテスキューの衣鉢を継いで，トクヴィルは，個々の国の状況の違いをその地理的歴史的状況，その法律，習慣，習俗，宗教によって説明すべきだと説いた．これらの特徴は歴史の所産であり，歴史においてはしばしば断絶よりも連続性がまさる．フランスの共和主義者は君主政の遺産を継承している．トクヴィルによれば，君主政では「国王がもっとも積極的でもっとも恒常的な平等化の推進者だった」からである．日本の明治維新は，江戸時代の長期にわたる社会変化を遺産として引き継いでおり，真の王政復古であるよりは平和な革命であった．江戸期の高い教育水準と商人階級の発達が，平等化への強い誘因となったのである．

　トクヴィルが強調したアメリカとフランスのデモクラシーの違いは，今日，日本やインドやロシアのデモクラシーの違いとして，いっそう顕著なかたちで観察されるのではなかろうか．これらのデモクラシーはいずれも西洋モデルとは遠く離れた社会において，異なる時代に異なるリズムで発達したものだ．必ずや近い将来，きわめて多様な特質をもった，しかし普遍的価値の尊重を外すことのない複数のデモクラシーが登場するだろう．

　デモクラシーの拡大という現代の逆説から引き出せるもう一つの結論は，人民主権の前進を支えているのは，われわれの社会がおしなべて，社会的平等であれ生活様式の画一化であれ，さらに大きな平等を求めていることだ．この「トクヴィルの法則」は事実によってたえず確認されている．

　成長によって不平等が生まれることに驚き，憂慮する人がいる．しかもトクヴィルは，成長によって不平等がなくなるわけではないと言っている．アメリカでさえも，と言うより，最近『ニューヨーク・タイムズ』が報じたアメリカの社会階層調査が示すように，アメリカ社会がその最良の例だ．しかし，成長は社会的障壁にラジカルな変化を生みだす．血筋や土地所有による卓越に代わって「産業アリストクラシー」による卓越が支配する．しかしその卓越は，「苛酷な」ものではあるが，彼の目には「恒久的」なものではなく，経済の分野に限

られているため「より限定されたより危険性の少ない」ものである．トクヴィルはつけ加えて言う．このような場合，「不平等は小さな〔産業〕社会においては増大するが，大きな〔産業〕社会では減少する」．経済成長は民主的な平等主義のもっとも強いエンジンの一つであることを，これ以上うまく言えるだろうか．われわれはこの点で，中国とインドにおける力強い経済成長がデモクラシーにどんな影響を及ぼすか見きわめる必要がある．経済成長は，政治的あるいは宗教的要因による封建的な不平等に代えて，個人主義的価値の表現である能力〔メリット〕による不平等を生み出すからだ．また今日，世界のいくつかの地域，特に中近東において，デモクラシーが確立しにくいように見えるとすれば，まさに個人がほとんど封建的性格の固定的な不平等によって縛られているからではなかろうか．

3. デモクラシーを蝕む個人主義

デモクラシーの普遍的性格のほかに，現代社会が直面している第二の問題は，自由と平等の弁証法の問題である．デモクラシーにおける個人主義のさまざまな効果について，トクヴィルは実に的確に洞察していた．個人主義はマルセル・ゴーシェの表現を借りるなら「民主主義に対立する民主主義」〔Marcel Gauchet, *La démocratie contre elle-même*, 2002 による表現〕なのである．トクヴィルは「世界と同じだけ古い」利己主義と，「デモクラシーに起源をもつ」個人主義を明確に区別し，個人主義は「境遇の平等化が進むにつれ成長するおそれがある」と言う．市民にとって個人主義のもつ主な効果は，「自分の姿に合わせてつくった小さな社会に安住し大きな社会については我関せずを決めこむ」ことである．先進的デモクラシーのなかで，社会的絆の希薄化，個人の私生活への閉じこもり，その結果としての政治への無関心が問題になっていないデモクラシーはない．それは西洋において然り，日本においても然りである．

私のような西洋から来た者には，日本に個人主義への不安があることに驚く．日本では社会的凝集力が強いように見えるからだ．私はある日本の友人に，日本における個人主義の性質について尋ねたところ，その答えは，日本にも個人主義はある，だがその個人主義は「集団的個人主義」だというものだった．西

洋は個人主義と個人の自由を極端なかたちで理論化したが，それに対し日本では社会的連帯と共同体の感覚を究極まで推し進めたように思われる．私はタテマエとホンネ，オモテとウラの使い分けに，その有力な徴を見る．これらのコンセプトは日本語で公と私を定義し，個人の内面的なことと外向きの表現とを区別するうえで，個人ではなく共同体との関係に軸足をおいている．ナポレオンはフランス革命後の砂粒と化した個人を花崗岩の塊にしようとしたが，この有名な比喩を用いるなら，日本社会はコンパクトな花崗岩の塊であって，その中に砂粒はほとんど認められない．こうした社会的絆に対する日本的アプローチの痕跡を，私は1914年に行われた夏目漱石の講演「私の個人主義」に認める．加速する産業社会への過渡期を生きたこの文豪は，個人主義の概念を不安をもって考察している．彼にとって個人主義は差異化であり〔共同体からの〕孤立を意味した．

　しかしわれわれは，〔個人主義と集団主義という〕異なる地点から出発しながら，少なくとも部分的には合流している．歴史的地理的理由により社会的絆が密だった日本においても，社会が自律化に向かう強い動きが認められる．企業では年功よりもごく個人的な資質である能力が重んじられ，個人は企業に対し自律的である．若者は自分の家族に対して自律的である．女性も自律的である．分権化の改革によって，こうした自律化の動きはさまざまな機関に広がっている．

4．「人間の偉大さ」とデモクラシーへの希望

　以上のような事実確認から，トクヴィルは以下のような考えを導き出す．個人主義の蔓延によって，彼が「人間の偉大さ」と呼ぶところのものは危機に瀕するのではないか．精神的上昇，独立といった美質や，高邁な大義のために奉仕するだけの力は失われるのではないか．ここでトクヴィルは貴族社会の一つの特徴を引き合いに出す．アリストクラシーでは，人間は「自分の外にある何ものかと結ばれ，しばしば自分を忘れ〔私益を超え〕る用意ができている」というのである．

　しかしトクヴィルは直ちに指摘する．こうしたデモクラシーに胚胎する危険を避けるには，アメリカ人が見出した有効な治療薬がある．各自が自分のこと

は自分でやる自治の精神，利他的性格の結社によるコミュニティ活動の発展がこれである〔タウンシップ自治とアソシエーション〕．

　これは多くの領域でわれわれが目の当たりにしていることではなかろうか．個人主義，利己主義のあまたの徴のかたわらで，コミュニティ〔共同体〕に奉仕する積極的な参画の証言を，われわれは同じだけ多く耳にしているのではないか．〔脱政治化が語られる一方で〕政治的なコミットメントは健在である．フランスでは，真の選択が，大きな争点が選挙民に提起されるときはいつも，投票率は高い．フランスにある〔環境保護や人道活動など〕寛大な精神を掲げて活動する結社は厖大な数にのぼる．また私の観察では，日本のここ数年のもっとも大きな社会的変化は，アソシエーションやNGOのネットワークが生まれ，日々市民社会の自律と責任が増していることである．これは，かの「人間の偉大さ」の観念がわれわれのデモクラシーにおいてなお生きている証しではないだろうか．

　結論として強調したいのは，トクヴィルがその全作品を通して伝えているのは希望のメッセージだという点である．真に民主主義的な社会という最良の社会への希望のメッセージ．多様性のメッセージ．だが，民主主義的精神を生かし活性化するためには警戒を怠ってはならないというメッセージ．言うまでもなく，デモクラシーについての議論は世界の将来がかかっている議論であり，一人ひとりの個人にその場所を与えるような真に国際的な社会の建設を決定する中心的議論である．日本とフランスの民主主義の経験の多様性と互いの経験の尊重は，今回の討議に多くをもたらすはずである．かくも異なる，しかし互いに補完的な思考様式の間の対話によって，われわれの固有性を超えてその背後に，人民主権という表現がもつ普遍性を再発見することが可能になるのではなかろうか．この点でマルセル・ゴーシェはわれわれに喚起している，「政治がもつ究極的な機能は，集団〔共同体〕に自分の運命を掌握しているという感情を与えることである」と．この理想に近づく上で，本シンポジウムの討議は模範的価値をもつと確信している．

（三浦信孝　訳）

I–2　トクヴィルと日本の政治
一つの体験的考察

佐々木　毅

　トクヴィルの議論の魅力は改めて述べるまでもなく，政治の現実とその動向に対し，意表を突く分析と鋭い問題提起を行なったことである．彼は書斎の人ではなかったし，書斎の人のために専ら著述をしたわけでもない．ましてや，理論家による理論家のための著述を心がけたわけではなかった．何よりも，政治の現実との絶えざる，倦まざる格闘への果敢な挑戦がその知的活動の原点にあった．この点は決定的に重要であると思われる．私の知るところ，アメリカにおけるトクヴィル論は正にこの意味で「生きており」，彼の分析と現実との絶えざる対話が行なわれてきたと考えられる．

　日本の場合，事態はこれとは大きく異なる．何よりもトクヴィルは日本についての大分析を残したわけではないし，われわれの手掛かりはトクヴィルの問題提起を一度咀嚼した上での日本の政治の現実との関わりということにならざるを得ない．また，日本はどういうわけか極度の分業社会で，トクヴィル研究者と日本政治研究者とが接点を持つということは余り期待できない．

　そこで，ここではトクヴィルと日本のデモクラシーとの接点についての私の体験的議論を行なうことにしたい．私が日本の政治について最初にまとまった形で論じた『いま政治になにが可能か』（中公新書，1987年）において，私は1980年代の日本政治の諸様相を解き明かす過程でトクヴィルと改めて出会うという経験を持った．

1. 利益政治とトクヴィル

　80年代の日本政治は自由民主党の超長期政権の爛熟期であり，ある意味で自民党が作り上げた巨大な政治の仕組みがそろそろほころび始めた時期であった．周知のように，日本では行政を担う官僚制が国民生活の隅々に至るまで「配慮」

する絶大な権力を持ち，トクヴィル流に言えば，行政上の中央集権を文字通り実現してきた．自民党政権はそれとの共棲によって存続してきた．その最大の特徴は，政治が行政的中央集権のセグメント化された利益政治と一体化し，自民党は他の国々の政党と比較にならないほど，あらゆる利益の個別的な配分に関与する超包括政党 super-catch-all party であったことである．自民党が選挙で好んで用いたスローガンは「安心，安全，安定」であった．階級や階層を中心にしたナショナルな利益政治の色彩は稀薄であり，そのことはもろもろの利益の断片的・網羅的な配分機構である官僚制の強さという構造問題と結びついていた．

このような膨大な利益配分システムの継続的な再生産を可能にしたのは，他国には類を見ないような長期にわたる奇跡的な経済成長の継続であった．『ジャパン・アズ・ナンバーワン』という本が，あるハーバード大学の教授によって書かれたのはこの頃である．自民党は国民のそれぞれのグループをそれぞれに満足させられる利益配分システムを介して，永続的な政権党として一党優位体制 one-party predominant system を構築した．自民党は政権党であるが故に政権党でありつづけることが出来，ほとんどあらゆる利益集団は自民党が政権党であるが故にその支持勢力になった．このようにわれわれは動かすべからざる「自己増殖的」政治システムに直面した．実際，自民党の長期政権は世界的にも比類のないものであったが，それが果たして日本における政治的自由とデモクラシーにとって慶賀すべきものなのかどうか，という問題がわれわれに突きつけられた．

それでは日本の市民は何を考えていたのであろうか．一つは，政治，政治家に対する強烈な不信感，政治的シニシズムの存在であった．確かに，当時の日本の政治は金権政治と派閥政治の黄金時代であり，政治のかなりの局面がカネの力によって左右されているというイメージが共有されていた．従って，政治が「汚い」世界と見なされたとしても仕方がなかった．政治が利益政治によって支配されただけではなく，政治もまた利益によって支配されていた．そもそも政治資金が幾ら集められ，使われたかについて信頼すべきデータがほとんどなかった時代であった．私の好きなトクヴィルの言葉に，「単なる権力の行使や服従の習性が人間を頽廃させるのではない．正統と認められない力が揮われ，

不当にその地位を得た抑圧的な権力に服従するとき，初めて頽廃が生ずる」というのがあるが，この言葉は当時われわれの直面する事態の不幸な姿を私に痛感させてくれた．実際，私の著書が刊行された翌年，大スキャンダルが暴露され，日本の政治は大きな転換点を迎えることになった．

　それとともに注目されるのは，平等が広く実感され，市民の8割以上が中流，「中の中」に自分を属すると考えていたことである．日本は世界で最も完璧な社会主義国家であるというジョークを聞いてわれわれは苦笑したものだが，ジョークとして簡単に片付けられない現実があった．この場合の判断基準は物質的な生活条件に基づくものであったが，そこには自らの生活水準の現状を維持し，それを続けていきたいという強い願望が込められていた．同時に，80年代には「柔らかな個人主義」といった議論が話題になり，利己主義に対する距離感を示す自己満足的な生活態度——その根拠は曖昧な——が大きな関心を集めた．諸外国との比較調査においても，日本人は「豊かさの追求」への強い執着の点で他の諸国の市民たちとは際立った違いが見られた（その意味で世界において最も順調な経済状況にもかかわらず，生活の満足度は決して高くなかった）．この時代の日本において，かつてトクヴィルが指摘したデモクラシーの物質主義的傾向は平等な生活実感と結びついて全面的に開花したように私には見えた．

　その上，いろいろな調査から明らかになったのは，社会への関心の極端な低さである．社会への貢献に対する関心の薄さは当然予想されたところとしても，社会的な不満に対してほとんど何も具体的な行動をとる意志がないことがはっきりと浮き彫りになった．他の先進国と比べても発展途上国と比べても，社会的消極性は特筆に価するレベルに達していた．市民の間で見られる政治に対する強烈な不信感やシニシズムといったものと，この社会的消極性・受動性とがセットとして存在している以上，政治的には何も起こりえないと考えるのが常識となる．起こりうる唯一の事態は現状維持のための政治への働きかけであり，諸々の結社は官僚制と具体的利益とを結びつけるためのものであり，従って，専らこうした動員のために作られ，そうした方向で機能していた．それ以外の政治的エネルギーは枯渇してしまったように見えた．

　このように市民の間では「豊かさの追求」と漠然とした自己満足が肥大化する一方，社会や政治との関わりについて方向性が見られないのみならず，意欲

そのものの水準の絶望的な低さが極めて顕著であった．それは「国民から考える煩わしさと生きる苦しみを全て取り除いてしまう」パターナリズムの完成とも考えられる．一部の政治学者たちはこうした現実の中に多元主義的利益政治の展開を読み込み，日本の政治の民主的性格の証をそこに見いだそうとしていたが，私の見地からすれば，最もレレバントであったのは100年以上前にトクヴィルが発したデモクラシーに対する警告であった．

実際，ここまで論ずれば，デモクラシーについてのトクヴィルの議論，すなわち，平等化と孤立化の同時進行，利己主義に代わる「個人主義」の登場，物質主義と精神の柔弱化，狭い自己中心主義と政治的無力化，「柔和な専制」といった一連の指摘が正に日本において現実化したという印象を私が持ったとしても当然であろうと思う．そして事実，私は著書の中でトクヴィルの議論を数ページにわたって引用した．またこの著作の最後の部分において，伝統的な祖国愛と「合理的な愛国心」とを区別するトクヴィルの議論を引用し，新たな公共精神の喚起を念頭に置いた改革プランを提示した．この著作は，現状を肯定的に捉える議論に対する私の批判的意識を伝える役割を果たすとともに，政治の改革論議への個人的なコミットメントにつながる大きな契機となったが，トクヴィルの議論はその最も大きな支えとなっていた．

2．「失われた10年」と改革への胎動

それでは日本の民主政治はどのような命運を辿ったのか．それは幾つかの要因によって基本的に解体を余儀なくされ，われわれはそれへの対策として今度はトクヴィルの提起した処方箋に目を向けなければならなくなった．これが結論だが，それへの過程は決して平坦なものではなかった．

先ず，先に指摘したような内部的に完璧に組織化されたこの民主政治の政治的ダイナミズムは，専ら外部から供給された．貿易を中心に延々と続いた日米摩擦の役割はここにあった．比喩的に言えば，これはアメリカ政府が野党の役割を代替するということであり，この点を視野に入れたとき日本の政治の実相が見えてくるというのが私の見方であった．時の経過とともにアメリカ政府はより包括的な日本改造論(日米構造協議)を提示するようになり，その中で日本

政府よりもアメリカ政府の主張に耳を傾ける日本人が出てきた．勿論，日本にもそれまで野党はあったが，彼らは自民党と官僚制によって構築された巨大なシステムの一部分と深いつながりを持っているに過ぎず，このシステム全体に対する選択肢を提出することは事実上期待できなかった．いずれにせよ，アメリカ政府が果たした事実上の野党機能は自らの眼前のシステムの相対化を日本の有権者に可能にする大きな契機になった．冷戦の終焉が現実になる中で，資本主義対社会主義という構図が急速に退場し，資本主義を掲げる体制相互の比較検討が主題に上るようになったという背景がここにある．いずれにせよ，これは日本における「改革の時代」の始まりと深く結びついていた．

それと並んで決定的に重要であったのは，あの巨大なシステムが大バブルとその崩壊によって自滅したことである．その原因はいろいろ考えられるが，自ら組織したシステムを変更したり，改革したりする政治的資源を内部に持つことができなかったこと（現状維持の政治勢力しかなかったこと），急速に増加した過剰流動性の圧力の下で自らのシステムの拡大再生産以外に方策が採れなかったこと，危機管理能力はそれに比べてほとんどゼロであったこと，などが考えられる．いずれにせよ，われわれは膨大な富をこれによって失ったが，それからの脱出においても先に述べた旧システムの遺産が重くのしかかったことを指摘しなければならない．不動産価格の暴落などによって生じた銀行の膨大な不良債権の処理にしても，「安心，安全，安定」をモットーとする旧システムの常識との関係で政策の基軸が動揺を続けた．日本の政治家たちは長期にわたった経済成長とシステム管理能力への自信から失業問題は政治問題ではないと豪語してきたが，正にこの問題が現実のものとなった時，彼らは右往左往することになった．実際，自民党と官僚制によって作られたあの巨大なシステムへの郷愁は根強く，それ以外に政治を判断する基準が見つからないため，政策判断の前提になる現状認識がなかなか定まらず，政策面での対応は遅延し，それが事態の悪化に拍車をかけた．

このような事態を日本のジャーナリストは「失われた10年」と呼んだ．この事態は二つの面から考えられる．第一に，多くの国民はこのシステムの崩壊によって大きな打撃を受けた．失業率は高まり，自殺者は増え，犯罪率は急上昇した．また，若者は働く意義について迷い始めた．彼らが万全のものと考え

ていたシステムが事実上なくなったのであり，これは予想された結果であった．しかし，トクヴィルの議論との関係で重要な点は，それにもかかわらず，日本人の政治的な関与はほとんど全くといってよいほど，高揚しなかったことである．デモもなければ激しい政治変動もなく，静かに労働市場から「退場」し，中には人生から「退場」した人も毎年数万人に上り，また，犯罪者として社会から「退場」した人々も急増した．この「退場」という用語は，アルバート・O. ハーシュマンの用いた概念を援用しているが，彼がこれと対置させる「発言」や「異議申し立て」は呟きの域を出なかった．つまり，政治活動を象徴するものが「発言」や「異議申し立て」であり，それによって事態を改める活動が展望されるのだが，この政治的関与のエネルギーが枯渇していたということに他ならない．それぞれの人間が互いに孤立し，無力化し，苦しんだことは確かだが，その圧力は個人にのみかかり，それは社会的連携という形をとって現れなかったということである．このことは，先に私がトクヴィルの警告に合致するような現実が日本で見られたと述べたことと決して無関係ではない．それどころか，その帰結をわれわれは実感したように思われる．集団で社会的・政治的活動を行なう人間的条件が事実上解体していたからに他ならない．

同時に「失われた 10 年」は政治や行政の担い手たちの社会的な権威を大きく傷つけた．冷静に考えれば，彼らが余りに大きな役割を期待されていたこと，偶像的に肥大化した責任を押し付けられていたこと，そうしたことの裏返しがこの権威の急落現象に他ならない．「失われた 10 年」というのは日本の政治・行政のリーダーに対する期待値の修正に要した時間と言っても過言ではない．

東京大学はその卒業生のかなりの部分を行政の世界に送り出している．90 年代半ば，行政官のスキャンダルが報道されるたびに総長や法学部長のところには執拗な抗議の電話がかかった．ところが 21 世紀に入る頃になるとそんな電話もほとんどかからなくなった．これは現状の改善の結果かも知れないが，むしろ期待値の低下の現れのように思われる．この期待値の急落は一種の政治的な「退場」現象だが，「退場された」側としては自らの新しい役割と位置付けを明確にする必要に迫られる．これは極めて困難な退避戦であり，非常な消耗戦である．当然，これら従来の指導層の社会的評価の回復がなかなか困難なことは容易に想像されるところである．

それではどのような事態がその後に続いたのか．第一に，これまで極めて珍しかった「未知な」人々同士の共同の活動が社会の随所で見られるようになった．95年の阪神淡路大震災はその大きな転機をなすものと考えられている．ボランティア活動の広範な誕生，NPO/NGO活動への関心の高まりなど，社会的関心に基づくネットワークが拡大しつつある．若者のみならず，退職者たちにとってNPOは最も日常的な活動の舞台になりつつある．これは行政や政治との密接な関係によってこれまで影響力を持ってきた業界団体の衰弱と非常に対照的である．行政や企業の組織原理に基づいて細かくセグメント化されてきた社会的接触の枠組みは残っているが，それとは異なったタイプの動きが活発化している．そうした中で市民社会 civil society という言葉が予想以上に多くの人々によって用いられ，大学もこうしたネットワークの一つの基点になりつつある．「共同の観念なしには共同の行動はなく，共同の行動なくしては，人間は存在しても社会は存在し得ない」というトクヴィルの言葉が，ささやかではあるが，現実味を帯びてきている．

　第二に，地方政府への権限・財源の移譲が着実に進みつつある．日本では中央政府が6割の税金を集め，実際に6割の税金を使っているのは地方政府であるという状態が長く続いてきた．このギャップが中央政府による地方政府のコントロールの源泉であり，そこに政治家がさまざまな補助金を自らの選挙区にお土産として持参する余地があった．現在，この構造問題の見直しが進展中だが，これは従来の行政的中央集権体制の見直しを目標とするだけでなく，地方政府の財政面でのただ乗りをチェックし，財政面での自己統治能力を高める必要があるという観点から行なわれている．その結果，地方政府の役割が高まるとともにその成果が極めてクリティカルなものとして意識されるようになった．もはや，中央政府の力量に限界があることがはっきりした以上，それぞれの地域が自らの発想と工夫によって将来を切り開いていくための地方政治の新しい創造が課題として浮上している．今，地方政府の非常に大規模な再編成が進行中であり，マニフェストを掲げた地方政治作りの試みも増加している．トクヴィルが述べたように，それぞれの地域が固有の政治生活を持つことの重要性に今人々は気がつき，その実行に大きなエネルギーを向け始めている．

　第三に，日本ではかつてなかった規模での司法制度の改革が行なわれている

ことをあげたい．これもまたトクヴィルに関わるテーマである．これまで日本では行政機構の影響力が余りにも大きすぎたこと，特に，その広範な裁量権に対する批判が高まったことなどがそのきっかけであった．フランスと比較しても圧倒的に少ない法曹人口を増加させるという方針の下，大学には新たに法科大学院が設置され，法学教育は明治以来の大変動を体験している．最も重要な争点となったのは刑事裁判への市民の参加，いわゆる裁判員制度の導入問題であった．法曹集団は基本的にこれに消極的であったが，政治学者たちはトクヴィルの議論などを根拠にその推進役を務めた．2009年度から導入が決まったが，世論調査によれば国民のかなりの部分は裁判員になることに消極的であり，なお「退場」を目論んでいる．実は日本では第一次世界大戦後，陪審制度が創設されたが，事実上その機能はほとんど発揮されなかったという歴史がある．今度はどのようなことになるのか，その帰趨は大いに注目される．

　以上，この20年余り，個人的に日本の諸改革に関心を持ち，あるいは，実際に関与してきた一人の政治理論家にとって，トクヴィルの言葉が如何に大きな拠り所となってきたかについて，その一端を披露した．トクヴィルの議論を書斎に閉じ込めておくのではなく，政治の現実との関係で如何に生かしていくかという課題に，われわれはこれからも取り組んでいかなければならない．

I–3 「デモクラシー」と「立憲主義」
トクヴィルに即して

樋口 陽一

1. なぜ立憲主義か

　すでに 45 年も前，つまり 1960 年のことになるが，私はソルボンヌ大学で，レイモン・アロンによる「産業社会の社会学」の記念碑的講義に出席する幸運に恵まれた．トクヴィルのちょうど 1 世紀後の傑出したその弟分は，講義の最終回で，産業文明についての社会学研究の出発点を彼にそれぞれ提供したトクヴィルとマルクスとに言及し，彼の理解によると両者が見ていなかった，あるいは過小評価していた事柄に，注意を促した．

　こうした記憶をたどるのは，「マルクスとトクヴィル」といった大きな主題に取り組むためではない．ただ，マルクスに対比されたトクヴィルに相当する人物を日本において求めるならば，マックス・ウェーバーについて語らねばならないとだけ，のべておきたい．実際，ウェーバーこそ，1920 年代以降，日本の社会科学の世界において抗し難い影響力をもってきたマルクスに対抗して引き合いに出されるのが常だったのである．

　トクヴィルに戻って言えば，その『アメリカのデモクラシー』の邦訳の出版が 1881–82 年にまで遡ることは，強調されるべきであろう．この邦訳はヘンリー・リーヴの英訳に基づいてなされたものであった．このことは，日本においてはトクヴィルが何よりもアメリカ研究という枠組みにおいて読まれつづけていくであろうことを，象徴的な仕方によって示唆している．いずれにせよ，トクヴィルは，近代社会を分析する二つの方法のどちらかを選択するための参照項として役立つか，あるいは，アメリカ社会研究に基づいてデモクラシーを論ずるための古典として役立つか，そのいずれかであった．

　一憲法学者であり，思想史の専門家でない私としては，ここでの目的を二つに絞りたい．比較憲法史の観点の中にトクヴィルを位置づけること，もうひと

つは，アメリカのデモクラシーについてのフランスの偉大な観察者の光に照らして眺めるとき，近代日本がこれら二つのデモクラシーと共有する事柄と，日本に特有の事柄とを示すことである．

さて，『アメリカのデモクラシー』の著者とのかかわりで「立憲主義」について述べるのは，以下の理由からである．

19世紀の半ば，フランスにおいてもアメリカにおいても，デモクラシーは未だ安定した形態を見出せずにいた．大西洋の向こう側では，「デモクラシー」という言葉は明らかに「ジャクソニアン」という形容詞と結びついていた．トクヴィル自身の国では，デモクラシーは未だそれ自身模索される最中にあり，人々は1789年以来様々な政治体制の変遷の只中にあった．「不可抗の民主主義革命」が孕む危険に注意を促し，それを乗り越える視点を示そうとしたトクヴィルは，私の見るところ，彼にとってあるべき「デモクラシー」という表題のもとで，実は立憲主義について語っていたのである．

それでは，立憲主義とは何か？　一定の留保についてはまた後に言及するとして，権力が君主制を起源とするか民主制を起源とするかを問わず，およそ権力制限のメカニズムが立憲主義なのだ，と言っておくことができよう．こうした意味において，立憲主義はデモス＝民衆の支配であるデモクラシーとは対照的なものなのである．デモクラシーとは，まず何よりも旧体制の拒否と平等の要求のことであった．このデモクラシーのアメリカでの抗し難い台頭を予期しつつ，トクヴィルは「多数の暴政」の危険と同時に，こうした危険に対する予防策となるいくつかの要素を十分に見抜いていた．そこで問題とされていたものこそが，立憲主義なのである．

2．「不可抗の民主主義革命」への抑止的要素

こうした観点から，私はまず何よりも，トクヴィルがとりわけ注目した，アメリカ社会の三つの，いうなれば遠心的な要素を取り上げたいと思う．

これら遠心的要素は三つのレベル，すなわち領域的，社会的，そして司法の権限というレベルに関わっている．領域的要素とは，コミュニティ・タウンの自治である．社会的要素とは，自由に取り結ばれた諸々のアソシアシオンの活

発さである．そして司法にかかわる要素とは，公共空間での影響力における司法の役割の重要性のことである．これら全ては，王制以来の，とりわけ大革命以降のフランス社会の求心的構造とはまさに対照をなしてきた．

　単純化を恐れずあえてこのコントラストを図式化しながら，より立ち入って見てみよう．

　(1) アメリカにおけるコミュニティ・タウンの自治とは反対に，大革命とナポレオン統治体制は行政の集権化を完成させ，地域的分権は長いこと不信の対象であり続ける．

　(2) アソシアシオンに対する態度に関して，トクヴィルは「アメリカ人はその年齢，境遇，思想を問わず，絶えず団体をつくる」と指摘している．ここでは公共精神が宗教的信仰によって導かれていることを，付け加えておく必要がある．これとは反対に，あらゆる種類の「中間団体」に対する，そしてまた聖職者至上主義に対するフランス人の不信は周知のところであり，こうした不信は1901年の結社の自由法，ならびに1905年の政教分離法にまで引き継がれる．ロベスピエール独裁体制の道具として仕えてしまった革命の「クラブ」の記憶も，アソシアシオンの活性化を促進するような観点を提供することはなかった．

　(3) アメリカにおける裁判官の役割に関して，トクヴィルは名文句を残している．「政治上のどんな出来事に際しても，裁判官の権威を呼び出す声が聞こえる」．ここでは言葉の通常の意味における政治的出来事が問題とされているだけではない．ここに出席されている私の友人のリュシアン・ジョーム氏は，以下のようにトクヴィルを引用しながら「司法権と個人の連携」について述べている．「私人の利益を守り，小さなことでも提起されれば進んで調べ上げるのは司法権の本質に属する」．

　そして弁護士たちもまた，競合する様々な私的利益を裁判官の前で支持することによって，裁判の過程において重大な役割を引き受ける．立法過程さえ，しばしば「ローヤー」である「ロビースト」たちの表明する私的利益に対して広く開かれていることを付け加えるべきだろう．トクヴィルにとって，「正しく理解された自己利益」という概念は，私的なものの公的なものへの変換を可能にするはずのものであった．

フランスでは，法律は「一般意思の表明」とされ，この場合の一般性とは，起源の一般性すなわち人民主権と同時に，対象の一般性として理解される．こうした理由から，アングロサクソン的意味での「個別的法律」は，「一般意思の表明としての法律」という定式とは反対のものとして見られる．規範創造権限の立法府による独占は，裁判官を，民事および刑事の裁判という限られた空間に限定するのである．

すでに170年も前に，わが卓抜な観察者によって指摘されたこれら3点は，20世紀の経過のなかで再確認されるだろう．とりわけ，司法権が問題とされるとき，トクヴィルの先見の明は驚くべきものである．ニューディール政策を阻もうとしたいわゆる「オールド・コート」の，異論の余地があり議論の的ともなった積極主義から，ウォーレン・コートに体現されるリベラルな司法積極主義まで，また1974年の合衆国対ニクソン判決のエピソードから，2000年のブッシュ対ゴアの判決まで，トクヴィルの類稀な予知能力を賞賛する例に事欠くことはない．

3.「共和国」，立憲主義のもう一つのモデル

こうした理由から，私はトクヴィルのなかに立憲主義，より正確には立憲主義の一類型をデザインした先駆者を見て取るわけである．なぜ立憲主義の一類型と言うのか．

1789年の人権宣言の有名な第16条は「憲法」constitutionという言葉を，権利の保障および権力の分立として定義した．それでも1970年代のフランスでは依然として，「立憲主義」という言葉はなおも新語の部類に属していた．フランスにおいては，権利保障と権力分立のメカニズムは，第三共和制のもとで特殊フランス的な意味における「共和国」という形態をとったからである．

言葉のフランス的な意味での「共和国」を定義するために，共和主義の法律家の典型そのものと言えるルネ・カピタンを引用するとしよう．今は亡き私の恩師は，1939年，共和国がまさに脅威に直面したとき，次のような問題提起をしている．「共和国とは……何か？　……君主制の不在のことだろうか？　……そうではない，それはデモクラシー以上のものである．それは1789年に定め

られた自由の体制のことである……」．ここではどのような自由が問題とされているのだろうか？　彼は国家の役割を強調し，「自由は自然によってのみならず，社会によっても絶えず脅かされている」と指摘して，こう続ける．「国家は，まさしく，個人の諸自由を秩序立て，それら相互の尊重を確保し，それらの保護に必要な秩序と正義の支配をもたらすことで，全ての人に平等に保障する使命を担っている」．

　カピタンによって見事に要約された，共和国のいうなれば国家中心的，法律中心主義的構造は，私がアメリカの状況との比較を通して注意を喚起した三つの求心的要素のなかに，まさしく反映されている．フランスではこのように，立憲主義は，自分の名を表に出すことなしにであるが，「共和国」という形態のもとで確立されるのである．

　この「共和国」は，ルソーの正統な継承者であると主張する．聴衆の方々のなかには，『社会契約論』の著者は，権力の制限のあらゆる形態に反対していたはずであり，ルソー的立憲主義なるものが語られるのを聞いたら憤慨するだろう，と反論される方がいるだろう．予想されるこうした非難を活用して，二つの事柄を明らかにしたいと思う．

　一つは，ルソーにおける権力の制限の観念に関わっている．この点については，異論提起者として傑出した法哲学者であるシャルル・アイゼンマンによって1964年に出版された論文を，挙げておくだけにしよう．実際，ルソーにおいては，法律を作る権力とそれを執行する権力，彼の言うところの政府権力との間に，厳格な区別がなされている．だからこそルソーは，「民主的政府」gouvernement démocratique の不可能性について言及していたのではないだろうか（『社会契約論』第3部第4章）？　そもそも，彼は『社会契約論』の第2部第4章を「主権の限界」と題していた．

　二つ目の指摘として，国家権力の制限とは別様の立憲主義というものがありうるかどうかが問題となる．この問いを提起するのは，国家中心的な性格の「共和国」について語りながらも，なお立憲主義という言葉づかいと関わりうると述べるためである．

　ここで，ここにおられるスティーヴン・ホームズ氏によって提起された鍵概念の重要性を，私は強調したい．すなわち「積極的立憲主義」である．「積極

的」という形容詞は,「消極的」立憲主義,国家権力の制限をその本質とするような,「立憲主義」という言葉で通常理解されるところのものに対置する意味で使われている.

　ホームズ氏はこうして,自由な公共空間を設立するためにジャン・ボダンが果たした重要な役割を強調しつつ,消極的立憲主義を機能させるために不可欠な,国家権力の解放的な力を浮き彫りにしている.積極的立憲主義は,国家権力を正当化しつつも,私の考えでは,様々な社会的権力,すなわち宗教的,経済的,民族的あるいは共同体的な諸力が個人の自律性に対して及ぼす脅威を制限することを目的としているという意味において,やはり権力制約的なものなのである.

　「共和国」こそ積極的立憲主義のモデルそのものであり,ド・ゴール共和制の諸制度の中にその完成形態を見ることになるだろう.そしてまた第五共和制の中に,われわれはこのルソー・モデルの明確な変容をも目撃することになろう.

　もう一度,「共和国」の三つの特徴的要素を思い起こしたい.われわれはそれらの明確な変容に気づくであろうから.

　第一に,領域的分権化への傾向がある.1981年法から2003年の憲法改正にわたる諸々の例を挙げることができる.第二に,国家による正当性の独占にかわって,市民社会 société civile と呼ばれるものが重視されてくる.1901年法の100周年が,1789年の200周年ほどではなくとも公的に祝われた事実は,そうした兆候を示している.第三に,1971年の判決以降の憲法院である.この判決はアメリカの1803年マーベリー対マディソン判決よりも大胆なものであった.なぜなら1958年の憲法制定時には,基本権保障のための裁判機関として憲法院が想定されることは意識的に否定されていたからである.

4.「ルソーの誤り」と「トクヴィルの誤り」

　あるフランスの評論家によって1985年に出版されたエッセーの表題は,フランス的な意味における共和国の変容の進行を雄弁に語っている.ジャック・ジュリヤールによる『ルソーの誤り』である.

　ところで,大西洋の反対側では1984年にある著者が,それと同じくらい意

味深長なタイトルを掲げていた．ヘンリー・S. コマジャーによる「トクヴィルの誤り：強い中央政府の擁護」である．彼は，中央権力が持つ解放者としての役割が無視されすぎることのないようにと，強調しているのである．

　この二つの立場の交錯は，われわれに多くの知的成果をもたらすだろう．われわれの著者たちは二人とも正しい．しかしながら，偉大な二人の思想家の一般に普及している像，すなわち，何の制約も受けない権力の中央集権の熱烈な主唱者としてのルソーという人物像と，あらゆる中央集権の形態に対する敵対者としてのトクヴィルという人物像とをわれわれが受け入れる限りで，その限度において彼らの「誤り」を指摘することは正しいのである．

　ルソーに関しては，彼の思想のもうひとつの側面を強調する際に注意を促したことについて繰り返す必要はないだろう．「ルソーの誤り」という告発を少なくとも和らげる必要がある．トクヴィルに関しては，われわれは彼の「政府（政治）の集権」centralisation gouvernementale と「行政の集権」centralisation administrative との区別を知っている．政府の集権，すなわち「全国共通の法律や自国民と外国人の関係」のための中央集権に関して，彼はその考えを明確にしている．引用すると，「私としては，強力な政治の集権なくして国家が生存しうるとは思えないし，まして繁栄できるとは考えられない」．

　「政府」という言葉を反対に用いているにもかかわらず，政治共同体 Cité の二つの役割の区別に関する，トクヴィルとルソーの間の予期せぬみごとな一致を確認せずにはいられない．トクヴィルにおいては，「政府（政治）の」という形容詞は，何よりも一般的法律を作る権力を示しているが，それに対し，ルソーにおいて法律を作る権力は「立法権」，主権の行為と呼ばれ，「政府」という言葉は，法律を執行する権力，すなわち行政権を指している．こうしてわれわれは，「民主的政府」の不可能性について語るルソーの有名なフレーズを，良く理解することができるのである．

　いずれにせよここで重要なことは，トクヴィルにとって「政治の集権」の必要性は明らかであったということである．トクヴィル自身の主張を読み返してみよう．「合衆国には，政治の集権は高度に存在する．ヨーロッパのかつてのどんな王国と比べても，国力が一つにまとまっていることを示すのはたやすいであろう」．「各州の立法府の前には，これに抵抗しうるいかなる力も存在しない」．

これはまさに主権的な立法府である．

　トクヴィルが州レベルで観察したことは，連邦権力が強化されるにつれて，合衆国レベルでも当てはまることになるだろう．もっとも，彼はすでに「アメリカ合衆国の連邦憲法が他のすべての連邦憲法から区別される点」について注意を促し，アメリカの政府は「連邦政府ではなく，十全ではないが一国の国民的政府にほかならない」と説明していた．トクヴィルはそれゆえ，「政治の集権」の肯定的な側面については，彼に帰されている「誤り」を弁明できていたのである．

　こうした事実を確認しながらも，トクヴィルがアソシアシオンの役割の，結果的には否定的な側面について過小評価していなかったかどうか，問うことができるだろう．彼はアメリカにおける「結社の権利の無制限の行使」を称賛している．但し「無制限の行使」とはいえ，一つの条件に注意を促すことを忘れなかった．実際，彼は「合衆国のように意見の違いにニュアンスの違いしかない国では，アソシアシオンの自由にほとんど制限がなくともかまわない」と述べている．ところが，意見が価値の問題について分かれてくるにつれ，ある種の結社の活発さは危険な役割を演ずる恐れがある．

　このシンポジウムの主唱者である松本礼二氏に，私はトクヴィルについての知識の多くを負っているのだが，彼は英語論文の中の一つで，多数の暴政の主要な主体となりうる危険をアソシアシオンのなかに見出したアンドレ・ジークフリートを引用している．実際，クー・クラックス・クランから，進化論の授業を槍玉に挙げる熱心な運動まで，そうした例は数多い．

　今日，合衆国において繰り広げられているいわゆる「裁判官をめぐる戦争」において，宗教色の濃い諸団体が裁判の政治化を押しすすめ，ブッシュ政権による裁判官の一連の政治的任用を促している．裁判官が文化をめぐる戦争の，すなわち対立する二陣営の間の価値をめぐる闘争の手段となっているだけに，争点は深刻なものとなるだろう．アソシアシオン活動の過熱という脱線，それどころか tsunami は，議論の主体としての個人を攻撃の武器としての集団に取って代えることで，討議による民主主義の未来を脅かすものにもなりうるだろう．

5. 近代日本における個人，そして立憲主義の将来

　トクヴィルによれば，近代社会は「不可抗の民主主義革命」によって特徴づけられる．この革命は，平等主体としての個人の誕生を，前提としている．そのことは，身分制的および封建的性格をもつ中間団体の解体を要求する．これらはいわゆる新大陸には存在しなかった．それゆえ，そこでは「政治の集権」の果たす解放者としての役割は，二次的なものにとどまることとなった．人びとは，最初から互いに個人として自由に結集することから始めることができた．個人の解放は，旧大陸では「積極的立憲主義」がそれを準備しなければならなかったが，アメリカにおいてはすでに前提とされていたのである．
　日本ではどうだろうか？
　1868 年の王政復古は，徳川幕府体制のもとですでに着手されていた政治の集権を完成し，1889 年憲法は，日本流の立憲主義を導入した．この立憲主義は，集権化を押し進めるという意味においては，たしかに「積極的」なものではあった．しかしこの積極的立憲主義は，いうなればちぐはぐなものであった．というのも，だからといってそれが個人を解放したわけではなかったからである．「消極的立憲主義」は，結果として確立されないことになる．
　しかしながら，1889 年憲法に導入された一定の立憲主義を過小評価してはならないということを，付け加えておきたい．当初から，帝国議会は政府と諸政党との衝突の舞台となった．諸政党は，1920 年代には男性普通選挙による選出に従った政権交代を実践していくだろう．それゆえ，爆弾を用いて民主主義を押し付けることができると強調するために，1945 年の日本と 2003 年のイラクとをパラレルに思い描いた人たちは，全く馬鹿げたことをしていたのであった．
　それでもやはり，積極的立憲主義がちぐはぐなものでなくなるには 1946 年憲法を待つ必要があった，ということは事実である．この憲法によって，条文そのものが個人の尊重の大原則を宣言することになった(第 13 条)．国家に対する自由はこうして，少なくとも原則として保障された．J. S. ミルの表現に従うならば，「政治的圧制」political oppression に対する自由であり，彼自身「多数の暴政」というトクヴィルの概念からその着想を得ていたのである．

他方で，家父長制家族の古くからのシステムと村落共同体の習俗によって行使されてきた古いタイプの「社会的専制」social tyranny は，農地改革の結果，そして1960年代以降の驚くべき経済成長とともに，次第に姿を消していった．しかしながら，それだからといって個人が社会的に解放されたわけではなかった．戦後日本社会は，諸々の企業 sociétés という意味での諸々の社会 sociétés からなる社会，として特徴づけられるほどのものであった．各人とりわけ男性は，自分自身の生活範囲，何よりも職業上の生活範囲と一体化し，その中に閉じこもる傾向があった．

　無数にある日々の具体例を挙げることはしないが，集団に抗しての，あるいは集団内部での個人の自律性の要求に応じる点で，全く否定的ではないにしろ，消極的な裁判所の傾向を挙げることにしよう．すなわち，アメリカにおいて「州の行為」State Action またはドイツ語で「第三者効力」Drittwirkung と呼ばれるような司法技術，つまり基本権の保護の効果を私人間に広げるための技術を適用することへの躊躇があるし，裁判所は集団内部の司法紛争には介入を控えるべきとする，いわゆる「部分社会」の法理の援用がある．

　ところで，グローバル化の圧力は，この企業社会という構造を揺り動かし始めている．日本人は，企業の抑圧からも後見的保護からも同時に解放され，かつ放り出されつつある．ナショナリスト的指向やある種のネガシオニスム（「日本は侵略したことはない」）への呼びかけが，ここ数年来再び現れてきているのは，いわばこの社会‐心理学的欠損を埋め合わせるためである．この点に関しては，曖昧な点を明確にする必要がある．実を言うと，ナショナリストが押しつけたがっているのは，言葉の近代的な意味での国家ではない．全く反対に，一連の民営化と規制緩和によって進行しているのは，国家の後退なのである．象徴的な出来事としては，この東京大学が2年前に，国家の撤退のせいで制度的地位の変更を余儀なくさせられたことが挙げられよう．

　エスニックな意味，つまり血と土 Blut und Boden の意味におけるネーションこそが台頭してきているのである．このナショナリズムは，トマス・ホッブズ以来社会契約の論理によって説明されてきた国家，すなわち，諸個人の意思の人為的産物として説明されるような国家を，あえて言えば人質にとろうとしている．

衆参両院の議長のもとに設置されている憲法調査会における議論を検討してみよう．ここでの議論は，現行の憲法を，1945年の敗戦の結果押しつけられたものと解して，それを再検討することを要求する国会議員によって主導されている．争点は，周知の平和主義条項である第9条だけではない．そこでは日本の民族性や日本文化の特殊性が，広く推奨されている．民族 ethnos という意味でのネーション，フリードリヒ・マイネッケの用いる意味での文化国民 Kulturnation が問題とされているのである．人民 demos という意味でのネーション，このドイツ人歴史家の用いる意味での国家国民 Staatsnation のことでは全くない．

こうしたナショナリズムの脱線を免れるための出口を模索する知識人たちは，自然の成り行きとして，インターネットという手段を借りた仮想のそれをも含めたアソシアシオンの活動が切り開くように思われる展望に，寄りかかる傾向がある．こうしたコンテクストにおいてこそ，彼らの視線がトクヴィルのもつ現代的意義に対して向けられているのである．

そう，そこにトクヴィルの現代性がある．それでもやはり，万能薬というものではない．

われわれはひとつの可能性を過小評価することはできないだろう．アソシアシオンそれ自体が，いうなれば諸共同体による囲い込み主義の傾向によって回収されてゆく危険があり，さらには大文字の共同体，すなわち民族という意味でのネーションの下請けの役割を引き受けることになってしまうという可能性である．一方でナショナリズムという古き悪魔，他方で共同体囲い込み主義的な方向への危険，この巨岩と暗礁の間を進んでいく勇気を市民はもたなければならない．

私の考察は楽観的なものではなかった．私の意図としては，何らかの事柄を提案する proposer のではなく，まして押しつける imposer ことではなく，ただ提示する exposer ことを目指したまでである．

［付記］
　本稿は，シンポジウムでのフランス語による講述の原稿を和訳したものである．訳は永見瑞木氏を煩わしたが，その訳にいくらかの補筆をしているので，文責は私にある．原

文に手を加え注をつけたフランス語のテクストは，別の機会に公表したいと考えている．ここでは，シンポジウムでの雰囲気をできるだけ反映したいという考慮を優先させて，口頭での話の内容に変更を加えていないが，話し言葉を書き言葉に直した不自然さについては，ご寛恕のほどをお願いする．シンポジウム参加者の何人かの方々の見解に言及しているのでその出典とあわせ，いくつか援用した論者の文献を，本文での言及の順に掲げておく．なお，文中『アメリカのデモクラシー』の引用文は松本礼二訳(岩波文庫, 2005–8年)に従った．

Raymond Aron, *Sociologie des sociétés industrielles: Esquisse d'une théorie des régimes politiques.* ——私が持っているのは，Centre de documentation universitaire 版のタイプ刷である．

Lucien Jaume, "Les droits contre la loi?, une perspective sur l'histoire du libéralisme", *Vingtième Siècle, Revue d'histoire*, n° 85 (jan.-mars 2005): 21–29.

René Capitant, "Les traits caractéristiques de la démocratie française" [1939], in *Écrits d'entre-deux-guerres (1928–1940)* (Presses de l'Université Panthéon-Assas, 2004), p. 381 et s.

Charles Eisenmann, "La cité de Jean-Jacques Rousseau" [1964], in *Écrits de théorie du droit, de droit constitutionnel et d'idées politiques* (Presses de l'Université Panthéon-Assas, 2002), p. 611 et s.

Stephen Holmes, *Passions and Constraint: On the Theory of Liberal Democracy* (University of Chicago Press, 1995).

Jacques Julliard, *La faute à Rousseau* (Seuil, 1985).

Henry S. Commager, "Tocqueville's Mistake: A Defense of Strong Central Government", *Harper's*, vol. 269, n° 1661 (August 1984): 70–74.

Reiji Matsumoto, "Individualism, Association, and Civil Society: Tocqueville and the American Public", in *The Public and the Private in the United States* (The Japan Center for Area Studies Symposium Series 12, 1999), p. 48.

II
トクヴィルはどう読まれてきたか

II–1　19世紀アメリカにおける『アメリカのデモクラシー』

オリヴィエ・ザンズ

1. アメリカでの受容：遅い始まり

『アメリカのデモクラシー』の最初の巻は，1835年にフランスで出版されると，すぐに賞賛をもって迎えられた[1]．イギリスでは，ヘンリー・リーヴがすぐにそれを英訳し，同年中に出版した．しかし，同書が合衆国に広く流通するためにまず必要なアメリカ版は，1838年まで待たなければならなかった[2]．

アレクシス・ド・トクヴィルの著作がアメリカの読書市場に最初に入る際の大きな困難は，米仏間の悲しむべき状態にあった．トクヴィルの友人のジャレッド・スパークスによれば，『アメリカのデモクラシー』は，最悪の時期に出版されたのである．スパークスは，ウィリアム・エラリー・チャニング(William Ellery Channing)の手で牧師に任命されたユニテリアンの聖職者で，『北米評論』*North American Review* の前の編集兼発行人であり，やがてハーバード大学の最初の歴史学部教授となるニューイングランドのホイッグだった．スパークスがその本の刊行に関心をもったのは，以前からトクヴィルと広範な会話を交わしており，その本の中心思想の二つ，すなわち，多数者の圧政とアメリカのデモクラシーの出発点としてのニューイングランドのタウンの重要性(この点について，彼はトクヴィル個人のために長い論考を書いている)という考えを著者に示唆していたからである．1837年6月6日，スパークスはトクヴィルに次のように書いている．「私は，あなたの『デモクラシー』のアメリカ版がいまだに出ていないことを非常に辛く残念に思います．……この本は，ちょうど不幸な『賠償問題』の時に［フランスで］出たのです．そして，ジャクソン将軍の戦闘精神によって，人々のフランスへの敵意が掻き立てられ始めています．そのため，フランス人の著者が書いた本にはあまり関心がもたれていないのです．」[3]

フランスと合衆国は，ナポレオンの大陸封鎖の間に，アメリカの船舶や積荷

がフランスに拿捕・没収された被害の賠償問題をめぐって長期にわたり不和な状態にあった．問題は長引き，フランスは何年もの間それに注意を払っていなかった．しかし，1829年にアンドリュー・ジャクソンが大統領となると，彼は国家の名誉にかけてフランスに支払いをさせるべく，ウィリアム・キャベル・リーヴス(William Cabell Rives)を大使としてフランスに送り，問題の解決に当たらせた．リーヴスは1831年にフランス政府に賠償責任を履行する義務を課す条約に調印した．フランス議会がそれに必要な予算の計上を何度も拒否すると，ジャクソンは，1833年に国務長官のエドワード・リヴィングストンをフランスへの使節に任命し，この問題に決着をつける任務を課したが，今度も同様にことはうまく運ばなかった．ジャクソンは憤慨し(そして彼が連邦預金を合衆国銀行から引き上げたことに対する上院の非難から注意をそらすことも願って)，1831年2月，フランス人の資産の「没収」も含む「報復」措置に訴えると脅しをかけた．このジャクソンの節度のない発言に対するフランスの謝罪要求とアメリカの金銭要求によって，米仏関係は完全な袋小路に陥った．誰も戦争を望んではいなかったが，それが真剣に検討された．そして(『デモクラシー』がフランスで出版された後である)1835年の暮れに至るまで正式な外交関係は停止された．ジャクソンが言葉を和らげた結果，フランス議会はルイ・フィリップがずいぶん前に約束していた金の支払いにやっと同意した．1836年2月，イギリスからアメリカにそのニュースが伝えられ，フランスはその直後，1ドルの要求に対して59セント〔の割合で賠償金〕を支払った[4]．

リヴィングストンは，フランス政府との早期決着には失敗したが，トクヴィルの『アメリカのデモクラシー』を1部，1835年に母国に持ち帰ることには成功した．その中には，本の作成に当たってこの特使が果たした役割に対する熱烈な謝辞が含まれていた．この謝辞は大きな意味があった．トクヴィルはアメリカ旅行の間に約200人のアメリカ人と会い，彼らとの会話をノートや手紙に詳細に記録したが，将来への懸念を自分にいだかせた情報源を明らかにして，友人たちを「困惑させ，苦しめる」[5]のを危惧し，誰に対しても謝辞を書かないのを原則としたのだが，リヴィングストンは例外であった．

この老特使を特別扱いしたのには正当な理由があった．リヴィングストンはフランス語に堪能であり，サント・ドミンゴの富裕な農園主の未亡人であった

妻ともフランス語で話した．リヴィングストンは，トクヴィルとギュスターヴ・ド・ボモンのために議会の傍聴，公文書の収集，大統領との面会などの便宜を図り，多くの好意を示した．刑務所改革の権威として（トクヴィルとボモンが合衆国を訪れた公式の理由はこれである），リヴィングストンの名は1832年に二人が著わしたアメリカの刑務所制度についての報告書の中に何度も引用されているが，彼がトクヴィルに個人的に自分の経験を伝えたかどうかは分からない．トクヴィルは，リヴィングストンとその問題について話し合ったという記録は残していない．また，リヴィングストンが『アメリカのデモクラシー』の執筆に何らかの影響を与えたという証拠は存在しない．おそらく例外は，新たに獲得したフランス領ルイジアナにイギリス系アメリカの陪審員制度が導入されたことについて一つだけ付されている注における間接的な影響であろう．リヴィングストンは，その職歴の中にルイジアナで過ごした時期があり，その刑法典を改定していた[6]．

　トクヴィルがこの不思議な脚注でリヴィングストンに謝辞を書いた動機は，アンドリュー・ジャクソンの反仏的な修辞のただ中にあるアメリカで，彼の本を宣伝することをこの古参政治家に期待していたからかもしれない．トクヴィルは，リヴィングストン以外の政治家にも会っており，その中にはジョン・クインジー・アダムズやダニエル・ウェブスターもいたが，そうした人たちに便宜を求められる立場にはなかった．不運なことに，リヴィングストンは合衆国に帰国後まもなく死に，その本と著者を然るべきところに紹介するのに，フランスでシャトーブリアンが大いに効果的に果たしたような役割を演じる意図は何ひとつ示さなかった．

　スパークスは，『アメリカのデモクラシー』がアメリカ人の注意を引かなかった第二の理由を挙げている．その本の出版を歓迎するイギリスの書評誌が，アメリカの民主政の消極的側面を詳しく取り上げていたのである．スパークスによれば「我々の新聞はイギリスの書評記事からの引用で溢れているのですが，その中にはあなたの本の中でアメリカの読者にとってまったく不快な部分が含まれているのです．つまり，民主的諸制度の欠陥についてのあなたの言及です」[7]．1833年にトクヴィルが訪れた時，救貧法の改正に携わっていたイギリスの経済学者ナッソー・シニア（Nassau Senior）は，『アメリカのデモクラシー』

の受容についてイギリスに多くを期待しないようにと忠告していた．イギリスは「多くの思索を要求する書物は，なんであれ，批評してもらうのが非常に困難な国だ」[8] というのである．イギリスの批評家の中で例外であったのはジョン・スチュアート・ミルで，彼はその本が「イギリス風の装い〔英語〕で」出版されたことを「非常に喜んだ」が，ミルはこの書評を無署名で書いており，彼が重要な知識人となるのは数年先のことであった[9]．

　このような環境の中で，『アメリカのデモクラシー』はフランスとイギリスで出版された後も合衆国ではほとんど流通していなかった．ボストンでは，フランシス・リーバーがアメリカ版を作ることを期待されていたかもしれない．ワーテルローの後の戦いで負傷し，最初の『エンサイクロペディア・アメリカーナ』 *Encyclopedia Americana* の編者であったその若いドイツ人の政治亡命者は，すでに〔トクヴィルとボモンの〕刑務所報告を翻訳していた．しかしトクヴィルは，囚人を完全に孤立させるペンシルヴェニアの制度の擁護論に報告書を変えてしまったリーバーの試みを喜んではいなかった[10]．ジャレッド・スパークスは，アメリカ版の刊行を進めようと試みたが，ボストンの出版社との交渉は上手くいかなかった[11]．（これに対して，トクヴィルはガヴァヌーア・モリスについてのスパークスの本のフランス語版出版への道を開いた．）

　最後の援けは，ジョン・C. スペンサーからきた．間違いなく彼は『デモクラシー』のための二番目に重要な情報提供者で，トクヴィルはニューヨークで彼に会っていた．スペンサーは，著名なホイッグ党員の弁護士で（初期はジャクソン派だったが），ニューヨーク州議会議員であり，前連邦下院議員，そして後にはタイラー政権の戦争および財務長官を務めた．スペンサーはトクヴィルとボモンをニューヨーク州北部のカナンデーグア（Canandaigua）の彼の家を訪れるように誘ったが，そこは二人の調査官が立ち寄って長期研究をしたオーバーン刑務所に近かった．ボモンはスペンサーを彼らにとって第一の価値ある情報源として信用しており，アメリカの憲法上の諸問題，司法制度，新聞，そして宗教について，二人はこの人物と幅広く語り合った[12]．この対話は何年も続いた．トクヴィルとスペンサーは，トクヴィルが第二共和制の憲法制定委員会のメンバーであった1849年にも，二院制について書簡を交わしている[13]．

　スペンサーはニューヨークのある出版業者に，イギリスで出た翻訳を横取り

することを納得させた．アメリカ人は1890年代になるまで国際的な著作権法を尊重せず，外国の著者にロイヤリティ〔版権料〕を払うことは滅多になかった——実際，トクヴィルは，彼の本のアメリカ版から金銭を得ることはなかった[14]．スペンサーは，前書きといくつかの説明的な注釈を書いた．第1巻目は1838年，フランス版が出てほとんど4年経った後に出た．第2巻目は1840年で，フランスとイギリスでの出版の少し後だった．2冊そろって入手可能になり，フランスとアメリカとの間の嵐も過去のものとなったとき，ようやくアメリカ人が『アメリカのデモクラシー』について真面目に議論を始めることが可能となったのである．

2．アメリカ的個性と自負心

両義的な理論

　トクヴィルはロシアの神秘主義者でパリの社交界の有名人であったスヴェチン夫人に宛てて次のように書いたことがある．「私の長い経験によれば，書物の成功は著者が何を書いたかよりも，読者が読む前にどんな考えを心にいだいていたかにかかっているのです．」[15] トクヴィルの最初のアメリカ人読者たちは，確かに彼が正しいことを証明した．彼らは，平等と自由との結合の困難についてのトクヴィルの深い憂慮を共有しているようには見えない．

　私たちはトクヴィルの主要命題を知っている．彼はそれをごく簡潔に表現して次のように書いている．「自由と平等が触れ合い，一つになる極点を想像することができる．すべての市民が統治に参加し，そして各人がそうする平等な権利をもつと仮定してみよう．このとき誰もが仲間と異ならないのだから，何人も圧政的な権力を行使することはできないだろう．人々は完全に平等であるがゆえに完全に自由となり，完全に自由であるがゆえに完全に平等であろう．これが民主的な国民が目指す理想である．」[16] 理想的な社会では，だから自由と平等とは一にして同じものである．もしあなたが本当にすべての人々と平等であるならば，あなたは自由である．もしあなたが自由であるならば，すべての人々と平等である．しかし，現実の世界では，人々はあまりに平等を熱望するために，進んで自分たちの政治的自由を犠牲に捧げてしまう．トクヴィルは，

(たとえば世論の専制のような)新しい形の専制を絶対主義と同じように恐れねばならないと論ずる．そうした新しい専制は個人の可能性の範囲を狭めるというのである．この種の専制は無力における平等を推し進め，そのような平等こそ自由の敵なのである．自由を生き生きと保つべく絶えず努めねばならないのはこのためである．

トクヴィルはさらに，アメリカ人は政治的自由を長く実践してきたので，フランス人に比べて境遇の平等の増大により適切に対処する備えがあったと説明した．フランス人は絶対王政の下で自由を学んでこなかったために混乱した．よりよい手段を知らなかったので，フランス人は，革命の間に手に入れた境遇の平等を維持することを願って何度も専制的な手段に訴えた．

つねに両義的なトクヴィルの議論は彼の主張をいつも強めたとは限らない．しばしば彼は，これらの論点について，議論のバランスをどちらかに少しばかり傾けることによって，対立する両論を展開してみせた．トクヴィルを読むものが彼の結論に力を認めるのは，彼が極めて現実的な懸念を直視した上で，敢えてその結論を主張しているからである．トクヴィルの読者には，しばしば際限なく広がる懸念ばかりに目を奪われ，この本をデモクラシーとアメリカ両方に対する断罪の書に変えてしまったものも多く，それがトクヴィルを困惑させた．彼の方法に起因する潜在的な誤読が，曖昧さの敵である翻訳によって増幅されたことは，英訳者ヘンリー・リーヴとトクヴィルとの往復書簡が余すところなく示すとおりである．ある手紙では，トクヴィルはリーヴが自分をあまりにも君主政の敵にしていると抗議し，別の手紙では，自分をあまりにもデモクラシーの敵にしていると抗議している[17]．トクヴィルは，自分がしばしば誤解されることになるだろうことは知っていた．トクヴィルは出版の直前に，友人のケルゴレに「私にとって最良なのは，誰も私の本を読まないことだろう」[18]と書いている．

ピューリタニズム：宗教とデモクラシー

トクヴィルの方法がもたらす難解さと理論的な著作の翻訳につきものの諸問題はアメリカ人のトクヴィル理解の障害になったが，それらもアメリカ人が彼らの読み方にもちこんだ先入観に比べればものの数ではない．アメリカの読者

がようやく『アメリカのデモクラシー』に目を向けたとき，彼らはその主要な主張を取り入れるのに気質上不利であったように思われる．彼らは，「人間の知性にとって，抽象観念以上に不毛なものはない」[19]と書いたトクヴィルを好んだ．アメリカ人は，その本がアメリカ人の性格だけを考察したものであるかのように扱った．ナショナル・アイデンティティに自信のなかった彼らは，トクヴィルにアメリカへの賛意を期待した．彼らは「デモクラシー」と「アメリカ人」について論評する機会として『デモクラシー』を読んだのであって，トクヴィルがそれぞれの主題について展開した理論について論評しようとは思わなかった[20]．

　トクヴィルの最初のアメリカ人読者は，称賛すべき多くのものを見出した．彼らはデモクラシーの根源に神意があるというトクヴィルの主張に賛成した．『ニッカーボッカー』*The Knickerbocker* のある評者は次のように書いているが，それは多くの読者を代弁していた．「トクヴィル氏がはっきり述べているように，アメリカをつくったのは人間ではなく神である．それは気高く計りがたい神意の結果なのだ．」[21] また別の評者は，『科学，文学，芸術アメリカ博物館』*The American Museum of Science, Literature, and the Arts* に，アメリカのデモクラシーは「人間の自由な行動に神の御力」[22]を付加するという究極の目標に向けて重要な一歩を進めたと記した．

　われわれは，トクヴィルが自分の主張した神意について深刻な疑念をもっていたことを知っている．彼は，10代のころに父の書庫で18世紀のフィロゾーフたちの書物を読んで以来，信仰を失っていた．だが，トクヴィルの個人的信仰は，アメリカ人読者の関心ではなかった．神意のメタファーが何世紀もの間，専制権力を正当化するのに使われてきたという明白な事実も彼らは気にしなかった．アメリカ人はもっぱら自分たち自身の歴史に関心をもっていた．

　スパークスの助言に従って，トクヴィルは出発点，すなわちピューリタンから検討を始めた．「トクヴィル氏は，われわれの社会状態の起源をニューイングランドの定住者たちの歴史に見出した．実際，これまでも，知性ある旅行者は誰でもその地にアメリカ的個性の最良の要素のいくつかを求めざるを得なかった」と『アメリカ季刊評論』*American Quarterly Review* の書評者は書いている[23]．下院議員で元ハーバード大学教授のエドワード・エヴァレットは，ボ

ストンでジョン・クインジー・アダムズにトクヴィルを紹介した人物だが,『北米評論』The North American Review の中で,トクヴィルが「地方自治体」,特にニューイングランドのタウンから検討を始め,連邦政府から降りてくるより「別々の諸州」から始める必要性を認識していたこと,そして地域の市民社会の力を示して「集権化の災い」を予防したと称賛した[24]。

トクヴィルは,神意によってつくられた一つのアメリカが地域自治体から出て広大な大陸全体に自己を拡大再生産したという見方を示した。もしトクヴィルが一世代前のアメリカを訪れていたとしたら,彼は最初の連合の結びつきを超えて共和主義を受容し自由を学ぶことができるかどうかについてのジェファソンの懸念に心を奪われたであろう。外国人や「他者」をアメリカの共和主義にいかにして同化させるかは,ルイジアナ購入の際にさんざん議論されていた。しかし,そのような心配は過ぎ去った。少なくとも一時的には,デモクラシーは神意によって大陸全体に拡がるべきものであった。それが同化を通じて進むのか,破壊を通じて進むかはどうあれ。

それでも,トクヴィルは,神がどれほどの破壊をお赦しくださるかという問題に本気で心を痛めていた。ジャクソン派の雑誌,『合衆国雑誌・民主評論』U.S. Magazine, and Democratic Review は『アメリカのデモクラシー』に多くの誌面を割いたが,私の見るところ,編集長のオサリヴァンの「明白な運命」という観念をトクヴィルが無批判に歓迎することはあり得なかったであろう。この観念はオサリヴァンがアメリカの膨張を正当化するために1845年に鋳造した言葉である。チョクトー族のインディアンたちの強制移住の光景を目にして,トクヴィルは条約の装いの下になされるアメリカの人種殲滅政策に深い憤りを感じた。「人間性の法則をこれ以上尊重しつつ人間を破壊することは不可能であろう」[25]と彼は述べている。トクヴィルは,ある人種が別の人種より優れていると信じることはなかった。だが,ある文明が別の文明よりも優越すると主張することには何のためらいもなく,その結果を受け入れた。彼がフランスのアルジェリア征服をも支持した理由はそこにある。トクヴィルは人種差別主義者でない植民地主義者であり,膨張主義の行き過ぎを恐れてもいた[26]。しかしアメリカの書評家たちは,インディアン種族の大量虐殺を正当化するものとしてトクヴィルを読む方を好んだ。『アメリカ季刊評論』の見解では,トク

ヴィルはそれを「海洋の浸水と同じようにわれわれの統制手段を超えた，不可逆の法の帰結である」と書いているという．もっとも，この評者は予防線を張って「この問題については，黒人の問題と同様に，我々はヨーロッパ人からの助言を求めない」[27]と付け加えている．

第一波のアメリカの評者たちはまた，デモクラシーに対する宗教の積極的な影響についてのトクヴィルの評価に積極的に反応した．『合衆国雑誌・民主評論』は，宗教に「民主的政治形態を維持したり，またそれが別のものに変わるのを妨げる直接的な傾向はない」と指摘しながらも，宗教の「現在の任務は，人民に徳と幸福を広めることによって，我々の素晴らしい制度に協力することだ」というトクヴィルに同意した[28]．

しかし同時に，すべての評者はカトリシズムがアメリカの大衆の宗教として成長し，一方でエリートたちは汎神論に向かうだろうというトクヴィルの予測は拒否した．彼らはこの予測を「無理な誇張」あるいは「馬鹿げている」とさえ考えた[29]．

イギリス人の敵意にうんざりしていただけに，アメリカ人は外国から来た好意的な訪問者を見つけるとたいてい大喜びした．ホレス・グリーリーが創刊，編集したホイッグ系の雑誌『ニューヨーカー』 *The New-Yorker* に寄稿した書評子は，トクヴィルをアメリカ旅行者の大多数，「スキャンダルが見つかりそうな場所を隅々までうろつき，われわれの社会システムを説明するのにバーや居酒屋を見まわる道端の掃除人」[30]のような，それまでの多くの旅行者と対比した．ジャクソンの仲間でミズーリ州選出の上院議員であるトマス・ハート・ベントン（彼は後に少しものを書いている）でさえ，「アメリカに来ては，街道の風聞を集めてアメリカ史としてこれをヨーロッパに売り，そして我々の恩を仇で返すヨーロッパの屑作家たち」からトクヴィルを区別していた．ジャクソン政権期の鋳造貨幣(ハード・カレンシー)政策の擁護者として名高い「"延べ棒爺" ベントン」Old Bullion Benton は，ジャクソン政権についてのトクヴィルの見解の「誤り」を正すことに批判をとどめた[31]．

概してアメリカ人は褒められることに飢えていたから，ただ称賛を歓迎しただけではなかった．彼らは強く称賛をせがんだ．アメリカ人の自負心に苛立ちを覚えていただけに，このことはトクヴィルを困惑させた．トクヴィルは次の

ように書いている.「なるほどアメリカは自由の国だが,人を傷つけないためには,私人についても国家についても,外国人は決して自由に語ってはならない国なのである.被治者についても治者についても,公共事業であろうと私的事業であろうと,そして多分,気候と土地を別にして,およそこの国で出会う何事であれ,決して自由に語ってはならない.いや,気候と土地でさえ,まるで自分たちが力を合わせてつくったとでもいうように,擁護の論陣を張ろうとするアメリカ人がいる.」[32]

トクヴィルが予測していたように,アメリカの書評家たちはしばしばむきになって自己を弁護した.デモクラシーは偉大な作家を育てないだろうというトクヴィルの主張に反対するものは沢山いた.アメリカの法律はデモクラシーの結果として不安定なものとなるだろうという(ジェファソンに触発された)彼の主張について憤る者もいた[33].しかし,『デモクラシー』が最大の批判に出会ったのは,ありとあらゆる政治的信念に立つ書評家たちがトクヴィルの「多数の圧政」の理論にこぞって反対した時である.平等が広がれば自由を危機に陥れるかもしれないという観念は,1830年代と1840年代のアメリカ人にとって,たとえ,トクヴィルにその考えを最初に示したのは彼らのうちの何人かであったとしても,自分たちの歴史の問題として考察する気にはならない考えであった.

「多数の圧政」理論の拒絶

トクヴィルのアメリカ経験の中心は,ジョージ・ピアソンが正確に述べているように,ニューイングランドとの出会いだった[34].トクヴィルは,ニューイングランドのエリートたちに深い親近感を覚えた.彼らはかつてのフェデラリストであり,最初のホイッグ政治家で,1828年の大統領選挙におけるアンドリュー・ジャクソンの勝利にいまだに馴染めない人々であった.これらのニューイングランド人たちは,指導することが自分の仕事であると信じ,トクヴィル個人の貴族的ディレンマのアメリカ版と戦っている育ちの良い人々であった.彼らは,どのようにして権力が,彼らのような教育と教養のある人々からジャクソン派の冒険家たちに移り得たのかをたずねた.彼らは,ダニエル・ウェブスターやエドワード・エヴァレットのような傑出した人物,ユニテリアン教会,

ハーバード大学の周辺に緊密なグループを形成していた．トクヴィルは彼らの多くと会い，彼らはトクヴィルの名声が高まるなか，変わることなく友人，支持者であり続けた．彼らの中の主要なメンバーには，すでに見たように，ジャレッド・スパークスがいたが，彼は，「この国の政治的教義は，多数者はいつも正しいということです」[35] と述べて，トクヴィルに多数の圧政の理論を吹き込んだ人物である．

しかしながら，これらの見解がトクヴィルの文章に現われているのを見ると，ニューイングランドの人々はこの見地から退却した．彼らは他の批判者と一緒になって合衆国にかつて多数の圧政が存在したことを否定した[36]．トクヴィルは，「私は総じてアメリカほど精神の独立と真の討論の自由が少ない国を知らない」[37] と書いた時，一線を超えたように思われる．

トクヴィルは民主社会の理論への一つの貢献として多数の圧政についての見解を定式化した．（名指しこそしていないが）ルソーとの見解の相違を強調して，彼はこう書いている．「人民が己れの利害にしか関わらぬ案件において正義と理性の枠を踏み外すことはあり得ず，したがって人民を代表する多数者に全権を委ねるのを恐るべきでないと言って憚らなかった人々がいる．だが，これは奴隷の言葉である．」[38] ルソーを論駁するために，トクヴィルは，少数者の権利，横暴な多数者，そして世論についてのジェームズ・マディソンの省察に依拠した．

自分に引きつけて考えるアメリカの書評家たちは，『アメリカのデモクラシー』の中のルソーとマディソンとの間の対立については論評しなかった．スパークスとエヴァレットの二人は，トクヴィルが訪れた当時，マディソンと広範な対話を重ねていたにしても，彼らはトクヴィルの比較の手法を評価しなかった．スパークスは自分の言ったことをトクヴィルが誇張したと不満を洩らしただけであり，エヴァレットはトクヴィルがマディソンとジェファソン両者の議論をねじ曲げたと論じた[39]．スペンサーは自身が編纂した『アメリカのデモクラシー』の注に，トクヴィルはアメリカ人一般を批判しているのではなく，ただジャクソン派と「党派の圧政」[40] を批判しているだけだと付け加えた．

ジャクソン派は，驚くことではないが，もっとも大きな非難の声を上げた．『デモクラシー』のこの一節は，ベントンに「教養ある階級」の「読書知識」を

断罪する格好の機会を与え，彼は「多数の圧政」を「大衆の知性」と言い換えて，自分の立場をこの上なく明確にしている[41]．同様の感情を響かせる声は他にもあった．「われわれは，多数者の支配以上に完全な社会状態が発明されたことを知らない」[42]と『ニッカーボッカー』は書いた．『アメリカ季刊評論』はこう付け加えた．「トクヴィル氏は意見のために追放されたどんな市民を見たというのか．もし，お偉い人たちがその名誉にかけて納得し難く間違った理論を支持するならば，彼らは職を得ることは期待できない．だが，考え方の違う人々の圧政によって，強制的に沈黙に引き戻されることは決してない．」[43]

批判を予想していたトクヴィルは，『デモクラシー』の第2巻では「多数の圧政」という語を落としたが，デモクラシーに対するこの本質的批判を捨てることはなかった．

これと関連するトクヴィルの問いは，多数の圧政の脅威の下でアリストクラシーが生き残れるかどうかであった．これは合衆国におけるアリストクラシーの存在についてのちょっとした議論を呼んだ．トクヴィル自身は法律家や奴隷所有者，また過剰な富を蓄えつつある新興実業家たちなどさまざまな階層にこれを認めようとした．トクヴィルは「影」を追っている，なぜなら「そのような要素は存在していないのだから」と主張する評者たちもあった[44]．民主派は法律家の援けを得て増大する富を所有する人々を名指しにたが，この法律家こそはその保守的影響力からトクヴィルが貴族身分にもっとも近いものとして特別視したものであった．南部の民主党員はニューイングランドのエリートたちを非難し，ニューイングランドのエリートたちは奴隷所有者たちをアリストクラシーだと指摘した[45]．

見逃された部分

以上が最初の10年間の議論の射程であり，欠けているものはたくさんあった．ほとんどのアメリカの書評家たちがそうしたように，多数の圧政の可能性を否定することは，控えめに言って，自由と平等とは困難な関係にあるというトクヴィルの理論への不同意の表明であり，最悪の場合にはこれを無視することであった．どちらにせよ，事実，評者たちは「まったく新しい」世界のための「政治学」を展開しているというトクヴィルの主張を無視した[46]．

アメリカの評者たちは他にも多くのものを見落とした．彼らは個人主義という新たな概念についてのトクヴィルの力強い分析と，自己利益の正しい理解についての同様に力強い議論，つまりアメリカの人民は偉大でなくともアメリカは偉大であり得るというトクヴィルの鮮やかな論法[47]については，ことのついでにしか論じなかった．南部出身のある評者だけが，「民主的原理」は「財産よりも安楽を好む気持ちを生む」[48]というトクヴィルの見方を評価した．だが，まさにこの点について，アメリカの関税制度のもっとも頑固な擁護者であったホイッグ派の経済学者，ヘンリー・ケアリーは，トクヴィルがホイッグの経済学よりも民主的原理におもねっていると非難した[49]．

トクヴィルの他の主題は読み飛ばされた．アメリカ人が個人主義とコミュニティの両方にコミットすることを把握し，両者の相互補強のメカニズムとしてボランティア精神に光を当てたのはトクヴィルの才能である．トクヴィルはまことに見事にこれを示したので，後のアメリカ人が自分たち自身の実践を理解する援けになった．だが初期の評者たちは，多数の圧政によってデモクラシーは脅威にさらされるというトクヴィルの命題を認めなかったから，結社がこうした脅威に対する均衡の錘を提供するという彼の主張を忘れがちであった．地方政府や宗教が集権化されない市民社会を活性化するという議論を超えて，評者たちが自発的結社や結社活動について継続的に議論を続けることはほとんどなかった．国民性についてのトクヴィルの独特の見解について，これらの書評はわずかに触れるだけであった[50]．連邦主義についての彼の分析は，ある雑誌が連邦司法部の州権に対する脅威についてトクヴィルを引用したときにだけ，手短かに言及された[51]．地方の自治政府についてのトクヴィルの分析は大いに強調されたが，デモクラシーを学ぶ「無料の学校」である陪審制については重要な言及はなかった[52]．

『デモクラシー』の第2巻の相当部分は，アメリカ人の習俗，すなわち心の習慣について述べているが，驚くべきことに，個別の論評をほとんど招かなかった．おそらく例外は女性に筆が及んだところだけである．トクヴィルはこの国の道徳の向上に果たした女性の貢献を最大限に評価した．「もしこの国民の際立った繁栄と国力の増大を主として何に帰すべきかと問われるならば，女性の美質こそそれだと答えよう」[53]とトクヴィルは書いている．アメリカの女性た

ちは予想通り大喜びし,簡潔明瞭に応えた.「ド・トクヴィルはアメリカ女性の真価に暖かく明確な賛辞を捧げたことで,アメリカ女性から感謝を受けるに値する」と『ゴーディーの婦人本,アメリカ婦人雑誌』*Godey's Lady's Books, and Ladies American Magazine* は書いている[54].1842年に出版されて広く読まれた『若い女性が家と学校で使うための家政論』*A Treatise on Domestic Economy for the Use of Young Ladies at Home, and at School* におけるキャサリン・ビーチャーほど,アメリカの男女の役割分業と女性の夫への「自発的服従」についてのトクヴィルの理解に熱烈に賛同したものはいなかった.

ビーチャーが女性の自己犠牲の尊さを確認するためにトクヴィルの議論を利用するより,女性教育を推進し「社会的・政治的問題に対する女性の対等の関心」を喚起すべく彼女自身が考えたすぐれたプログラムをさらに熟考するためにこれを利用していればよかったのにとも思う.近年,歴史家たちはビーチャーのような女性たちが「慈善の帝国」Benevolent Empire(この中には,聖書協会,慈善団体,あらゆる種類の善行推進団体が含まれる)の一大結社運動に果たした大きな役割を指摘している.彼らはさらに,教育ある女性たちの影響を受けたボランティア精神は,個人主義的な男性の側の自己目的的な利益追求に対する重要な道徳的牽制となったと指摘する[55].選挙権はないが確たる意思をもった女性たちが,政治に参加するためにどのように自発的結社に頼ったかを歴史家は示したのである.これらすべてについては,トクヴィルはほとんど手引きにならなかった.

3. 新たな光の誕生

トクヴィルへの最初の反応は,アメリカ人が自国の政治システムと国土について有したイメージをかれら自身に考え直させる彼の力にもっぱら焦点を合わせていたのだが,やがてそのような反応には限界が来た.19世紀半ばのアメリカ人はトクヴィルの読み方の幅を広げ,南北戦争は作品に新たな光をあてた.

政治家・知識人としての尊敬と崇拝

1840年代までに,トクヴィルは政治においても活躍した有名な著作家として

ますます良く知られ，尊敬されるようになった．アメリカの新聞は，刑務所改革とフランス植民地における奴隷制の廃止についての彼の代議院における演説を報じた[56]．

　1849年に，トクヴィルは第二共和制の外相となったが，その地位を5ヶ月間しか保持しなかった．トクヴィルが短期間外相の職にあったときに，合衆国との深刻な外交問題に巻き込まれたことは指摘すべきことである．国務長官ジョン・クレイトンはフランス政府に，ワシントン駐在フランス公使ギヨーム・テル・プッサンがアメリカ海軍の指揮官を口を極めて非難したとして，その召還を求めた．(その海軍指揮官は，メキシコ湾でフランス船を救助したが，もらえるはずのない救助の報酬を求めて数日間これを拘留した．)[57] トクヴィルは実際のところプッサンを嫌っていた．彼の1841年の『アメリカ連邦を統治する民主的原理についての考察，並びにこれを他の諸国に応用する可能性について』は，トクヴィルの『デモクラシー』に反論して，アメリカの人種間関係を過度に明るく描いていた．彼の言うところでは，「私はトクヴィル氏の懸念をいかなる意味でも共有していない．彼の指摘する諸事実は私にも経験があり，私はアメリカを知っている．彼はこの国をよく理解したが，その資源の全容を完全に認識することはなかった．そうした私自身の経験とこの国についての知識，そして合衆国に15年住んだことに裏づけられた私自身の内的確信は，奴隷制についての彼の見解に対する私の反論を十分に支えている．」[58] 2年後に攻撃を再び繰り返したプッサンは「この問題についてこれまで書いてきた著者たちに反して，連邦南部の白人と黒人の住民の間になんらかの闘争」が起こるのを恐れるべきいかなる理由も見出さなかった[59]．

　加えて，トクヴィルはプッサンの行動に賛成していなかった．だがボタンの掛け違いは続いた．トクヴィルが本当にプッサンを召還するかどうか確信のもてなかったクレイトンは，ザカリー・テイラーの指示によって彼の認証を取り消した．このためトクヴィルは新たなアメリカ公使を公式に受け入れることが出来なくなった．その新公使とは他ならぬウィリアム・キャベル・リーヴスで，ジャクソンのために1831年の賠償条約の交渉に当たった人物であり，このときは二度目の任命でパリに戻ったところであった．1830年代，リーヴスはジャクソン派であったが，1849年にはホイッグ党の重要メンバーになっていた．ル

イ・ナポレオンの心変わりが唐突にバロー内閣を終わらせ，したがってまたトクヴィルの外相としての短い任期をも終わらせた後になって，やっと紛争は解決し，リーヴスは公使として着任した．こうしてトクヴィルは生存中二度にわたって仏米間の公的外交関係における深刻な断絶に個人的に巻き込まれたのであり，この皮肉なめぐり合わせはおそらく彼に何らかの影を落としている．

　ルイ・ナポレオンのクーデター後，政界から引退するとともに，傑出した知的存在としてのトクヴィルの名声はフランスで大きくなるばかりであった．1850年代に権力の地位に上った世代のアメリカ人もまたトクヴィルを崇拝するに至った．チャールズ・サムナーはその一人で，彼は若き改革者として刑務所と行刑制度に関してトクヴィルから多くを学んでいた[60]．「カンザスに対する犯罪」演説の後に上院で襲われた時に受けた傷を癒すかたわら，彼は1857年にヨーロッパを旅行した．彼はパリにトクヴィルを訪ね，ノルマンディーの彼の館にも滞在した[61]．二人は親しい友人となった．サムナーは，人生は「自己犠牲の精神をもって勇を鼓してとりかかるべき真剣な仕事である」というトクヴィルの言葉を好んで引用した[62]．

　サムナーはまたフランシス・リーバーの近しい友でもあり，トクヴィルは彼の刑務所報告をリーバーが扱ったやり方に納得していなかったにもかかわらず，彼との接触をずっと保っていた．リーバーはサウスカロライナ大学ですでに教職に就いており，そこで，『政治倫理』 *Political Ethics* (1838) と彼の古典的著作『市民的自由と自治政府について』(1853) の著者として名声を確立していた[63]．1856年に，彼はコロンビア大学に講座を得，これを歴史と政治学のための講座にさせた．その講座の創設は政治学を学問分野として確立するのに大いに貢献した．ドイツ観念論を別として，トクヴィルの政治学とリーバーの政治学とには大きな類似性があった．両者の考えは多数決原理と平等主義的平準化の弊害に配慮しつつ，政治的諸権利を肯定するという並行する路を進んだ．リーバーは，「アメリカの自由」を「民主主義の絶対主義」から保護するために，「抑制と保証，そして自治」のシステムを信じた[64]．1850年代のアメリカの大学では，トクヴィルでなくリーバーが読まれた[65]．だがトクヴィルの『アンシャン・レジームと革命』が1857年に刊行されると，二人の著者はしばしば比較された[66]．

コロンビアの影響力ある講座を担当したリーバーとともに，アメリカの政治学は変わっていった．トクヴィルが真価を認められる条件が整ったのである．1859 年にトクヴィルが早すぎる死を迎えた後，ボモンによるトクヴィル著作選集の出版は合衆国において広範にわたるトクヴィルの批判的再評価をもたらした．かつては傷つけられるように感じた考えがアメリカ人にとってずっと受け容れやすいものとなったのであり，もし彼らがジョン・スチュアート・ミルを読んでいれば，とりわけそうであった．トクヴィルの死の直前に出たミルの『自由論』はトクヴィルの「多数の圧政」の理論に多くを負っていたのである．ボモンの出版した選集にはトクヴィルのミル宛書簡がいくつか含まれており，それらの手紙は二人の知的交流の深さをなにほどか明らかにしていた[67]．

南北戦争：新しい政治学の成熟

トクヴィルの仕事の再評価に向けてすでに種はまかれていたとはいえ，彼の作品の精密な読解へ人を向かわせたのは南北戦争であった．国家は軍事動員を通じて並外れた力を手中にし，連邦と奴隷制をめぐる戦いはトクヴィルの著作の中心にある自由と平等の間の緊張に照明を当てた．戦争はトクヴィルの政治学，すなわち，自由と平等の関係についての彼の議論を理論の領域から実践に移しかえた．

かつてその先輩たちがトクヴィルを援けたボストン知識人（ブラーミン）の一人にハーバード大学哲学教授で長い間『北米評論』の編集長だったフランシス・ボーエンがいた．1850 年代に，ボーエンは「国家の繁栄」は主に諸制度に埋め込まれたアメリカ人の道徳的な性格の結果だと主張するための武器をトクヴィルの中に発見した[68]．次いでボーエンはさらに一歩を踏み出した．彼は『アメリカのデモクラシー』のリーヴ訳を全面的に改訂した．彼の編んだ 1862 年版は，ボモンの刊行本と共に，トクヴィル復活の舞台を整えた[69]．1860 年代まで，大部分の書評はトクヴィルのテキストをアメリカ合衆国の報道の一級品として扱っていた．1860 年代になると，南北戦争が促した国民全体の良心の探求が『アメリカのデモクラシー』のより深い読解を導いた．トクヴィルの支持者の中でも熱心な人々の中に紛争処理のルールをつくろうとしたものがあった事実は，おそらく，それ以前との若干の違いを生んだ．サムナー上院議員は奴隷制廃止論者で

あった．リーバーは戦争法規の策定をかって出た．彼のテキストは，軍事作戦法規の古典的な成文化であるリンカンの「一般命令100」になった[70]．

わずか23歳のとき，1850年にパリでトクヴィルに会ったチャールズ・エリオット・ノートンは，新たな解釈者の中でも第一の存在であった．ノートンの叔父，ジョージ・ティクナーはすぐれた文学研究者で，アドルフ・ド・シルクール (Adolphe de Circourt) の友人であった．シルクールは当時『アンシャン・レジーム』を準備していたトクヴィルにドイツの諸問題について教示した知識人，社交界の人間であり，シルクール夫人はパリで活発な文芸サロンを開いていた．若きノートンはまだ実業に携わっており，トクヴィルに会ったとき，将来の師に出会っているとは思ってもみなかった．彼がダンテに関する文学作品（リーバーは後に彼の翻訳のひとつを「絶妙」と呼ぶことになる）で称賛を受け，ハーバードでアメリカ最初の芸術史の教授になるのはずっと先のことであった[71]．

南北戦争はノートンを急進的にして，会計事務所からフルタイムの知識生活への移行を速めた．ノートンは，当初，自由はあらゆる法律の尊重を要求すること，たとえ悪法であっても，改正が可能になるまではこれを尊重すべきだということを信じていた．奴隷制度の維持に腐心する国では，この考えには欠陥があることがはっきりした．戦争とともに，ノートンは世間に働きかけ，オリヴァー・ウェンデル・ホームズ・シニア (Oliver Wendell Holmes, Sr.)，若い歴史家フランシス・パークマン (Francis Parkman, 彼は近しい友だった) その他のように，市民参加の政治文化の広範な普及の緊急性を感じた．家族ぐるみの友人フランシス・ボーエンと同じように，ノートンはこの見解の一部についての理論的根拠をトクヴィルの中に見出した．

だがもう一人の家同士の友人で，ハーバードで彼に歴史を教えたジャレッド・スパークスと違って，ノートンは『デモクラシー』の創造には何の役割も果たしていない．彼は1861年にあらためてトクヴィルを読んだ．ボモン版の新しいテキストに刺戟を受けて，ノートンは『アトランティック・マンスリー』*The Atlantic Monthly* にトクヴィル再評価のエッセイを書いた．彼は，トクヴィルの生涯と作品を巧みに物語り，私の知る限りアメリカ合衆国で初めて，トクヴィルの解釈体系を詳述し，アメリカ人が自由と平等を調和させる必要を強調した．

ノートンが見たように，アメリカ人はトクヴィルの時代には先頭に立っていたのかもしれない．だがもはやそうではなかった．トクヴィルを分析して，ノートンはこう書いている．「近代の社会発展の支配原則が民主的平等のそれであったことは明らかである．そうだとすれば，解決すべく浮上した最重要の問題は，いかにして自由を平等と調和させ，今日さらされている危険から自由を救うことができるかであった．言い換えれば，平等は人々を分裂させ大衆を低俗な水準に押し下げて，個人の支配であれ暴民の支配であれ，ある種の専制の樹立に道を開くものだが，逆にこれを自由の促進と確保に役立つものにすることができるかどうかである．」[72]

戦争の最中に，ノートンはこのテーマを追い続けた．彼が周囲に広めたのは単なる「新しい政治学」ではなく，「理想の政治についての学問」であり，それはアメリカの諸原理が意味するものをアメリカ人により正しく感得せしめ，その結果，彼らに「人間の権利を承認させ」，「普遍的教育の原則としての自由と平等への信仰を」育てて，「われわれの巨大な特権に含まれる責任と義務」を印象づけるための学問であった[73]．

ノートンはまたトクヴィルがスヴェチン夫人に宛てて書いた（ボモンが出版した）書簡から着想を得ているが，その中でトクヴィルは男性のみならず女性の教育のためにも公徳は私徳に優越しなければならないと主張していた．女性もまた戦争を戦ったのであり，ここには時代に対する一つの処方箋があった．

トクヴィル復活のためのノートンの努力は，南北戦争の間にいくつかのニューイングランドの雑誌に反響を生んだ．『アメリカのデモクラシー』は，南北分離の原因と連邦の将来を見るレンズとなった．『クリスチャン・エグザミナー』*The Christian Examiner* の書評子はニューイングランドのタウンについてのトクヴィルの議論を引き合いに出して，デモクラシーが存在するのはニューイングランドだけであり，したがって南部の離脱をデモクラシーのせいにはできないと論じた．彼はさらに続けて，英国の保守派が戦争の説明にトクヴィルの多数の圧政論――この場合，庶民の関税反対の強迫観念――を使い，つまりはデモクラシーの欠陥についての彼らの主張を正当化するのにトクヴィルを利用していると不満を漏らした[74]．同時に，アメリカの連邦主義についてのトクヴィルの扱いに対するより批判的な議論もあり，ある書評家は『北米評論』誌上で

トクヴィルは連邦政府の著しい拡大を予測することができなかったと指摘した[75]．

ニューイングランド人の手で，人種の章はようやくトクヴィルが意図した意味を獲得した．トクヴィルは，「インディアンと黒人(ニグロ)」についての議論を第1巻の最後の章にまわして，賢明にもこれをデモクラシーと連邦についての議論から切り離した．彼はこう述べている．「インディアンと黒人は本書の叙述の中にこれまでもしばしば登場してきたとはいえ，私はここで立ち止まって，いままで描いてきた民主的国民とこの両人種がどのような関係にあるかを示さねばならない．」だがトクヴィルは三つの人種についての章で「連合を脅す危険」を指摘し，「連合の存続の見通し」を探ることを意図していた[76]．奴隷制論争が1850年代に加熱するにつれ，トクヴィルは一方では奴隷制廃止論者に，他方では黒人をアフリカに送り返す植民計画の提唱者に引用された．『クリスチャン・エグザミナー』誌はトクヴィルが奴隷制を連邦の維持にとって大きな危険と見ていた事実を指摘した[77]．『自由の鐘』 The Liberty Bell にはトクヴィルの「奴隷制に反対する証言」が掲載された[78]．また，『アフリカの宝庫』 The African Repository はリベリア植民計画についてのトクヴィルの肯定的な議論を引用した[79]．危険が誰の目にもはっきり見えるようになり，人種問題がデモクラシーの将来を決定するに至り，トクヴィルの分析の有意性と力は明白になった[80]．案の定，南部からは，トクヴィルにアメリカ史を「巨大で堕落せる圧政」と見てほしかった，そこでは「真に偉大で高貴なものはことごとく死の影の下に衰え，本質的に卑しく有害なものがすべて花開いてきた」[81]のだから，という長い嘆息が聞こえてきた．

トクヴィルはこうしてアメリカの言論の焦点となったが，それは彼の著作が提起した生きた問題，すなわち平等と自由の調停という課題が，それが最大の意味をもつ国においてついに前面に躍り出たからであった．トクヴィルが1831-32年にアメリカに来たとき，フランスと違ってアメリカの地では，自由と平等という二つの価値が対立していないように彼には思われた．いまや南北戦争はこれをすべて疑問に付しつつあり，トクヴィルの理論の根本的部分の重要性はアメリカの読者によってようやく認識されつつあった．これは大きな一歩であった．

南北戦争に続く時期,サムナーは未来を見通した者としてのトクヴィルの名声を確立するのに大きく貢献した.サムナーは,彼の最後の本,『アメリカに関する予言の声』(1874) の中にトクヴィルについての一章を入れた[82].彼はトクヴィルの有名な予言として,フランスの 1848 年の革命,連邦の解体に果たす奴隷制の役割,そして「どんな想像力をもってしてもその意味合いをとらえきれない,世界でもまったく新しい何か」[83] としてのアメリカ国民の究極的統一を挙げている.だが金ぴか時代(ギルデイッド・エイジ)のアメリカの究極的統一はボストン・ブラーミンが理解したトクヴィル的諸原理の上に築かれ得るはずはなかった.トクヴィルに刺激を与え,同時にトクヴィルを必要ともしたアメリカは消えようとしていたのである.

重要性の低下

ミルが書いたように,「奴隷制を破壊したこと」はニューイングランドの「不朽の栄光」であったとしても,トクヴィルの自由‐平等パラダイムのブラーミン的解釈はアメリカの再建期の後までは残らなかった[84].戦争が終わると,アメリカ人はトクヴィルに自らの懸念を映し出す鏡を見ることをやめた.

新しいアメリカは戦時にすでに姿を現していた.『北米評論』の共同編集者であったノートンは,以前『ネーション』の創刊を援けたことのあるニューヨークの友人,エドウィン・L.ゴドキンにボーエン版の論評を依頼した.1865 年に『北米評論』に寄稿したとき,そのアイルランド系アメリカ人編集者はボストンの友人の貴族的なディレンマを何一つ意識しなかった.ゴドキンから見れば,デモクラシーにとっても精神の生活にとっても,大量移民や西方への拡大を恐れるべきいかなる理由もなかった[85].悪徳資本家と巨大労働階級の時代になる前から,トクヴィルは重要性を減じているように見えた.

ニューイングランドが強調したトクヴィルの通用力が短命であったことは,金ぴか時代の思潮からすれば,驚くべきことではない.トクヴィルに対するヘンリー・アダムズの関係ほど,この点を明らかにするものはない.アダムズは仲間のブラーミンたちと同様に,1850 年代の終わりころ,哲学教授ボーエンのクラスでトクヴィルの見方と方法の影響を受けることになった.だがアダムズがトクヴィルとの密接な個人的つながりを見出したのは,やっと 1863 年のイギ

リスでのこと，すなわちエイブラハム・リンカンが駐英公使に任命した父親の個人秘書を務めていたときのことであった[86]．ヘンリーは兄チャールズ・フランシスに手紙を書いている．「私はド・トクヴィルを私のモデルと考えることを学びました．そして私の私的宗教の福音として彼の生涯と著作を研究するのです．」[87] アダムズがこう自覚したのはノートンがそうしたのと同じころのことであり，後に彼はそのノートンと親しい関係になる．

ヘンリー・アダムズはトクヴィルの中に手本とし，称賛すべき多くのものを見出した．ニューイングランドの卓越性の確認，たいていのものごとに対する著しく両義的な見方，そしてエリートの知恵への渇望といったものである．だがトクヴィルがバランスを希望の方に傾けたのに対して，アダムズは郷愁に閉じこもった．彼はトクヴィルが近代を受け容れたことを無視して，「アダムズが生まれ落ちた階級の生活を仮借なく踏み潰していく」「資本主義体制」にことごとに抵抗することを選んだ[88]．1837年に，ジョン・クインジー・アダムズはトクヴィルに，彼が政権にあったときの猟官制を批判した短い一節を『アメリカのデモクラシー』から除くように頼んだことがある．元大統領はトクヴィルが，孫の目に，消えていくアダムズ家の信仰の「高僧」に見えるとは予想できなかったであろう[89]．

19世紀末になお議論の対象となったトクヴィルは，ゴドキンが指摘したように現在を導くこともなければ，アダムズなら喜んだであろうように，失われた世界を支えることもできなかった．新しいジョンズ・ホプキンス大学の学長で，拡大しつつあるアメリカ高等教育の指導的人物であったダニエル・コイト・ジルマンは『デモクラシー』の新版に付した1898年の序文において，自治と流動性についてのトクヴィルの明るい展望を強調したが，その一方で，企業組織の権力と新しい富が生み出す不平等をも認識していた[90]．だがそうした努力にもかかわらず，トクヴィルは市民一般というより学者にとって重要な存在になっていった．ホプキンスは，博士号の取得に始まる，新しく，より専門化された学問世界のアメリカにおける中心の一つだった．そのホプキンスの歴史学のセミナー，ハーバート・バクスター・アダムズ(Herbert Baxter Adams)が指導するセミナーで，英国から訪れたブライス卿はいささかナイーブに，演繹的で感情的なフランス人〔トクヴィル〕の方法と違って，自分には政治学の鍵があると主

張したのであった[91]．トクヴィルにより相応しい賛辞はアダムズ教授が『ジョンズ・ホプキンス大学研究紀要：歴史学・政治学篇』*Johns Hopkins University Studies in Historical and Political Science* にスパークスとトクヴィルの往復書簡を掲載したことである[92]．これは資料編纂の新手法にぴたりと適合した歴史的文書であった．1848 年の革命についてのトクヴィルの『回想』が彼の死後 1896 年にアメリカで出版されたことは，この名高い訪問者の歴史上の人物としての地位を確認した[93]．こうして，19 世紀におけるトクヴィルの遍歴は終わった．

4. おわりに

　1861 年に，チャールズ・ノートンはトクヴィルが「著者としての名声の頂点に達した」と考えたが，それは解釈と再解釈がますます増幅されていく，より長い道のりの始まりに過ぎなかった[94]．もし『アメリカのデモクラシー』の 19 世紀における受容がなんらかの道案内になるとすれば，トクヴィルのもろもろの定式は，はっきりした脅威に出会いさえすれば，その力が十分に認識されるということであろう．

　20 世紀の初め，トクヴィルの影響は後退した．革新主義者たちの資本主義批判と社会的紛争の修辞に彼の仕事を利用する余地はほとんどなかった．彼らのうちの何人かがマディソンの『フェデラリスト』第 10 篇の埃を払って引っ張り出し，利益団体政治の新しい理論を考案したとしても，トクヴィルの仕事は無視した．だが陽の翳りは短かった．革新主義者の下からの諸力がニューディールに開花し，大規模化した国家がリヴァイアサンと認識されたとき，トクヴィルは「自由加入者の国」[95] のための自発的独立結社の理論家として帰ってきた．トクヴィルは今なお，たいていその資格でわれわれとともにいる．

注

1）　トクヴィルの伝記的情報については，André Jardin, *Tocqueville: A Biography, 1805–1859*, trans. Lydia Davis with Robert Hemenway (New York: Farrar, Straus & Giroux, Inc., 1988), そして筆者が編集した彼についての年表，Alexis de Tocqueville, *Democracy in America*, trans. Arthur Goldhammer, with a chronology by Olivier Zunz (New York: Library of America, 2004)〔以下, *DA*（trans. Goldhammer）と略〕, pp. 878–906 を参照.

2) Alexis de Tocqueville, *Democracy in America*, trans. Henry Reeve, with an original preface and notes by John C. Spencer (New York: Adlard and Saunders; George Dearborn & Co., 1838)〔以下, *DA*（with notes by Spencer）と略〕.

3) Herbert Baxter Adams, "Jared Sparks and Alexis de Tocqueville," *Johns Hopkins University Studies in Historical and Political Science* 16, no. 12 (December 1898): 601.

4) John M. Belohlavek, *Let the Eagle Soar! The Foreign Policy of Andrew Jackson* (Lincoln: University of Nebraska Press, 1985), pp. 90–126.

5) *DA*（trans. Goldhammer）, I, p. 16, note 2.

6) William B. Hatcher, *Edward Livingston: Jeffersonian Republican and Jacksonian Democrat* (Baton Rouge: Louisiana State University Press, 1940), pp. 419–47.

7) Adams, "Jared Sparks and Alexis de Tocqueville," p. 601. スパークスの意見はアメリカの論評において繰り返されている.「イギリス人は, はじめは私たちの政府と諸制度についての『偉大な解説者』に対し賛辞を惜しまなかったが, 作品を詳細に検討した結果, これはデモクラシー一般, 特殊にはアメリカのデモクラシーを非難するものではないと確信すると, 当初の判断は正しくなかったとして, この本は非現実的で, 退屈で, 曖昧であると酷評した. 知的で率直な人々は決してそのような評価はしないであろうその著作自体が出る前に, これらの侮蔑的な批評のいくつかがアメリカで再度公表されたことはわれわれの遺憾とするところであった.」*The New-Yorker* 10, no. 2 (September 26, 1840): 29.

8) N. W. Senior to Tocqueville, 13 February 1835, in Alexis de Tocqueville, *Œuvres Complètes* (Paris: Gallimard, 1951–)〔以下, *OC* と略〕, 6: 2, p. 66; Tocqueville to H. Reeve, 5 June 1846, *OC*, 6: 1, p. 33. 後者の書簡において, トクヴィルはこの本に対するシーニアの悲観主義について言及している.

9) *London Review* 1 (October 1835): 129 [さらに *Westminster Review* 30], A の文字のみが署名されている. ミルの論評は, テオドア・フォスターによって 1836 年ニューヨークで出版された *Foster's Cabinet Miscellany: A Series of Publications on Various Subjects from the Latest and Most Approved Writers* の第 4 巻に再掲された. フィリップス・ブラッドレーは, Alexis de Tocqueville, *Democracy in America*, the Henry Reeve text as rev. by Francis Bowen, further corrected and edited by Phillips Bradley (New York: A. A. Knopf, 1945)〔以下, *DA*

10) Tocqueville to Beaumont, 1 November 1833, *OC*, 8: 1, p. 137, and George Wilson Pierson, *Tocqueville and Beaumont in America* [1938] (Baltimore: Johns Hopkins University Press, 1996), pp. 705–77; Frank Freidel, *Francis Lieber, Nineteenth-Century Liberal* (Baton Rouge: Louisiana State University Press, 1947).
11) Tocqueville to J. Sparks, 14 February 1837, *OC*, 7, pp. 63–64.
12) Gustave de Beaumont, *Lettres d'Amérique, 1831–1832* (Paris: Presses Universitaires de France, 1973), p. 98.
13) J. C. Spencer to Tocqueville, June 10, 1848, Yale Tocqueville Collection, Beinecke Rare Book and Manuscript Library.
14) トクヴィルとの印税取り決めの交渉についての最初の努力は失敗した．Tocqueville to J. C. Spencer, 20 September 1838 and 12 September 1839, *OC*, 7, pp. 70–72, 77–80 を参照．
15) Tocqueville to Madame Swetchine, 7 January 1856, *OC*, 15: 2, p. 269.
16) *DA* (trans. Goldhammer), II, p. 581.
17) Tocqueville to Henry Reeve; compare 5 June 1836, *OC*, 6: 1, p. 34 to 15 September 1839, ibid., p. 48.
18) Tocqueville to Kergorlay, (early) 1835, *OC*, 13: 1, p. 374.
19) *DA* (trans. Goldhammer), II, p. 726.
20) 19世紀のアメリカ人による論評については，末尾の文献目録〔本書では省略〕に加え，フィリップス・ブラッドレーによって作成された(短めの)リスト，*DA* (trans. Reeve-Bowen-Bradley), 2, pp. 392–401, Appendix IV, そして S. Karin Amos, *Alexis de Tocqueville and the American National Identity: The Reception of "De la Démocratie en Amérique" in the United States in the Nineteenth Century* (Frankfurt am Main: Peter Lang, 1995), pp. 276–80 (信頼性に欠ける)も参照．*Poole's Index to Periodical Literature*, Vol. 1, Part 2, K-Z, 1802–1881 (Gloucester, Mass.: Peter Smith, 1963) は，匿名で発表した論者の何人かを特定している．
21) *The Knickerbocker: or, New York Monthly Magazine* 12, no. 3 (September 1838): 257. 論者は，260頁で，冷戦期に頻繁に引用された第1巻末尾におけるトクヴィルのロシアと合衆国の比較に注目している．
22) 1, no. 4 (December 1838): 488. 別の論者はこのように書いている．「我々の制度の形成に与り，今後もこれを保持するに違いない力は深遠にして不変で，限りなく強い．このことを認識できないいかなる洞察力も我々の国民性を読み取るには不

十分である.」*The New-Yorker* 11, no. 8 (May 8, 1841): 125.

23) 19 (March and June 1836): 135.

24) 43, no. 92 (July 1836): 198–99. トクヴィルは，リーヴにこの論評を読んで嬉しく思った旨のことを話しており，それだけアメリカの諸制度についての自分の叙述に間違いがないか恐れていた. Tocqueville to H. Reeve, 21 September 1836, *OC*, 6: 1, p. 36.

25) *DA*, I (trans. Goldhammer), p. 391.

26) Tocqueville to T. Sedgwick, 4 December 1852, *OC*, 7, pp. 146–47; Tocqueville to J. Sparks, 11 December 1852, ibid., pp. 148–49.

27) 19 (March and June 1836): 156–58. 別の論者は，合衆国は「文明の法則」(文明は常に東から西へ伝わる)の証明であり，「現在の世界における支配的な人種の使命」の証しであると書いている. *The New York Review* 6 (January 1840): 157.

28) "European Views of American Democracy," part 2, 2 (1838): 351.

29) "De la Démocratie en Amérique," *The Christian Examiner* 29, 3rd ser. 11 (September 1840): 106; *The New-Yorker* 9 (1840): 145. また，*The Boston Quarterly Review* 4 (July 1841): 323, 326 は，トクヴィルの「ローマ・カトリック教会の原則ではないにしても，虚飾と権力に対して好意的な生来の偏向」を指摘して，これに同意している. さらに，同じ論文には，「ド・トクヴィルが合衆国の中に非常にはっきりと認識した『個人主義』，つまり，あの強烈な自信，あるいは自己の努力と能力への信頼はまさに専制的カトリシズムとは正反対の原理である」と書かれている.

30) 11 (1841): 125. あるいは，「我々の国とその制度，風習を旅行者という旅行者——たいていは，そのようなテーマを全体的に考慮することができない表面的な観察者であり，僅かに集めた材料を下手に要約する連中だ——が歪めて伝えてきたのを見た後で，ようやく我々は記録する目，ものごとを識別する鋭敏な判断力，そして，その形容が偏見からの解放と一般化の大きな能力を保証する限りにおいて，真に哲学的な精神を持った一人の知的な人物の作品を前にしているのである.」*The American Museum of Science, Literature, and the Arts* 1, no. 4 (December 1838): 385.

31) Thomas Hart Benton, *Thirty Years' View; or A History of the Working of the American Government for Thirty Years, from 1820 to 1850*, vol. 1 (New York, 1854), p. 114.

32) *DA* (trans. Goldhammer), I, p. 271. アメリカ人の自負心については，Tocqueville to Beaumont, 1 November 1833, *OC*, 8: 1, p. 137 も参照のこと.

33) *Methodist Quarterly Review* 1, no. 21 (July 1841): 426, 429. これは主として第2巻についての，他の点においては好意的な書評の中の言葉である.

34) Pierson, *Tocqueville and Beaumont in America*, pp. 347–454.
35) Alexis de Tocqueville, *Journey to America*, trans. George Lawrence, ed. J.-P. Mayer (New Haven: Yale University Press, 1960), p. 59.
36) この点で，彼らは，トクヴィルの多数の圧政をデモクラシーに対する攻撃手段として使用しているイギリスの論者と著しい対照をなしている．Edward Everett to Sir Robert Peel, 29 March 1837, in *Sir Robert Peel from His Private Papers*, ed. Charles Stuart Parker, vol. 2 (London, 1899), pp. 333–35, そしてブラッドレーの序文，*DA* (trans. Reeve-Bowen-Bradley), note 49, p. xxxix を参照のこと．
37) *DA* (trans. Goldhammer), I, p. 293.
38) Ibid., p. 288. この点については，Jean-Claude Lamberti, "Two Ways of Conceiving the Republic," *in Interpreting Tocqueville's "Democracy in America"*, ed. Ken Masugi (Savage, Md.: Rowman & Littlefield Publishers, Inc., 1991), p. 7 を参照のこと．
39) Sparks to G. Poussin, 1 February 1841, in Adams, "Jared Sparks and Alexis de Tocqueville," p. 605. また，H. B. Adams, *The Life and Writings of Jared Sparks*, 2 vols. (Boston, 1893), pp. 208–35, "Everett to Peel," および forthcoming volumes of *The Papers of James Madison* も参照のこと．
40) *DA* (with notes by Spencer), p. 452.
41) Benton, *Thirty Years' View*, pp. 113, 227–28.
42) 12, no. 3 (September 1838): 259.
43) 19 (March and June 1836): 153.
44) Ibid., p. 142.
45) 南部の民主党員たちは，「ボストンとフィラデルフィアには，社会の上層部に，もっとも控えめに言ってデモクラシーを不満の目で眺めており，社会の下層部分の政治的影響力を弱めることによって全体の幸福が促進されると考える階層が存在している」と指摘した．*The Southern Quarterly Review* 4, no. 7 (July 1843): 71.
46) *DA* (trans. Goldhammer), I, p. 7.
47) 二人の論者が個人主義についていくらか実質的なことを述べている．*The Boston Quarterly Review* 4 (1841): 323 において，著者は，民主主義の時代における個人主義の増大から生じる「性格や信念の一般的な同化」に向かう逆説的な傾向について論じている．*The North American Review* 52 (April 1841): 532 において，プッサンの本（注58参照）の書評者は，トクヴィルが個人主義はデモクラシーの時代に増大すると予言したのは誤りであった，なぜならばデモクラシーは政党政治を生み，それが民衆を緊密に結びつけるからである，と論じている．彼は，トクヴィルが政党政治の重要な側面を見落としたと論じた最初の論者である．

48) *The Southern Quarterly Review* 4, no. 7 (July 1843): 66–67.
49) Henry C. Carey, *Principles of Political Economy*, vol. 3 (Philadelphia, 1840), pp. 231–50. ケアリーについては, Daniel Walker Howe, *The Political Culture of the American Whigs* (Chicago: University of Chicago Press, 1979), pp. 108–12. ケアリーとトクヴィルについては, Dorothy Ross, *The Origins of American Social Science* (New York: Cambridge University Press, 1991), p. 44.
50) 若干の評者は, モンテスキューの著作について述べているが, トクヴィルの国民性の扱いに対するモンテスキューの影響については論じていない. 国民性が言及されるときも, 議論は表面的である. 例えば, "Original Gossip and Table Talk," *The New York Mirror* 13, no. 36 (March 5, 1836): 282; *Merchants' Magazine* 3 (1840): 443 を参照のこと.
51) "Appendix," *The United States Magazine, and Democratic Review* 5, no. 13 (January 1839): 97–98, and "Appendix: Speech of Charles J. Ingersoll," *The United States Magazine, and Democratic Review* 5, no. 13 (January 1839): 99–144.
52) *DA* (trans. Goldhammer), I, p. 316.
53) Ibid., II, p. 708.
54) July 1840: 21. また, "Democracy in America – Part the Second," *Ladies's Companion: A Monthly Magazine* 14 (1841): 48 も参照のこと.「我々は, アメリカの娘たちが世界のいかなる国より道徳的原則においてより純粋で, 家庭関係ではより熟達していることを証明する, このような作家の証言を誇りに思うべきである.」
55) Cathrine Beecher, *Domestic Economy* (Boston, 1842), p. 27. ビーチャーについては, Kathryn Kish Sklar, *Catharine Beecher: A Study in American Domesticity* (New Haven: Yale University Press, 1973), 市民社会については, Kathleen D. McCarthy, *American Creed: Philanthropy and the Rise of Civil Society, 1700–1865* (Chicago: University of Chicago Press, 2003) を参照のこと.
56) トクヴィルと奴隷制廃止については, *Niles' National Register*, May 20, 1843: 178 を参照のこと.
57) Mary Wilhelmine Williams, "John Middleton Clayton," in *The American Secretaries of State and Their Diplomacy*, ed. Samuel Flagg Bemis (New York: Alfred A. Knopf, 1928), pp. 19–31.
58) Guillaume Tell Poussin, *Considérations sur le principe démocratique qui régit l'union américaine et de la possibilité de son application à d'autres états* (Paris, 1841), p. 173. トクヴィルとプッサンの仲裁を試みた, フランス版についてのアメ

リカの書評については，*The North American Review* 52, no. 111 (April 1841): 529–33 を参照のこと．

59) Guillaume Tell Poussin, *The United States: Its Power and Progress*, first American edition from the third French edition (Philadelphia, 1851), p. 424. フランスでは 1843 年に初版．

60) 彼らの文通は 1838 年に始まっている．*OC*, 7, pp. 69–70. また，David Herbert Donald, *Charles Sumner and the Coming of the Civil War* (Chicago: University of Chicago Press, 1960), pp. 121, 123, 328 も参照のこと．

61) *OC*, 7, 198n., 208n, 217n.

62) "In Memory of Charles Sumner," *New York Times*, March 28, 1881: 3. トクヴィルは，アメリカ旅行中の 1831 年 10 月 14 日，人生とは「我々に課された深刻な義務である」とノートに書き留めている．Tocqueville, *Journey to America*, p. 155.

63) 自治政府を論じるにあたり，リーバーは，1851 年 7 月 8 日フランス議会におけるトクヴィルのフランスの中央集権の弊害についての演説を引用した．Francis Lieber, *On Civil Liberty and Self-Government* (Philadelphia, 1853), I, p. 275. 後の版では，リーバーはトクヴィルの『アンシャン・レジーム』についての注を加えている (Philadelphia, 1877, pp. 196, 254).

64) Lieber, *On Civil Liberty*, I, pp. 172–73, 277. また，George M. Fredrickson, *The Inner Civil War: Northern Intellectuals and the Crisis of the Union* [1965] (Urbana: University of Illinois Press, 1993), p. 24 も参照のこと．

65) Ross, *Origins of American Social Science*, pp. 40–42.

66) "Writers on Political Science," review of *The Old Regime and the Revolution*, by Alexis de Tocqueville, and *On Civil Liberty and Self Government*, by Francis Lieber, *The Biblical Repertory and Princeton Review* 30, no. 4 (October 1858): 621–45.

67) Gustave de Beaumont, ed., *Œuvres et correspondance inédites d'Alexis de Tocqueville*, 2 vols. (Paris, 1861); translated as *Memoir, Letters, and Remains of Alexis de Tocqueville*, 2 vols. (Boston, 1862). 翻訳の論評の中で，レイ・パーマーは自由と平等を結びつけるトクヴィルの考えについて記している．Ray Palmer, "Alexis de Tocqueville," *The New Englander* 21 (1862): 680. C. C. スミスは，トクヴィルが『デモクラシー』第 2 巻のフランスでの受容についての不満をミルに打ち明けていたことを指摘した．C. C. Smith, "Alexis de Tocqueville," *The Christian Examiner* 73, 5th ser., 11 (November 1862): 394–95.

68) Francis Bowen, *Principles of Political Economy Applied to the Condition, the Resources, and the Institutions of the American People* (Boston, 1856), p. 503

におけるトクヴィルと相続法についての論評.

69) 2 vols. (Cambridge, 1862). ボーエンは, 若干の注を割愛し, 他の注についても簡略化しているが, これらは後にフィリップス・ブラッドレーが *DA* (trans. Reeve-Bowen-Bradley) の中で元に戻している.

70) Freidel, *Lieber*, pp. 323–41; David Clinton, *Tocqueville, Lieber, and Bagehot: Liberalism Confronts the World* (New York: Palgrave Macmillan, 2003), pp. 63–71.

71) James Turner, *The Liberal Education of Charles Eliot Norton* (Baltimore: Johns Hopkins University Press, 1999), esp. pp. 85–99, 218.

72) 8 (1861): 553. ノートンは段落の最後に, 「この問題, そしてこれに当然関連する別の問題の研究にとって, 合衆国は他のどこにも見出せない機会を提供した」と書いている.

73) Turner, *Liberal Education*, p. 184, quoting from Norton's correspondence to Frederick Law Olmsted and Jonathan Baxter Harrison in 1863 and 1864.

74) "Democracy on Trial," *The Christian Examiner* 74, 5th ser., 12 (1863): 271–73, 281.

75) E. Brooks, "The Error of de Tocqueville," *The North American Review* 102, no. 211 (April 1866): 324–29.

76) *DA* (trans. Goldhammer), I, p. 365.

77) Joseph Henry Allen, "Prospects of American Slavery," *The Christian Examiner and Religious Miscellany* 57, 4th ser., 22 (1854): 220–21.

78) Alexis de Tocqueville, "Testimony against Slavery," *The Liberty Bell. By Friends of Freedom* 14 (1856): 29–30.

79) "America and Africa," 33 (January 1, 1857): 12.

80) *American Publishers' Circular and Literary Gazette* は, 新しいボーエン版の刊行を伝えて, 「我々が抱えている問題の現状において」三つの人種についてトクヴィルの議論が持つ意義を指摘している. *American Publishers' Circular and Literary Gazette*, November 1, 1862: 10.

81) Albert Taylor Bledsoe, "De Tocqueville on the Sovereignty of the People," *The Southern Review* 1 (1867): 302–52.

82) Charles Sumner, *Prophetic Voices concerning America* (Boston, 1874).

83) Ibid., p. 164. サムナーは, 1864年のフランス語版 (第14版) を使って『アメリカのデモクラシー』第1巻の結論からこの一節を翻訳している.

84) J. S. Mill to E. L. Godkin, in response to Godkin's review of the Bowen edition (see note 83) in Hugh S. R. Elliot, ed., *The Letters of John Stuart Mill* (New York: Longmans, Green and Co., 1910), 2, p. 35.

85) Edwin Lawrence Godkin, "Aristocratic Opinions of Democracy," *The North American Review* 100, no. 206 (January 1865): 202–5, 208, 222–24.
86) Ernest Samuels, *The Young Henry Adams* (Cambridge: Harvard University Press, 1948), pp. 24–25, 136–40. アダムズはジョン・スチュアート・ミルに対し同様の親近感を抱いた.
87) H. Adams to C. F. Adams, Jr., May 1, 1863, in Worthington Chauncey Ford, ed., *A Cycle of Adams Letters, 1861–1865* (Boston: Houghton Mifflin Co., 1920), 1, p. 282.
88) Henry Adams, *The Education of Henry Adams: An Autobiography* [1918] (New York: Viking/Library of America, 1983), p. 1035. アダムズの著作におけるトクヴィルの持続的な影響については, J. C. Levenson, *The Mind and Art of Henry Adams* (Stanford: Stanford University Press, 1957), pp. 126–27, 146–47 を参照のこと.
89) H. A. to C.F.A., May 1, 1863, in Ford, ed., *A Cycle*, 1, p. 281.
90) Daniel Coit Gilman, Introduction to *Democracy in America*, by Alexis de Tocqueville (New York, 1898), pp. xxix, xxxii; and idem, "Alexis de Tocqueville and His Book On America: Sixty Years After," *Century Illustrated Magazine* 56, no. 5 (September 1898): 710–11. この二つのテキストは大幅に重複している.
91) James Bryce, "The Predictions of Hamilton and de Tocqueville," *Johns Hopkins University Studies in Historical and Political Science* 5, no. 9 (September 1887): 347–49, 351–53 を参照のこと.
92) Adams, "Jared Sparks and Alexis de Tocqueville."
93) フランス語版は 1893 年に出版された.
94) *Atlantic Monthly* 8 (1861): 555.
95) ピアソンは, ニューディール期に記念碑的著作を着想し, 1938年に出版した. アーサー・M. シュレジンガーは, 自分の論文でこのテーマを取り上げた. Arthur M. Schlesinger, "Biography of a Nation of Joiners," *American Historical Review* 50 (October 1944): 1–25.

(松本礼二 訳)

II–2　トクヴィルあるいはヨーロッパの不幸な意識

フランソワーズ・メロニオ

　ヨーロッパ人にとってトクヴィルは，〔『アメリカのデモクラシー』が出た〕1835年以来，代替的政治モデルの見取り図を示してくれる作家である．『アメリカのデモクラシー』はもう一つの政治の提案として読まれ，アメリカの経験はヨーロッパの歴史の特殊性を対比によって浮き彫りにする「他所」になった．1世紀半前からヨーロッパ人は，トクヴィルによって比較研究の手ほどきを受けてきたわけである．比較することでアメリカを貶める場合もあれば（アメリカ批判はフランスの国民的伝統である），逆にヨーロッパの遺産を批判的に問い直す場合もある．19世紀の小説家バルベ・ドールヴィリは，トクヴィルの著作は「ため息橋」だと言った．人はトクヴィルを読むことで，自国の歴史を思い涙するというのである．トクヴィルの著作には迷妄を打ち破る力があるが，その効能に気づくには，その著作の命運をアメリカ人がほどこしてきた解釈と突き合わせてみるのが一番である．というのは，アメリカ人がトクヴィルを読むのは，もっぱら自分たちのアイデンティティを確認し自信を強めるためだからだ．トクヴィルは，ヨーロッパでは米欧比較の作家だが，アメリカではもっぱらアメリカの作家なのである．

1　アメリカの名誉市民トクヴィル

　1世紀半前にトクヴィルはアメリカに帰化したに等しい．その著作はアメリカでは国民的遺産の一部をなしており，人々はトクヴィルの中に繰り返し，合衆国の永続的な偉大さの誕生の秘密とその約束を読み取ってきた[1]．
　『アメリカのデモクラシー』はかなり前からアメリカの大学教育の古典になっている．ここで古典という語は，学校で教えられる本，教養ある大人は当然読んでおり，読むたびに新しい発見があるとされる本を指す．実際には，かくも

無味乾燥な読書の退屈を避けて通る者が多いのだが．トクヴィルの引用からなる 50 点もの教科書やインターネットで受講できる多くのコースが，近年のトクヴィル関連教材のインフレぶりを示している．1995 年に青少年向けに『デモクラシー』に関する一連の番組と教育資料を放送した公共チャンネル C-SPAN のイニシアティブに見られるように，アカデミックな熱狂は大学の枠を越えている．アメリカ全土を巡回するキャラバンによって大いにメディア化されたこの番組は，トクヴィルに関する詩やエッセーや風刺画のコンテストを伴うものだった．この「アクティブ」教授法は，詩や風刺画の素材にはなりにくいテクストに青少年が親しむのを助けた．

　トクヴィルが古典作家であることは，アメリカの政界でさまざまな立場の正統化にトクヴィルの権威が頻繁に利用されることでも明らかである．格言への嗜好もあって，トクヴィルの著作は演説の初めや終わりに用いるには格好の，尽きざる引用の宝庫になっている．演者のイメージは優れた古典作家の庇護によって膨らみ，その言葉は政治思想の 200 年の伝統に根差すことで重みを増す．そういうわけで，クリントンは 1995 年 1 月 24 日の年頭教書でトクヴィルを引用したが，1 月 4 日には共和党のニュート・ギングリッチ下院議長が，会期の冒頭演説で既に引用している．米議会記録を調べると，箔付けのためにトクヴィルを引用するのが恒例化していることが分かる．1995–96 年の第 104 回議会で 45 件，うち共和党議員によるものが 27 件，1997–98 年の第 105 回議会で 50 件，1999–2000 年の第 106 回議会で 28 件，2001–2 年の第 107 回議会で 33 件，2003 年の 108 回議会では 2004 年 1 月までで 18 件を数える．演説のテーマは歴史から経済・税制，社会問題（学校教育，宗教，家族）ときわめて多岐にわたる．引用は適切でないこともあり，ギングリッチがトクヴィルを減税の主張の根拠づけに使っているのには驚かされる．トクヴィルは「小さな国家」の唱道者に数えられないよう注意を払っていたからだ．もっとひどいのは，アメリカで最も有名なトクヴィルの引用である．「アメリカは善であるがゆえにアメリカは偉大である．アメリカは善であることをやめるとき，アメリカは偉大であることをやめる．」[2] よく引かれるこの言葉は捏造であって，トクヴィルのものではない．出典は 1941 年に出た宗教とアメリカの夢に関する本だが，11 年後にアイゼンハワーがあるフランスの大思想家のものとし，1982 年にはレーガ

II-2 トクヴィルあるいはヨーロッパの不幸な意識

ンがトクヴィルの言葉として引用し，94年，95年にはクリントンが，96年にはブキャナンが立候補宣言で引用した．演説から演説へ，トクヴィルの名は民主主義のソロモンとして，集団的叡知が生んだ格言に高貴さを与えるのに役立っている[3]．間違いだからといって，この引用がきわめて意味深いことに変わりはない．正しい引用と同じだけ，あるいはそれ以上に，この引用は道徳的価値に基礎をおくアメリカ的アイデンティティの礼賛を狙っている．ネーションは道徳的価値に忠実であることを求められ，それに背けばネーションは滅びる．トクヴィルへの参照はアメリカ合衆国の「明白な運命」Manifest Destiny を強めるものであり，ヨーロッパ人による賞讃はその運命をさらに「明白な」ものにするように思われる[4]．

それだけに，アメリカではトクヴィルを比較の展望のもとに読むことは稀である．いくつもの優れた研究はあるが，トクヴィルの著作の中に，ヨーロッパの歴史との比較においてアメリカの経験を理解する鍵を探すことはない．『アンシャン・レジームと革命』や『回想』といったトクヴィルの歴史書は，専門家のサークル以外では関心を呼んでいない．アメリカのトクヴィル読解はコンテクストから離れた読解なのである[5]．アメリカ人はフランス発のトクヴィルの『デモクラシー』や，もっと後では英国発のジェームズ・ブライスの『アメリカン・コモンウェルス』（1888年）の中に，自尊心をくすぐる鏡のように自分の姿を映してきた．アメリカ人は外国人による著作を介して自分自身を理解する術を学んだが，「他者」のまなざしとその文化的距離は，好意的評価の客観性を保証するためにのみ存在する．アメリカの一般公衆が関心を寄せるトクヴィルは，フランスの思想家トクヴィルではない．特殊な歴史をもち，ヨーロッパでの議論において占めるその位置によって理解すべき存在ではない．こう言ったほうがよりれば，トクヴィルのフランス人の貴族という資格は，彼のアメリカ礼賛の価値を高からしめる限りにおいて意味をもつ．アメリカの偉大さに改宗した貴族，偉大な革命的ネーションの出身者としてもう一つの革命を理解し，そこに「歴史の終わり」を読みとったとさえ言われるフランス人．こうしてトクヴィルは，旧大陸から新世界への「知と権力の移転」の特権的証人として利用される．彼は，ケベック人やラファイエット侯爵，ワシントンの都市計画者ピエール゠シャルル・ランファン少佐，自由の女神の彫刻家バルトルディなどとともに，

「フランスの遺産」French Heritage すなわちフランス移民の恩恵の中に数えられている[6]．逆説的なことに，合衆国におけるトクヴィル読解に対する歴史家の関心の中心にあるのは，それによって両大陸間の文化交流が明らかになる点というよりは，アメリカ人が 150 年前から抱いてきた自己像の問題性があぶり出される点にある．

　こうしたトクヴィルのアメリカ化は驚くべきものであり，本人も予想していなかった事態である．彼はアメリカの読者の評価を気にはしていたが，アメリカ人のために書いたわけではない[7]．彼の目的は，アメリカの政治的経験からヨーロッパ人にとっての教訓を引き出すこと，すなわち絶対主義から脱け出たか脱け出そうとしている社会にとっての教訓を引き出すことだった．トクヴィルは民主主義への移行の思想家たらんとしたのであり，この目的によってのみ彼の全著作を結ぶ繋がりは理解可能になる．『アメリカのデモクラシー』はヨーロッパ人に彼らの未来のありうべき姿を提示し，「フランスのデモクラシー」と題されるはずだった『アンシャン・レジームと革命』は，絶対主義の過去ゆえに，いかにヨーロッパ大陸では英国式の自由な民主主義の構築が困難かを示している．1835 年以後のヨーロッパにおけるトクヴィル受容の特徴は，比較の視点にある．ヨーロッパ人がトクヴィルを読むのは，彼らがアメリカの方を向いている時期に限られるのはそのためだ．〔1835 年から〕1880 年頃までが一つ，もう一つは，人々がヨーロッパの歴史が世界史の到達点であることを疑いだした第二次世界大戦後である．

2．懐疑の思想家トクヴィル

　アメリカ人が歪んだ鏡をのぞくようにして，『アメリカのデモクラシー』の中に自分の姿を映し見るとすれば，ヨーロッパ人は同じ著作に未知への旅の記録を読み込む．ドイツ人，イタリア人，フランス人にとって，トクヴィルはわれわれ（ヨーロッパ人）と彼ら（アメリカ人）を隔てる距離を指し示し，民主主義の冒険に乗り出す必要を教えてくれる存在である．ヨーロッパ人によるトクヴィル読解をたどれば，アメリカに対する彼らの賛嘆と反発の歴史が素描できる．トクヴィルを読むことは，それぞれのナショナルな伝統の模範性と普遍的射程

を疑問に付すことだからである．

　ヨーロッパにおけるトクヴィル読解は，常に実践的な目的意識をもっている．トクヴィルは，アカデミックな意味での「哲学」書ではなく，政論家 publiciste ないしモラリストの本を書こうとした．彼は危険な状態にある国の人々を支援すべく，最も有効な真実を語ろうとした．その結果，トクヴィルはそれぞれの時代の最も緊急な政治課題に従って読まれた．19世紀においては，ヨーロッパ大陸における彼の著作の受容は状況と党派性によって規定されており，トクヴィル思想の使用の仕方がきわめて多様なのはそのためである．

フランスにおける『アメリカのデモクラシー』

　いくつか例をあげよう．1835年に『アメリカのデモクラシー』第1巻が刊行されたとき，トクヴィルの思想が当時政権の座にあった保守主義者の関心を引くことはほとんどなかった．彼らはトクヴィルを，ヨーロッパ固有の文化を否定し，平等の前進を甘受するものとして非難した．フランス七月王政を支えたギゾーやオーストリア・ハンガリー帝国のメッテルニヒは，トクヴィルの本をアメリカ的民主主義に対する熱狂ゆえに危険な書と断じた．苦悩の思想家トクヴィルは，統治のカルチャーよりも対抗のカルチャーを代表する．彼の著作は，ヨーロッパが新しい時代に入ったと考えるすべての人々の不安に形を与えた．出版後直ちに訪れた成功はそれゆえである．

　フランス以外の国々では翻訳が相次ぎ[8]，フランスではあらゆる傾向の対抗勢力が争って読んだ．ルイ・ブランのような共和主義者も読んだし，エチエンヌ・カベのような空想的社会主義者さえも読んだし，古い君主制を擁護し新しい世界にブルボン王朝の復活をはかる正統王朝派〔レジティミスト〕〔オルレアン家のルイ＝フィリップ王を擁立するオルレアニストの対〕も読んだのである[9]．読者は作品の細かい解釈には足を留めない．彼らが求めるのは解決策，とくに憲法上の解決策である．フランスでの『デモクラシー』の影響は，七月王政下の憲法論議に，次いで1848年〔二月革命後〕の憲法論議に顕著であり（トクヴィル自身憲法起草委員会のメンバーだった），さらには第三共和政初期の憲法起草作業にまでおよぶ．ドイツ諸邦で人々は『デモクラシー』を連邦制憲法の議論に利用した．こうした試みは，しかしながら二つの困難にぶつかり，作品は解決策の指南書にはなりえ

ない．アメリカの憲法モデルはヨーロッパの文化的土壌に移植可能とは思われない．トクヴィルの説明によれば，一方で，アメリカ人は生まれつき平等だから，合衆国は幸いにもすべてご破算の白紙状態から建国できた．他方で，合衆国では清教徒の自由な習俗が自由な制度をつくった．それに対しヨーロッパでは，自由な制度がやがて自由な習俗を生むだろう，と彼は期待した．しかしこの期待は，彼の読者にはにわかには信じがたい．それほどヨーロッパは，その歴史もその習俗も合衆国とは違う．地方権力が封建的支配の記憶に結びつくヨーロッパでは，アメリカ流の地方自治 self-government は危険である．連邦主義には，旧体制下の地方と封建諸侯へのノスタルジーの疑惑がつきまとう．自由な習俗については，読者はほとんどこれを信じない．〔アメリカ流の政教分離と比べれば〕聖職者の国家からの独立は，ヨーロッパではまだ先のことだ．既に1835年から，読者はトクヴィルが宗教の必要を論じる際，「何らかの宗教」が必要としか言わないとして非難した．それが慎重なやり方だとトクヴィルには思われたのだが，フランス人の公式宗教たるカトリックの特別な地位を避けて通るやり方であることは，誰の目にも明らかだった．困難は歴史によるだけではなく，真理の独占を主張するカトリック教会の姿勢にもよる．イタリアの神学者ロスミーニはトクヴィルのよき読者だったが，カトリックの真理が社会の究極の目的ではないとする考えはもちろん受け入れない．トクヴィルは歴史上，教義上の困難を知らないわけではない．だが彼は，カトリックがそれぞれの時代に新しい傾向に適応したように，民主主義にも適応することを期待する．それでもやはり，読者の目には，アメリカにおける宗派の複数性は，カトリックが絶対主義とともに成長したヨーロッパの伝統とは相容れないものと映る．

　以上のような事情から，『デモクラシー』はとりわけ批判的射程をもち，この本がフランスで読者を獲得するのは第二帝政の幻滅の時代，それも『アンシャン・レジームと革命』が出る1856年から第二帝政が倒れる1870年までのことである．この時期は，人々がアメリカ・モデルに魅惑された時期だった．フランス第三共和政が姉妹共和国たるアメリカに寄贈することになる自由の女神像を思いついたのは，トクヴィルの一番弟子といえるエドゥアール・ド・ラブレエである．自由が制限された第二帝政期はまた，分権化や自治や必要な権利保障の観念に人々が魅惑された時期である．自由な民主主義が輝いて見えるの

は，帝政の下でしかない[10]．

　1880年以後，共和政の基礎が固まるや，トクヴィルの著作は無用のものになったように見える．告発すべき目立った権力濫用も要求すべき権利主張もなくなったからである．リベラルという語は過去のものとなった．フランスは民主主義への移行を果たし，普通選挙は定着し，「境遇の平等」より社会問題に関心が移ったかに思われた．トクヴィルの形象が復活するのはごく短期間のことになる．1893年，カトリック勢力が共和国に接近する「ラリマン」の時期がそれである．この時期カトリックは，「アメリカニスム」と呼ばれる啓蒙と結びついた宗教モデルの可能性を検討した．その直後に起こるドレフュス事件が，ラリマンに対する反動の役割を果たしたことはよく知られている．ドレフュス事件は，共和国に賛同し加担する人々と民主主義を拒否するナショナリストを激しく敵対させた．アクション・フランセーズのナショナリストにとって，トクヴィルは，シャルル・モーラスが書いたように「犯罪者」であり，「哲学的害悪を流す最も危険な人物」である[11]．彼らはトクヴィルを，回避することが不可能ではない民主主義に臆病にも加担した人物として告発し，「ドルと屑鉄とハム・ソーセージのピラミッド」[12]に過ぎないアメリカ型共和国を礼賛したかどで糾弾した．南北戦争後のアメリカは1831–32年にトクヴィルが訪ねたアメリカとは無縁であり，『アメリカのデモクラシー』はアメリカ政治のベデカー〔ドイツのベデカー社刊の旅行案内書〕としてはもはや使えないというのである．

　以後，1890年から1945年まで，『アメリカのデモクラシー』は忘れられたと考えていい．トクヴィルは境遇の平等よりは境遇の平等化の思想家であり，民主主義というよりも民主主義への移行ないし民主主義の力学の思想家である．『デモクラシー』という本は，19世紀という歴史的時代の産物である．ヨーロッパ人が他のモデルについて，もっと言えば合衆国という代替モデルについて思いを巡らした時代の産物なのである．

英国と大陸における『アンシャン・レジームと革命』

　1856年刊の『アンシャン・レジームと革命』もまた，もう一つのモデルを探すヨーロッパ人の不幸な意識ゆえに重要性をもった本である．今日では政治書というより歴史書のように思われるため，その証明はより難しく見えるかもし

れない．この歴史書はしかし，英国の自由主義的伝統と大陸の絶対主義的伝統を対比する比較の考察を含んでいる．トクヴィルは，ヨーロッパが自由主義と絶対主義の二つの異なる政治的伝統に分岐する起点を14世紀におく．14世紀のヨーロッパは，一つの国から他の国々の状態を推論できるほどかなり画一的だった．当時は，「フランスの政治制度と英国のそれとの間に一連の類似」が確認されるのだが，その後「両国の運命は二手に分かれ，時が経つにつれますます似て非なるものになっていく」[13]．一方では，平等と結びついた自由の自然で規則的な成長がある．それが，封建制から貴族制の英国へ，さらには「英国的習俗と憲法の基底をなす共和国的要素を拡大発展させた合衆国へといたる英米軸である」[14]．この自治の自由主義的伝統から大陸が保存したのは，わずかに「三部会地方」[訳注1]における自治の痕跡ぐらいなものである．

というのは，大陸は，平等が絶対主義的統治の庇護の下に育つという，英国とは別の道をたどったからである．フランスはこうした大陸型病理の最も進んだ現象を提供し，ドイツとロシアは同じ病理の最も古い形を提示する．

トクヴィルは「1836年のヴュルテンベルクで起こったことと1788年のフランスで起こったことの間には，とりわけ農民の地位と土地保有に関して大きな類似があり驚く」と言っている．さらに続けて，「1788年のフランスの事情を理解する最良の方法はフランスの資料にあたることではなく，ドイツの書籍を研究することである．フランスの資料は当時の事情を古い形において，しかも古い発想で扱っており，引き合いに出される諸制度はすっかり破壊されているため，われわれがいま目にしているものからそれを理解することは難しい．それに対しドイツの本は，古い制度の只中にあっても現代的発想で今日書かれたものであり，過去の姿を直ちに明確に浮き上がらせ，それを理解させてくれる．」[15]

ロシアはドイツ諸邦よりさらに遅れている．しかしロシアは既に「啓蒙と自由を差し引いたアメリカであり，人々を恐れさせる民主主義社会」[16]である．そこでは旧制度下のフランスと同様，名望家が自分の領地に住まなかったため，非効率的で不経済な官僚制の抑圧的策謀を許した．こうして1856年にトクヴィルは，1835年に〔『デモクラシー』第1巻の末尾で〕指摘していた合衆国とロシアの有名な並行関係に立ち返るのだが，今度はその歴史的根源を突き止めようとす

る．ヨーロッパ諸国の運命はその過去の中に書き込まれている．革命と社会主義の地図は絶対主義の地図と重なる．18世紀フランスの小集団からなる社会は既に社会主義社会の下絵である．国家と，国家が空の高みから支配する小さな「個別集団」の間には，「巨大で空虚な空間以外に何もない．個々の集団には早くから，国家が社会機構を動かす唯一の発条，公共生活の唯一必要な行為主体と映った．」[17] かくてトクヴィルは1856年に，既に1835年に「予言的」な形で述べていた大きな地政学上の対立を，過去の中に確認する．その対立とは，「想像力によってもその射程を把握することができない」「神の摂理の密かな企図」による地政学的対立であり，二つのタイプの政治社会を対立させる対比図式である．アメリカ・モデルの自由主義社会が一つ，ロシア・モデルの専制的社会がもう一つ．

> その目的を達成するため，アメリカ人は個人的利益に訴え，個人が力を揮い理性を働かせるのに任せ，それを規制することはない．
> ロシア人は，いわば社会の全権を一人の人間に集中させる．
> 前者の主たる行動手段は自由であり，後者の主たる行動手段は隷属である[18]．

トクヴィルの本がなぜヨーロッパで大きな意味をもったかは理解できるだろう．ただし英国と大陸で影響はまったく異なる．合衆国では，ティクナー，バンクロフトやスパークスといった大歴史家の賛辞にもかかわらず，著作は反響を呼ばなかった．校正刷り段階でジョン・ボナーによって英訳され1856年に刊行された『アンシャン・レジーム』は，1876年に第2版が出るが，第二次世界大戦まで再版されず，その後もほとんど研究されることがなかった．「フランス革命についての本はアメリカでヨーロッパほどの関心を引き起こすことはありえない」とトクヴィルは書いている．それに対しヨーロッパでは「フランス革命は大陸の諸国民それぞれの特殊な歴史の重要な一部をなしており，フランス革命について語るとき，直ちに自分たち自身について顧みることなしには何ひとつ論じられない．」[19]

英国では大陸以上の成功を博した．1856年に初版1000部を刷った後，1873

年に第2版，1888年に第3版が出，以後1904年，16年，25年，33年，47年，49年，52年と版を重ねる．新聞の書評はきわめて好意的であり，イギリス人はこの本に，フランス人の隷属状態との比較によって浮き彫りになるイギリス人の美徳を映す鏡を見出した．『アンシャン・レジーム』は一挙に大学教育の古典となり，次の世代のアクトン卿，ヘンリー・シジウィック，ジェームズ・ブライス，ヘンリー・サムナー・メインやウィリアム・メートランドといった歴史学者や政治評論家に甚大な影響を与えた．しかしこの大学の古典はもっぱら歴史書として読まれ，政治書として読まれることはなかった．このことについてはトクヴィル自身，1856年8月29日の手紙でこう書いている．「英国で出た拙著の書評で最も注目されない点は，本の基調をなす自由な精神のように思われます．ところが，これまで私の見るところ，フランスの批評家を最も強く打ったのはこの点なのです．彼らが引用するのは，この自由な精神を最もよく表現する断章にほぼ限られます．したがって，私が自由のために述べたことに読者が最も心を動かされたのは，自由な国民においてではなく，隷属した国民においてであるようです．」[20]

『アンシャン・レジーム』はしたがって，平等が絶対主義と結びついた大陸ヨーロッパにおいてのみ，固有の意味で政治的射程をもった．トクヴィルはフランスで，ドイツで，ロシアで，複数の絶対主義の歴史を検証した．ドイツ人とロシア人は『アンシャン・レジーム』を読むことで多くを学んだ．フランスの過去を記述すると同時にドイツとロシアの現在を記述していたからである．ロシア人にとってトクヴィルの本は，現実的課題に答えるアクチュアルな本だった．ロシアはヨーロッパの他の国々に比べ遅れていた．ロシアの旧体制はピョートル大帝，次いでエカテリーナ二世によって18世紀末にようやく形を整えた．これらの君主にとって不幸なことに，ロシアの旧体制の絶頂期は，ヨーロッパ中を興奮の渦に巻き込んだフランス革命と時期的に重なる．エカテリーナはフランス革命の歴史を教えることを禁止した．1789年から1861年の大改革にいたるまで，ロシア国家はフランス革命の亡霊を遠ざけるのにやっきとなったが，かかる引き延ばし戦術は，いや増す困難にぶつかった．1825年から55年まで皇帝だったニコライ一世は農奴制の問題を解決できなかったし，貴族を近代世界に参入させることにも成功しなかった．ニコライ一世が死去し，ロシアの敗

色が濃かったクリミア戦争が1856年のパリ講和条約で終結するや，危機が広がり，後継の皇帝アレクサンドル二世(在位1855-81年)は農奴解放(1861年)，行政司法改革(1864年)など一連の改革を断行することになる．フランスの先例が人々の心をこれほど捉えたことはかつてない．

『アンシャン・レジーム』が読まれたのは，まさにこの過渡期の時代である．ロシアでは『デモクラシー』はさほど関心を引かなかった．既に民主的な政体にとってしか意味がない本と思われたからである．『アンシャン・レジーム』は時宜を得た本だった．ロシアの読者は，トクヴィルがロシアの歴史について考察したとは知らぬまま，彼ら自身の社会について考えるための要素をこの本から引き出した．トクヴィルは1835年にアメリカ人にとってのモンテスキューだったように，『アンシャン・レジーム』によってロシアに欠けていたモンテスキューの役割を果たすことになる．トルストイは，後の『戦争と平和』の端緒となるデカブリスト小説[訳注2]を準備していた1857年4月にトクヴィルを読んで，進行中の改革運動をフランス革命との類比で理解しようとした．彼はトクヴィルから，貴族による不在地主制は中央集権の増大と相即的であり，専制を助けるという考えを汲み取った．逆に，マルコフのようなロシア大貴族はトクヴィルの読解から家父長制秩序の復活が必要だという観念を引き出した[21]．

トクヴィルの本が関心を引いたのは，貴族の不在地主制批判よりも，絶対主義国家批判によってであった．クリミア戦争以前に地方では無政府状態が支配的だったが，ロシアでは制度的再編の必要性についての議論は乏しく，諸外国の経験に学ぼうとする気運はさらに乏しかった．『アンシャン・レジーム』は改革への最初の提言が生まれるきっかけとなった．フランスの読者がとくに注目したのは，国家による市民社会の圧殺への批判であり，地方議会の効験については考察を怠った．フランスでは地方公共団体の再生を唱える者は，ごく最近まで「連邦主義」の疑いをもって見られ，かかる非難は政治生命を台無しにしたのである．ロシアではスラブ派と中央集権派は，フランス人が無視したまさにこの点をめぐって対立した．ウラジミール・チェルカッスキー公は1857年春『ロシア談話』 *Russkaia Beseda* 誌に発表した論文で，地方議会の自治の理想をロシアで実践に移すべきことを提言した．スラブ派にとってトクヴィルは舶来品として珍重された．逆に中央集権派は，地方自治により国家的統一が損

われる危険を強調した．こうしてチチェーリンは『イギリス・フランス論集』〔1858年〕において，『アンシャン・レジーム』を，とりわけラングドックに関する補遺を激しく批判した[訳注3]．

1858年春，アレクサンドル二世が一連の改革を決意したとき，『アンシャン・レジーム』が改革者たちに喚起したのは，君主が臣民たちの負担を軽減しようとする時ほど君主にとって危険な時はないということである．トクヴィルの読者のうちには，内務大臣の下で行政的地方分権化の計画を練ったミハイル・サルティコフがいた．彼は40年代に既に『デモクラシー』を読んでいた．また，兄のアレクサンドル二世によって農奴解放と行政改革の秘密委員会の長に任命されたコンスタンチン・ニコラエヴィッチがいた．しかし，トクヴィルの成功は政治的局面によるところが大きく，長くは続かなかった．1861–64年の大改革で，ロシア史の流れはフランス史の流れとは異なる方向に向かった．60年代末にフランス革命が大学教育のカリキュラムに登場し，トクヴィルの本が一部の歴史家の「真の信仰」の対象になったとき，進歩派の精神に対するその政治的影響は弱まる．フランス革命に対する世論の関心が遠のいた徴であり，この傾向は1905年の危機〔第一次ロシア革命〕の後さらに強まる．

ドイツでは『アンシャン・レジーム』は1857年にライプチッヒで刊行され，1909年にフランクフルトでルイ・アンドレによる注釈付の縮約版が出，1914年には新しい完全版が出る．ドイツはロシアよりずっと早く1848年に革命を始めたが，1856年に革命が完成していたわけではない．『デモクラシー』は情熱的な論評の対象になったが，保守派の無理解に出会っていた．『アンシャン・レジーム』も同じだけの関心を引き起こしたが，誤読は少なかった．ビスマルクによるドイツ帝国の樹立〔1871年〕に先立つ数年間，『アンシャン・レジーム』は，近代的政体において望ましい国家形態は何かという『デモクラシー』の問いを新たに投げかけた[22]．こうした受容の研究は世界の他の地域についても行うことができるだろう．中東欧では，トクヴィルの独自性が純理派〔ドクトリネール〕〔王政復古期の自由主義的反対派，ギゾーやロワイエ＝コラールが代表〕とあまり区別されない嫌いはあるが[23]，その著作は民主主義への移行とそれに必要な適応についての考察を助けた．長期にわたりヨーロッパの絶対主義と分かちがたい歴史を有する中南米諸国でも，受容のされ方は同じである[24]．

こうしてヨーロッパでは,『アンシャン・レジーム』は20年前の『デモクラシー』と少なくとも同じだけ熱狂的に迎えられた．イギリス人はこの作品によってイギリス的自治の効能とフランス人の有害性を自明のこととして再確認しようとした．大陸のヨーロッパ人たちは，トクヴィルの本により過去を通して彼らの未来を読む術を学んだ．フランス人，ドイツ人，ロシア人にとって，アンシャン・レジームと革命の歴史はいまだ生々しい記憶と学問的歴史の道半ばにあり，その帰趨がまだ確定していない歴史だった．ヨーロッパ中で権威主義的政体が，国家理性によって普通法に，国家主権によって自治に鋭く対立していた時期に，断ち切るべきではないかと人々が自問する眼前の歴史だったのである．

3.「古典作家」トクヴィル？

19世紀にはトクヴィルは古典作家ではなかった．その著作は，時代を経ることで価値が出る記念碑ではなかった．彼は政論家として，自分が生きている時代と切り離せない同時代についての思索家として読まれた．19世紀末に彼が顧みられなくなったのはそのためである．トクヴィルが分析した世界は，彼の読者たちの世界とはかけ離れてしまっていた．デュルケムを筆頭とする世紀末の社会学者たちがトクヴィルを古くさいと判断したのも無理はない．しかも彼の分析視角は批判的なものであり，ヨーロッパ人たちの集団的文化教養を育て，彼らに国民的矜持を与えるには不適当だった．不幸な意識は共通の遺産の基礎にはなりにくい．例えばフランスでは，トクヴィルは共和国の生みの親のひとりではなく，フランス史の巨匠のひとりですらないと考えられている．フランス革命史を専門的研究分野とし制度化したのは，第三共和政である．政府任命による革命史委員会が設置され，ソルボンヌに革命史講座が開設されたのは1886年のことである．講座の初代教授アルフォンス・オラールはトクヴィルを引用せず，革命史研究の外に遠ざけた．オラールの革命史は，革命によって生まれたという栄光を共和政に付与することで政体を盤石のものにしようという共和主義者たちの意志に合致した．ところがトクヴィルの著作は，〔革命による解放と断絶ではなく〕隷属の連続性を実証する性質のものだった．

したがって，1960年代になってトクヴィルがフランスで（いやヨーロッパの他の国々でも）大学教育に入り込み，90年代には学校教育にまで浸透したのは，驚くべきことである．こうした「古典」の仲間入りは，新しい読解が進んだ結果である．

　トクヴィル復興の段階はよく研究されている．それはフランスの知識人がアメリカに関心をもち，アメリカの大学人と接触するようになったことで始まった．レイモン・アロンは，1950年代末に，アメリカ研究者として，革命と民主主義の社会学者として，政治的リベラルとしてのトクヴィルにどのように出会ったかを自ら語っている[25]．この発見は遅すぎる発見だった．アロンはドイツ哲学によって知的形成を果たした人であり，彼がトクヴィルの「遠い子孫」だと名乗るとき，その系譜は後から再構成されたものとして理解すべきである．トクヴィル再発見は，〔その分析の正しさが最近になって明らかになるという〕歴史の巡り合わせによるものであり，アロン自身，1967年の著作『社会学的思考の流れ』〔トクヴィルに重要な一章が割かれている〕が大きな役割を果たしたとは認めていない．「1835年にアメリカは平等化革命の先頭を切っていた．1955年にアメリカは生産性の競争の先頭を走っていた．再びアメリカはわれわれの未来を告げていたのである．」[26] トクヴィルが立てた自由な民主主義と隷属の民主主義との対立は，第二次大戦後の自由な産業社会と全体主義の産業社会の対立と重なる．「トクヴィルの立てた諸々の問いは，マルクス主義思想の支配とヨーロッパ内部の対立によって抑圧され覆い隠されてきたかに見えていたが，今や歴史の皮肉な巡り合わせによって，そのアクチュアリティを回復した．」[27] アロンはトクヴィルから，全体主義の経験によって重要になった問いを救い出す．社会的平等についての考察，平等な社会における自由か隷属かの選択についての考察である．1970年代以降，トクヴィル読解の軸は政治システムの研究よりも平等な社会の研究に移動した．1995年にトクヴィルが，社会学者アンリ・マンドラスのおかげで，デュルケム，マルクス，ウェーバーと並んで高校の経済社会科学のプログラムに入ったのも納得できる．デュルケムは社会的絆に，マルクスは階級闘争に，ウェーバーは合理化に，トクヴィルは境遇の平等に結びつけられる．境遇の平等に関する彼の分析は，現代世界にとっても貴重だと教科書の著者たちは判断したのである[28]．

II-2　トクヴィルあるいはヨーロッパの不幸な意識

　歴史家たちにとっては，トクヴィルは再発見すべき作家などではない．彼が完全に忘れられたことはないからだ．しかし，トクヴィルがフランスの歴史記述で中心的位置を占めるのは，1980年代のことである．レイモン・アロンのあとフランスでトクヴィル全集編集委員会の監修者になるフランソワ・フュレもまた，アロン同様，ドイツの歴史哲学と距離を取り，トクヴィルを遅れて発見した歴史家である．アロンの全体主義に関する考察は，フュレのフランス革命に関する考察に受け継がれた．フュレはフランス革命を，アメリカ革命と，彼がかつて魅せられたロシア革命という二つの革命との比較によって解釈した．決定的瞬間は1989年のフランス革命200周年に訪れる．記念事業はミッテラン大統領から，1886年に共和国がソルボンヌに設置した革命史研究所に公式に委託された．ところが1989年に勝利したのは〔修正主義者〕フランソワ・フュレの解釈であり，フランス的伝統の批判的検討であり，さらに正確に言えば「フランス的例外」という観念への異議申し立てだった．1990年代になるとヨーロッパ諸語へのトクヴィルの翻訳が相次ぐ．とくにベルリンの壁崩壊後の中東欧では盛んに翻訳が行われた．『アメリカのデモクラシー』はフランスで高校教員の採用試験プログラムに二度取り上げられた．2003年の哲学のアグレガシオン，2005年の古典および近代文学のアグレガシオンである．こうして本は「古典」になった．

　古典になったということは，作品の読解が変わったことを意味する．トクヴィルの作品は19世紀を通して党派間の争いに巻き込まれた．今日なおその現象は見られる．〔アメリカでは一部で〕米欧を隔てる距離の無理解の上に，フランス人の大多数が認めたがらない世界のアメリカ化を正当化するため，トクヴィルが誤って援用されている．フランスでは作家の生誕200年が，地方自治体で，大学や学術機関で，1959年の没後100年のときよりも盛大に祝われているが，大統領や首相がオマージュを捧げることはない．トクヴィルの記憶は，例えばヴィクトル・ユゴーのそれと比べれば，国民的コンセンサスにはなっていないのである．しかし，トクヴィルの作品をめぐる政治的加熱ぶりは今や冷めたと言える．作品は解釈の争いの渦中にあるが，党派間の争いの焦点になることはめったにない．その意味で，トクヴィルの作品は「古典」になった．複数の読解を許し，歴史の局面によって姿を変え，相貌を新たにする傑作になった．読

む者をして考えさせ語らしめ，読者に自分たちの経験を，自分たちの歴史を反省によって対象化させる．このような，われわれの現在を解釈する上での豊かさは，われわれを著者から隔てる歴史的距離——解釈学的方法がとらえる距離——によってのみ可能になる．トクヴィルの作品は50年ほど前から，それ自体として，歴史家や文献学者がそのコンテクストにおいて理解すべき研究対象となっており，専門的学識にもとづく校訂を経て，ガリマール社から全集が刊行されている．こうしてトクヴィルは大学のカノンに入り，過去の作品として集団的記憶の中に収められたが，そうした作品こそわれわれの現在について考えさせる力をたえず更新するのである．

注
1) アメリカにおけるトクヴィル読解の最近の総括として次の二論文を参照．James Kloppenberg, "Life Everlasting: Tocqueville in America", *Revue Tocqueville*, vol. 17, n° 2 (1996): 19–36; Seymour Drescher, "L'Amérique vue par les tocquevilliens", *Raisons politiques*, février 2001: 63–76. 次の講演も参照．François Weil, "Lire Tocqueville" (congrès de l'Association française d'études américaines, Aix-en-Provence, 26 mai 2001). 2005年6月10–12日の東京シンポジウムにおけるオリヴィエ・ザンズとジェームズ・シュライファーの報告〔本書第一篇 II–1, II–3〕はアメリカの受容史研究を刷新した．
2) Drescher, "L'Amérique vue par les tocquevilliens", p. 64 et note 3.
3) John J. Pitney, "The Tocqueville Fraud", *The Weekly Standard*, 13 novembre 1995.
4) 2000年2月24日の米議会図書館におけるスペイン国王ホアン・カルロスの演説を参照．国王は演説の終わりにケネディと「高名なフランス人」トクヴィルを引いて言う．「アメリカは驚異の国です．そこではすべてが絶えず変化し，あらゆる変化が進歩であるように見えます．アメリカでは人間の努力に自然が定める限界があるとは思われません．アメリカ人にとっては，いまだ成就していないものはいまだ試みられていないだけのことです．」国王はこう結ぶ，「私たちもトクヴィルが19世紀のアメリカに見た精神に従って生きましょう．あらゆる変化が確実に進歩であるようにしようではありませんか．」
5) 近年こうした脱コンテクスト化に対抗する優れた仕事が出ている．とくに Cheryl Welch, *De Tocqueville* (Oxford University Press, 2001); *The Tocqueville Reader: A Life in Letters and Politics*, by Olivier Zunz and Alan Kahan (Blackwell Publishing, 2002).

6) 以上はフランスの遺産月間に関する決議の採択のため，2002 年 6 月 24 日に米上院に提出されたリストである．

7) Lettre à Gustave de Beaumont du 22 novembre 1836, in Alexis de Tocqueville, Œuvres complètes (Gallimard, 1951–)〔以下，O.C. と略〕, t. VIII, 1, p. 175.「私は太古の動物を研究したキュヴィエとほぼ同じで，たえず哲学的推論や類推を用いてアメリカを研究した．私はだから，とくにこの国の人々から見れば，時々とんでもない間違いをしたのではないかと心配だった．君は信じてくれるだろうが，彼らの口から，私ほどアメリカの諸制度の精神に深く入り込み，よくその細部を描いた作家はいないという評価を聞いて，私はとても嬉しく思っている．」

8) 第 1 巻の最初の翻訳は 1836 年に出た R. F. A. Ruder と O. Spazier による二つのドイツ語訳である．以下，1836–37 年の D. A. Sanchez de Bustamante と 1843 年の D. L. Roado Brandaris によるスペイン語訳．1841–43 年の Fabian Gabor によるハンガリー語訳，1846 年の Constantin Herakleides によるギリシャ語訳，1844 年の Hother Hage によるデンマーク語抄訳が続く．1884 年までイタリア語訳はなかったが，イタリアのエリートはたいていフランス語が読めた．カブールは『デモクラシー』をフランス語で読んでいる．

9) フランスについては拙著 Tocqueville et les Français (Aubier, 1993), chapitre 1，ヨーロッパについては "Tocqueville et l'Europe", introduction par Lise Dumasy-Queffelec et F. Mélonio, O.C., t. VII, pp. 257–59 を参照．

10) 拙著 Tocqueville et les Français, chapitre 4 および以下の著作を参照．Charles de Rémusat, Politique libérale (1860); Edouard de Laboulaye, L'Etat et ses limites (1863) et Le Parti libéral (1863).

11) L'Action française, 30 avril 1910.

12) Ibid.

13) Alexis de Tocqueville, L'Ancien Régime et la Révolution [1856], O.C., t. II, p. 160.

14) Ibid., p. 287.

15) Notes inédites de 1854 sur Das gesamte würtembergische Privatrecht de von Reyscher, 1837. Archives Tocqueville『アンシャン・レジームと革命』の次の一節も参照．中世ドイツを研究していて，「私はよく研究すればフランスと英国にも実質的に同じようなことが何かしら発見できるだろうと思ったし，実際に発見できた．これら三国のそれぞれが他の二つの国民をよりよく理解する助けになった．」(O.C., t. II, p. 92.)

16) Lettre du 3 novembre 1853 à G. de Beaumont, O.C., t. VIII, 3, p. 164. このコメントは Haxthausen, Etudes sur la situation intérieure de la vie nationale et les institutions rurales de la Russie, 2 vols. (1847–52) から着想を得ている．こ

の著作についてのメモ (*O.C.*, t. XVI, pp. 562–68) はトクヴィルによって『アンシャン・レジーム』関連資料に分類されている．

17) *O.C.*, t. II, p. 135.
18) Alexis de Tocqueville, *De la Démocratie en Amérique* [1835/1840], *Œuvres*, Bibliothèque de la Pléiade, t. 2 (Gallimard, 1992), p. 480.
19) Lettre du 14 octobre 1856 à Sedgwick, *O.C.*, t. VII, p. 182.
20) à Mrs Austin, *O.C.*, t. VI, 1, p. 192.
21) Kathryn B. Feuer, "Tocqueville and the Genesis of War and Peace", *California Slavic Studies*, vol. 4 (1967): 92–118; Friedrich Diestelmeier, "Tocqueville lu par un magnat russe: une *Zapiska* de S. I. Mal'cov de 1858", *Cahiers du monde russe et soviétique*, vol. 19, n° 3 (1978): 305 を参照．内務大臣の Lanskoi は，ロシア人はいつロシアのトクヴィルをもつだろうかと自問している．
22) この点の詳細な分析は，Théodor Eschenburg, "Tocquevilles Wirkung in Deutschland", in *Alexis de Tocqueville, Über die Demokratie in Amerika*, hg. von J. P. Mayer, Th. Eschenburg und H. Zbinden (Stuttgart, 1959), pp. XVII–LXVII を参照．ドイツ諸邦での『アンシャン・レジーム』への関心はかかる政治的考察にとどまらなかった．1835 年に『デモクラシー』の方法論について突っ込んだ議論が行われたように，『アンシャン・レジーム』も職業的歴史家による典拠と概念についての論評を呼んだ．ドイツで的確な分析がなされたことは，ひるがえって，アカデミーを中心とする限られた共同体を除けばフランスに学界が存在していなかったことを浮き彫りにする．ドイツの歴史家たちはトクヴィルの説明図式に魅力を感じた．1856 年 7 月 10 日と 8 月 31 日の間に *Augsburger Zeitung* に寄せた 7 篇の匿名論文で『アンシャン・レジーム』に関する長文の研究を発表した Heinrich von Sybel はその例である．他の歴史家は，度重なる革命の元になった絶対主義の害悪をトクヴィルにならって告発した．1849 年のバーデン蜂起後フランスに亡命した，*Histoire de France de l'avènement de Louis Philippe à la chute de Napoléon III* (1877) の著者 Karl Hillebrand はその例である．
23) Eminescu がトクヴィルをどう読んだかに関する Alexander Zub の研究 (*Revue Tocqueville*, vol. 18, n° 2, 1997) を参照．
24) Ricardo Vélez Rodriguez, "Tocqueville au Brésil", *Revue Tocqueville*, vol. 20, n° 1 (1999): 147–77．この論文はブラジルの第二帝政期(1841–89 年)の指導的政治家たちがギゾーとトクヴィルをいかによく読んでいたかを示す．問題はフランスと同じで，「旧体制」が支配した国に代表制民主主義と自由な政治制度をいかに定着させるかである．
25) Raymond Aron, "Tocqueville retrouvé", *Revue Tocqueville*, vol. 1, n° 1

(automne 1979): 8–23. Article repris dans *Tocqueville et l'esprit de la démocratie, The Tocqueville Review/La Revue Tocqueville*, textes réunis par Laurence Guellec (Presses de Sciences Po, 2005), pp. 25–46. 引用は後者の版による．
26) Ibid., p. 29.
27) Ibid., p. 31.
28) 中等教育の7冊の教科書を分析した Jean Etienne, "Tocqueville entre au lycée", *Revue Tocqueville*, vol. 19, n° 1 (1998): 189–96 を参照．

訳 注

〔1〕 古くからの王領地で，早くから直接税徴収のための機構が整えられた「徴税区地方」pays d'élection に対し，遅く王国に編入され，中世以来の課税協賛権を保持する地方三部会 états provinviaux が存続していた地方を「三部会地方」pays d'états と呼ぶ．トクヴィルは『アンシャン・レジームと革命』の補遺で，ラングドックを例に三部会地方を詳しく分析している．

〔2〕 1825年12月，ニコライ一世の即位に際し，ツァーリズムと農奴制の廃止を求めて自由主義的貴族の将校たちが武装蜂起するが鎮圧される(デカブリストの反乱)．レフ・トルストイは1856年，30年間のシベリア徒刑から帰ったデカブリストの老夫婦を主人公とする小説を構想，これが1869年に完成する『戦争と平和』執筆の端緒となる．

〔3〕 ボリス・チチェーリンは自由主義者でありながら改革には中央権力が必要だとしてトクヴィルの中央集権批判に異を唱えた．竹中浩「ロシア自由主義とトクヴィル：チチェーリンの『アンシャン・レジームとフランス革命』批判」『思想』733号(1985年7月)を参照．

(三浦信孝 訳)

II–3　現代アメリカにおける『アメリカのデモクラシー』

ジェームズ・シュライファー

1

　アメリカ人がトクヴィルを思想家として，また著述家としていかに解釈し判断してきたか，その変化について述べるのは，まったくもって手に余る仕事である[1]．そこで私は，その代わりに，トクヴィルの代表作である『アメリカのデモクラシー』〔以下，『デモクラシー』と略〕について，どのようなことが語られて来たのかに話を限定することにした．しかし，それでも，この170年の間に『デモクラシー』を読み，それについて書いたアメリカ人の数は膨大である．アメリカにおける最も重要な諸解釈だけを見直すにしても，かなりの紙幅を費やしてしまう．そこで私は，非常に数は限られているが，トクヴィルの名著に対してなされた論評についてかつて私自身が行った研究の内容を，現在に合わせて新しくするのに集中したい．
　1986年，ベルナール・ラフォン社のブカン・シリーズにおけるトクヴィルについての巻に，私はアメリカにおける『デモクラシー』の受容と，途切れることのないその有意性について，一章を寄稿した[2]．さらに私は，1989年にフランス革命200周年を祝うアメリカ側の行事の一環として，アメリカ議会図書館から出版された『自由への情熱』というパンフレットに，「アメリカにおけるトクヴィル評」と題する，ごく短いエッセイを書いたことがある[3]．もう一度，思いつくままに，19世紀終盤から20世紀にかけて，トクヴィルの『デモクラシー』がアメリカにおいていかに読まれたか，重要と思われるその少数の例に集中してみたい．
　注目すべき事実から始めよう．近年，『デモクラシー』の新しい英語の完訳が三つも出版され，さらに私自身の訳した四つめが近刊の予定である[4]．第一は，ハーヴィー・マンスフィールドとデルバ・ウィンスロップによって翻訳され，

序文がつけられたもので、2000年に出版された[5]。二つめは、2003年にイギリスで刊行されたもので、ジェラルド・ベヴァンが翻訳し、アメリカの研究者である、コーネル大学のアイザック・クラムニックによって序文が書かれている[6]。3冊めは2004年に完成したもので、アーサー・ゴールドハンマー訳、オリヴィエ・ザンズ編である[7]。この本は、アメリカ文庫 Library of America の一冊として翻訳され、既に権威ある翻訳賞を受けており、有益な参考資料、とくに翻訳者と編者による注釈や、編者による充実した年表が付いている。しかしながら、この本には解説のための序文がない。というのも、アメリカ文庫は論評抜きにテキストを提示し、解釈の問題はこれを厳密に読者と他の二次的研究にゆだねるとしているからである。

それにもかかわらず、ゴールドハンマーの翻訳は、トクヴィルの『デモクラシー』がアメリカにおいてどのように受容されたかを明らかに示している。アメリカ文庫とは、フランスのガリマール社によるプレイアード叢書を一つのモデルとしたもので、アメリカ人著者による最重要著作を示すべく構想された、現在も継続中のシリーズである。したがって、アメリカ文庫シリーズに『デモクラシー』が登場したことで、トクヴィルは、ある意味で、アメリカの著作家として公的に認知されたことになる。その意味で、この本は、トクヴィルとその著作に対するアメリカ人の態度を、きわめてよく証言している。

これらの新訳については後述するとして、ここでしばらく、20世紀の最後の数十年に書かれた四つの重要なエッセイに注目することにしたい。これらのエッセイは、トクヴィルとその本についての、アメリカにおけるより現代的な読み方を知る手がかりとして役に立つであろう。

2

最初は、リン・マーシャルとシーモア・ドレッシャーの「アメリカの歴史家とトクヴィルの『デモクラシー』」であり、1968年に遡るものである[8]。タイトルが示すように、この論文は、1938年、ジョージ・ピアソンの古典的研究『アメリカにおけるトクヴィルとボモン』の公刊によって、アメリカにおけるトクヴィルへの関心が復活して以来、アメリカの歴史家がいかにトクヴィルを歴

史的情報源として利用してきたか（あるいは誤用してきたか）に焦点を置いている．マーシャルとドレッシャーによれば，1940年代から20世紀中葉にかけての時期以前，アメリカの歴史家たちはトクヴィルにほとんど注意を払ってこなかったが，1950年代には，アメリカ思想史の興隆とアメリカ研究・アメリカ文明への関心の増大の結果，トクヴィルの『デモクラシー』は，アメリカの国民性・文化・社会の描写についての権威ある出典の一つとして注目を集めることになった．しかしながら，彼らの論じるところでは，1950年代，60年代のアメリカの歴史家たちは依然として，トクヴィルの本のより大きな重要性を見逃していた．すなわち，発展しつつあるデモクラシーの分析としての重要性，トクヴィルによればアメリカのみならず，すべての近代的世界を特徴づける広範な社会的・歴史的な変化の研究としての重要性に，気づくことがなかったというのである．アメリカの歴史家たちは，なお『デモクラシー』を，まず何よりもアメリカについての本として読む傾向にあり，トクヴィルの思想と作品についての，より広いフランス的・ヨーロッパ的な文脈を十分に評価しなかった．歴史家であるマーシャルとドレッシャーは，彼らがトクヴィル自身の「知的遍歴」として描くもの，すなわち19世紀初頭のフランスの歴史的・政治的・社会的状況を把握するための彼の努力に，注意を促したのである．

さらに付け加えると，彼らは，『デモクラシー』の二つの部分〔1835年刊の第1巻と，1840年刊の第2巻を指す〕の間に，本質的な一貫性があるのかという，アメリカのトクヴィル学者の間における長い対話の口火を切ることにもなった．最終的にはトクヴィルの著作の根本的な連続性を支持するものの，彼らのエッセイの多くの部分は，『デモクラシー』の1835年の半分と，1840年のもう半分との間の数多くの重要な差異を論じることにあてられている．著者たちの主張するところでは，1835年以後，トクヴィルはアメリカへの関心を本質的には失い，デモクラシーの実例として次第にアメリカよりもむしろフランスに焦点を置くようになった．トクヴィルは執筆の際，つねに，フランスとアメリカという，非常に異なる二つのモデルを念頭においていたと彼らは論ずる．マーシャルとドレッシャーにとって，このことこそ，トクヴィルの思想の両義性，あるいは混乱の多くを説明する．また彼らは，1840年の『デモクラシー』が，主題の特定性を失うことで，「過剰に洗練され」，より抽象的で，「より作為的」に

なったと批判する[9]．

　しかしながら，根本的には，マーシャルとドレッシャーは，トクヴィルへの賞賛を惜しまない．彼らは，トクヴィルが思考の「硬直的な体系」を拒絶したこと，彼の分析力，問いを立て両義性と格闘する能力，そして何より，いかなる社会を理解するためにも，その本質的特徴として「社会条件」あるいは社会状態に焦点を置いたことを賞賛する．アメリカにとって，フランスにとって，そして近代の全世界にとって，その社会条件の最も重要な特徴は，平等の増大あるいはデモクラシーの発展であるとトクヴィルは考えた．マーシャルとドレッシャーによれば，デモクラシーの意味は定義しがたく，その含意は複雑でしばしば矛盾し合うが，それらの点を含めてデモクラシーは，アメリカの歴史家たちの焦点となるべきものであった．歴史家たちはトクヴィルの『デモクラシー』を読み活用するにあたって，アメリカの描写以上のものを見てとるべきであったというのである．

　アメリカにおけるトクヴィルの『デモクラシー』の読まれ方を振り返るにあたって，20世紀後半において最もよく知られ，影響力をもったエッセイは，おそらくロバート・ニスベットによって1976年に書かれた「多様なトクヴィル」であろう[10]．ニスベットは，『デモクラシー』を研究するために「『デモクラシー』に対するアメリカ人の反応の推移」を用いただけでなく，これを鮮やかに使って「アメリカの知的状況」の推移を概観してみせた．彼はトクヴィルの本に対するアメリカ人の反応を，四つの時期に分けて考える．第一は1830年代と40年代で，『デモクラシー』が出版された時期である．トクヴィルは好意的に受けとめられたが，それは彼がアメリカの共和政について心くすぐるようなことを非常に多く発言し，またアメリカの政治的・法的な諸制度についても明確に理解しているようにみえたためであった．彼は19世紀中葉のアメリカ人読者によって，「アメリカの進歩の報道者」として讃えられた．これに対し，ニスベットによれば，1870年代から1930年代までの間，トクヴィルはアメリカにおいてほとんど忘れられることになった．ちなみに，このニスベットの見解については，『アレクシス・ド・トクヴィルとアメリカ知識人：同時代から現代まで』と題された本の中で，マシュー・マンシーニによって強い異論が唱えられているということを指摘しておきたい．この本の中でマンシーニは，

19世紀後半から20世紀初頭にかけても，アメリカ人による『デモクラシー』の論評と出版は絶え間なく続いていたことを論証している[11]．しかしながら，いずれにせよ，1930年代以降，アメリカ人がトクヴィルにたえず魅了され続けていることは，ニスベットも認めているところである．

1940年代，アメリカがファシズムや共産主義と苦闘していた時代，トクヴィルはアメリカ人によって「全体主義の予言者」としてもてはやされた．近代官僚制，抑圧的国家，20世紀の左右の体制における大衆的専制に対する彼の批判は，きわめて予言的に見えた．組織人，孤独な群衆，退屈な消費文化に対するアメリカ人の危惧が高まった1950年代になると，トクヴィルのデモクラシー分析における社会的・文化的側面へと関心は移動し，彼は「豊かさの分析家」として，すなわち近代民主社会における物質主義，同調性，疎外，根無し草性の危険に対して，洞察にみちた警告をした思想家と見なされるようになった．最後に，ニスベットがこの論文を書いた1970年代には，トクヴィルは平等の分析者として読まれた．公民権や女性運動の時代にあって，平等はアメリカ社会の第一の道徳的・政治的争点とされた．したがって，アメリカの社会状態の最も顕著な特徴を平等の発展に見たトクヴィルは，再度，アメリカの状況の明敏で正確な観察者とされたのである．

ニスベットが指摘するところでは，20世紀のアメリカにおける『デモクラシー』の読まれ方は，もっぱら1840年の部分，すなわち楽観性は薄まり，より抽象性の増した部分によって基礎づけられている．また彼は，アメリカにおける読まれ方が，いかにそれぞれの時代の刻印を受けていたか，また各世代が，いかに各々の状況に対する『デモクラシー』の有意性を見いだしたかを記録している．

より最近のものとしては，ジェームズ・T. クロッペンバーグの「不滅の生命：アメリカにおけるトクヴィル」と題されたエッセイが1998年に発表されている[12]．クロッペンバーグは，数十年来，トクヴィルの本がいかにアメリカ人読者を魅了し続け，いかにあらゆる政治的信条をもつアメリカ人に語りかけて来たかに注目することで，トクヴィルの『デモクラシー』がアメリカにおいてどう理解されてきたか，その変遷についての優れた見取り図を示している．トクヴィルがアイゼンハワー以来のすべての大統領によって引用され，過去10

年の間にも，左右の公人たちが自分たちの政治的行動を裏づけるものとしてトクヴィルを引き合いに出してきたことについて，クロッペンバーグは注意を喚起する．彼はそのような不朽の魅力の多くを，トクヴィルの思想の豊かさと「多面性」に起因するものとみなしている．『デモクラシー』は，多様に，しばしばいくぶん矛盾した仕方で読みうるし，また実際そのように読まれて来た．クロッペンバーグによれば，トクヴィルは自由主義者の変種であり，心では貴族だが頭では民主主義者であり，その複雑な共感と洞察ゆえに，まったく正反対の視点に立つ読者に語りかけることができるような人物なのである．

このエッセイの中で，クロッペンバーグは，『デモクラシー』の二つの部分をともに貫く基本的テーマが二つあるとし，この二つのテーマこそ，トクヴィルがアメリカ人読者をひきつけてきた理由を説明するのに役立つと考えている．第一の主題はアメリカにおける基本的な価値の源泉としての宗教的信仰の重要性である．ここには，それと密接に結びついた関連原理である，教会と国家の分離の原則も含まれている．

クロッペンバーグが見いだした二つめのテーマは，彼のエッセイの中で，おそらくより独創的で面白い部分である．トクヴィルが自発的結社，陪審制，地方の公務への人民の参加，正しく理解された自己利益〔別の箇所では「啓蒙された自己利益」と訳されているが，フランス語原語（l'intérêt bien entendu）は同じであり，英訳の違いによる〕を賞賛したことはよく知られているが，これらの論点は今日，クロッペンバーグのいう「相互性の理念」[13]をめぐるより広範な議論の一部となっていると彼は主張する．討議の倫理，すなわち私的あるいは集団的利益の競合を乗り越えて，異なった視点を考え，ともに働き，より大きな公共善のための共通の地盤を見つけるための道徳的努力をめぐる論争がそれである．この倫理とは，実際のところ，トクヴィルがアメリカにおいて観察した啓蒙された自己利益を理解するための異なった方法であり，フランス人が連帯 solidarité と呼んでいるものともいくらか関連している．クロッペンバーグのトクヴィル読解によれば，この相互性の理念はアメリカ社会の基本原則となる特徴である．

クロッペンバーグは，まさにこの倫理こそが今日のアメリカで衰えつつあると危惧する．個人や個別集団は次第に自らの狭い利益の促進のみに集中し，より広い社会的必要性あるいは目的にはほとんど考慮を払わないというのである．

彼はさらに，個人あるいは集団による優位と影響力の奪い合いが，かつてアメリカを特徴づけていた相対的な富と力の平等を掘り崩してしまったとさえ指摘する．平等の理念は，現実上の，ある種のおおまかな平等なしには長く存続しえず，ある程度まで，平等は物質的・経済的条件に基礎づけられねばならないと彼は主張する．ここにクロッペンバーグは，トクヴィルが我々に警告した，個人主義——人々をむしばむ自己本位性，私生活中心主義——によってもたらされる社会的害悪についての，独自の理解を示している．

　おそらく最も重要なのは，クロッペンバーグが今日のアメリカ人読者に対し，『デモクラシー』から過剰に単純化された教訓を引き出すことを戒めていることである．彼は，トクヴィルの思想の複雑さと両義性が安易な答えを許さないことをすべての人間に思い起こさせる．

　最後に，ギャリー・ウィルズが2004年に書いた論文について言及しておきたい[14]．ウィルズのこの論文は，トクヴィルの本がアメリカ人によっていかに読まれて来たのかを概観する研究というより，『デモクラシー』を独自に再検討するものである．タイトルからして「トクヴィルはアメリカをとらえたか」と問題を提起している．本当にトクヴィルはアメリカを理解していたのか，彼によるアメリカの描写と分析は正確だったのか．ウィルズの答えは明快である．いや，トクヴィルはアメリカをつかみ損なったのだ，と彼は言う．トクヴィルが近代社会について数多くの「刺激的な命題」を提出したことを認めつつ，ウィルズの短いエッセイはトクヴィルと彼の著書に対する激しい攻撃にほかならない．トクヴィルの議論の経験的基礎は不十分であり，その思考法は過度に演繹的であるとする議論をはじめ，このエッセイはトクヴィルの方法論について昔からなされてきた多くの批判を繰り返している．また，トクヴィルの見落とした点を思い起こさせ，彼のアメリカ観は，彼がつねにフランス人に向けて書き，フランスを念頭に置いていたゆえに，根本的にゆがめられていると断言する．おそらく，ウィルズの最も本質的な批判は，アメリカ社会の物質的・経済的基礎についてのトクヴィルの認識が不十分であり，真に「文化的態度を物質的基礎と結びつけようと」[15]せず，心の中では貴族であり続け，平等は自由への脅威ではないかとつねに疑っていた，というものである．さらに，ウィルズは過去10年もしくは20年の間に，トクヴィルはアメリカの保守主義者の好む理論家

II-3 現代アメリカにおける『アメリカのデモクラシー』

になってしまったと指摘する．ウィルズはおそらく，トクヴィルと『デモクラシー』がアメリカの政治的・社会的な保守主義者たちのものとなったという理由で，トクヴィルとこの本を放棄しようとしているというのが，私の見立てである．このような反応は重大な誤りであると私は確信している．トクヴィルの思考と著作は複眼的であり，それゆえに，非常に多様な政治的視点を育て，導くことができる．現在，ある特定の解釈が優勢だからといって，『デモクラシー』とその著者を拒絶する理由にはならない．

3

　トクヴィルのよく知られたこの本の現在における読まれ方の探究を続けるにあたって，今度は，私が先ほど言及した三つの新しい英訳について，簡潔に振りかえる必要がある．ゴールドハンマー版に編者序文がついていないことは既に述べたところだが，後の二つの翻訳は，解釈のための重要な解説を示している．アイザック・クラムニックの序文から始めよう．

　クラムニックはその序文を書き出すに当たり，トクヴィルを「アメリカの公共哲学者」と呼び，合衆国におけるトクヴィルの比類なき名声に言及し，トクヴィルがアメリカ人によって幅広く権威として，また引用とアイディアの源として利用されていると述べている[16]．彼は『デモクラシー』を統一的な本として扱い，『アンシャン・レジームと革命』も，トクヴィルの興味を生涯とらえて離さなかった同じ主題と関心事を扱っているという意味で，『デモクラシー』の延長線上にあるとさえ論じている．

　クラムニックはまた，アメリカは時代のデモクラシー精神を代表しているというトクヴィルの信念と，新世界の共和国はフランスが学ぶべき教訓を持っているという確信に注目する．いかなる政治的信条をもとうと，思慮深い人間なら，近代的世界の向かうモデルとしてアメリカを研究すべきであるとトクヴィルが信じていたことを，クラムニックは読者に想起させる．クラムニックは，平等がアメリカ社会の基本的特徴であることにトクヴィルが自覚的であったこと，また社会的・政治的両次元にわたる幅の広いデモクラシー理解をしていたことを讃える．

クラムニックはその分析の中で，アメリカにおける多数の圧政に対してトクヴィルが抱いた懸念の意味を強調する．その場合の多数の圧政とは，多数派が自らのコントロールする政治的・法的諸制度を通じて行使する専制と，世論の力によって強制される思考・意見・行動の抑圧的な同調圧力の双方を指す．実際，クラムニックは，トクヴィルの本の大部分が，アメリカにおける多数の圧政を抑制しうる諸制度や社会的・文化的諸特徴の検討であると見なしている．かなりの部分，彼は，トクヴィルの多数の圧政あるいはデモクラシーの過剰についての懸念というレンズを通じて，『デモクラシー』を読んでいるのである．
　クラムニックは，多数の圧政以外にトクヴィルが指摘したデモクラシーの危険性を慎重に列挙している．人々をむしばむ個人主義，過剰な物質主義と商業主義，専制的な官僚国家(あるいは行政的集権)の脅威が，それである．そして彼は，アメリカにおいてこれらの危険性を抑制するのに役立っているとトクヴィルが考える，結社・地方自治・宗教といった，アメリカ社会の主要なメカニズムあるいは特性を再検討している(宗教は，アメリカにおいて教会と国家の分離によって逆説的にも強化されたということを，トクヴィルは理解していた)．
　クラムニックは手短に，「アメリカのデモクラシーの外に置き去りにされたもの」，すなわち女性，黒人，ネイティブ・アメリカンについての，トクヴィルの鋭い観察を論じている．そして，トクヴィルがつかみ損なった事柄もあるということを彼はたしかに認めている．しかしながら，トクヴィルがいかに見事にアメリカを把握し，その未来の多くの諸要素を適切に予言したか，また静止することのない行動的なアメリカ人の性格をいかに正確に描き出したか，さらに，近代民主社会の危険性を見抜いたばかりでなく，これらの危険性に対する可能な治療策をも示しているか，という点に彼は驚嘆するのである．
　次にクラムニックは話題を転じ，『デモクラシー』がアメリカ人によっていかに読まれ，解釈されてきたかを，簡潔ながら見事にレビューしている．彼の指摘によれば，20世紀中盤を通じて，トクヴィルは左派の論者たちから支持されてきた．彼らは1930年代にはファシズムの，1950年代にはマッカーシイズムとアメリカにおける社会的・政治的・知的同調性の批判者であった．しかしながら，1980年代初頭より，トクヴィルは知的右派のお気に入り，「ネオコン〔新保守主義者〕のスーパーヒーロー」になったと，クラムニックは見る．また保守

主義者のトクヴィルへの接近により，よりリベラルな論者の何人かはむしろトクヴィルとそのアメリカ観を厳しく批判することになったと，彼は示唆する．

クラムニックによれば，保守主義者のトクヴィル好きと平行しているのが，共同体主義者(コミュニタリアン)のトクヴィル解釈である[17]．共同体主義者はさまざまな政治的立場に由来しているが，とくに，アメリカにおける地方レベルでの政治・社会参加と，広範な結社活動を重視している点で，トクヴィルを評価している．彼らはトクヴィルを草の根活動の擁護者として読み，草の根活動こそ，健全な社会的・市民的コミュニティを築き，個人の無力感，疎外感，また無関心といった，現代アメリカ社会に増大する傾向に立ち向かう力を持つとする．さらに，共有された価値観とより高度の参加を再強化し，人々を自己中心的・物質主義的な関心からそらす力としての宗教をトクヴィルが強調したことを，彼らは賞賛する．共同体主義者にとって，トクヴィルの『デモクラシー』は，極端な私生活中心主義を脱却し，真のシティズンシップあるいは市民精神に至るための道筋を示している．

2000年に刊行された新訳の翻訳者であるマンスフィールドとウィンスロップは，彼らの序文[18]を，トクヴィルの本に対する間違いなく古典的な評価となるであろう一文で始めている．「『アメリカのデモクラシー』は，デモクラシーについて書かれた最良の本であると同時に，アメリカについて書かれた最良の本である」[19]．二人はトクヴィルのテーマを「抗えない偉大な民主革命」として示し，彼が「左派と右派の双方によって賛意をもって引用される」と述べた後，彼の置かれた文脈と『デモクラシー』の執筆の経緯について手短に概説している．彼らが言う文脈とは，トクヴィルが，政治理論の大きな発展の中にどのように位置づけられ，また，プラトンとアリストテレスから，パスカル，モンテスキュー，ルソー，そしてコンスタン，ギゾーにいたる他の偉大な政治哲学者たちとどのように比肩しうる存在であるかということを意味する．さらに彼らは，トクヴィルが「近代への熱狂」に陥ることなく，人間の条件を自覚し，人間の魂の渇望を意識していたと主張する．他の多くの論者と同様，彼らもトクヴィルを，パスカルから深く影響を受けたモラリストとみなしている．

その上で，編者たちは，トクヴィルの主要な諸テーマに触れている．すなわち，新しい政治学の必要，多数の圧政(彼らもまた，デモクラシーの危険として

きわめて真剣に受け止めている），官僚国家の新しい民主的専制，民主革命，アメリカの人種問題，個人主義，物質主義，正しく理解された自己利益，そして民主的社会における女性の役割などが，それである．

　トクヴィルが指摘したさまざまなデモクラシーの脅威を明確化した後で，マンスフィールドとウィンスロップは，彼が提示した解決策について鋭い検討を行っている．その際，彼らは，これらの解決策は，第1巻，第2巻を通じて同じであるとしている．彼らはとくに民主社会における宗教の役割を強調しているが，教会と国家の分離についてのトクヴィルの見解にはほとんど言及していない．彼らは，トクヴィルが「自由の学校」としてあげた，地方自治体，結社，陪審制といった，アメリカ人が積極的な参加によって自由を学んでゆく場所の一覧表を提示する．そして，デモクラシーの危険への治療策として，公式の諸制度や，法律や憲法による保護よりも，実践（や実践的経験）の方がはるかに強力であるというトクヴィルの洞察を賞賛している．

　マンスフィールドとウィンスロップが好んで取り上げるテーマは，トクヴィルがアメリカをデモクラシーのモデルと見なしたこと，デモクラシーの前進は全世界的現象であり，アメリカがそれを主導すると考えたこと，そして偉大な国民を希求したことである．偉大な国民とは，快適さや物質的な豊かさへの卑小な欲望を超えて，人間の精神を涵養し，向上させるようなより偉大なゴール，より大きな目的を追求しようと行動する諸国民を意味する．ここに，アメリカが現在行っている，世界中にデモクラシーを実現するための十字軍を擁護する，ネオコンのトクヴィル解釈の核心がある．彼らの序文の最初の段落から次の一節を引いておきたい．「アメリカはデモクラシーの地である．どこよりもデモクラシーへの妨げが少なく，デモクラシーの完成に近づき，デモクラシーがその特徴をいかんなく最善に発揮している国である．……アメリカのなすべき仕事は，……デモクラシーが存在しているところではそれをさらに強化し，デモクラシーが微弱な，あるいは存在しないところでは，これを推進して行くことであった」[20]．

　ここに，現在のアメリカの政策を形作っている，ネオコンの世界観がまさに凝縮されている．奇妙なことに，マンスフィールドとウィンスロップは，トクヴィルの考える偉大な国民という考えが，そもそもはフランス人としての彼の

強いナショナリズムを反映しているということに気づいていない。それは，文明化をすぐれた国民の使命だとする，当時広く共有された態度であり，トクヴィルの在世中にも，ヨーロッパの植民地主義一般や，より具体的にはフランスのアルジェリアにおける行動を正当化するのに役立った。マンスフィールドとウィンスロップが『デモクラシー』を読む中で解釈したような偉大な国民という観念は，21世紀のアメリカが追求すべき幸福の原理では必ずしもない。

　前述したように，この二人の翻訳者はトクヴィルの本に非常に肯定的であり，これを近代の民主社会，とくにアメリカの，輝かしく正確な分析として読んでいる。彼らの序文は，トクヴィルの大部分のテーマ・議論・関心を見事にまとめているが，二つのテーマがはっきりと抜け落ちている。資本主義に対するトクヴィルの批判と，戦争が行政的集権化を促すという彼の警告である。二人の序文を読んでいると，多数の圧政を抑制する重要な要因としてトクヴィルが提示した権利の観念について，彼らの態度は不思議なほど両義的であるように見える。最後に，マンスフィールドとウィンスロップは，トクヴィルから現代のアメリカ人が学ぶべき教訓にもっぱら関心を持っているため，他のアメリカ人批評家と同様，トクヴィルを読むにあたって，アメリカに過度に集中したままである。

4

　以上，手短に，重要な序文的エッセイとごく一部の主要論文を再検討した。そうすることで，我々は，現代アメリカにおけるトクヴィルの『デモクラシー』の読まれ方について，何を学ぶことができるだろうか。一般的に指摘できる点がいくつかある。

　トクヴィルは，非常に幅広く多様な政治的視座や目的をもつ読者たちによって，利用され，また誤用され続けている。『デモクラシー』はいずれの読者に対しても，有益ではあるものの，しばしば矛盾するような洞察や考えを提示する。

　見解がかくも異なるさまざまな読者に，にもかかわらず170年の長きにわたり，語りかけることができたのは，トクヴィルの思考と著作が豊かであり，アメリカと近代民主社会についての彼の描写が精妙なものであったからである。

それぞれの世代にとって『デモクラシー』が時宜をえていると評価され続けてきたことこそ、トクヴィルの本の永続的有意性を示していると言えよう。

アメリカに関するトクヴィルの考察は、多くの場合驚くほど正しいが、誤りや見落としもあることはすべての読者が認めている。しかし、彼がどの点で正しく、何について間違ったかの一覧は、アメリカ人読者の世代ごとにかなり異なっている。このように評価の仕方がたえず変化するのもまた、『デモクラシー』の多面性のためである。

アメリカ人が『デモクラシー』に魅了されたのは、主として、アメリカの諸制度とモデルをトクヴィルが肯定的にとりあげているためであった。トクヴィルは、アメリカの例こそが、ヨーロッパにとって、さらに、近代的世界のその他の部分にとっても重要であると考えた。他の人民と同様、アメリカ人もほめられたり、世界の発展の先駆者だと思われたりすることが好きである。しかし、逆説的だが、トクヴィルはまた、アメリカ人が自らの社会、政治、文化について抱くその時々ごとの心配についても語っている。どの世代にとっても、彼は、我々にとってまさに懸念しているものごとに触れ、あり得べき解決策を提示してくれる存在なのである。

この、我々の懸念に語りかける力こそ、トクヴィルが今日のアメリカで広く読まれている大きな理由だろう。トクヴィルの『デモクラシー』は現在、おそらくは、彼がアメリカについてほめている部分ではなく、彼が警告した部分によって読まれている。第一に、彼は、行政的集権化と官僚国家という新しい穏やかな民主的専制に注意を促した。第二に、市民的美徳の喪失の可能性と、シティズンシップの崩壊を警告した。三つ目には、近代デモクラシーの社会における、共有された価値観と、共通の習俗の重要性に注意を促した。

まさにこうした点こそ、多くのアメリカ人が深い危惧を抱いているものにほかならない。あるものは、大きな政府に懸念を覚え、福祉国家が地方の自由を損ない、独立独歩の精神と草の根の結社によって問題解決を図ってきた伝統的な習慣を弱めるのではないかと心配している。またあるものは、極端な個人主義が、私的な幸福と安全の追求のみに導き、より広い社会に背を向けて、ゲートに閉ざされた種々の小さなコミュニティに引きこもることにつながっているのではないかと危惧する。さらに、アメリカの利益団体が、自分たちの集団意

識ばかりを強め，自らの特殊な権利のためにのみ語り，闘って，より大きな社会のニーズに十分な配慮を払わないことを憂うるものもいる．アメリカは極端な多様性に苦しんでいるのだろうか．アメリカは，共通のアイデンティティを持たない利己的な集団の寄せ集めと化し，トクヴィルが絶賛した共通の習俗を失った，本質的に断片化した社会になってしまったのだろうか．

たしかに，こうした懸念と疑問は，トクヴィルが今日のアメリカの保守主義者たちに対して有する特別の魅力の説明に役立つ．彼らがとくに憂慮しているのは，過大な政府，共有される価値観の崩壊，特定の権利ばかりを主張する特殊な利益団体である．

しかし，今日『デモクラシー』に魅せられる理由はもう一つあり，それはとりわけ保守派の間ではっきりしている．周知のように，トクヴィルはアメリカにおける宗教の役割を評価し，宗教的信仰に基づく道徳的基盤がなければ，民主社会は自由を永く保つことはできないと主張した．宗教右派が目覚ましく台頭し，影響力を持つようになっている国において，宗教への注目という側面もまた，トクヴィルの本を読む重要な理由となっている．

このように，トクヴィルの『デモクラシー』の解釈は今日，政治的・イデオロギー的な保守派によって強力に支配されており，これに対し，よりリベラルな論者は，トクヴィルと彼の本に背を向けるという反応をしている．しかしながら，現在，はっきりと欠けているのは，リベラルな観点からする『デモクラシー』の生き生きとして洞察力に富んだ解釈である．ここで私がリベラルというのはアメリカ的な意味においてであり，政治的に左派あるいは，中道左派を指していることを断っておきたい．現在のように，トクヴィルの本を単に批判するだけではないリベラルな解釈が相対的に欠如している状態では，論議の幅は限定され，現代アメリカにおける『デモクラシー』の理解も著しく狭められてしまう．

5

現在のアメリカにおけるトクヴィルの『デモクラシー』の解釈について，最後に二つ述べて締めくくりたい．アメリカおよびそれ以外でも，学者の論者を

見ると，歴史家と政治理論家とでは多くの場合，アプローチや視座の違いがかなり大きい．政治理論家はテキストとしての『デモクラシー』に注目し，これを政治哲学のより統一された言説として扱い，トクヴィルの本を他の古典的著作と比較する．トクヴィルの著作の固有の文脈には，しばしばほとんど注意が向けられない．歴史家のアプローチはこれとはまったく違う．歴史家はトクヴィルと彼の本を，彼の生涯と 19 世紀初頭のフランスとアメリカという，伝記的・歴史的な文脈に位置づけようとする[21]．彼らはしばしば『デモクラシー』を，それが構想され，書かれた時代の変化を反映する，一つの作品の生成として扱う．そして，ある単一の教義や政治哲学に基づく一つの言説に集約させようとする読み方を通常避けようとする．もちろん，こういった方法の違いは，論者の専門領域を反映するものである．私は歴史家であり，歴史家としての直感や好みを持っている．しかしこの二つのアプローチは，事実かなり異なる読み方をもたらすのであり，そのことははっきりと認識されるべきだと思う．

　現代アメリカにおける解釈者たちは，『デモクラシー』の 1835 年の部分と 1840 年の部分とは一体のものか否かという，古くからの問題にたいていの場合触れている．他の多くの論者と同様，依然として私は，この二つは同じ本の一部であり，第 1 巻と第 2 巻の間に重要な違いや発展はあるものの，根本的な断絶はない一つの作品であると考えている．ただ，私は，アメリカ人読者にとって，1835 年の半分と 1840 年の半分のどちらがより偉大かという判断を見直すべきときがいまや来ているのではないかと思っている．19 世紀においては，1835 年の方が優れていて，より印象的な部分であるという判断が普通であった．20 世紀においては，既に検討したように，一部に激しい批判はあるものの，1840 年の方がより深く古びていないとするのが，共通の見識というものであった．おそらく，21 世紀の読者は，1835 年の方が優れた仕事であるという評価に，立ち戻る必要がある．1840 年の方がはるかに思弁的で抽象的だという弱点を有すること，すなわち，根拠づけがより弱く，よりあいまいで，しばしば妙に不明瞭であるというのが，その論拠となろう．第 2 巻のいくつかの章はとくに，議論が行き過ぎ，疑わしい推論に陥ってしまっている．またある意味で，1840 年の巻は 1835 年の巻より，独創性においても劣っている（一つには，これは，1840 年の巻が 1835 年の巻にまかれていた知的な種子から有機的に

育ったものだからである). 第2巻が, 政治的・社会的分析として偉大でないと言うつもりはない. ただ, 19世紀の真剣かつ見識豊かな読者たちに賛成し, 第1巻, 1835年の『デモクラシー』の方が, より印象的な部分であると考えるのが正しいと, 今日再び言うことができると主張しているまでである.

そのほかに何が結論として言えるだろうか. アメリカにおけるトクヴィルの『デモクラシー』の解釈はすでに無数にあり, 論評の終わりは見えない. 我々アメリカ人がトクヴィルの本に飽きることはなさそうである. この本への尽きぬ注目という現象は, その偉大さを証明していると同時に, おそらく我々のアメリカ人としての自己陶酔の証拠でもある. トクヴィルはアメリカ人同胞ではなく, 彼の本も本来は我々についてのものではないということを, なおも肝に銘ずべきである.

注

1) このような幅広い概説が, 既に書かれている. 次の本を見よ. Matthew Mancini, *Alexis de Tocqueville and American Intellectuals: From His Times to Ours* (Rowman & Littlefield Publishers, 2006).

2) James T. Schleifer, "*Democracy in America* in the United States," in *Alexis de Tocqueville* (Bouquin series), introduction and notes by Jean-Claude Lamberti and Françoise Mélonio (Paris: Robert Laffont, 1986), pp. 667–99.

3) James T. Schleifer, "Tocqueville's Reputation in America," in *A Passion for Liberty: Alexis de Tocqueville on Democracy and Revolution*, edited by Andrew J. Cosentino (Washington: Library of Congress, 1989), pp. 19–22.

4) 新しい訳は, リバティ・ファンド社から出版される. この本は, 以下に示す, ノラによる批評校訂版における, すべての注, 草稿, 異文を含む完訳である. Alexis de Tocqueville, *De la Démocratie en Amérique*, 2 vols., Première édition, historico-critique revue et augmentée par Eduardo Nolla (Paris: Vrin, 1990).

5) *Democracy in America*, translation and introduction by Harvey C. Mansfield and Delba Winthrop (Chicago: University of Chicago Press, 2000). 以下, Mansfieldと略.

6) *Democracy in America*, translated by Gerald E. Bevan, introduction and notes by Isaac Kramnick (London: Penguin Books, 2003). 以下, Kramnickと略.

7) *Democracy in America*, translated by Arthur Goldhammer, notes by Ol-

ivier Zunz and Arthur Goldhammer, chronology by Olivier Zunz (New York: Library of America, 2004).
8) Lynn L. Marshall and Seymour Drescher, "American Historians and Tocqueville's *Democracy*," *Journal of American History* 55, no. 3 (December 1968): 512–32.
9) Ibid., p. 523.
10) Robert Nisbet, "Many Tocquevilles," *The American Scholar* 46 (Winter 1976–77): 59–75.
11) Mancini, *Alexis de Tocqueville and American Intellectuals* を参照.
12) James T. Kloppenberg, "Life Everlasting: Tocqueville in America," in Kloppenberg, *The Virtues of Liberalism* (New York: Oxford University Press, 1998), pp. 71–81.
13) Ibid., pp. 77–78 and 80–81.
14) Garry Wills, "Did Tocqueville Get America?" *The New York Review of Books* 51, no. 7 (April 29, 2004): 52–56.
15) Ibid., p. 55.
16) Kramnick, Introduction, pp. ix–xlviii.
17) Ibid., pp. xlv–xlvii.
18) Mansfield, Introduction, pp. xvii–lxxxvi.
19) Ibid., p. xvii.
20) Ibid.
21) 歴史家が，トクヴィルをいかにその歴史的瞬間の中に位置づけているかという好例として，間もなく刊行される Arthur Kaledin, *Tocqueville and His America* を参照．ただし出版の詳細は未定である．

(宇野重規 訳)

第二篇

トクヴィルと三つの近代

I
トクヴィルとアメリカ

I–1　トクヴィルとアメリカのデモクラシーの「出発点」テーゼ

ドニ・ラコルヌ

　18世紀において，ヴォルテール，ディドロ，レナールのような哲学者たち，デムニエ，ブリッソー，ヴォルネー，ラ・ロシュフーコー゠リヤンクールのような学識者，随筆家，旅行家たちは懐疑論者であったために，しばしばかれらの批判者たちに理神論者ないし無神論者と非難された．啓蒙の歴史叙述のなかでは，宗教はまったく否定的に位置づけられていた．というのも，宗教は近代の障害であると体験が教えていたからである．宗教を放置すれば，アナーキーや血まみれの宗教戦争の混乱を招来するだけだろう．最も懐疑的な者たちにとって，宗教は狂信と同義であり，迷信(すなわちカトリシズム)を熱狂主義(宗教改革から生まれた宗教)と対立させ，絶えざる闘争の中におくものであった．啓蒙の前進にとって障害である宗教は，決して近代の発条あるいはその作用因になることはない．新しい習俗をとり入れて平和になった市民社会，商業や産業の決定的な進歩，寛容の体制を尊重させることのできる強力な政治制度，これらのものがなければ，近代民主政や共和政の支持者にとって進歩はありえない．モンテスキューはすでに『法の精神』のなかでその道筋を示していた．すなわち，古代ローマ人の政治より有徳かつ有効な政治的モダニティの源泉は，商業がもつ抑制的な効果によって穏やかにされた習俗と法を相互補完的に進化させるところに存する，と．

1. 啓蒙の精神とロマン主義運動の精神との接点で：ウィリアム・ロバートソンの作品

　啓蒙の新しい歴史叙述は，スコットランドの偉大な哲学的歴史家たちの厖大な著作をもって頂点に達した．デヴィッド・ヒューム，ウィリアム・ロバートソン，アダム・スミス，アダム・ファーガソンはそれぞれみな，J. G. A. ポー

コックが近著で明らかにしたように，モンテスキューやヴォルテールの影響を受けていたのである．したがって，ヴォルテールの『諸国民の習俗と精神について』(1756年)やモンテスキューの『ローマ人盛衰原因論』(1734年)と『法の精神』(1748年)は，最初の体系的なヨーロッパ史である記念碑的なロバートソン『カール五世の統治の歴史』(1769年)に一定の影響を与えている．ポーコックの表現を借りれば，著者はたしかに「近代主義者」であり，かれの『ヨーロッパにおける社会の進歩についての試論』はマルクスやブローデルの著作を予言していた[1]．実際ロバートソンにとって，近代社会の到来には商業の進歩が不可欠であった．その進歩は都市の発達と深く関連しており，作法は洗練され，道徳は厳格で，倹約で計算高く用心深い都市ブルジョア階級が好戦的で英雄的，放埓な封建貴族階級にとって代わることと不可分であった．

ロバートソンがわれわれの関心をひくのは，とりわけ1777年に出版され1778年にフランス語にも翻訳された『アメリカの歴史』*History of America*のためである．その著作で，最初は古いヨーロッパの経済的社会的進歩を説明するために考え出された歴史手法が新世界に導入されたのである[2]．ロバートソンは，同時代の歴史の単一原因論的な説明を辛辣に批判した．すなわちかれは，ビュッフォンやデ・パウのごとき人びとが，北アメリカの野蛮人の退化やとくにかれらの「身体の弱さ」，また勝手な想定である彼らの「心の冷たさ」を説明するのに，気候や物質的現象を極端に重視することを激しく非難した．ロバートソンによれば，そのような見方は「道徳的政治的原因の影響力」を見逃しており，この影響力の方が，労働の適性，男女の関係，一国の「土着の民」の政治組織を説明するのに決定的なものなのである．ロバートソンは，かれの息子によって集められたノートをもとに死後1796年に出版された『アメリカの歴史』の最後の巻で，北アメリカの初期のイギリス植民地の性格と政治的帰結について思索していた．かれは，ヴァジニアのジェームズタウンの最初の植民者たちの習俗をとくに手厳しく描き，かれらを「財産をもたない冒険者」とみなし，その唯一の望みはできる限り早く金持ちになることだったと見た．この人々は「崩壊家族の子供たち」あるいは「素行の悪い連中」で，彼らを国から追い出した周囲の社会は「あたかも疫病神を追い払ったかのようにこれを喜ぶばかり」[3]であった．労働に不向きで，非現実的な富(ありもしない金鉱)を追い求め，互い

に協力し生活手段を発見することのできなかった，ジェームズタウンの500人の植民者たちは，6ヶ月もたたないうちに60人にまで急激に減少し，飢えた生存者は，「まずいことこの上なく，身体に悪いだけの草木の根や実ばかりか，窮乏の果てに死んでいった仲間たちの肉さえも食べざるを得なかった」[4]．この最初の植民者たちの社会状態は，「おぞましい無政府状態」以外の何ものでもなく，近代の国民に値しない文明の野蛮への退行であった．

　これに対してロバートソンは，ニューイングランドの植民者のなかに，ヴァジニアの冒険家たちとは共通点のない，特異なメンタリティを発見した．いったい何が，富裕なイギリス人をして，祖国の地を離れて「慣れない気候の悪条件に勇敢に立ち向かわせ，深い森に覆われ獰猛で敵対的な野蛮人の諸部族の住まう未開の土地を住める場所に変えるために必要な辛い労働を引き受け」[5]させたのか．ロバートソンはこれに消去法をもって答える．すなわちそれは，利益の誘惑でもなければ，「国家の実益」でもありえない．人びとが心ならずも企業家になり，「危険に立ち向かい」，ジェームズタウンの最初の冒険家たちを失敗させた「障害を乗り越える」ことを可能にするには，「より強力かつ高尚な原理」が必要であったと歴史家は述べる．この原理こそ，ロバートソンが「ある種の精神」と定義したものであり，実際それはプロテスタンティズムに固有の熱狂と革新の精神，さらに簡潔に言えば，ピューリタンの精神である．かくしてロバートソンは，単なる狂信者とは異なるものとしてのピューリタンの名誉を率先して回復させた最初の啓蒙主義の歴史家である．障害を押して自分たちの事業を成功させる力のある植民者のこの「精神」は，ニューイングランドの人民に真の「性格」を与えると同時に，新しい植民地の世俗と宗教の諸制度に「独特の色合い」をつけることになる．しかしそれでも，ロバートソンはニューイングランドのピューリタンの行き過ぎを何ら無視してはいない．すなわち，かれらの不寛容，クェーカーやバプティストという他の非国教徒の迫害，「モーセの律法」を援用する刑事法の残酷さ等々．しかしかれにとって決定的な点は，ピューリタンの入植地が経済的政治的に疑いなく成功していることであった．ピューリタンの精神とは，だからロバートソンにとって，出発点においては，類例のない相互扶助の精神であり，それが熱狂的な信者たちをしてありとあらゆる危険を冒して，「かれらの教義を表明し伝道する」[6]ことを可能にするので

あった．まさに巡礼者たち，最初はオランダに逃れ，次いで北アメリカに移住したブラウン派の人びとにおいてこそ，この近代デモクラシーの下絵がこの上なく見事に描かれたのである．すなわちそれは，宗教内部の階級制いっさいを排する「狂信的な水平化の精神」であった．聖職者たちは平信徒の共同体が選出し，信者は誰もが「平等に権力の行使」[7]に当たった．この新しい聖職叙任制のデモクラシー自体，ニュープリマスの初期の政治制度の民主的形式と不可分のものであり，それらの政治制度は，「教会制度によって人々がすでに慣れていた人間の生まれながらの平等という観念に基づき，教会員である自由人は誰でも立法の最高機関に加わっていた」[8]．少し後の1620年代終わりには，まさにその「革新の精神」によってピューリタンは，英国君主がかつて新たな政治的特許状を授けてかれらに与えた権利を逸脱する行為に出た[9]．「かれらは，公定教会の教義や儀礼を拒絶することに慣れていたので，政府の古い形式からも逃れる気になったのである」．大移住の第二波のころになると，ピューリタンはアメリカに到着するやいなや特許状の政治的内容を忘れ，自分たちは「自発的な結社に結合した個人」であり，「一つの政治社会を形成する人びとが当然に有する，好みの政治形態を採用し，幸福を保証するのにもっとも相応しいと自ら判断する法律をつくる自然の権利を相互にもつものであると考えた」．この飛躍は明らかに王令違反であったが，チャールズ一世は「社会を乱す連中」を王国から遠ざけることに大いに満足して，最終的には「かれらの離反を加速した措置の違法性に目をつぶる」[10]のに躊躇しなかった．それは習慣となった．アメリカ人たちは臆することなく，君主の権力がかれらの利益に反したとき，なかんずく，かれらが人民主権の民主的システムの最初の計画を実行に移したとき，君主権力を拒絶したのである．

したがって，ピューリタンの反抗の精神は，独立戦争の政治的諸条件を萌芽として含んでいたが，ロバートソンは戦争の最初の時期しか考察する時間的余裕をもたなかった．ただこのスコットランドの歴史家は，まったく慎重かつ予言的にも，以下のように明言していた．「この不幸な争いがなんらかの形で終息すれば，北アメリカに事物の新たな秩序が生まれるのがみられるであろう」[11]．

2. ロバートソンとトクヴィル：幾つかの共通点

　トクヴィルは，1835年に出版された『アメリカのデモクラシー』のなかで，スコットランド啓蒙の偉大な歴史家の議論を再生し，自分なりに発展させた．実際，トクヴィルは，ロバートソンが予言した事物の新たな秩序に明らかな内容を盛り込んだ最初の近代思想家であった[12]．トクヴィルは，大部分の啓蒙の哲学者や歴史家と同様に，そしてアメリカはまだ「乳飲み子」に過ぎず，そこから何らかの教訓を引き出すにはわれわれの知識が少なすぎると言いきったメストルに反して，一国の人民の性格はその起源に胚胎していると確信した．「人間のすべては，いわば揺り籠の産着のなかにある」[13]．したがってトクヴィルの方法は，現在から出発してアメリカ史をできるだけ過去に遡り，そこに社会の本来の設計図の痕跡を見出すところにある．ここからアメリカの近代の「出発点」という彼の仮説が生まれる．そうした創設の起源はどこに，どのようにおくべきか．トクヴィルは最初の段階では歴史の年譜を重んじて，ヴァジニアが1607年以後に植民者が入植した最初のイギリス植民地であったことを指摘する．この移民たちがよい評判を得なかったことは，トクヴィルもイングランド，スコットランドの先人と同様に認める．かれらは，「資金も規律もない人びと」，信仰も法も守らぬ成り上がり者，近世〔スペイン〕の征服者(コンキスタドール)のように金鉱を必死になって探す「産を求めて海を渡る冒険家の一群」にすぎなかった．社会的には「イギリスの下層階級」に近い植民者たちの不幸な経験は，奴隷の労働力の急速な導入とあいまって，「南部の性格と法律，その将来のすべてにわたって計り知れぬ影響を及ぼすことになった」．しかしトクヴィルにとって，そこには「合衆国の社会理論の基礎」を形づくるものの真の出発点はなかった．その基礎を，トクヴィルは後に別のところ，ニューイングランドのピューリタンの植民の経験に見出す．ピューリタンは，ヴァジニアの先人たちと違って，祖国の下層階級出身ではなかった．かれらは17世紀の終わりにヴァジニアに植民した人びとのような「イギリスの大地主」でもなかった．かれらは，「貧乏人でも金持ちでもない」「余裕ある階級」に属し，とくにその精神の動きにおいて他のあらゆる植民者たちとは異なっていた．実際，かれらは物質的利益の探求や社会

状態を改善する欲求にさえも還元されない一つの理念を追求した．その理念はむしろ彼らを宗教的平等主義の教義を勝利させるという特異な精神の冒険に向かわせたが，その教義は，宗教の通常の狭い領域を超えて「いくつかの点で，もっとも絶対的な民主的共和的思想と」結びつくものであった．事物の新たな秩序の真の創設者たるピューリタンは，トクヴィルによれば，「ある意味でデモクラシーの中にデモクラシーをもちこんだのである」[14]．すなわち，かれらは，元々の社会状態が民主的であり，加えて民主的諸理念を表明したがゆえに，二重の意味で民主主義者であった．

18世紀終わりのフランスの偉大な哲学者たちによる解釈，あるいはニューイングランドの植民地の狂信に対して皮肉で侮蔑的なシャトーブリアンの慨嘆からも一線を画するトクヴィルは，ピューリタンの歴史を越えてかれらの「純粋に精神的な欲求」[15]の偉大さを強調することで，ピューリタンの冒険を名誉回復させる．ウィリアム・ロバートソンと同じ歴史の資料——ロバート・ビヴァリーの『ヴァジニアの歴史』，ジョージ・チャルマーズの『政治年誌』，トマス・ハチンソンの『マサチューセッツの歴史』，トマス・ジェファソンの『ヴァジニア覚書』，コットン・マザーの『マグナリア・クリスティー・アメリカーナ〔アメリカにおけるキリストの大いなる御業〕』，ダニエル・ニールの『ピューリタンの歴史』，ジョン・スミス大佐の『旅行記』，ウィリアム・スティスの『ヴァジニアの歴史』[16]など——を意識的に利用しながら，トクヴィルは同じ結論に達する．ピューリタンは確かに，「議論の余地なく実際に」人民主権という，すぐれて民主的な原理を確立したのである．「あらゆる政治的偏見から自由」[17]であったピューリタンは，古代人のようにデモクラシーを実践した．したがって，コネティカットの初期のタウンでは，「最初から選挙民は市民全体で構成されていた」．社会的平等は「ほぼ完全で」あり，まさに「全員の利益に関わる事柄は，アテナイのように，すべて公共の広場で市民総会において議せられた」[18]のである．この「熱狂的なセクト主義者たち」や「熱狂的な革新主義者たち」は，世界でもっとも自然にデモクラシーを「定着させる」ことに成功した．なぜなら，かれらの宗教的理念は政治的理念と不可分だったからである．かくしてトクヴィルの繰り返す出発点とは，時間や空間に刻み込まれたものではない．それは理論的な出発点であり，「理念の勝利」であり，あるいはむしろ二つの理

念，それまで相反するとみなされていた「宗教の精神」と「自由の精神」との驚くべき重合である[19]．

デモクラシーには危険がないわけではなく，ピューリタンが自らに「異様で暴圧的な法律」を課していたことをトクヴィルは認める．例えばそれは，喫煙や長髪を禁じ，（少なくとも理論的には）厳格に，瀆神，魔術，姦通，「未婚の男女のただの交際」，さらに飲酒癖，日曜礼拝への参加の拒否を取り締まった[20]．

3．政治的自由は宗教的自由ではない

（後述するようにトクヴィルは犯していないが）よくある誤りは，政治的自由を宗教的自由と混同し，ピューリタンを宗教的自由の信奉者と思い込むことである．歴史家ジョン・ミュリンによれば，この誤りは，アメリカについてのもっとも古い神話のひとつを構成する要素である．この神話によれば，ニューイングランドの最初の植民者たちは，本国の宗教的迫害から逃れて北アメリカに宗教的自由の体制を築こうとしたのである．この神話は観察に耐えるものではない．なぜなら，ピューリタンはひとつの正統宗教を時間をかけて定着させるという決定的な関心しか持ちあわせていなかったからである．ピューリタンはニューイングランドにおいて目覚しい成功をおさめたが，いくつかの有名な紛争は起こり，アン・ハチンソンやロジャー・ウィリアムズのような他の正統宗教を信奉する人びとは彼らと対立して，植民地から追放されることになった．異端を罰する法律の布告，検挙と有罪宣告，そして何人かの処刑，これらの事態は，大部分がクェーカーやバプティストからなる非体制派教徒を恐怖に陥れ，かれらをペンシルヴェニアやニューヨークのような比較的寛容な他州に遠ざけることになった．チェサピーク湾岸の諸州，メリーランド，ヴァジニアは，アメリカに来たのは遅いが本国の影響を受け，資金の援助もあったもう一つの正統宗教，すなわちイギリス国教会の正統派によって急速に支配されるようになった．ジョン・ミュリンによれば，1743年において，ニューイングランドおよびチェサピーク地域の植民地の住民の三分の二が一つの公定宗教——あるところでは会衆派教会，別のところではイギリス国教会——の拘束に縛られていた．いかなる場合にもかれらは，真の宗教的自由の恩恵に浴することはなかった．

実際この時代に，啓蒙の進歩や権利の章典によって保障される真の宗教的自由の制度化を想像させるようなものは何もなかった[21]．「十分に情報をもった観察者なら，大部分のアメリカ植民地において，後に修正１条が宣言することになるような教会と国家の分離の支持に，世論が強力に動いているのを突き止めることなどできなかっただろう」[22]，とミュリンは結論している．

宗教的自由の欠如が前例のない政治的自由の出現を妨げることはなかった．まさにこの政治的自由こそ，最初の巡礼者たちが互いに，また神自身の監視と承諾のもとにあると信じて結んだ，厳粛な約定（盟約あるいは契約）を通じて自らに授けたものである．あらゆる盟約のなかで最も有名なのは，メイフラワー号の巡礼者たちが，最初予定していたヴァジニアではなく，コッド岬の停泊地に辿り着いたとき，大西洋の波乱に満ちた横断の果てに署名したものである．ロマン主義の歴史家たちによって再発見されたメイフラワー盟約は，未開の植民地に未だ無形の一つの政治体を設立した政治的主権の証書であった．

> 神の名において，アーメン．われらの統治者たる君主，また神意により英王国，フランスおよびアイルランドの王にしてまた信仰の擁護者たるジェイムズ王の忠誠なる臣民たるわれら下記署名者は，神の栄光のため，キリスト教の信仰の増進のため，およびわが国王と祖国の名誉のために，ヴァジニアの北部地方における最初の植民地を創設せんとして航海を企てたものであるが，ここに本証書により，厳粛かつ相互に契約し，神と各自相互の前で，契約により結合して政治団体をつくり，もってわれらの共同の秩序と安全を保ち進め，かつ上掲の目的の遂行を図ろうとするものである．そして今後これに基づき，植民地一般の幸福のため最も適当と認められるところにより，随時，正義公平な，法律，命令等を発し，憲法を制定し，また公職を組織すべく，われらはすべてこれらに対し，当然の服従をすべきことを盟約する（1620 年 11 月 11 日）[23]．

ところで，プリマスのプロテスタントの最初のタウンを設立したこの盟約にトクヴィルは「次の世紀にルソーが夢想した形式によくかなった社会契約」[24]を見出したのだが，それは巡礼者たちがそこから出てきた会衆のなかで結ばれて

いた，本来まったく宗教的ないくつかの先行する盟約の世俗的な帰結にすぎなかったことは，よく理解しておかなければならない．このような盟約の最初のものはおそらく，1609年にライデンで，オランダに追放されたイギリス分離派の小さな会衆のメンバーが結んだものである．かれらのうち35人の有志は自発的にイギリスに戻り，そこで他のイングランドの分離派に合流し，財産を売ってヴァジニア会社の共同出資者，株主となり，この会社から北アメリカのいくつかの土地に植民する法的権利を与えられたのである．このピューリタンが有名な「巡礼父祖（ピルグリム・ファザーズ）」であり，かれらは1620年9月16日メイフラワー号に乗ってイギリスを離れ，11月9日コッド岬に到着し，さらに1ヶ月後，プリマスの港に最終的に投錨した．かれらの結んだ「社会契約」，すなわちメイフラワー盟約は，私がのちに「原始契約」と形容するような他の宗教的約定（盟約）を受け継いだものであった．

　ロバート・ブラウンの弟子たちの初期のいくつかの盟約は，明示的あるいは暗示的に，イギリス国教会とのラディカルな絶縁を推奨した（ここからかれらは「分離派」あるいは「ブラウン派」と名づけられた）．盟約とは，それによって一つの信徒団が「真の」教会を創設するという選択をなす自発的な合意の文書である．そのような教会は，イギリスの伝統と異なり，既存の教会の権威，また政令や議会の法令によっては設立されえない．それは一つの信徒団ないし会衆を形成するために，ともに盟約した諸個人による個別集団の決定であり，この会衆だけが自分たちの牧師を選び，叙任する力をもつのである．初期の会衆派教会の原始盟約は，普遍的，包摂的どころか，排他的であった．すなわち，その原始盟約は，堅い信仰をもった信者たちの結合にだけ関わるものであった．それでは，新しい教会のメンバーの信仰の正しさあるいは神聖さはいかに判断されるのか．その問いは難しく，回答は様々であったとはいえ，目指すところは一貫して同じであった．つまり，信者の共同体の見える教会を神に選ばれた者の見えない教会にできる限り近づけること，すなわち——その方法において確実なものは決してないとしても——新しい会衆が聖徒によって構成される可能性を増すこと，これが一貫して目指す目的であった[25]．ロバート・ブラウンは，イングランドで，ノリッジの教会を設立するのに先立ち，原始盟約について次のように記述していた．

かくて一つの盟約 *covenant* が為され……．かれら［将来の教会員］は，聖書の示す［教義の］のいくつかの核心に同意した．かれらは以前から導かれて教義の核心部分を心に刻んでいたのだが，このときあらためて「われらこれに同意す」と述べて，一人一人が承諾の意を表明したのである．かれらは主の下に全員で盟約 *covenant* を結んで，一つの共同体を形成することに合意し，そしてこの合意を主の法と主の統治の下においてこれを保持する試みに乗り出した．このようにして，かれらはあらゆる乱脈と悪徳から完全に免れることができたのである[26]．

　ブラウンの分離の論理において，イギリス国教会は断じて教会ではなかった．というのも，それは敬虔な者と不敬虔な者，回心したキリスト教徒と不信の徒の雑多な寄せ集めだったからである．分離主義は極端にまでおし進められ，プロテスタントであろうとなかろうと，滅多にない激しい言葉で「異分子」を告発するにいたった．これらの人々は「犬，魔術師，放蕩者，殺人者，偶像崇拝者」にすぎず，彼らの不信仰は，一方で「無神論と権謀術数」を，他方では「公然たる偶像崇拝，瀆神，罵詈雑言，虚言，窃盗，殺人，売春」[27]を助長するとされた．

　ブラウンの記す神との盟約は，相対的には厳しい要求を課すものではなかった．かれが列挙しているのは信者が信仰を告白して人を導く力となることだけであった．恩寵に与った真正の信仰が内奥に存在することを示す徴は要求されなかった．初期の分離派にとって，会衆のメンバーのなかに救済をもたらす信仰が存在するかどうかは識別できなかった．それは純粋に神の恵みであって，神にしか認識されえず，そうでないという主張は予定説の原理自体に反するものであった[28]．しかしピューリタンのカルヴィニズムは閉鎖的に決定されて変わり得ない体系ではなかった．確かに，主のとられる道ははかり難いものの，信者は信仰を固め，信仰を守り続けることから始めて，職業生活の成功を通して召命に応えることを明らかにして「選びの確証を得る」[29]ことは許された．

　ライデンの分離派の共同体から出た巡礼者たちが結んだ原始盟約について知られていることは少ないが，それがロバート・ブラウンの編み出した手法の再現であったことは大いにありうる．かれらの教会は「信者集団」であり，信仰

I-1 トクヴィルとアメリカのデモクラシーの「出発点」テーゼ

告白と善き行いによって確証されるかれらの信仰は、歴史家エドマンド・モーガンによれば、「キリスト教の諸真理への素朴な信念」と要約されるものであった。他のピューリタンの共同体によって後にニューイングランドにおいて結ばれた他の諸盟約は、神に確かに選ばれていることの外在的な徴を極限まで求めた。かくして、マサチューセッツ湾岸植民地の新たな諸教会の「盟約者たち」は、恩寵と聖別への長い道程を語らねばならなかった。一人一人懐疑や罪を告白し、信仰に偽りがなく聖書をよく理解していることを証明し、神の意志に従いこれを受けいれると明言したのである。それでも、何らの確信を得ることも許されなかった。それどころか、神に選ばれたことの最良の証拠は、選ばれた者の地位に確信をもたないこと自体にあった[30]。聖徒の列に受け入れられるために重要なのは、神の庇護のもとに共に結んだ盟約の言葉をずっと守ってきた事実を仲間に認めさせることであり、そのためには信仰を会衆の前で告白し、遅々として進まぬ聖別の諸段階での詳細な経験をさらけ出さねばならなかった。したがって、ニューイングランドのピューリタンは、宗教協約の仕方を磨き上げるのに相当の独創性を示したのである。かれらの盟約はもはや、ロバート・ブラウンが最初に書きとめたイギリスのピューリタンの古い慣行に従う控え目な信仰の証ではない。それは(それ自体が選ばれていることの証拠である)疑念にとらわれつつも、自分を選ばれた者とみなす同じ盟約者たちの審問にかけられる膨大な自己批判の語りである。

まったく宗教的性格のものであった原始契約に続いて、主権の組織を定める政治的契約がいくつか結ばれたが、その原型がメイフラワー盟約なのである。これらの盟約こそトクヴィルをいたく驚かせた「自由の精神」の発露であり、この著者はこの精神を、アメリカの特徴であるもうひとつの鍵、「宗教の精神」から注意深く区別した。ピューリタンの自由の精神は、実質的に際限のないものであった。なぜなら、トクヴィルの伝えるウィンスロップ総督の言葉を使えば、「正しきこと、善きことはすべて臆することなく行う」ことが許されていたからである[31]。その結果、政治的革新への著しい好みが生じ、ピューリタンはこれに導かれて、人民主権、最大多数の教育、貧民の境遇の改善といったさまざまな領域にわたって類稀な「政治的英知」[32]を発揮したのである。移民たちのなかには、躊躇することなく与えられた権限を越えて「主権を行使する」も

のもあった．指導者の指名，「治安法規」の制定，いや宣戦講和の決定さえすることもあり，要するに「神以外のなにものにも従わぬかのように」自己立法を行ったのである．したがって政治生活は，「現実的，活動的であり，まったく民主的かつ共和的」[33]であった．しかも，このニューイングランドの地に再び出現した近代人のデモクラシーは，古代の最大の神話に結びつけられた．というのも，このデモクラシーは，「完全に成長し，武装して，古き封建社会の中から脱出した」[34]からである．すなわち，アメリカ人は，ユピテルの頭から完全武装して出てきた自由の女神，アテーナーをかれらなりに再び創造したのである．

4. 新しいロマン主義の神話：「ピルグリムズ」， デモクラシーの創造者たち

　ニューイングランドの政治体制の理想的記述は，その地の現実に合致したものであっただろうか．トクヴィルは，出発点テーゼを正当化するために，またそうすることで半封建的な古いヨーロッパとすぐれて近代デモクラシーの実験地たる新しいアメリカとの違いをはっきりさせようとして，希望と現実を取り違えたのではないか．むしろかれは誇張したというべきだろう．同じころアメリカの歴史家の大部分，そのうちでも最も名高い，アメリカ革命のミシュレともいうべきジョージ・バンクロフトをはじめとする歴史家たちがこれを誇張したのと同じように．実際，メイフラワーの契約はトクヴィルの夢想したようなデモクラシーを書き記してはいない．その署名者は，「自由」人の小集団であった（総勢102人の乗員のうち18人のピューリタンと21人の冒険家たちで，女性，子ども，金で雇われた使用人は署名者の集団から排除された）．メイフラワー盟約は，その固有の文脈におき直せば，ヴァジニア会社によって与えられた地域はハドソン湾である以上，ニューイングランドに留め置かれる理由はないと考えて独自行動に走ろうとしていた何人かの乗員をなだめるための臨機の文書にすぎなかった．その盟約は署名者同士を結びつけ，きわめて異質な要素からなる植民団の結束を保持させた．新たな結束によって，異なる二つのグループ，救済の恩寵を授かり得ると思いこんだ「聖徒たち」と，軍事や農業その他の能力によって巡礼者の植民を容易にすると期待された冒険家たちとは再び一

つになったのである．メイフラワー号の契約が全員に「正義にかなった公平な法」 just and equal laws を保障したとき，それは102人のちっぽけな集団のなかで，あらゆる反乱の危険を避けるために，巡礼者と冒険家の扱いの平等を保障したにすぎない．地上に前例のない，来るべきデモクラシーを創設した証書であるどころか，メイフラワー盟約は一時しのぎの手段，いかなる明白に確立された所有権ももたぬ土地に入植しようというまさにそのときに分裂の淵に立たされた集団を維持するための最善の手段にすぎないものであった[35]．

　10年後の1630年に1000人近いピューリタンがプリマスの北部に上陸してマサチューセッツ湾岸会社の土地を領有したときに，彼らを結合させた政治的契約も同様にとくに民主的な要素を有していたわけでは何らない．同会社の権限を規定した国王の特許状通りに，10人ほどの主要な株主（自由人 freemen[36]）だけが投票権をもち，総会で総督とその補佐を選ぶことができた．マサチューセッツ湾岸会社の最初の総督であるジョン・ウィンスロップは，厳密に貴族的なこの権力構想を明らかに共有していた．かれにとって可能な最善の統治とは，最少数者による統治であった．なぜなら，「最も優れた人々，最も賢い人々はつねに最も数の少ない者であるからだ」[37]．したがってそれは，トクヴィルがニューイングランドに見出したと信じたもの，すなわち「古代が夢にも見なかったデモクラシー」[38] とは程遠いものであった．

　しかしながら最終的には，幾つかの形の「公然たる共和主義」[39] がウィンスロップとかれの補佐の主導で生まれることになった．かくして，1631年10月19日の総会において，ウィンスロップは率先して，少数の株主＝有権者に植民地の男性住民のすべて，つまり100人ほどを加えて，選挙権の基礎を広げた．この有権者は，立法措置をおこない，植民地の執行評議会のメンバーを指名する権利をもっていた．しかしこのデモクラシーの実際の経験は短期間であった．というのも，1年後に招集された総会が，「この政治体の自治権に参与するものは，今後，管轄内にある教会のメンバーだけに限られる」[40] と宣言して，方向を修正したからである．結局，ピューリタンの政治的革命は，かなり控え目なものであった．なぜなら，バンクロフトが述べたように，1年で選挙貴族制から「ある種の神聖政治的」[41] 統治に移行したからである．それでも，この変化には実質があった．つまり，自由人とは，もはや裕福なもの，すなわちマサ

チューセッツ湾岸会社の株主あるいは土地所有者だけでなく，財産はもたないが信仰の誠実さだけはもつ植民者をも含んだからである．かくして単に一個の商事会社であったものが，いつの間にか信者の小共和国に変容したのである[42]．1634年以降，自由人は植民地の総会の決定に直接参加することをやめた．というのも，かれらは選挙で選ばれた議員を自分たちの代表とし，この議員だけが総督とその補佐を選び，また植民地の統治に必要な法律を採決する権利をもったからである．この新たな代表制は，言葉の完全な意味で神権政治であっただろうか．神権政治を意見の統治の意味で使うとすればその通りだろう．すなわち，ニューイングランドにおいて非体制派教徒 dissenters への寛容はなかった．神権政治が聖職者の統治を意味するのであれば，そうではないだろう．すなわち，聖職者たちは発言権をもたなかった．というのも，ウィンスロップの時代に聖職者たちは，選挙に立候補したり，どんな小さな政治的，市民的責任を負うことも禁じられていたからである[43]．

　ニューイングランドのピューリタンは共和制も民主制も発明しなかったし，人民主権の原理そのものも発明することはなかった．なぜなら，かれらの「人民」の定義は説得力十分というには限定的に過ぎ，宗教的信念に染まり過ぎていたからである．かれらの多大な独創性は，革新と実験の能力にあった．「かれらの手にあっては，人間の法や制度は，意のままに方向を変え，組み替えられる可塑的なもののようにみえる」[44]，とトクヴィルは記している．このことは40年ほど後に，本国がピューリタンの植民地に再び干渉することを妨げないであろう．北アメリカのピューリタンが国王の権威を問題にすることはなかった．かれらの権限は，本国の課する王令が状況をはっきりさせるまで見過ごされていたから存在したのである．したがって，1776年の独立宣言あるいは1787年の連邦憲法の偉大な原理の萌芽が，初期ピューリタンの政治的経験のうちに胚胎していると主張することはできないであろう．ピューリタンの自由の精神は，確かに実在し力強く主張されたが，ニューイングランドの歴史の束の間のものにすぎなかったのである．

5. 自由の新しい文法

　真の人民主権は，1776年以後13の独立の共和国がつくられ，憲法制定会議を組織して新たな政治規則をつくり，タウン・ミーティングの住民たちを臨時に招集して選挙人集会として，これにその政治規則を批准させることにした，その時はじめて宣言されたのである．こうして，マサチューセッツの議会は，1779年6月に21歳以上のすべての男性に「新憲法を制定することだけを目的とする代表者会議の組織」を呼びかけ，次いで代表を選んだ同じ選挙人の三分の二の賛成によってこれを批准すべきものとした[45]．この新しい政治的な実践は，トマス・ペインによれば，自由の新しい「文法」を誕生させた．アメリカの新しい諸州の憲法は「自由に対して，言語における文法の意味」[46]をもった．この新しい文法は，容易に観察できる事実，政治権力の起源そのものに関わる事実に基づいていた．アメリカの場合はすべてが簡潔である，とペインは明言している．「情報を求めて古代の暗闇の野に赴く必要も，憶測を逞しくする必要もない．われわれは突如統治の発端を見るに至り，それはあたかも諸世紀の始まりに生きているかのようである．歴史ではなく事実に基づく真実の書が，故意に歪められることも伝承の誤りによって変えられることもなく，われわれのすぐ前におかれている」[47]．ペインの論理にはピューリタンの神話はまったくでてこない．なぜなら，たしかにアメリカ13州の起源には「聖書」があったとしても，それは政治的証書であり，1776年のペンシルヴェニアの場合のように，そのイギリスの著述家が詳細に分析した憲法制定会議に集まった人民の代表によって生みだされた人工品であった．この新しい自由の文法はいかに機能したのか．トマス・ペインはそれについて，1792年に出版されラファイエットに捧げられた『人間の権利』第2部で，事実に即した印象的な記述を残している．

　　これこそ正規の行き方というものである．——人民がその本来の特性を失わずに制定した憲法から政府が生まれ，その憲法は，政府に対して一つの権威としてだけでなく，これを規制する法律としても働くのである．憲

法はその州にとって政治上の聖書なのであった．その写しを備えていない家庭を見つけだすことは難しい．政府の役人もみな1部ずつ写しを用意していて，法案の原理であるとか，何かある政府機関の権限とかについて少しでも議論が起こると，全員が印刷された憲法をポケットから取りだして，議論の対象となっている事柄に関連のある条項を読むのは，きわめて普通のことであった[48]．

建国の父たちの世代にとっては，ペインの著作が明らかにしているように，政治的自由は古代人，この場合はピューリタンの発明ではなかった．それは言葉の本来の意味で近代人の自由であり，1776年の独立戦争の初めに生まれたと正確に日付を確定できるものであった．そのような自由は，自然の理性の進歩の結果であった．これに従って，まさに『ザ・フェデラリスト』第22篇でハミルトンが示したように，合衆国に相応しい「帝国の構造」は最も確固とした基盤，すなわち「正当な権威の一切を生み出す泉たる……人民の同意」[49]にのみ基づいて創設されうるのである．

18世紀の終わりには，アメリカの政治思想は完全に啓蒙の精神の一環である．唯一重要な典拠は，イギリスのラディカル・ホイッグの伝統，あるいはキケロ，ティトゥス，リビウス，プルタルコス，ポリビオスを読んで培われた人文主義の教養から来ている．当時最も影響力をもった政治的著作である『ザ・フェデラリスト』は，なにかというとプルタルコス，モンテスキュー，グロティウス，ロック，ヒューム，マブリに言及しているが，ピューリタンの当時も知られ，利用できた著作を完全に無視している．哲学と理神論と理性の進歩は，ピューリタンの古い空想をかき消した．1787年にフィラデルフィアで推敲され，1788年6月21日に必要な多数である九つの州によって批准された連邦憲法は，後に示すように，たしかに啓蒙思想の娘，すなわち神なき憲法であろう．

6．ピューリタンの名誉回復

ピューリタニズムの再発見は，啓蒙哲学の行き過ぎに対する定型的批判と切り離すことができない．それは合衆国では1796年の大統領選挙の際に盛んに

言われた批判であった．ジョン・アダムズは，その年大統領に選ばれたとき，時代の政治的感情を次のように要約した．1778年から1785年にかけて，ヨーロッパ諸国は，「ゆっくりとではあるが確実に，宗教や［政治］権力，自由，平等，博愛，知識，人類の文明化など，様々な領域で人間の条件の改善に向かって前進して」いるようにみえた．しかし，すべてはフランス革命の致命的な結末をもって逆転させられた．フランス革命は，ヨーロッパを「数世紀ではないとしても，少なくとも一世紀」[50]後退させた．もちろん，アメリカの多くの歴史家や随筆家は同様の議論を擁護し，フランスをジャコバン主義の「破滅的な実験」に追い込んで「嘆かわしい帰結」をもたらしたフランスの哲学者たちの「狂気の諸原理」を激しく非難した．宗教の廃止，聖職者の迫害，あらゆる信仰の禁止，さらに悪いことには，「理性の名のもとに神にとって代わった娼婦」[51]の崇拝，これらがその嘆かわしい帰結なのであった．

　フランスにおいて，同様の批判は反革命の信奉者たちだけの専有物ではない．それは，ギゾーのような偉大な自由主義者によってより巧妙に表明された．かれもまた，フランス革命の失敗を嘆くが，その一方で不当に無視されてきた過去に立ち返ることが有益であることを示唆した．ギゾーは『ヨーロッパ文明史』の第14講義のなかで，18世紀中に人間の精神が実現した著しい進歩は，この世紀を「歴史上偉大な世紀のひとつ，おそらくは人類に最も貢献し，これを最も進歩させた世紀」とした，と説明した．しかしこの発展は，ある「絶対的な力」の行き過ぎによって歪められ，嘆かわしい帰結を生んだ，と付け加えた．すなわち，人間の精神は「堕落し，錯乱し……既成事実や古い観念を嫌悪し，これに不当に反発した．その反発が人間の精神を誤らせ，暴政に導いたのであった」[52]．ここでわれわれは，伝統を味方につけようとしながら，だからといって直近の過去の成果を否定しない哲学的歴史の新しさに気づく．ギゾーは，多大な関心をもってかれの講義を聴講したトクヴィルと同じように[53]，歴史的連続性に特権を与え，かくしてバークがすでに始め，スタール夫人やバンジャマン・コンスタンのような自由主義者が擁護した一つの伝統に立ち返った．後の二人にとって，宗教改革はまさしく，あらゆる人間の進歩の源泉であった．すなわち，宗教改革は，最近アニェス・アントワーヌが指摘したように，「宗教と啓蒙」[54]を和解させ，ルターからフランス革命の初期段階に至るヨーロッパ文明

の進歩を説明する導きの糸として役立ったのである．ジャコバン主義(と最初の保守的王政復古)が宗教と啓蒙を切り離し，そのよき歴史の連続性は一時的に断絶されたとはいえ，ギゾーに従えば，出来事の歴史の根底にあるあらゆる「一般的事実」と同じように，近い将来そうした連続性はフランスに蘇り，その時フランスはついに伝統と革命との総合を実現するであろう[55]．

7．トクヴィル，バンクロフトの好敵手？

したがって，19世紀の最初の三分の一の間に書かれたロマン主義的歴史叙述は，啓蒙の進歩を疑っていた．それは啓蒙主義を疑い，それまで無視されてきたが後の時代の基礎となった時代との歴史的連続性を再構築しようとしたのである．フランス革命の行き過ぎ，常軌を逸したジャコバンの理性信仰，ナポレオン戦争の災いは，革命以前の過去の再発見を(また，しばしばその再発明を)正当化するのに役立った．ヨーロッパのロマン主義的歴史叙述は，ゲルマン人，サクソン人，ゴール人の英雄と偉大な祖先に対する崇拝を復権して，宗教，非合理性，神秘主義の美点を再発見した．合衆国でも，ロマン主義の歴史家たちは大半がヨーロッパで学んだ経験をもっていたから，思想の同じ傾向，同じ図式を再生産した．かれらもまた，かれらの偉大な先祖たち——最初のイギリス人移民たち——を再発見し，同時にピューリタニズムの名誉を回復したのである．幸運にも，ピューリタンの民主的かつ共和的情熱があったから，歴史家たちは啓蒙の政治的進歩を時代錯誤の熱狂主義的かつ狂信的な宗教と和解させることができた．トクヴィルは，ピューリタンの精神を「宗教の精神」と「自由の精神」からなる二重の精神とすることで，かれの同時代人で『アメリカのデモクラシー』第1巻出版の1年前の1834年に『合衆国の歴史』第1巻を公刊した，アメリカ革命の最も偉大なロマン主義の歴史家であるジョージ・バンクロフトと同様な議論を展開したのである．トクヴィルはバンクロフトの原稿をそれ以前に読んでいただろうか．かれと議論したことがあっただろうか．トクヴィルが後にこのアメリカの歴史家と書簡を交わしたのは事実だが，この点は定かでない．われわれにとって重要なことは，二人が同じ歴史の資料から似たようなアプローチを引き出したことである．トクヴィルと同じように，バンク

ロフトはピューリタンの名誉を回復した．ただバンクロフトはもっと褒めちぎり，祖先崇拝に基づくアメリカ愛国主義の布石を打ったのである．この先祖たちは確かに古代の英雄のように「属州を征服したり，諸国を転覆させた」りはしなかった．かれらはもっとうまくやった．すなわち，かれらは，一見目立たない植民地化の経験のなかで，近代デモクラシーの種を既に植えていたのである．そのような発明は，一つの帝国を征服すること「以上に実質的な」栄光を受ける資格をもつ，とバンクロフトは断言した．「わが祖国の父祖」の記憶を慈しむべき理由はそこにある，とかれは付け加えている．かれらは処女地に足を踏み入れ，「そこに共和的自由の原理と国家の独立の種子を蒔い」たのである．「かれらは，影響が広がり，後世の人びとが彼らに感謝してその徳の栄光の記憶を長く保持するであろうという予感に悦びを覚えた」[56]．

かくしてバンクロフトは，啓蒙の立場からするアメリカ史の叙述の基礎自体を覆した．政治的デモクラシーの発明者はもはや建国の父祖ではなく，ピルグリムズ，「人間には予見し得ないある目的に向けて物事の流れ」[57]を導く摂理の特権的な仲介役であるこのものたちであった．歴史の動因，つまり，ときとして「この上なく瑣末な原因から重大きわまる出来事」を出来させる「不可思議な事件の連鎖」[58]は，トム・ペインや『ザ・フェデラリスト』の著者たちが思い描いたのと異なり，政治結社に集まった人々の意志ではなく，むしろ神に導かれた宗教改革の緩慢な運動である．この改革の動きは人間の精神を宗教的専制から断ち切り，「政治的自由の教義」を「新大陸の荒野」から最新，僻遠の諸国，チリやオレゴンやリベリアへとあまねく伝播することを可能にしたのである．宗教改革に発するこれらの教義は，「フランスの開明的部分を熱狂的な改宗者」にし，「ポルトガル沿岸からツァーリの宮廷に至るまで，公共精神の抵抗し難い行動を巻き起こし」て，「ヨーロッパのあらゆる古い政府」[59]を一斉に動揺させたのである．

人類のデモクラシーへの不可避の歩みが，いままでこれほどうまく記述されることはなかった．トクヴィルと同様，バンクロフトにとっても，アメリカのデモクラシーのピューリタン的出発点は，巨大な摂理の鎖の一つの環にすぎなかったが，その意味するところは両者にとって異なっていた．バンクロフトの方は，かれ以前のギゾーやキネーのように，宗教改革に中心的な位置を与える．

トクヴィルの方は、ピューリタニズムが人は誰でも「天国への道を平等に見いだせる」[60]とみなして平等の歩みをおし進めたことを認めながらも、宗教改革の重要性を過小評価する。しかしトクヴィルにとって、境遇の平等、すなわち「個々の事実がすべてそこから出てくるように見えるこの根源的事実」は宗教改革よりずっと以前に遡るものである。かれによれば、それは十字軍と英仏戦争（これらは貴族を弱体化させ、大土地所有の分割を促進した）、「封建王政のなかに民主的自由を導入した自治都市の設立」、（知の諸条件を平等にする）印刷術、そして「戦場で平民と貴族を対等にする」「火器の発明」[61]にまで遡る。摂理のトクヴィル的理解は決定論的でも硬直したものでもなく、特定宗教の教義の刻印を受けてもいない。「洪水」のように不可抗な平等のプロセス——著者に「ある種の宗教的畏怖」[62]を覚えさせるプロセス——がその特徴である。トクヴィル的摂理は将来を閉ざさない。逆に、それは複数の可能性に開かれており、未来に対するはっきりした警戒を要求とするものでもある。というのも、民主的平等の不可抗な流れをくい止めることは不可能だからである。「したがって、しっかり目を見開いて未来を見る術を学ぼう。役に立たぬ堤防を築こうとしたりせず、むしろこの岸辺なき大洋の上で人類を運ぶべき聖なる箱舟の建設に努めよう」[63]、とトクヴィルは草稿の一つに書いている。16歳のときに信仰を不意に失ったことを認める人間としては驚くべきものであるトクヴィルの宗教的感性は、包括性と客観性を同時に求める哲学、「事物の全体を必然的に見渡す目」をもつ神のように、人間の営みを高みから評価しようとする哲学の在り方と不可分である[64]。そのために、トクヴィルは貴族的偏見を躊躇なく捨て、貧しきもの無知なるものを高めるために偉大なものを小さくするという、内在的な裁きのパラドックスをよりよく把握しようとする。民主的な「画一性」や凡庸の光景を嘆き、「衆に抜きんでるものも身を屈するものもいない、同じような人々が無数に集まったこの群れ」を見て心を痛めながらも、トクヴィルは世界の創造者の視点から、最大多数の繁栄は社会正義、すなわち「万人の最大福利」を要求することを認める。トクヴィルはだから自分の本心を抑えて、すべてを勘案して、神の立場に同調すると明言するのである。つまり、「私の目に頽廃と映るものはだから神の目には進歩であり、私の心を痛めるものも神の御心には喜ばしいものである。平等はたしかにそれほど崇高なものではないが、より正

義に適い，正しさはこれを偉大にも美しくもする」．それどころか，トクヴィルは，決然として神の位置に身をおき，「全能の存在」の思考を自らの中に取り込むことを選んでいる．「私はなんとかしてこの神の見地に踏み入り，そこから人間的事象を考察し，判断してみようと思う」[65]とかれは『デモクラシー』第2巻の結論に書いている．

　歴史家，哲学者，そして一つの観念の創造者として，バンクロフトとトクヴィルは同じ時代に属したが，同じ仕方でピューリタンの名誉を回復しようとしたのではない．前者はそこに，宗教改革の進展の北アメリカにおける表現を見出した．すなわち，ピルグリムズの英雄主義を賞賛しようと試みると同時に，愛国主義的な祖先崇拝をつくり出した．後者は，たとえピューリタンとかれらの盟約の政治的重要性を誇張したとしても，それほど褒めちぎることはなかった．トクヴィルのいう「出発点」はまったく相対的なものである．すなわちそれは，何百年にもわたるある現象，すなわち同じように不可抗な平等とデモクラシーへの世界の偉大な歩みのアメリカにおける最初の契機をなすにすぎないものであった．トクヴィルは，北アメリカの最初の植民地化が，ヴァジニアに定住した冒険家の仕事であったことを無視しなかった．第二の出発点をこの経験から考えることもできたであろう．そう考えるならば，宗教から切り離され，非常に不平等で貴族的価値観にとらわれ，奴隷制を支持するほど反民主的な政治的伝統が出発点になったであろう．合衆国の政治史を二重に語るという発想——一方ではピューリタン的かつ平等主義的に，他方で英国国教主義的で不平等主義的に——はたしかに，トクヴィルの心を誘った[66]．この見方に立つ方が，19世紀後半の政治的大惨事（南北戦争）はうまく説明できるであろうが，それはまた，一見非常に異なるもの，すなわちピューリタニズムと宗教的自由，生成途上にある一つの人民の政治的社会的平等という異なる現象を一つに結びつけて，新たな見方を示そうとした歴史家兼哲学者の任務を驚くほど複雑にしたであろう．ニューイングランドの政治的，宗教的経験だけが，そこで宗教の強い印象にとらわれ「古代の空気を吸い，聖書の香りを嗅いでいる」[67]と信じた著者のロマン主義的想像力を育てることができたのである．

注

1) J. G. A. Pocock, *Barbarism and Religion*, vol. II: Narratives of Civil Government (Cambridge: Cambridge University Press, 1999), p. 280. ロバートソンの「ヨーロッパにおける社会の進歩の観方，ローマ帝国崩壊から16世紀の始まりまで」という試論は，概ね『カール五世統治の歴史』(1769 年) 第 1 巻に対応する．マルクスやブローデルの先駆者としてのロバートソンについては，Murray Pittock, "Historiography", in Alexander Broadie, ed., *The Cambridge Companion to the Scottish Enlightenment* (Cambridge: Cambridge University Press, 2003), p. 272 を参照．

2) *Histoire de l'Amérique par M. Robertson, principal de l'université d'Edimbourg et historiographe de sa Majesté Britanique pour l'Ecosse* [*The History of America*, London: Strahan, Cadell, Balfour, 1777] (Paris: Panckoucke, 1778, traduit par MM. Suard et Morellet). ロバートソンの影響力については，John Renwick, "The Reception of William Robertson's Historical Writings in Eighteenth Century France", in Stewart J. Brown, ed., *William Robertson and the Expansion of Empire* (Cambridge, U.K.: Cambridge University Press, 1997), pp. 145–63 を参照．

3) William Robertson, *Histoire de l'Amérique* (Paris: Janet et Cotelle, 1828, 4e édition contenant les 9e et 10e livres; revue et corrigée sur la dernière édition anglaise [de 1796]), t. IV, pp. 155, 185.

4) Ibid., p. 186.
5) Ibid., pp. 245–46.
6) Ibid., pp. 245, 263, 260.
7) Ibid., p. 258.
8) Ibid., p. 263.
9) この特許状——マサチューセッツ湾岸会社の特許状——には，新しい植民地の政治的諸権利，本国との商業上の諸関係，所有権を取得する諸条件が規定されていた．
10) Robertson, *Histoire de l'Amérique*, pp. 276–77.
11) Robertson, Préface, à *l'Histoire de l'Amérique*, p. XV（これは 1777 年の初版の著者序文である）．
12) トクヴィルがウィリアム・ロバートソンの著作を読み，利用したかどうかを論証することは私にはできない．彼はおそらくその著作を知っていただろう．というのも，『アメリカの歴史』（第 1 冊から第 8 冊）の前半部は 1778 年からフランス語で読むことができたし，死後出版されたニューイングランドに関する後半部も，1818 年の（改訂され 9・10 冊が付け加えられた）フランス語の第 2 版のなかに再録されていたからである．ジョン・マーシャルは，1807 年にフランス語版が公刊された『ジョー

ジ・ワシントンの生涯，北アメリカ大陸にイギリス人が創設した植民地の歴史の概要を前に付して』第1巻 (Paris: Dentu, 1807) のなかで，ウィリアム・ロバートソンほど体系的ではないにせよ，彼と同じ資料を用い同じ説を主張している．ギゾーは，1828年4月から7月のあいだにパリの文学部でおこなった「ヨーロッパ文明史概説の講義」で，同じ考えを表明している．マーシャルはトクヴィルによってしばしば引用された典拠であり，ギゾーが明らかに彼の典拠であったことは，トクヴィル研究者によって十分実証されている．ここで私の関心から重要なことは，ロバートソン，マーシャル，ギゾー，トクヴィルの議論の類似性である．すなわち，彼らが同じように政治的慣行を宗教的現象に結びつけ，とりわけこの機をとらえてピューリタンの精神を名誉回復し，その近代性を発見した点である．

13) Alexis de Tocqueville, *De la démocratie en Amérique*, édition critique revue et augmenté de Eduardo Nolla (Paris: Vrin, 1990), t. I, 1ère partie, ch. 2 ("Du point de départ"), p. 25〔松本礼二訳『アメリカのデモクラシー』全4冊（岩波文庫，2005–8年），第1巻（上），45頁〕．ジョゼフ・ド・メストルは，そのような敷衍を自らに禁じた．「人はアメリカを引くが，この乳飲み子に捧げられる賛辞ほど心をいらだたせるものを私は知らない」．Joseph de Maistre, *Considérations sur la France* [1797] (Bruxelle: éditions Complexes, 1988), p. 61 を参照．これに対してトマス・ペインは，「諸政府がいまどのようなものであり，どのようにあるべきかを理解するためには，その起源に遡らなければならない」，そしてこの起源は，「人間そのものが各人の固有で至高の権利に従って，ひとつの政府を形成すべく協議する創設の瞬間にまで遡る」と断言した．Thomas Paine, *Droits de l'homme; en réponse à l'attaque de M. Burke sur la Révolution française* [1791, 1ère partie], 2e édition (Paris: F. Buisson, 1793), pp. 78, 77 (強調は引用者).

14) Tocqueville, *De la démocratie en Amérique*, t. 1, p. 28〔第1巻（上），52–55, 57頁〕．

15) Ibid.〔同上，55頁〕

16) Robert Beverley, *History of Virginia from the Earliest Period* (tr. fr. 1707); George Chalmers, *Political Annals of the Present United Colonies from Their Settlement to the Peace of 1763* (London: J. Brown, 1780); Thomas Hutchinson, *The History of the Colony and Province of Massachusetts-Bay ...* (London, 1765); Thomas Jefferson, *Notes on the State of Virginia* (1785; tr. fr. 1786); Cotton Mather, *Magnalia Christi Americana: or the Ecclesiastical History of New England, from Its First Planting, in the Year 1620, unto the Year of Our Lord 1698* (London, 1702); Daniel Neal, *History of the Puritans* (London, 1732–38)（並びに同著者 *The History of New England*, London, 1720); Captain John Smith, *The General History of Virginia, New England and the Summer*

Isles together with the True Travels, Adventures and Observations ... (London, 1627); William Stith, *The History of the First Discovery and Settlement of Virginia* (Williamsburg, Va.: William Park, 1747).

17) Tocqueville, *De la démocratie en Amérique*, t. 1, p. 35〔第 1 巻（上），70 頁〕．
18) Ibid., p. 33〔同上，66 頁〕．
19) Ibid., p. 35〔同上，70 頁〕．トクヴィルは「出発点」に，「まったく異なる二つの要素〔自由の精神と宗教の精神〕」が実際に見出せるとはっきり述べる．「それは他の場所ではしばしば争いあうが，アメリカにおいてはある意味で互いに溶け込みあい，幸運にも結合するにいたった」．この点でトクヴィルは，考えられているほど独創的ではない．なぜなら，自由の理念とプロテスタンティズムの相同性は，ヒュームやロバートソンに関して（St. Brown, ed., *William Robertson and the Expansion of Empire*, p. 265 で）マレー・ピトックがまさに指摘したように，イングランド・スコットランド啓蒙思想家の決まり文句だったからである．それはまた，スタール夫人やバンジャマン・コンスタンによって擁護された理念でもあった．この点に関しては，Agnès Antoine, *L'impensé de la démocratie. Tocqueville, la citoyenneté et la religion* (Paris: Fayard, 2003), p. 193 を参照．早くも 1781 年にレナール神父は，ピューリタンたちが「宗教改革の避難所で市民的自由を確立する計画」を持っていることを認めていた．
20) Tocqueville, *De la démocratie en Amérique*, pp. 32–33〔第 1 巻（上），62–64 頁〕．
21) John Murrin, "Religion and Politics in America from the First Settlements to the Civil War", in Mark Nollm, ed., *Religion and American Politics* (New York: Oxford University Press, 1990), pp. 19–26.
22) Ibid., p. 21.
23) George Bancroft, *Histoire des Etats-Unis*, tr. Isabelle Gatti de Gamond (Paris: Firmin Didot, 1861), t. I, p. 343（強調は引用者）〔アメリカ学会訳編『原典アメリカ史』第 I 巻（岩波書店，1950 年），122 頁（高木八尺訳），但し現代仮名使いに訂正〕．盟約 *compact* の原典は，Perry Miller and Tomas H. Johnson, eds., *The Puritans: A Sourcebook of Their Writings* (New York: Harper and Row, 1963), vol. I, p. 102 にある．またこの「契約」の現実的な影響力に関する優れた注釈が，William Bradford, *Histoire de la colonie de Plymouth 1602–1647*, éd. présentée et introduite par Lauric Henneton (Genève: Labor et Fides, 2004) へのローリック・エヌトンの序文 (pp. 19–47) にある．エヌトンがまさしく指摘したように，その時代に「政治団体」および「共通善」に言及することは，ピューリタンの文献ではまったくありふれていた．メイフラワー盟約は，およそ革命的ではなかった．つまり，最初に政治団体 *civil body politick* を構築しなければ，植民地

を(ピューリタンであろうとなかろうと)設立することはできなかったのである．だからその契約は，その場しのぎの手段，「ピューリタンの会衆を生んだ教会契約 *Church Covenant* の世俗的な化身」にすぎなかったのである．

24) Tocqueville, *De la démocratie en Amérique*, t. I, 1ère partie, ch. 2, p. 30 (草稿の異文)．トクヴィルの用いたメイフラワー盟約の版は一部が欠けており大雑把なもので，明らかにバンクロフトのものほど原典に忠実ではない．

25) Edmund S. Morgan, *Visible Saints: The History of a Puritan Idea* (Ithaca: Cornell University Press, 1963), pp. 33–63.

26) Ibid., pp. 37–38.

27) Ibid., p. 35 に引用されている，1640 年代の匿名のピューリタンの文章．

28) 懐疑主義者たちに対して，分離派のもっとも鋭敏な思想家であったヘンリー・エンスワースは次のように応答している．「信仰は心の問題であり……神だけが［人間の］心をお見通しになる．したがって，私があなた方に［あなた方の共同体の］メンバーたちが真の信仰を持っているかどうかいかにして知るのかと尋ねると，あなた方はそれは彼らの発言や行いを通してしかわからないと，（あなた方自身が神であると主張しない限り）答えなければならない．それゆえ，かれらは［信仰の］告白や実践を裁かれ，その信仰をただひとりそれをお知りになることのできる神に委ねることになる」．Henry Ainsworth, *Counterpoyson*, Morgan, *Visible Saints*, pp. 57–58 の引用(強調は原典)．

29) それは，ドニ・クルゼがカルヴァンの弟子たちに関して非常にうまく記述したとおりである．Denis Crouzet, *Jean Calvin* (Paris: Fayard, 2000), p. 198.

30) Morgan, *Visible Saints*, pp. 68–70, 92–112; Perry Miller, "The Covenant of Grace", in *The New England Mind* [1939] (Cambridge, Mass.: Harvard University Press, 1982), vol. II, pp. 365–97.

31) Tocqueville, *De la démocratie en Amérique*, t. I, p. 35〔第 1 巻(上)，69 頁〕．

32) Ibid., p. 33〔同上，66 頁〕．

33) Ibid., pp. 31, 33〔同上，62, 66 頁〕．

34) Ibid., p. 30〔同上，59 頁〕．

35) Hurneton, Introduction à Bradford, *Histoire de la colonie de Plymouth*, pp. 30–35 を参照．ヴァジニア会社によって巡礼者たちに認められた唯一の「特許状」あるいは居住許可は，「北ヴァジニア」すなわちハドソン川湾岸周辺に位置する地域(後のニューヨーク州)だけに関わるものであった．

36) 自由人とは，17 世紀のイギリスにあって，投票権をもつ商事会社の株主あるいは共同所有者であった．北アメリカの植民地では，特許状を有する植民会社の自由人は，拡大解釈によって，全植民地の自由人になった．John M. Blum, William McFeely, Edmund Morgan, Authur Schlesinger, Kenneth Stampp and C.

Van Woodward, *A History of the United States to 1877*, 6th ed. (San Diego: Harcourt Brace Jovanovich, 1985), p. 25 を参照.

37) Bancroft, *Histoire des Etats-Unis*, t. II, p. 38 および Edmund Morgan, *The Puritan Dilemma: The Story of John Winthrop* (Boston: Little, Brown, 1958), p. 89 の引用.

38) Tocqueville, *De la démocratie en Amérique*, t. I, p. 30〔第1巻(上), 59頁〕.

39) Bancroft, *Histoire des Etats-Unis*, t. I, p. 38.

40) Morgan, *The Puritan Dilemma*, p. 92 および Bancroft, *Histoire des Etats-Unis*, t. I, p. 44 より引用.

41) Bancroft, *Histoire des Etats-Unis*, t. I, pp. 44–45.

42) Morgan, *The Puritan Dilemma*, p. 91. モーガンの議論はバンクロフトの議論からロマン主義的熱狂を引いたものに近い.「一つの貴族制が確立されたが, それは富による貴族制ではなかった. 奉公人, すなわち金で雇われた人は, 教会のメンバーであり得, したがって植民会社の『自由人』でありえた. 他の諸州では, 富裕者, 自由借地農, 第一子だけに政治的権利が賦与された. マサチューセッツのカルヴァン主義者たちは細心綿密に, どんなに目立たぬ政治権力も聖職者に与えないようにすることで, 神と盟約した見える教会の支配, 選ばれた人民の共和国を確立することになる」. Ibid., pp. 44–45 (強調は引用者).

43) Ibid., pp. 95–96.

44) Tocqueville, *De la démocratie en Amérique*, t. I, p. 35〔第1巻(上), 70頁〕.

45) Gordon S. Wood, *The Creation of the American Republic, 1776–1787* (Chapel Hill: The University of North Carolina Press, 1969), p. 341 から引用. Denis Lacorne, *L'invention de la république. Le modèle américain* (Paris: Hachette, coll. Pluriel, 1991), pp. 73–77.

46) Paine, *Droits de l'homme*, p. 133.

47) Thomas Paine, *Droits de l'homme. Seconde partie* (Paris: Buisson et Testu, 1792), p. 52.

48) Ibid., p. 56〔西川正身訳『人間の権利』(岩波文庫, 1971年), 249頁, 但し一部表記を変更〕.

49) James Madison, Alexander Hamilton, and John Jay, *The Federalist Papers* [1787], preface and notes by Isaac Kramnick (Harmondsworth: Penguin Books, 1987), p. 184.

50) 1813年7月15日ジェファソン宛書簡, David Brion Davis, *Revolutions: Reflections on American Equality and Foreign Liberations* (Cambridge, Mass.: Harvard University Press, 1990), p. 66 より引用.

51) John Bristed, *Histoire des Etats-Unis d'Amérique. Tableau des mœurs et*

usages les plus remarquables des habitants du nouveau monde ..., 2ᵉ édition (Paris, 1832), t. 2, pp. 76–77 (*America and Her Resources*, 1818 のフランス語訳). ブリステッドによって糾弾された哲学者は，エルヴェシウス，レナール，ディドロ，ダランベール，コンドルセであった．ボストンに移り住んだイギリスの弁護士にして歴史家であったブリステッドはなにより，「ヨーロッパの諸国民の抵抗」に直面したナポレオンの失墜を早くも 1809 年に予測した『大英帝国の資源』と題された著作のために有名になった．

52) M. Guizot, *Histoire de la civilisation en Europe depuis la chute de l'empire romain jusqu'à la révolution française* [1828–30], nouvelle éd. (Paris: Didier, 1853), 14ᵉ leçon, p. 358. ギゾーの論理は，ピエール・ロザンヴァロンが非常に明らかにしたように，「反動的」でも反革命的でもなかった．彼はある種の「保守主義」に仕えたのであり，この保守主義は自由主義の成果を維持して革命を終わらせることを試み，七月王政はこれを完璧に体現することになるのである．Pierre Rosanvallon, *Le moment Guizot* (Paris: Gallimard, 1985), pp. 277–78 を参照．

53) 長いあいだ忘れられ，もしくは過小評価されてきたギゾーのトクヴィルへの影響は，今日ではよく実証されている．とりわけ François Furet, "The Intellectual Origins of Tocqueville's Thought", *La Revue Tocqueville*, vol. 8 (1985–86): 117–29, またより最近では Robert T. Gannett Jr., "Bowling Ninepins in Tocqueville's Township", *American Political Science Review*, vol. 97, no. 1 (February 2003): 1–16 を参照．

54) Antoine, *L'impensé de la démocratie*, p. 193.

55) Guizot, *Histoire de la civilisation en Europe*, p. 7. 第 12 講義においてギゾーは，イギリスやアメリカの歴史家の古典的な議論を自分で修正して次のように述べている．「ご覧なさい，諸君．宗教改革が浸透したところで，また勝利しようと敗北しようと宗教改革が大きな役割を果たしたところでは，一般的，支配的，継続的な結果として，思想の活動や自由において人間精神の解放に向けた大きな進歩があったのです」．Ibid., p. 300. プロテスタンティズムの歴史叙述に対する自由主義者やロマン主義者の熱狂は，Rosanvallon, *Le moment Guizot*, pp. 165–66 によって十分に実証されている．

56) Bancroft, *Histoire des Etats-Unis*, t. I, pp. 357–58. アメリカのロマン主義的歴史叙述の政治的な文脈とバンクロフトがその中心に位置していることについては，Jan C. Dawson, *The Unusable Past: America's Puritan Tradition, 1830 to 1930* (Chico: Scholars Press, 1984), pp. 25–38 を参照．

57) Bancroft, *Histoire des Etats-Unis*, t. I, p. 303. バンクロフトは，ギゾーあるいはトクヴィル(『デモクラシー』第 1 巻の序文において)のように，彼自身も歴史を短く語るセンスをもっていた．それゆえ，彼は宗教改革の様々な進展のあり様につ

いて次のように記述した．「あるジェノヴァの冒険家はアメリカを発見し，世界の商業を変えた．ある無名のドイツ人は印刷術を発明することで，知性の宝物を全世界に伝播させることを可能にした．あるアウグスティヌス修道会の修道士は贖宥状を非難し，宗教のなかに分裂を生みだすことで，ヨーロッパ政治をその基礎から揺るがせた．あるフランス人の若い亡命者は，世俗の法に劣らず神学に通暁し……ジュネーヴ共和国に加わり，教会の規律を簡素を尊ぶ共和政の諸原理に合致させ，一宗派を形成した．そのメンバーのなかにはイギリス人が何人かおり，のちにニューイングランドに亡命することになる」等々(ibid., pp. 295–96)．

58) Ibid., pp. 295, 303.
59) Ibid., p. 295.
60) Tocqueville, *De la démocratie en Amérique*, t. I, Introduction, p. 6〔第1巻（上），13頁〕（強調は引用者）．
61) Ibid., pp. 3, 6〔第1巻(上)，9, 13頁〕．アントワーヌが指摘するとおり，トクヴィルはギゾーやバンクロフトのように，カトリシズムとデモクラシーとを両立不可能と考えず，全く逆に両立可能とした．彼女が注で強調しているように，キネーは，「プロテスタンティズムとデモクラシーの関係を十分に示さなかったとしてトクヴィルを非難している」．Antoine, *L'impensé de la démocratie*, pp. 195, 381, note 82.
62) Tocqueville, *De la démocratie en Amérique*, t. 1, p. 8〔第1巻(上)，15頁〕．
63) Ibid., p. 7, note r（『デモクラシー』の草稿，Yale Tocqueville Collection, Beinecke Rare Book and Manuscript Library)．
64) トクヴィルの宗教的観念やロマン主義的感性に関しては，Antoine, *L'impensé de la démocratie*, pp. 174–77 および Cheryl Welch, *De Tocqueville* (New York: Oxford University Press, 2001), pp. 178–85 を参照．
65) Tocqueville, *De la démocratie en Amérique*, t. II, p. 280〔第2巻(下)，279–80頁〕．
66) 南部エリートの貴族的精神，南部経済と北部経済の相違，奴隷制の慣行に関するトクヴィルの数々の省察は，彼が合衆国の不平等主義と反民主主義が併行した歴史を描くのに必要な要素を熟知していたことを示している．
67) Tocqueville, *De la démocratie en Amérique*, t. I, p. 29〔第1巻(上)，56頁〕．

(髙山裕二 訳)

I-2　アメリカにおける不平等
トクヴィルの憂慮に関する省察

ロジャーズ・M. スミス

1. 序

　60年前,アルフレッド・A. クノッフ社が長いあいだ絶版となっていたトクヴィルの『アメリカのデモクラシー』を新たに出版したとき,世紀中頃のアメリカの学者たちは,この古典的著作に新鮮な魅力を覚え,その魅力は今日まで続いている．今日,とりわけ合衆国の政治学者たちは,これまで以上にトクヴィルに関心を抱いている．この分野の第一の有力な雑誌である『アメリカン・ポリティカル・サイエンス・レビュー』の2004年8月号に掲載された巻頭論文は,1840年以降のアメリカに関するトクヴィルの見解を考察している[1]．また,この分野の第二の有力な雑誌である『アメリカン・ジャーナル・オブ・ポリティカル・サイエンス』の2005年1月号の巻頭論文は,習俗と共和国の維持に関するトクヴィルの見解を分析している[2]．ほんの少し遡ってみても,全国でもトップクラスの地域ジャーナルの一つである『ポリティ』の2002年の巻頭論文は,人種と奴隷制に関するトクヴィルとボモンの見解を分析したし[3],もう一つの有力な地域ジャーナルである『ジャーナル・オブ・ポリティックス』には,トクヴィルの多数の圧政についての議論が掲載された[4]．これらのいくつかの論文によって,私は自分がトクヴィルについてこれまでに加えてきた比較的短い論評が,彼の鋭利なアメリカ分析が時代を超えて示す洞察力をいくつかの点で見逃していたことに気づかされた[5]．

　私はここで,これらの論者と私との相違に焦点を当てるのではなく,最近これらの研究においてますます注目を集めているテーマについて議論を展開することにしたい．すなわち,トクヴィルはアメリカの民主的諸制度の多くの特徴に賛嘆したとはいえ,同時にアメリカの将来に対して憂慮を抱いており,それはすでに『アメリカのデモクラシー』において明らかであるが,その後は大き

くなるばかりであった．確かに，多くの学者は，アメリカのデモクラシーの諸傾向，すなわち，過度に集権的な政府を通じて行使される多数の圧政，平準化をもたらす平等主義の文化，過剰に引きこもりがちな個人主義といったものをもたらす傾向に対してトクヴィルの抱いた非常に現実的な懸念を長らく強調してきた[6]．だが私は，先にあげた最近の筆者の何人かに賛同して，そうした懸念に比べてこれまであまり議論されていないトクヴィルの憂慮，いくつかの不当な不平等に対する彼の憂慮に焦点を当てたいと思う．それらの不平等にかつてアメリカのデモクラシーは陥っており，私の考えでは，今でもそうなのである．私の主張は，今日アカデミックな題目（マントラ）になっている人種，階級，ジェンダーという三つの不平等の体系が示す危険と，それらがアメリカの諸制度，とりわけ連邦制と関連していることをトクヴィルが十分に認識していたというものである．そして私は，なぜそれらが現代のデモクラシーにおいても難問として残っているのかを理解するのにかれの分析が役に立つことに同意する．トクヴィルの説明は，その後の発展に照らして手直しし，ある点では正さなければならないと思うけれども，にもかかわらず，それは深い次元で思考を刺激し続けるのである．

　最初に，『アメリカのデモクラシー』の第2巻の最終章は，不平等ではなく，不当で不適切な平等の危険に焦点を当てていることを認めておこう．ここでトクヴィルは将来の「民主的専制」を描いているのだが，そこでは，「似通って平等な人びと」が，「矮小で俗っぽい快楽」に没頭し，大多数の同胞市民や祖国を忘れる．その一方で，選挙で選ばれ一見すると慈悲深いが，実際は人びとの能力を奪っていく全能の中央政府が，かれらを管理する[7]．この悲惨な光景を呈する状況に抵抗するために，トクヴィルは多くのことを提示しており，それには分権，活動的な市民結社，出版の自由，独立した裁判所などが含まれる[8]．ここで私は，トクヴィルが近代民主社会の平等主義の危険に関する懸念で『アメリカのデモクラシー』を終えているのは，彼がそれに最も関心があったためであることを否定するものではない．

　しかしながら，近代民主社会の将来に待ちかまえている最大の危険は，トクヴィルの眼で見ると，アメリカ合衆国が直面している唯一の危険でもなければ，もしかすると最大の危険ですらなかった．われわれが留意しなければならない

のは，トクヴィルが第 1 巻の最終章で述べているように，彼の「主要な課題」は「デモクラシーを叙述すること」であって，「アメリカ的であって民主的ではなく」「デモクラシーとは別に存在するアメリカの事物」を叙述することではなかった，という点である[9]．合衆国に見られる構成要素とそれが直面した危険とは，すべてのデモクラシーが当面するとは限らぬものであった．合衆国の際立った特徴はまた，近代の多くのデモクラシーが直面するだろうと思われたいくつかの問題と出会うことがなかったことを意味している．第 2 巻の終わりの多くの章では，より典型的なデモクラシーのディレンマに焦点が当てられているが，合衆国はほとんど言及されていない[10]．大多数の近代デモクラシーが直面する難題が，おそらくトクヴィルと彼の同時代のヨーロッパの読者にとって最大の関心ではあったが，ここで私が考察するのはそれらの問題ではなく，ある程度アメリカに例外的に見られる不平等の体系がもたらすデモクラシーと自由にとっての諸問題である．

2. アメリカの不平等と集権化

むろん，トクヴィルが第 1 巻の最終章で強調したアメリカに特徴的な最大の危険は，彼のいう「生まれながらに異なり，ほとんど敵同士と言ってよいような三つの人種」の存在に由来していた．「白人はヨーロッパ人であり，彼こそがすぐれて人間なのであり」，黒人(ニグロ)とインディアンは「住んでいる国の中で，どちらも同じように劣った地位にある」．二つの人種は，違ったかたちではあるがどちらも「暴政」にあい，黒人は「暴力によって奴隷」にされ，インディアンは急激な「破壊」にさらされていた[11]．しかし，アメリカ社会のきわめて不平等で非民主的な人種的次元を議論する前に，第 1 巻第 10 章のこれまであまり強調されなかったテーマに注目することにしよう．トクヴィルは両巻を通して，近代デモクラシーでは過度な集権化が強力に進行すると見ているが，この第 10 章では，いくつかの要素がアメリカを逆の方向に導いていると指摘している．つまり彼が強調したのは，アメリカの中央政府は，それ以前からあった政治共同体の外に形成されたのであり，アメリカ人の日々の生活のなかでは，州や地方政府ほど目に見えて影響を及ぼさないということであった[12]．

そしてトクヴィルが，しかるべき習俗は共和国の維持に最も重大な影響を及ぼす要因であると見なしたとすれば，ドナルド・マレスが論じたように[13]，南部における奴隷制の存在と北部におけるその欠如とは，経済的利害の対立の源泉ではなく，潜在的に背反する習俗の差異の源泉であると彼が見なしたことは重要である[14]．これらの差異のために，また当時のアメリカはトクヴィルが「分権の情念」の現れであるとみなした，アンドリュー・ジャクソンと彼の民主党によって統治されていたために，「連邦政府は年を経るとともに力を増して州の主権を脅かすどころではなく，日ごとに弱まりつつあり，危機にあるのは連邦の主権」である，とトクヴィルは信じた[15]．これはデモクラシーにとってはそれほど明らかな危険ではなかった．というのも，一国のままであろうと幾つかにわかれることがあろうと，「共和主義の諸制度」が「アメリカ人の自然な状態」である，とトクヴィルが見なしたからである．しかしこれは，アメリカ合衆国の存続にとっては非常に大きな危険であった[16]．

第2巻第4部第4章においてトクヴィルは，過度な集権化への強い傾向をもたないデモクラシーであるアメリカの，彼が「独特」と呼んだ「運命」の議論に立ち返った．そこで彼は，その原因は，アメリカ人がイギリスの貴族制から「個人の権利の観念と地方の自由への好み」を引き出した事実にある，と説明した．彼らは，強い中央政府の設立を促す「貴族制と闘う必要がなかった」ために，それらを維持できた[17]．トクヴィルは，奴隷制はアメリカの地域間の文化的・道徳的差異の増大の源泉であると正しく認識していたけれども，奴隷制はある種の貴族制であり，あるいは少なくとも寡頭制であって，集権によってそれと戦うべきであるとは指摘しなかった．それにもかかわらず，奴隷制に対しては集権によって戦わねばならぬという主張はおそらく正しいという意味合いをトクヴィルの分析から引き出せるように思われる．

もしそうだとすれば，南北戦争はまもなくトクヴィルが正しいことを証明することになった．連邦は大きな分裂をかろうじて免れ，存続することができた．だが戦後は，三つの重大な憲法修正条項が，奴隷制を終わらせただけでなく，連邦政府の法的権威を大いに増大させた．その後140年たって，ワシントンD.C.は市民の日々の生活においてはるかに重要なものとなり，多くの州や地方政府はそれほどではなくなった．それゆえ，アメリカ合衆国は奴隷制を克服

する過程において，トクヴィルの最大の主題であった典型的な近代デモクラシーに近づいたと結論できるかもしれない．それは正しいと私は思うが，それはある程度そうだというにすぎない．部分的には類似しているものの，南部の奴隷制廃止は連邦の貴族制を廃止することにはならなかったし，ブルジョワ革命が生まれによる貴族制の優位という神話を解体したようには，南北戦争は人種的不平等の教義への信仰を揺るがすことには成功しなかった．それゆえ，アメリカには集権と同様に分権へ作用する強力な力があるというトクヴィルの認識は，その後の歴史において今日にいたるまで正しかったと私は思う．彼の論じた不平等のアメリカ的体系は，強力な中央政府と広く包括的なデモクラシーに対してしばしば反作用を起こすことが証明されてきたのである．

3. 人種的不平等

アメリカの人種的不平等の体系について，トクヴィルの分析に照らして唯一本当に驚かされるのは，現実は最悪の状態にあるということである．彼は，アメリカ先住民族が「ヨーロッパの諸国民に劣らぬ天賦の才能」[18]をもっていると信じたけれども，彼らにはヨーロッパ系アメリカ人が西方へ拡大することを阻止したり，あるいは同化したりする意志があるとも，それが可能であるとも考えなかった．結局，「インディアンは種族として滅びる運命にある」と彼は述べた[19]．トクヴィルが一応の証拠としたのは，アメリカ政府が南部のクリーク族とチェロキー族に対してとった処置であった．彼らは農業を含む多くのヨーロッパの慣習を採用したが，「先住民の有する土地を羨望の目で」見ていた個々の州は，彼らを止むことなく抑圧し続けた．諸部族は「中央政府に訴えた」ものの，政府がいざ保護しようとすると，「個々の州は頑強に政府に抵抗した」．それゆえ中央政府は「アメリカの連邦制を危険にさらさぬために，すでに半分滅亡しつつある蛮族がいくつか滅ぶ」のを放置することに決めてしまった[20]．その結果として生じたのは，トクヴィルが痛切に描いている「涙の旅路」であり，諸部族は希望もなく破滅の道をただ進むほかなかったのである．

ここでの彼の分析は，既成の不平等に抑圧されてきた人びとがこれと闘おうと努力することは強力な中央政府を支持することになるという主張と対応して

いる．しかし民主的運動は，貴族的な少数派を打倒するのに中央政府を利用するかもしれないが，中央政府は，州政府の多数派による人種的・文化的少数派への抑圧を妨げようとすれば，大きな抵抗にあうことになるだろう．アメリカの先住民の場合がまさにこれであった．そしてトクヴィルは，アメリカのインディアンが存在しなくなるだろうと言った点では誤ったが，確かに連邦政府は19世紀後半には協定を結ぶに値する独立した民族として彼らを認めるのをやめたし，今日の部族のメンバーが正統に過去の部族の血筋を引いているかについてもしばしば異議が唱えられている．それにもかかわらず，多くの部族は，消滅するどころか近年その規模を増し，追加的権利を獲得した．その権利の大部分はアフリカ系アメリカ人の公民権運動の副産物として獲得されたものであり，トクヴィルはこのもうひとつの人種が公的に劣った地位に閉じこめられている点についても分析している[21]．

アメリカ黒人の将来の運命についても，トクヴィルは非常に，ある論者によれば過度なほどに悲観的であり，最近の研究はその点を強調し，合衆国の奴隷制の破滅的な結果への彼の憂慮が1840年の『アメリカのデモクラシー』の出版以降いかに増大するばかりであったかを詳しく論じた[22]．多くの研究者が指摘したように，アメリカの地における「黒人の存在」は「合衆国の将来を脅かすあらゆる害悪のなかでも最も恐るべきもの」であると彼は主張した[23]．そう主張したのは，部分的には，奴隷制を終わらせる仕事は恐しく困難だと彼が見ていたからであるが，それ以上に，奴隷制を終わらせることが人種的「偏見」の終わりを意味しないと考えたためであった．それどころか，奴隷制の廃止は「白人住民が感じている黒人に対する嫌悪感をいっそう大きくする」かもしれない[24]．トクヴィルは，合衆国の白人が自分たちの「民主的自由」に誇りをもっているのを認識していたが，同時に多くのアメリカ人にとって，この自由は愛国心や原理原則への献身よりも人種的・個人的な誇りの源泉である点も彼は理解していた[25]．アメリカ白人は，自分たちは自由をもつがゆえに人種としても個人としても優れていると考えたため，それを対等に黒人にまで広げたいとは思わなかっただろう．というのも，そのような平等によって彼らの誇りの基盤が損なわれるからである．トクヴィルは白人の一部には，人種的階層制を拒否しうる人や拒否した人がいることを知っていたが，「一国の人民全体がそのよう

に，いわば自分を超える存在になることはありそうにない」と主張した．「どこの国でも，白人種と黒人種とが対等に暮らすようになるとは」彼には考えられず，なかでもアメリカでは一番考えられなかった[26]．

確かに，この点でトクヴィルは悲観的にすぎると論じることはできる．なぜなら，今日アフリカ系アメリカ人は正式に市民的平等を獲得しているし，アメリカ白人は公然とは認めないとトクヴィルが考えた，黒人との異人種間結婚を含む混血は，最終的に増加傾向にあるからである．私は非常な苦労をはらって勝ちとられたこれらの成果を矮小化しようとは思わない．それらは深く称賛すべき成果であり，たしかにトクヴィルのこの上なく厳しい予測の反証となるものである．しかし彼の分析の多くは，驚くほど有効である．すでに私は，南北戦争の時期と現代の公民権運動が最大の勝利を収めた1960年代の「偉大な社会」の時期の間，アメリカの人種寡頭制には集権的な政府権力を通して対抗しなければならなかったと指摘したが，このパタンをわれわれが理解するにはトクヴィルが役に立つ．州政府は，しばしば既存の階層制を維持しようとして，ヨーロッパの古い貴族制に似た役割を演じた．それらを克服するだけの十分な力を備え，地方の権力構造から十分な距離をもっていたのは，中央政府しかなかった．

なるほど，トクヴィルの見解からすれば，これらの集権化や平等主義化の成功例は，幾分驚くべきものである．集権化は強力な貴族的少数派と戦う民主的努力の一部であるとする彼の予言は，中央政府が「劣った」人種的少数派を助けることを必ずしも意味しない．先住民族の場合のように，中央政府は，分権を擁護する地方エリートと衝突する危険を冒すよりも，そのような少数派による不当な差別の持続を放置することの方がありそうに思われる．しかしフィリップ・クリンクナーと私が以前論じたように，実際，アメリカ史を通じて支配的であったパターンは，確かにトクヴィルが私たちに予期させるものであった．つまり，奴隷制廃止後も人種的偏見は執拗に残り，人種的公平を促進するために中央政府を利用しようとする多くの努力に対して，分権と人種的階層制の擁護派は抵抗に成功してきたのである．そして戦時の必要や国内の抵抗運動という極端に切迫した状況下でのみ，大多数のアメリカ人は人種的平等を拡大する必要があることを認めた．この場合，合衆国の役人が変革を支持する重要な役

割を果たしたのは国家安全保障上の関心からであった．このような躍進の時代も，せいぜい 10 年か 15 年で長く続かず，その後すぐ，75 年におよぶ長い停滞と部分的縮小の時代にとって代わられた．そのようなより典型的な時代には，「大きな政府」への反対，州権への訴え，つまりは平準化する平等主義と集権的専制についてのトクヴィルの懸念が，一貫して前面に出て今日に至ったのである[27]．

それにもかかわらず，アメリカの人種問題の前進の成果の一部は時の経過に耐えて残り，したがって長期的には蓄積されてきた．それが，なぜトクヴィルが可能だと考えたよりも，合衆国が人種的平等に向かって大きく前進してきたのかの根本的な理由である．たとえそれが事実であり，クリンクナーと私が仮に正しいとしても，アメリカの人種的不平等に関するトクヴィルの分析は，最も極端な変革の時代を別にして，合衆国における通常の人種をめぐる政治を説明するのに成功している．現在はそのような極端な時代ではないから，このことはトクヴィルが，現代アメリカの人種をめぐる政治を理解するのに役立つことを意味している．

確かに，最も暗い時代にあったトクヴィルほど悲観的な者はいないが，2005年現在，最も楽観的なアメリカの人種研究者でさえ，この国の主要な人種間の難問がすぐにも解消されると指摘しようとは思わないだろう．異人種間の結婚率は確かに増加しているし，異人種間の恋愛はタブーであるどころか，アメリカで人気の娯楽コメディの題材である．そうだとしても，黒人と白人はアメリカの他の集団間に比べてずっと結婚する可能性が低く，今日わずか 4.3％ のアメリカ黒人が白人の配偶者をもつ[28]．白人と黒人の経済格差は厳然としてあり，アジア系新移民のほうが白人の立場にきわめて近く，中南米系(ラティノ)新移民の多くは黒人の立場に似ている．黒人と中南米系アメリカ人は白人よりも 2 倍以上貧しく，白人の平均的な家庭の財産は，黒人や中南米系アメリカ人のそれの 7 倍以上ある．また，就学と居住の隔離のパターンは厳然として存在し，ある点では減少しているが，他の点では増大している．人種に関連した根の深い経済的・社会的問題に対して，州や連邦の両方のレベルで最も広範に見られるアメリカ政府の対応は，人種的楽観主義を正当化するものではまずない．過去 30 年で，合衆国は連邦と州で刑務所の収容者数を著しく増加させ，そして他のどの西洋

工業国よりも高い収容率を示しているが，収容者の数は半世紀前よりもはるかに非白人に偏っている．今日そのほぼ半数が黒人だが，アフリカ系アメリカ人は全米人口のわずか12％にすぎない[29]．少なくとも，黒人と白人が平等の立場で共生する見通しについてトクヴィルほど完全に悲観する必要はないが，彼の著作から170年たっても，目標はまだ達成されていないと言えるのである．

4．産業「貴族制」？

そしてトクヴィルは，人種的不平等についてはおそらくあまりに絶望的すぎたがおおよそ正確だったとすれば，潜在的な「貴族制」あるいはより正しくは寡頭制というアメリカの第二の不平等の体系についてはおそらく楽観的すぎたが，これについてもおおよそ正確だったように思われる．これは，国民の特に産業を基盤にした階級に基づく階層制のことである．ここでもまたアメリカは，トクヴィルが出現すると予想したような近代デモクラシーの典型では必ずしもなかったが，トクヴィルはこの点では，人種の体系の場合ほど合衆国を特殊であると見なしてはいなかった．「平等から生ずるほとんどすべての好みと習慣は人びとを自然に交易と産業のほうへ導く」がゆえに，平等の時代である近代の民主諸国は通常，合衆国のように商業的，工業的になる傾向があると彼は考えたのである[30]．おおよそ平等な境遇が広がっていくと，無為に暮らす余裕のある人はほとんどいなくなる．さらにもっと重要なことは，万人が，もっと多くの財を獲得できるという希望と，そうしなければ他人に先を越されるのではないかという恐怖を，ともにいだいていることである．この希望と恐怖が，彼らを商売や工業のほうに向かわせる．なぜなら，そのほうが農業よりも早く財をなす見通しが立つからである．

これらの特徴は，アメリカでは，比較的未開拓な土地や資源を大いに活用できるために強められるとトクヴィルは見ていた．それらが提供する機会によって，アメリカ諸州の共和国は，「一つの商売の成功に専心し」，「新世界の未開の土地を開発するためにつくられた商事会社のようなもの」になった[31]．しかし，もし合衆国が最初の勤勉で商業的な近代デモクラシーとなる運命にあったように見えたとすれば，合衆国はだからこそ，新しい形態の貴族制あるいは寡頭制

を成長させる特有の危険に直面することになったのである．

　トクヴィルは，この潜在的な新しい不平等の社会的体系を，『アメリカのデモクラシー』の第2巻第2部第20章で最も広範に考察している．そこで彼は，一日中ピンに頭を付けることを唯一の職務とする人びとを例にあげ，近代的産業の被雇用者をしばしば縛る高度に単純化，専門化された仕事が人びとを堕落させる影響について詳しく論じた[32]．今日そのような製造業は，合衆国では衰えつつある経済部門であるが，彼の議論は，成長しつつあるサービス産業に容易に広げることができる．近代的企業が仕事をルーティン化し，チーズバーガーを作ったり，レジを打ったり，ケーブル・サービスの様式の取り換えをおこなったりさせることで，人びとはそのような仕事で意欲をかきたてられたり充実感を得られたりするようなことはまずない．大きな会社や工場の所有者や経営者は，それに比べてずっと視野の広い仕事や経験をもつとトクヴィルは強調した．そしてこれらの明確な相違は，結果的に，経営者階級は支配するために生まれたように思われ，一方「生活が貧しく」，「非人間的な扱いを受ける」彼らの被雇用者たちは，ただ従う運命にあるように思わせる．「これが貴族制でなくてなんであろうか」，とトクヴィルは問うている[33]．

　それでも，著書が執筆された1830年代は，19世紀後半のアメリカで起こる本格的な産業革命以前の時代であり，この新しい貴族制が実際に合衆国や他の近代民主諸国に対してなんらかの大きな危険をもたらすとトクヴィルが確信することはなかった．彼が注目したのは，もしそれが貴族制であるとすれば，それは「以前のそれと似ても似つかぬもの」である，ということであった．それは「産業あるいは産業上のいくつかの職種」でのみ発展し，統治の支配構造には発展せず，「それは社会状態全体のなかでの一つの例外，一個の奇形であるといえよう」．また，この新しい産業貴族は「共通の精神も共通の目的ももたず」，ただ彼らがそれぞれに多様な富と権力を所有しているだけだと彼は考えた[34]．それゆえ，「デモクラシーの友が憂慮をもって不断に目を向けるべきはこの点である」とだけトクヴィルは結論した．というのも，もし仮に恒久的な不平等の体系が再び確立されるとすれば，「それはこの門を通ってであろう」からである．それが人を獣のようにする特徴をもつにもかかわらず，彼はアメリカの産業貴族制は歴史上「最も限定的で最も危険の少ないものの一つ」であると考え

た[35]．だから結局，彼はアメリカの経済的寡頭制の権力よりも，拝金的な民主社会の文化的欠陥のほうを心配したのである．

事実，トクヴィルは第2巻第4部第5章で，産業化とデモクラシーの結合は，全能の中央政府のもとで民主的専制の危険を高めるおそれがあると主張した．産業化する国民は，持続的な経済成長のために，「道路，運河，港湾，その他の半公共的な工事」の必要をますます感じるが，平等化する状況のなかで私人がそのような設備を提供することは困難であることに彼は注目した．結果として，「国家は第一の産業家になり」，そして「他のすべての産業家の指導者，否，その主人となる傾向をもつ」[36]．特にヨーロッパでは，民主革命によって政府権力の集権化が助長されやすかったために，結果的に「かつてなく強力な主権者」が生まれるおそれがあった[37]．

トクヴィルは，産業化は近代世界の新しい種類の野蛮な貴族制を生む可能性があると見なしたが，一方で産業化は，彼を最も悩ませた抑圧的な集権的支配と平等主義による平準化の危険を高める役割を果たす可能性の方が高いと考えた．その後の世界史のうちに，われわれは両方の予言を支持する証拠を見出すことができる．民主的であると公言する多くの近代社会のなかには，強力な社会主義的・権威主義的な中央政府が産業家の主人となり，トクヴィルの憂慮したように個人の自由を大幅に犠牲にした社会がかつて存在した．しかし少なくとも21世紀のアメリカでは，産業的・商業的貴族制や寡頭制に関するトクヴィルの第二の懸念の方がより当てはまるように思われる．トクヴィルが著書を執筆した当時，アメリカはまだ圧倒的に農業社会であり，だから産業化によって生じる不平等はまだ例外的であったように思われる．しかし彼が予想したように，アメリカは結果的には圧倒的な産業国家となり，農業生産の組織ですら工業化された．もっとも，前述のように，現在アメリカは第一にサービス産業の経済であって，いかなる種類の製造業の経済でもない．そして，20世紀のニューディールや「偉大な社会」の時代には，政府による経済的規制や再配分的政策が増大し，多くの人がアメリカはトクヴィルのいう集権的な民主的専制を出現させつつあるのではないかと恐れたが，われわれの前世代のアメリカの政治指導者たちは，主として財界の利害を代弁し，「大きな政府」の評判を落とし，新たな分権化や規制緩和，そして民営化を促進することに大きく成功した．

それと同時に，富の不平等や，一流企業の所有者や経営者と被雇用者との生活格差は，記録的に増大し，合衆国の不平等の増大率は，他の主要なすべての西洋工業国のそれを凌ぎ，金ぴか時代(ギルデイッド・エイジ)の不平等の極限に近づいている．ケヴィン・フィリップスはこれに加えて，優遇政策と巧みな「財政的・法的マネージメント」は，「富が3世代，4世代，5世代に渡って築かれた後，いま世襲的貴族制を形成しつつあるものをさらに確固なものに」した，と述べている[38]．そして彼らの富と，州や連邦でのロビー活動担当部門をもつ近代の業界団体の激増は，産業界の指導者がそう選択しさえすれば政治的に協力して行動する能力を高めてきた．彼らの政府への影響力が巨大であることは否めず，それは平等も中央政府の権威も向上させないようなかたちでしばしば行使される．

この点は，アメリカや他国の民主的な中央政府が新しい規制力を獲得したように見える多くの領域でも同じであった．例えば，近代の政府は銀行業を，産業の基礎構造をなす他の基本的な事業とともに次第に統制することだろう，とトクヴィルは予測した．そして，第二合衆国銀行の経営者側の擁護者たちは，分権化ではなく集権化の擁護者である，と彼は正しく理解していた[39]．しかし近代化の進展は，その公式の修正を迫ることになった．合衆国を含む多くの近代的な通商国家は集権化され，政府によって規制されるが政治の圧力から遮断された銀行システムを採用し，そこでは有権者よりも財界に恩義を感じる任命職の役人が，公共と民間双方の政策の大部分を形成することになった[40]．その結果，一連の中央銀行は明確に政府権力の拡大を現わすものでも，デモクラシーの拡大を示すものでもない．そしてたいてい他の点でも，アメリカの産業，商業，金融のエリートの大多数は，国防という目的は除いて，市場の規制の適切な撤廃と中央政府の権力の制限とはよいことだと信じている．確かにトクヴィルは，もし新しい産業貴族制が出現すれば，旧体制の世襲的な土地貴族制とは非常に異なると論じた点で正しかった．しかし彼はまた，まさにこの側面から恒久的な不平等が登場し，それは近代に意味のある民主的自己統治に対する最も深刻な挑戦を投げかけることになるかもしれないと主張した点でも正しかったように思われる．

5. ジェンダーの差異

　最後に，トクヴィルがかなり長いスペースを割いて論じながら，それとして認めることは拒否したアメリカの不平等の体系，すなわちジェンダーの不平等に目を向けることにしよう．ここでもトクヴィルは，この分野でアメリカは特殊であると論じている．彼は，ジェンダーの平等を含む社会的平等を普遍化していく圧力を近代民主社会の特徴と認める．しかし，『アメリカのデモクラシー』におけるこの主題の議論の一つの主要なテーゼは，アメリカ人はヨーロッパよりも女性の扱いにおいて平等主義的であるが，彼らがジェンダーの平等を追求する仕方は，ヨーロッパの多くの民主主義者がおこなっていたかあるいはおこなおうとしている仕方ではなかった，というものである[41]．

　トクヴィルがこうして対照させて考えたことは，非常に論争的である．第2巻第3部第8章―第12章で最もまとまって論じられているように見える，アメリカの女性の立場や今後に関するトクヴィルの曖昧で複雑な議論に対しては，考察の深い多くの分析がなされてきた．私はここで，これらの議論を十分に扱うことはできない．そのかわり私は，議論が大きく分かれないいくつかのポイントに焦点を当てることにする．

　トクヴィルは，しかるべき習俗が自由な社会の維持には不可欠であると信じた．そして女性が子育てを主に担当するすべての社会，つまりトクヴィルが知っている社会であると同時に事実上われわれが知っているすべての社会では，女性は子どもを育てるという仕事を通して習俗を形成するのに重要な役割を果たす[42]．彼はまた，アメリカ人はすでにヨーロッパよりも完全で民主的な教育の機会を含む女性の平等を確立していると見た．アメリカ人は民主的教育を通じて，「知性と道徳の世界では女性を男性と同じ水準に引き上げるのに力の限りを尽くしたのである」[43]．同時にトクヴィルが注目したのは，アメリカ人が「女性の社会的劣等性」を維持し，「男女をただ平等なだけでなく同じ存在にする」ような平等主義的転換を避けているということであった．そしてもし男女が同種の経済的，社会的仕事をおこない，公共生活に等しく参加し，同様の権利と義務をもつとすれば，「自然の作品をこのように荒っぽく混ぜ合わせる結果，男は

弱く女は淫らになるだけであろう」とトクヴィルは断言した．アメリカ女性はそうではなく，「静かな家事の世界」にたいてい閉じこもっていた[44]．そこで彼女らは，民主的教育から得た洞察力と自己責任の高い意識をもちつつ，平等だが異なる役割を容認することで，子どもたちにしかるべき習俗を巧みに教えこむことができた．

　アメリカ女性はこの現状を全体として歓迎しており，それが「婚姻における権威関係」の不平等の法的承認を通じて強制されている点にも異議を唱えていない，とトクヴィルは論じた．夫や父親の権威を拒絶するどころか，彼女らは「婚姻の結合の自然の長は夫である」ことを認めている．実際，「彼女らは，束縛を逃れるどころか進んで従属することに誇りを感じて」いた．あるいは少なくとも，それは「最も貞淑な女性たちの感じ方」であり，「不貞の妻の声は聞こえてこない」とトクヴィルは記した[45]．そのかわり，アメリカの法は女性の名誉を大いに保障しており，レイプは死刑で罰し，被害者を非難することなどない，とトクヴィルは主張した．そしてトクヴィルは，これらの措置はすべて，女性と国家双方にとって利益になっているように見えると結論した．アメリカ社会で何がいちばん重要かを述べたトクヴィルの公式には矛盾がなくはないものがたくさんあるが，明らかにその一つにおいて，彼は，「この国民の際立った繁栄と増大しつつある力の主たる原因」は「女性の美質」にある，と述べたのである[46]．

　この「分離すれど平等な」女性の地位は，仮に「民主的進歩の本当の意味」を示しているとしても，女性にとって本当に自然な地位またはありうる最良の地位であるとトクヴィルが考えていたかどうかを問うことは可能である．また，それが強い平等主義的な衝動をもつ社会のなかで長く持続する，と彼の分析が本当に示しているのかを疑うこともできる[47]．いずれにしても，今日ではアメリカの女性は，政治，経済，家庭のなかで平等な権利を正式にもち，同時に家庭の外に働きに出るより多くの機会を有し，またしばしば(貧しい女性は建国期からいつもそうであったように)その必要により迫られてもいる．それゆえここでもトクヴィルは，アメリカ社会におけるこの種の不平等を予測することに失敗したといえるかもしれない．

　しかしながら，現実のアメリカ女性は，過重な家事の分担をし続け，家事と

同時に子育てや親族の病人や高齢者の世話をおこない，また多くの人はしばしば家庭内暴力に対して無防備であった．それゆえ，トクヴィルが描いたジェンダーの不平等の決定的側面は，明らかに長らえているのである．1960年代と70年代初期の公民権運動の時代に大きな成功を収めたあと，中央政府を利用してそれらの不平等を軽減する努力は躓いた．実際，経済的，性的な搾取から女性を保護する約束を中央政府に求めるそうした努力はほぼ失敗に終わったが，かつてトクヴィルはアメリカでは習俗がこれを約束していると考えていたのである．1970年代半ばには，男女平等憲法修正条項（ERA）は失敗したし，もっと衝撃的であったのは，2000年に合衆国最高裁が，全国的な女性暴力禁止法を，連邦の権限を逸脱しており，州の規制特権に抵触するという理由で無効にしたことである[48]．下院は，かつてその法案を可決するにあたってかなりの証拠を提示して，多くの州や地方自治体が，施行されている保護法があるにもかかわらず，様々な種類の男女差別，セクシャル・ハラスメント，あからさまな暴行（大学のフットボールチームの部員数人によってレイプされたと申し立てた学生の事件を含む）の対応に失敗していることを示した．その立法と無効判決の経緯は，トクヴィルが観察した男女の役割の区別と不平等の多くの側面が今日なお残っており，それは女性の市民的平等への多大な進歩にもかかわらず持続していることを，十分に確証するものである．実際，ジェンダー間の権利侵害への寛容は，トクヴィルが認識していたよりもずっと深く根づき，広がっている．そしてこれらの不平等の擁護者は，中央政府がそれらを変革するほど十分な権力を行使するのを阻止することに，いまなお相当な成功を収めているのである．

6．結　論

　トクヴィルが人間的自由を真摯に愛した人であることはまず疑いない．それに比べて，彼があれほど鮮やかに分析した近代デモクラシーの発展の本当に献身的な支持者であったのか，またどの点でそうであったかには疑問の余地がある．確かに彼は，平等を追求するなかで自由が失われる多くの道があり，いかに近代デモクラシーの解放の約束が，陰に陽に人間精神を侵食していく暴政に

取って代わられるおそれがあるかを認識し探究した最も早く最も影響力のある近代思想家の一人である．トクヴィルのこれらの憂慮に注目するとき，われわれは彼の最も中心的な関心の幾つかに注意を払い，より重要なことに，われわれ全員にとって大変重要であるべき主題を論じることになると私は確信している．

たとえそうだとしても，トクヴィルはまた，強力な不平等の体系，特に人種，産業，ジェンダーの不平等の体系がアメリカの際立った特徴をなしていると見なした，という主張を以上の簡単な考察は十分に支持するものであると私は考える．そして彼は，それらの不平等の体系が，アメリカの過度な平等主義の危険に対する害のない対抗力としてつねに自動的に作用すると見なしてはいなかった．逆に，それらが人間的自由を脅かす可能性に対する彼の鋭い感覚は，繰り返し表にあらわれている．彼は，アメリカ諸州によって先住民族が押し付けられた統治システムを「暴政」と呼んだが，連邦政府もかつては明らかにその共犯者であった[49]．自由黒人でさえ，アメリカでは「無権利のままにおかれ」，「習俗の非寛容」と「法の圧政の餌食となって」いた，と彼は主張した[50]．彼が，「われわれの眼前で成長しつつある工場貴族制」の範囲を限定的なものと見なしたとしても，それでもトクヴィルはこれをアメリカの労働者に深く有害な影響を及ぼすもの，それどころか，「地上にこれまで見られたなかでも最も過酷なもの」と見なしていた．確かに彼の説明では，工場貴族制はなんら人間的自由の防波堤ではなかった[51]．そして女性に関してさえ，彼女らが夫への従属というくびきに耐えることを彼は否定しなかった．彼はまた，このくびきがいかに女性を保護するものであるかという過度に楽観的な印象を与えたといえると私は指摘したが，それはこの種の不平等がアメリカにおいてより大きな問題であったことを彼が明確に認識していなかったからである．

また，人種的平等はトクヴィルが予想したほどまったく手に負えないというわけではないことが明らかになったとしても，にもかかわらずそれは憂鬱になるほど根強く残ってきたことも明らかであり，その理由の多くをトクヴィルは示していた．トクヴィルが予想した産業「貴族制」の範囲や権力は今日，彼がその輪郭を正しく描いたアメリカの経済発展過程の一部としてではあるが，彼の予想をはるかに越えて大きくなっている．そしてアメリカは，実のところ，

巨大な実際の不平等と結びついたジェンダー間の平等の拡大という独特の混合形態を，女性の形式上の法的地位が今日示している以上に維持してきた．以上の点を私はこれまで論じた．アメリカは，多くの近代民主諸国よりもデモクラシーの集権化への衝動が小さい，とトクヴィルは正しく認識していたが，私はこれらの人種，階級，不平等の体系の擁護者が，いかに中央政府の権限の反対者であり分権の擁護者でもあったかをここまで強調してきた．それゆえ，アメリカの不平等に関するトクヴィルの分析と，多くの不平等が人間の自由や幸福を損なう可能性について彼が抱いた憂慮とは，依然として現代の重要な論点であることは疑いない，と私は考える．以上の諸点は，最低限，平準化し自己充足した凡庸さの文化とともに生じる集権的な民主的専制の脅威が，トクヴィルを読んでわれわれが注意を促される唯一の危険ではないという事実を示唆している．むろん，近代平等主義への過度な愛着がもたらす自由と平等に対する危険よりも，われわれはそれらの不平等主義的な危険と闘うことに関心をもつべきであるかどうかは，非常に論争的な政治的問題である．しかしこの論点は，トクヴィルの『アメリカのデモクラシー』がかくも深く論述した，当時まだ若かった合衆国についての二種類の懸念の両方に注意を払うことによって，よりよく考えることのできる問題なのである．

注
1) Aurelian Craiutu and Jeremy Jennings, "The Third Democracy: Tocqueville's Views of America after 1840," *American Political Science Review* 98 (2004): 391–404.
2) Donald J. Maletz, "Tocqueville on Mores and the Preservation of Republics," *American Journal of Political Science* 49 (2005): 1–15.
3) Margaret Kohn, "The Other America: Tocqueville and Beaumont on Race and Slavery," *Polity* 35 (2002): 169–93.
4) Donald J. Maletz, "Tocqueville's Tyranny of the Majority Reconsidered," *The Journal of Politics* 64 (2002): 741–63.
5) e.g. Craiutu and Jennings, "The Third Democracy," p. 402; Kohn, "The Other America," pp. 170–72, 192–93.
6) Maletz, "Tocqueville's Tyranny of the Majority Reconsidered."
7) Alexis de Tocqueville, *Democracy in America*, ed. J. P. Mayer, trans. George

Lawrence (Garden City, N.Y.: Anchor Books, Doubleday & Co., 1969), pp. 692–93〔松本礼二訳『アメリカのデモクラシー』全 4 冊（岩波文庫，2005–8 年），第 2 巻（下），256–58 頁〕．

8) e.g. ibid., pp. 696–701〔同上，264–65 頁〕．
9) Ibid., p. 316〔第 1 巻（下），264–73 頁〕．
10) e.g. ibid., V. II, Pt. IV, Chs. 1–3, 5–7.
11) Ibid., pp. 317, 321〔第 1 巻（下），265–67, 273 頁〕．
12) Ibid., pp. 366–67〔同上，341 頁〕．
13) Maletz, "Tocqueville on Mores and the Preservation of Republics."
14) Tocqueville, *Democracy in America*, pp. 372–76〔第 1 巻（下），351–59 頁〕．
15) Ibid., pp. 393–94〔同上，384–87 頁〕．
16) Ibid., p. 395〔同上，388 頁〕．
17) Ibid., p. 676〔第 2 巻（下），228–29 頁〕．
18) Ibid., p. 333〔第 1 巻（下），288 頁〕．
19) Ibid., p. 326〔同上，279 頁〕．
20) Ibid., p. 335〔同上，290 頁〕．
21) Will Kymlicka, *Multicultural Citizenship* (Oxford: Oxford University Press, 1995), pp. 38–40, 58–65.
22) Kohn, "The Other America," pp. 183–85; Craiutu and Jennings, "The Third Democracy," pp. 397–402.
23) Tocqueville, *Democracy in America*, p. 340〔第 1 巻（下），298 頁〕．
24) Ibid., pp. 343, 357〔同上，302, 325 頁〕．
25) Ibid., p. 357〔同上，325 頁〕．
26) Ibid., p. 356〔同上，323 頁〕．
27) Philip A. Klinkner with Rogers M. Smith, *The Unsteady March: The Rise and Decline of Racial Equality in America* (Chicago: University of Chicago Press, 1999).
28) Michael Lind, "Far From Heaven: A Review of Randall Kennedy's 'Interracial Intimacies' and Renee Romano's 'Race Mixing,'" *The Nation*, June 16, 2003. Accessed online at http://www.newamerica.net/index.cfm?pg=article&DocID=1243〔2009 年 4 月現在の URL は http://www.newamerica.net/publications/articles/2003/far_from_heaven〕．
29) Rogers M. Smith, "Assessing the Legacy of the Conservative Intervention in Race Scholarship: First of Two Commentaries," *Du Bois Review* 1 (2004): 361–66.
30) Tocqueville, *Democracy in America*, p. 551〔第 2 巻（上），263 頁〕．

31) Ibid., p. 285〔第 1 巻(下)，207 頁〕.
32) Ibid., p. 555〔第 2 巻(上)，269–70 頁〕.
33) Ibid., p. 556〔同上，271–72 頁〕.
34) Ibid., p. 557〔同上，272–73 頁〕.
35) Ibid., p. 558〔同上，274 頁〕.
36) Ibid., p. 686〔第 2 巻(下)，246 頁〕.
37) Ibid., p. 689〔同上，252 頁〕.
38) Kevin Phillips, *Wealth and Democracy* (New York: Broadway Books, 2002), pp. 108–27.
39) Tocqueville, *Democracy in America*, pp. 388–89〔第 1 巻(下)，377–78 頁〕.
40) Phillips, *Wealth and Democracy*, pp. 227–29.
41) Tocqueville, *Democracy in America*, pp. 600–601〔第 2 巻(下)，90–92 頁〕.
42) Ibid., p. 590〔同上，70 頁〕.
43) Ibid., p. 603〔同上，95 頁〕.
44) Ibid., p. 601〔同上，90–92 頁〕.
45) Ibid., pp. 601–2〔同上，92–93 頁〕.
46) Ibid., p. 603〔同上，94–95 頁〕.
47) Ibid.〔同上，95 頁〕
48) U.S. vs. Morrison, 120 S. Ct. 1740 [2000].
49) Tocqueville, *Democracy in America*, p. 337〔第 1 巻(下)，293 頁〕.
50) Ibid., p. 350〔同上，315 頁〕.
51) Ibid., p. 558〔第 2 巻(上)，274 頁〕.

(髙山裕二 訳)

II
●
トクヴィルとフランス

II–1　トクヴィルにおける「新たなアリストクラシー」の問題
仏米英比較

リュシアン・ジョーム

　トクヴィルの青年期から 1880 年代にかけて「新たなアリストクラシー」という言葉が使われたとき，実際にはどのような意味で用いられていたのだろうか．この概念にはいくつもの意味があり，思想史家たちはこれを明確に規定されたひとつの問題に対する答えというよりは，ある問題の所在を示すものとして扱おうとする．

　われわれが目にするさまざまな意味としては次のようなものがある．第一に，新たな社会構造，経済構造から生み出されたある強力な集団のこと（産業家たち，あるいは『アメリカのデモクラシー』の中の名高い章にある表現を借りれば「産業の騎士たち」がそれにあたるだろう）．第二に，1814 年の憲章〔1814 年，ブルボン王政の復古にあたり，ルイ十八世が受諾した憲章〕により実現された「混合政府」に適応した，ある政治的階級のこと．ここでいう「立憲貴族」とは，ある時期ロワイエ゠コラールの主張した概念である．第三に，民法の定める平等原則を法的手段によって緩和した結果，不動産資産を保護されることになる，ある支配階級のことを指すこともある．これはモンロジエ，フィエヴェ，シャトーブリアンらの「改革派」ユルトラ〔過激王党派〕の考え方である．第四に，制限選挙によって選ばれるエリート層で，投票につきものの個人的で分裂的な性格を克服し，社会の団結力を高める役割を担うような人々の存在を想定する者たちもいる．ギゾーや純理派（ドクトリネール）の人々は，中産階級の中に新たなアリストクラシーの出現を見ている．

　実際にはまだ他にも用語の解釈はあるのだが（たとえばサン゠シモンの解釈），ここではこの新しいアリストクラシーという主題が，トクヴィルとギゾーの間でときに公然と，ときに水面下で行われた，多くの場合アメリカを主題とする論争の種になっていることを指摘するにとどめよう．ギゾーは（たとえば 1849 年出版の『フランスのデモクラシー』 *De la démocratie en France* の中で），ト

クヴィルが支持したとされるアメリカについての解釈の誤りを攻撃しているだけでなく，『アンシャン・レジームと革命』の送付に対してトクヴィルにあてた1856年の手紙[1]の中で，自らの考えを述べている．

　実際のところ，ギゾーは何と言っているのであろうか．まず，著者のトクヴィルがこの『アンシャン・レジームと革命』という著作の中で，それより20年前に書かれた『アメリカのデモクラシー』と同様，「敗北した貴族」としてふるまっているという．観察者たる著者の見解にまったく科学的価値がないと見なすギゾーは，感情あるいは遺恨にすぎないものを，著者が理論によってもっともらしく説明していると非難する．ギゾーはさらにこの「敗北した貴族」という表現に，「しかも敵のほうが正しいと認めてしまっている貴族」という説明を加えている．別の言い方をすれば，ギゾーはトクヴィルにこう言っているのである．あなたにはデモクラシーやそれに伴う危険性を理解することはできない，そもそも貴族について分析することを望まなかった(あるいは分析ができなかった)のだから，と．こうした分析を，ギゾー自身は『フランス史論集』*Essais sur l'histoire de France* (1823年) の中で行ったとしている．たしかにこの著作の中にはフランスの貴族について書かれた注目すべき一節があり，そこで貴族は封建支配層を起源とするが，貴族としての一体感をもちえなかったがために，国王から授けられた(憲章，議会などの)諸制度を自らの内部にとりこんでいたイギリス貴族よりも劣った存在とされている．

　さらに，トクヴィルは「長期間負けたままの状態でいることはできず，最後にはきまって自らの権利を取りもどすにいたる，自然のアリストクラシー」の存在を見分けることができなかった，とする．ギゾーはこの自然のアリストクラシーという概念を「新しいフランス」の中心テーマに据え，そしてなかんずく(迷ったすえ)，アメリカ革命の中核にもそうしたアリストクラシーの存在があったと認めるまでになった．つまりトクヴィルはアメリカを理解していなかったというのだ．かの地には「歴史的に形成されたアリストクラシー」とは異なる，自然のアリストクラシーが存在するとギゾーは言う．

　ギゾーは最後に，トクヴィルは自らの出自にひけ目を感じていたため，デモクラシーを批判する際に混乱をきたしている，と示唆して手紙を終えている．「もしあなたが二つのアリストクラシーを見分けることができていたら，デモク

II-1　トクヴィルにおける「新たなアリストクラシー」の問題　149

ラシーを受け入れながらも，その勝利の中に含まれる不当なもの，非社会的なものに対して異議を唱えることも一層楽だったことでしょう」とトクヴィルに向かって書いている．

　アメリカにアリストクラシーは存在するのか，しないのか，そして中産階級からなる政府を新しい合法的なアリストクラシーとして見なすことができるのか，できないのか，という問題について繰り広げられたこの論争には，どのような意味があるのだろうか．フランス革命の激震によって支配階級が根絶やしにされてしまったあと課題となったのは，立憲体制にのっとり，かつ社会の中に基盤をもつような政治生活の組織化の形を見つけることであった．これは純理派とトクヴィルに共通する問題であり，当初はもっぱら官僚的国家，ナポレオン的集権主義，官僚による投票の管理などに基盤をおくことを拒否する姿勢で一致していた．しかしいざ純理派が政権についてみると，中央集権体制が再検討されることもなく，選挙については官僚から猛烈な圧力がかかり，官僚代議士たちのあいだでは贈収賄が横行した．トクヴィルが1848年1月27日の大演説の中で攻撃しているのはこのような制度に対してなのである．トクヴィルは「外務大臣殿」を激しく糾弾し，「政治に対するある種の幻滅」と「明らかな精神の弱体化」を蔓延させたとして告発し，労働者たちが反乱の中心にたつような革命が起こるのも近いだろうと述べている[2]．

　政治生活の組織化の問題を再びとりあげたのが，ギゾーのこともトクヴィルのことも知っており，アメリカ合衆国にも調査旅行に出かけた人物，ただし全く別の見地から問題を解決しようとした人物だったことは注目に値する．エルネスト・デュヴェルジエ・ド・オランヌは，『アメリカでの8か月』 *Huit mois en Amérique* (1865年)[3] という本の中で，ついで『両世界評論』 *Revue des deux mondes* 掲載の先駆的な記事「デモクラシーと選挙権」(1868年4月1日・15日)において，デモクラシーが穏やかで規則正しい活動のリズムを刻めるようにするには，(イギリス，アメリカのような)近代的な意味での政党をつくり，それに合わせて普通選挙を取り入れるしかないと考えている．彼はギゾーとはきっぱりと袂を分かち，さらにトクヴィルからも距離をおき(厳密な議論をおこなうためにトクヴィルとは顔を合わせていたが)，「新たなアリストクラシー」という概念を，わざとらしくおぞましい政治形態につながりかねない，まやかしの

概念として葬り去る．彼はガンベッタ率いる上院をみごとに先取りする形で[4]，政党間の駆け引きを通じて組織化された場合に「普通選挙の持ちうる保守的な力」をたたえている．したがって，トクヴィルが1830年代のアメリカの政党に対して示していた留保もまた退けるのである．

そのようなわけでわれわれは，旧来の貴族にとってかわる新たなアリストクラシーを創りだそうとする純理派の試みについて調べ，ついでトクヴィルがこの新たなアリストクラシーを，時に脅威として（「産業の騎士たち」），時にかつての貴族階級の徳をある意味で「昇華」した存在として示しているさまについて，順を追って調べてゆこう．そして最後に，デュヴェルジエ・ド・オランヌが政党の理論を練り上げながら，トクヴィルとギゾーの両者をどのように批判しているかを見ることにしよう．

1. 純理派の企図：新たなアリストクラシーの誕生を促すこと

ギゾーの思想の出発点は，1817年から1818年にかけて発行された純理派の雑誌『哲学・政治・文学史料』によって見ることができる．そこでは，社会は政治現象の起源と，その正当化の手続きの双方を生み出すという基本的な考え方が述べられている．最初の点について，ギゾーは「理論上でも実際においても，政府と社会はふたつの別個の存在ではありえない……．一体の，同一の存在である」[5]と書いている．このようにしてバンジャマン・コンスタンからアランに至る，権力の場と社会の場との間の水準の違いを強調するある種の自由主義に異を唱えつつ[6]，ギゾーは二者間にたえず相互浸透作用が起こることを奨励する．「社会の活動によって政府を組織し，政府の活動によって社会を組織すること」[7]．ギゾーによれば，そこに「われわれの世紀の基本的な問題がある」のだという．彼の思想の根本的な問題もそこにある，と付け加えることができよう．すなわち，法と立憲主義の論理について，社会への影響を斟酌せずに考えることはできず，政治上の闘争については社会的な解釈ぬきに考えることができないということである．

こうしたいわば社会政治学的な直観を，ギゾーは歴史家としての仕事によって裏付けることになる．1823年の『フランス史論集』の中で，彼はフランスの

封建支配層が多数の小さな所領に分散，分割されてしまっていたために，ひとつの団体をなすことがなかったと説明している．ギゾーがアリストクラシーという語に与えた意味に従えば，フランスのこの封建支配層はノブレス noblesse〔世襲身分としての貴族〕ということにはなろうが，アリストクラシーにはなりえないということになる．それは世襲の特権を付与された階級であり，その後手なずけられ，ルイ十四世の宮廷におしこめられてしまった階級のことである．彼らはアリストクラシーにはなりえない．そのヨーロッパにおける唯一の例はイギリスにある．かの地では王権が交渉を受け入れざるをえず，自由のための制度づくりに至ったのである．かくしてギゾーはマグナ・カルタについて次のように書いている．

　　アリストクラシーは団体として規定されるのであり，それ単独で規定されうるものではない．アリストクラシーは自らの権利だけでなく，その土地のすべての住民たちの権利も認めさせる．……封建的位階制度が真の意味で貴族主義的な団体に変化していったことは明らかであり，この団体が国の大義を掌握し，公共の利益のために行動せねばならないという自覚をもったことも明らかである[8]．

全てのこと，あるいはほぼ全てのことがこの一節の中に述べられている．アリストクラシーは以下の条件のもとでしか存在しない．第一に，団体としての利益というものが真に存在する場合．第二に，この団体としての利益が他者の利益をも内包することができ，一般の人々に利益を与えるという機能，「公共への奉仕」という機能につながる場合である．この点についてはトクヴィルも見解を同じくし，『アンシャン・レジームと革命』の中で，フランスの貴族が田園の庇護という職務，および国家と国王の補佐という職務をすっかり忘れてしまったこと，そして「庶民の心を失ってしまったこと」を嘆くことになる．しかしながらトクヴィルはその主たる責任を，国を均質化，中央集権化し，貴族の爵位を売りに出してしまったフランスの国王たちに負わせるのである．

ギゾーは上記の1823年の著作を個人と団体との対比でしめくくっている．イギリスでは「すべてが集団主義的だった」のに対し，フランスでは「すべてが

個人主義的」であった，なぜなら「貴族がまったく団体を構成しなかった」[9]からである．さらに，同じ現象の別の側面ということになるが，（1789年に）封建制が崩れ去る運命にあったとき，「王座のまわりにはノブレスが，民衆の頭上には貴族集団が残るが，国家の中にアリストクラシーは残らないであろう」[10]．すなわち（ベリー公の暗殺事件など）ユルトラの反動のあいついだこの時期，ギゾーの政治的もくろみとは，いわば第三身分の恨みを晴らし，その名にふさわしいような，より本格的ですぐれたアリストクラシーの形成を促すことであった．たとえば，それより2年前に出た風刺文書『政府と野党の手段について』（1821年）に書かれているのはそのことである．移植すべきは奉仕する階級としてのイギリス風の貴族階層であり，田園と国家（中産階級出身者が大部分を占める貴族院）の両方に身をおき，地主であると同時に社会的地位の向上によって，財産をもたない人々を議会に呼びよせるような階級である．ただしイギリスのような法的手段，例えば財産相続における不平等を認める法律（補充指定制度）をもたないフランスで，貴族が団体を構成することが可能だろうか[11]．これが純理派の計画の最大の難点なのである．

のちに，平等な社会において権利の要求はたえずエスカレートすべく運命づけられていることを示したトクヴィルとは対照的に，ギゾーは小冊子『政府と野党の手段について』では楽観的にふるまっている．もし新たな貴族階層を指導的な役職に据えることができれば，平等を恐れる必要はないというのである．

> 平等を要求していた民衆が真の利益を手に入れると，下層階級ですらおとなしくなるものである．……新たにできあがった貴族階層は彼らと利益を共有し，彼らを擁護し，庇護する．わが身と民衆をつなぐ紐帯を通じて，新たな貴族階層は民衆を自らのうちに包みこむのである．そのとき，平等という観念はよりおだやかで純粋な形であらわれるようになる[12]．

この下層階級の鎮静化がギゾーの計画の社会的目標となるのだが，これは自由主義的政府が，オーレリアン・クレユチュの表現に従えば（共和主義者，社会主義者，シャルル十世党・共和派連合などによる）絶え間ない蜂起によって「厳戒令下にあるとき」には，あっさりと否定されてしまう[13]．ギゾーは慎重にも，

「新しい秩序に基づく，真の意味での自然のアリストクラシー」はまだ十分に姿を現してはいない，と 1821 年に書き加えている[14]．

　こうした階層の出現を大いに期待できるのも，ギゾーやバラント[15]，レミュザ，ブロイらがたえず支持する説，すなわちこの貴族階層が「自然の」ものであるという説に根拠がある．近代社会は経済的状況，才能，有能さ，出世する能力などにおいて，容赦なく格差を生み出す．ギゾーによれば，これこそが権力の起源となる．子どもの遊びを眺めてみればわかる．「権力はどのようにして生まれるのだろうか．ある者の手に権力が渡るのを，あたかも自然の成り行きであるかのように皆が認めるとすれば，それは誰に対してか．最も勇敢で巧妙な者，そして権力を行使するのに最適と見なされる者である．つまり公共の利益を実現し，皆の考えを実行するのに最適と見なされる者である．……権力の起源はそこにあり，他にはありえない．平等な者たちの間では，権力は決して生まれないだろう」[16]．

　人類学的でも社会学的でもあるこの考え方は，ギゾーと純理派の一派においては法と諸制度についての独特な見解に結びつく．「自然に感じられ，受け入れられる優越性こそが，人間社会の基本的かつ合法的な紐帯となる．それは事実でもあり法でもある」[17]．ギゾーは折にふれて，法は事実に還元されない（そして「法の至上性」は「事実の至上性」に還元されるものではない）と述べているが，彼にとっての法は事実から生まれるのだろう（これはカントの伝統を一切退ける考え方である）．法は合理化，普遍化に向かうが，既存の力を正当化することもある．このような場合，富と教養から生じる「優越性」には正当性があるので，権力はそこに帰することになる．この優れた人たちが自然のアリストクラシーとして，デモクラシーにとって必須の支配階級（ギゾーはしばしば「あらかじめできあがっている政府」という言いかたをする）を形成する．

　貴族院議員の身分の世襲制について 1831 年に行われた討議で，ギゾーとヴィクトール・ド・ブロイのとった立場が示すように，新たな貴族階層は実際には寡頭制的な様相を呈していた．ギゾーはその折に，デモクラシーは統治しようとするのではなく，私生活の事柄に関心を寄せるだけであって，それゆえに 70% を中産階級出身者が占めるような，イギリス型の立憲政貴族を必要とするのだと説いている．「このアリストクラシーは近代社会の条件であり，近代のデモク

ラシーの性質からくる当然の結果である」[18]．しかしここでも手ごわい問題が浮上する．遺言上の不平等を容認する法制もないのに，どうやって貴族院議員の地位の世襲についての法案を支持するというのだろうか．いずれにせよ，「資質による」貴族院議員の後継者たちが，こうした知的，精神的資質を同様に持ち合わせているという保証はなく，ギゾーと対立する人々はまちがいなくそのことを指摘するだろう．第一の点，財産の不平等については，ヴィクトール・ド・ブロイが大胆な法案を起草した．国王は，最低でも10万フランの月収のある家系の中から貴族院議員を選ぶというものである[19]．

　他のところでも記したように，二重投票についての法案を起草したのはこのヴィクトール・ド・ブロイに他ならない．ピエール・ロザンヴァロンの説とはうらはらに，「選挙人を財産や社会的地位によって分類すること」が純理派のもくろみと無縁だったわけではないので，「あらゆる自由主義者が二重投票の原則に頑として反対した」[20]というのは正確でない．ブロイの回想記がそれを証明している．こうした寡頭主義的な政治観は，単に政治機関（貴族院）としてあるだけでなく，下院においても投票によって選ばれ，票を組織する階級として維持されていくような団体を形成することが問題とされたとたんに，避けがたいものとなる．「新たなアリストクラシー」とは，イギリスの事例に近づこうと試みながら，社会および国家の内部で政治を組織していくための手段だったのである．

　しかしフランスのように，平等という観念が貴族階級の特権と革命の原則とのあいだの葛藤の象徴とされている国では，「イギリス型モデル」に頼るのはあまりに不自然だった．加えて純理派は，イギリス人たちが（1832年の選挙法改正以降）続けざまに行った選挙法改正を，保守主義者たちの主導のもとに拒んだために，民衆の支持をすっかり失ってしまった．フランス式の納税額による制限選挙方式によると，次のような喜劇的でばかげた状況が起こる．すなわち貴族院議員で二度大臣をつとめ，偉大な大学人であり哲学のアグレガシオン〔教授資格試験〕の審査委員長でもあるヴィクトール・クーザンが，投票を許されないのである．ギゾーの主張する，知性のアリストクラシーなるものをどう捉えたらよいのだろうか．

　ギゾーが貴族院議員の世襲制を支持しようと試みていたころ，あるいはその

直後に，トクヴィルは草稿の中でこう記していた．「私は中産階級によって政府を組織することは最終的にはできないと思うし，可能に思えたとしても反対するだろう」．別の箇所ではこう書いている．「ギゾーおよびその他大勢に対抗して」，「私は……中産階級のつくる政府が不可能であり，危険であることを証明してみせる．全ての人々による，全ての人々のための政府を目指すことが必要である」[21]．近代的デモクラシーにおいて，こうした政府が不可能であることを「証明する」というトクヴィルの構想は，イギリス式モデルに対置されたアメリカの例を参照しつつ進められる．

　実際のところ，純理派の構想に対してはもうひとつの問いかけがなされた．法律に守られた支配的階級が不在のところでも，民主主義が可能であることを明らかにしたアメリカのケースをどう説明できるのか，という問いである．この点について，ギゾーはさまざまに意見を変えている．1834 年に結社についての(非常に厳格な)法案を提出した際には[22]，ギゾーは(アルマン・カレル〔『ル・ナショナル』紙などで活躍したジャーナリスト〕の友人たちである)アメリカ派の支持者たちをさんざんに揶揄した．この派に属する人々は，「人間本性の法則および社会状況について子どものように無知である」ことをさらけ出してしまっており，アメリカが「生成期の社会」であり，「幼年期にある社会」であることがわかっていない．だから彼らは「幼稚な一派」なのだ，と．しかしこの一派の存在は真剣に受け止めなければならない，なぜなら彼らは「シャルル十世党の一派」と同様に危険な存在であり，若者たちの精神を誘惑し，堕落させるからである，と[23]．

　しかし 1849 年にギゾーが『フランスのデモクラシー』を出版するとき——権力の座を追われたあと，自分にとって重要なテーマの総括にあたっていた時期にあたるのだが——彼はアメリカ合衆国が「民主主義共和国と称することを考えたためしがない」[24] こと，そしてそのことによって，われわれは共和制と民主制とをもはや混同しないよう学ぶべきであることを指摘しようと考える．共和制は自然のアリストクラシーと完全に共存が可能なのであり，むしろアメリカのケースが裏付けているように，共和制はこの階級を必要としてさえいるのである．「アメリカ社会のリーダーたち，最初の植民者の子孫たち，田舎の有力な大農園主や都市部の有力な商人たちの大半，そして国の生んだ自然のアリ

ストクラシーが，革命や共和制の先頭に立っていたのである」[25]．

共和主義的精神そのものについていえば，これは尊敬されるエリートの指揮のもと，諸階級が団結することを前提としている．このエリート集団じたいは「既得の地位，財産，教育，習慣を通じて，公的な事業に自然の権威，穏やかな独立の精神，知性と閑暇を最大限につぎこむ階級」[26]で構成される．

結局のところ，ギゾーがこの件に関してアリストクラシーという言葉を用いることにこだわったのはなぜなのだろうか．なぜ，多くのフランス人にとってこれほど挑発的に聞こえる言葉を使うのだろうか．社会階層を説明するのに適当な概念は，政治学や政治社会学の分野ではおそらく今のところ存在しないだろうが，ギゾーにとって確実な根拠になるのは，自然の権威という概念であるように思われる．ギゾーにとっては，（暴力，労働，あるいは選挙や知性の面での競争を通じて獲得される）あらゆる支配関係は威信に基づく関係性であり，従属する者たちに対して義務を生じさせる．何事においてもつねに「最も優れた人々」の優越性，したがってアリストクラシーが存在するということになる．

しかしながらギゾーとその一派の矛盾点は，新たな貴族階層はその均質性，団体としての性格を示さなければならないと同時に，あらゆる才能の持ち主や社会的上昇の可能性に対して道を開いておかなければならないということである．1849年に『フランスのデモクラシー』の末尾で，ギゾーは自分が適切な概念を持たないことを認めている．だが自らの直観，自然の権威についての直観は現在でも有効であるという．

> アリストクラシー，デモクラシー，ノブレス，ブルジョワ，ヒエラルキーといった言葉は，厳密には今日のフランス社会を構成する事実には対応しておらず，こうした事実を正確に言い表してもいない．……位階制的な分類は存在しないが，階級の相違は存在するのだ．本来の意味でのアリストクラシーは存在しないが，デモクラシーとは別のものがあるのだ[27]．

この「デモクラシーとは別のもの」をギゾーは執拗に主張するが，真の意味でそれを明確に言い表したり，根拠を与えたりすることはできなかった．彼は権威の性質を直観するにとどめてしまったのであり，それは「ギゾー的イデオ

ロギー」とでも呼ぶよりないものであった[28]．逆説的なのは，フランス式のアンシャン・レジーム〔旧体制〕に対してなんの賞賛も，郷愁も，媚も含まないこのイデオロギーが，いわば第三身分が遅ればせながら貴族階級に対して復讐するという形で，その代わりとなる体制をうちたてようとしていることである．

トクヴィルはこれとは逆の誘惑から身を守らなければならなかったと考えられる．つまり貴族政治を，民主的政府の特色よりもはるかに優れた規範としてしまいたくなる誘惑である．トクヴィルはさまざまな形で行われる貴族階級の反動の企てを告発し，貶める立場に身をおくことになるが，一方で貴族主義的価値観を別の世界に移しかえることの重要性を説くであろう．ギゾーがアリストクラシーのひとつの形を実現しようとしたとすれば，トクヴィルは封建時代の貴族の肖像を理想化し，（フロイト的な意味で）「昇華した」といえるだろう．

2. もうひとつの神話：トクヴィルによる旧貴族の徳

『アメリカのデモクラシー』を執筆中のトクヴィルにとって，純理派の人々は人民主権を批判し，恐れていたという点では正しい部分もあったが，本当の危険は人民主権のもたらす効果，すなわちそこで形成される集団的な意見のほうにあるということを理解していないように思われた．人民主権そのものについて考えてみると，別のやりかたで組織化することも可能である．たとえば，出版の自由，宗教の一定の存在感，論争，討議，結社のための習俗の教育によって，それは可能になるし，同様に諸権力を分立させ，役人と大臣が実質的な責任を担えるようにすること（この点に関してフランス人は全く無知である）によっても可能である．さらに司法に実質的な権力をもたせることも必要である．

官僚の力を弱め，教育と立憲主義[29]を強化するというのが，トクヴィルの選び取った方法であった．逆に，七月王政下においてギゾーと純理派の一派，そして広い意味でのオルレアン派が，行政訴訟，つまり市民と行政との間の紛争を処理する場合の，国務院（コンセイユ・デタ）の主要な特権を制限することに反対していたというのは注目すべきことである．ギゾーは常に国務院の問題に関心を寄せてきたが，いくらか緩和や保障の措置が加えられていたとはいえ，ナポレオン時代の伝統を継承していた[30]．

「新たなアリストクラシー」の問題について，トクヴィルはその意味と適用の範囲をずらす．アメリカについて，彼は次のように書いている．「ごく自然な努力によって，アリストクラシーがデモクラシーのまさに内部から生じるのが見られるように思われる」[31]．しかしここでは，アリストクラシーの概念は明らかに批判的な射程を備えている．それは労働者階級を抑圧することで生きのびている閉じられた団体，という意味だ．

> 経営者と労働者はここではまったく似通ったところがなく，日に日に相違を増していく．彼らは長い鎖の中の二つの環のようにつながっているにすぎない．めいめいが自分のためにつくられた場所を占め，そこから全く出ることがない．……これがアリストクラシーでなくてなんであろうか．

純理派の場合と同様，その過程は自然なものである．分業の発達によって「自然に」階級が生じる（針工場のモデルはアダム・スミスから採られている）．この階級は「カースト」でもあり，トクヴィルとボモンの言うように「封建的貴族階層」[32]でもある．この製造業的貴族階層は，純理派がブルジョワジーの中に見出す，あるいは見出すことを望んでいる，徳と優雅さなど持ち合わせていないことが認められる．したがってトクヴィルが考えるに，そのように産業の主導者たちによって構成された政府は，歴史的にみて全くありえないわけではないが，（私的利益は抑制されるべきであるという）道徳的な理由，および（労働者の蜂起をひきおこしかねないという）社会的な理由から，彼はそれを望まないのである．この意味において，「アリストクラシー」の語はトクヴィルの筆のもとでは否定的な意味を帯びるのである．

しかしながら，アメリカにはそれよりもはるかに明敏で，はるかに尊敬を集めているもうひとつの貴族階層が存在する．法律家たちである．「合衆国における法曹精神」の節の小見出しのひとつには，「法律家たちはどのようにして，民主制の本来の諸要素と結びつく唯一の貴族的要素となるか」とある．そしてもうひとつの小見出しもまたこう断言している．「アメリカの貴族は弁護士の席と判事の椅子に座っている」[33]．

彼らは一般人の解さない専門的知識をもち，それを通じて「自然に団体を形

II-1　トクヴィルにおける「新たなアリストクラシー」の問題　　159

成する」がゆえに貴族階層なのである．彼らは「[旧貴族と同様に]秩序をもとめる本能的な性向，形式への自然な愛の持ち主である」[34]がゆえに，諸情念を鎮める働きを担う貴族階層なのである．そのうえ，民衆は法律家たちが私利私欲を秘めていようとは思わないので，警戒もしない．これらはアメリカの法律的，司法的貴族階層にとって大きな利点となる．それははっきりとした特徴をもってはいるが，民衆に奉仕する団体である．

　しかしながら，このモデルを他に移しかえることは可能だろうか．トクヴィルはアメリカの司法文化の主要な側面，すなわちヨーロッパの大陸法とはまったく異質な先例，判例法 *case law* の慣行について，長々と論じている．結局のところ，この貴族階層は移植が可能なものではない[35]．アメリカにおける彼らの成功は，彼らが「ほとんど恐れられず，ほとんど気づかれもしない」権力であり，それでいて「社会全体を包みこみ，社会を構成するそれぞれの階級の中にしみこんでゆき，ひそかに働きかけ，知らず知らずのうちに作用して，自分の思いどおりの形につくりあげてしまう」権力であるということによる．

　移植が可能であるとすれば，それは貴族政治がもっていた最良の部分に想を得て，それを民主的な習俗と制度の中に吹き込むことによってであると，トクヴィルは時おり考える．例えば，結社に関する著者の主張はよく知られている．「民主的社会に生きる人々のあいだで，身分の平等によって消滅してしまった有力者たちの代わりとなるべきものが結社である」[36]．貴族社会においては，名のある人物たちがギルド〔同業組合〕，同盟，信心会，またあらゆる種類の団体を率いていたために，人々を結束させることができた．民主的社会では結社は必要ではあるが，同時に困難なものとなる．個人がばらばらになり，孤独に国家と向き合っている状況が，歩み寄りを難しくしている．トクヴィルは，人がともに行動し[37]，「お互いに作用を及ぼしあう状態」を「人為的に作り出さねば」[38]ならないと書く．

　こうして，トクヴィルによるアリストクラシーのモデルの実現がいかにして可能となるか——もっとも，実現といっても技術的，人為的なレベルにおいてではあるが——が見てとれる．結社は(民主的社会においては)自明の事柄ではなく，一つには独立不羈の精神という意味での，もう一つにはリーダーに導かれた集団行動という意味での貴族的精神を，意識的に移し変えることを意味す

るようになる．注意すべきは，ここで著者はフランス社会について論じているということである．ここで著者は，1791年のル・シャプリエ法にあるように，「個人と国家の間には何ものも存在しない」，すなわち何ものもあってはならない，とされる社会を対象としているのである[39]．

非常に興味深く思えるのは，おもに共和主義左派，社会主義左派によって「結社」という言葉がたえず使われている国にあって，トクヴィルがこの結社の精神を説明し，信用に足るものとするために，封建制時代に参照を求める必要があると考えていることである．しかもそれはアメリカ人が過去に君主制あるいは封建制を経験していないにもかかわらず，イギリスからある部分を受け継ぎ，結社の形態を自発的に実践しているということを考慮したうえで，である．

政党の問題を扱うとき，トクヴィルはこうした結社一般についての考察の枠内で行うのであるが，エルネスト・デュヴェルジエ・ド・オランヌは実に革新的な考察によって，トクヴィルの観点とは明確に一線を画す．なぜなら彼にとって，政党とは結社の一種または一形態ではなく，民主的生活の中心的要素，ひとつの準制度として見なされるべきものだからである．

3. 政党の組織化は「普通選挙にそなわる保守的な力」を引き出す：デュヴェルジエ・ド・オランヌ

「それでは，民主主義を守ってくれるこの守護神とは何なのであろうか．民主主義の友でさえもその美徳のうちに数え上げたことのない，根気強く，賢明で，秩序を尊ぶこの精神は，何に由来するものなのだろうか．それは政党の組織化によるものである」[40]．エルネスト・デュヴェルジエ・ド・オランヌは，自らの属するオルレアン派とは明確に主張を異にし，民主的社会の安定のための礎としての政党に敬意を表している．アメリカ人にならって，フランスでも政党を組織する術を学ばなければならないというのである．その最大の利点のひとつは，「全世界が羨む」（これは著者が皮肉たっぷりに繰り返すお決まりの文句であるが）かの名高い官僚的中央集権にたよることなく，地方を国に結びつけられるようにすることである．「アメリカにはどんなに局地的な，どんなに個人的な事柄であっても，国民を二分するような大事件に結びつかないものはない．戦

争と平和の問題，リンカーンかマクレランかという問題[41]が，ひとりの警官，ひとりの掃除夫の選択にかかっているのである」．

　第二帝政の現実を前にして，アメリカ合衆国を駆け回る 23 歳の若き自由主義者は，市民間の社会性(ソシアビリテ)を実現するにあたって官僚的専制か，家父長的寡頭制のいずれかを選ばなければならないというのは誤りだ，と述べる．だがトクヴィルとは異なり，彼はアメリカの政党を，結社の分野における数ある選択肢のうちのひとつとは考えない．かといってそれを一時しのぎの組織化の形態とも見なさず，トクヴィルが言うように「いっそう懸念される脅威に対抗すべく持ち出された脅威」[42]であるとも考えない．トクヴィルは，議会の外で討議に類したものを行い，フランスでは直ちに反体制的行動へと向かうという，政治結社に対する同時代人の懸念をある面で共有していた．さらには，部分が全体を自称し，政党が一般意思を体現していると主張するという懸念を共有していた．これに対し，アメリカ合衆国において政治結社は，多数派の専制に対抗する手段であり，新たな選挙があるたびにひとつのきまった集団に全ての議席を配るような猟官制度に対する歯止めとなっているとトクヴィルは考えた．「反対党の最も優れた人材ですら，政権の前に立ちふさがる障壁を越えることができないならば，こうした人物たちが政府の外に身を落ち着けることを可能にしなければならない」．

　デュヴェルジエの見解は全く異なる．政党は近代的民主主義の中核であり，制度化にまで至らしめなくてはならない，と．なぜなら政党は世論の組織化の過程において，世論の凝縮と同時に分化を担う主体になりうるし，公の場で繰り広げられる政治討論の媒体になりうるからである．

　こうした考察はデュヴェルジエ・ド・オランスが 1868 年に公刊する「デモクラシーと選挙権」[43]という論説にも引き継がれる．ガエタノ・クワリアリエッロによれば[44]，これはアメリカの政党についての重要な文献であるが，それと同時にフランスの状況との絶えざる比較の書，および第二帝政期の官僚的専制に対する明確な批判の書でもある．

　実際のところ，1868 年 4 月の論説において，著者はアメリカよりもイギリスについて多く語っている．イギリスの進歩性，および伝統と現代性との融和を説明するための鍵と見なされることの多かった，かの有名なアリストクラシー

という障害を一気に取り除くことができるという意味で，デュヴェルジエ・ド・オランヌの論法は巧みである．デュヴェルジエによれば，（横の関係では）社会性が，（縦の関係では）義務の関係が生み出される可能性があるとすれば，それはアリストクラシーにではない．真に問題となるのは世論の表出という問題である．

> 世論が主権を掌握しているところならどこでも……仮に選挙制度がいかに排他的で，貴族階級の絶対的支配に有利にできあがっていようとも，そこで実際に君臨し，最終的な決定権をもつのは民主主義なのである……イギリスはフランスよりも百倍民主的な国である[45]．

デュヴェルジエの見解は，この時期，1852年にノスタルジーに駆られて再び「イギリス旅行」を行い，「なぜわれわれは失敗してしまったのだろう」[46]と問いかけていたレミュザになおも確認される純理派の見解とは正反対のものであった．

純理派のグループからデュヴェルジエが受け継いだのは，民主主義は種々の不平等から成り立っているという考え方であった．「法律上は平等を認めても，権力の場においては実現することができない」[47]．しかしギゾーとは逆に，彼は一方では結社の自由，他方では利害の相互補完性について信頼を示した．官僚による圧力，役職の約束や事前の買収行為などは全く必要ない．普通選挙だけで十分である．

> そのとき，似通った利害や信条をもち，同じ綱領に従い，同じリーダーにつき従う投票者のグループが形成される．……天体を支配する引力の法則に似た，社会的な影響力が存在するのだ．……小さな惑星が大きな惑星の衛星となり，その軌道の中に巻きこまれていく[48]．

著者は名望家の精神的優越性については大いに信じているが，名望家が官職の後ろ盾を持たなくてはならないという考えには賛同しない．「否，こうした自然の優越性[49]に特権を与えることで，これを強化する必要はない．特権という

のはいつでも多かれ少なかれ恣意的なものであり，必ず庶民の嫉妬をあおるものだからである．こうした人々には自ら地位を築いていかせるのがよく，自分の獲得した影響力は，自らの本性にそなわった権利ではなく，自らの努力に対する報酬であると考える習慣をつけさせるのがよい」．ここでもまた「影響力」という言葉はギゾー的な語彙に属するが，批判的含意は明らかである．ものを言うのは能力でも納税額でもなく，選挙会，戸別訪問，学校の校庭でのキャンペーンであり，これこそが選挙活動というものである．ガンベッタ派の時代がやがてロワイエ゠コラール派の時代に取って代わるだろう．貴族院にかわり，「フランス自治体大評議会」[50]がまもなくあとを引き継ぐであろう．

とはいえ，こうした名望家たちはアメリカにおけるのと同様，国民の意見を流布させる組織を必要とする．政党は地域ごとの「影響力」の仲介役であると同時に，3万6000のコミューン〔自治体〕に散っている農村部の市民たちの出会いの場でもあるからだ．トクヴィルの願う政治参加の拡大が，政党の創設によって現実となるであろう．「今後は，公務は皆の事柄であり，いつでもいかなることでも，公務に取り組んでもよいということを人々は理解すべきである」．そして(礼拝集会や選挙演説の習慣のある)イギリスのように，集まった人々が彼らの代表者を問いつめたり，こっぴどくあしらったり，さらにはののしったりすることができるようにならなければいけない．

もちろん，デュヴェルジエ・ド・オランヌの人間学はギゾーのものとは異なる．デュヴェルジエによれば，市民というものは，彼が皮肉をこめて言うように「意識の静けさの中で，理性の独立を保って」決断をするわけではない．彼らは哲学者のように意思を表明するわけではないのである．したがって，ギゾーが飽くことなく主張した納税有権者のモデル，すなわち見識ある有産階級のエリートというモデルは適切とはいえなくなる．なぜなら，たとえこのモデルが代議制の初期に国の指揮を担うある種の集団にはあてはまるにしても，第一に，本来社会を構成しているものは何か，そして第二に，議会で表明されるべき世論が，どのように形成され，どのようにまとめ上げられるのか，という問題に答えられないからである．

政党とはさまざまな意見がまとめられ，対立しあい，数え上げられるのを促す触媒のようなものであって，そこからその時々の多数派の選択が生じる．「最

初のうちは混沌としていたこの群れの中から，最後には政党と呼ばれる二つか三つの集団が生じ，しまいには群れ全体を包みこんでしまう．これらの集団は監視し合い，たえずお互いを飲みこみ，かわるがわる勝ったり負けたりしながら，共通の合意によって，彼らの分裂を生んだ訴訟に対する判決を，多数派の最高法廷にゆだねるだろう」[51]．

さらにイギリスに見られるように，政党は「代替の政府」を準備する．それゆえ，もし権力の座にある「エリート」が有権者たちの信頼を失っても，競合する政党が政権につく用意ができているわけだから，全てをやり直すということにはならない．デュヴェルジエ・ド・オランヌはさらにその先まで行く．社会の討議能力が政党間のかけひきに存する以上，「多くの見識ある精神の持ち主たち」に同調して二重選挙制を説き勧めるのは好ましくない，と彼は指摘する．これはトクヴィルに対する直接の批判である．実際，トクヴィルはよく知られたくだりで次のように書いている．「私は二重投票制を，政治的自由の行使をあらゆる階級の人々の手に届くようにするための唯一の手段として認める」[52]．スチュアート・ミルと同様，デュヴェルジエ・ド・オランヌの考えでは，民衆に選択を直接委ねるべきであり，さらにこの選択は例外的と見なされる個性に対してなされるべきではない．選ばれた者は，何よりもまず党に選ばれた者たちである．「立派な肩書きをまとった僕(しもべ)たちであり，雇用主である党の綱領に厳格に従うことを強いられている実業家たち」[53]なのである．

したがってトクヴィルにおけるアリストクラシーの問題，および「新たなアリストクラシー」の問題は，個人的な関心に——没落しつつあった集団の後継者である彼にしてみれば——応えるものであると当時に，彼の生きた時代全体を通じてなされた問いかけにも通じていたといえよう．フランスは当惑しながらも，複数の問題に同時に答えようとしていたのである．すなわち支配階級を形成し，選挙の組織化も行い，そして最後にフランス革命によって自由，平等となった個人のあいだに社会性を作り出す方法についてである．

トクヴィルはこうした問題のすべてをとりあげ，自己流にアレンジを施す．新たなアリストクラシーという概念が，これら三つの関心に同時に合致するものと考えられてはいても，実際には比喩的なレベルにとどまっていることに彼は気づき，見抜いていた．この概念はあまりに雑多な要素を含むために[54]，輪

II-1　トクヴィルにおける「新たなアリストクラシー」の問題　　165

郭が定まらず，どうしても論争的な色彩を帯びてしまう．そのうえ，トクヴィルは結社の精神について鋭い考察を行ってはいたが，議会の内部あるいは外部に身をおく政党のダイナミズムが混乱をもたらすであろうということを疑わなかった．アメリカ合衆国とイギリス，フランスの比較をしたうえでのこととはいえ，おそらく時期尚早だったということだろう．しかもフランスはこの後も，この分野では激しい抵抗を示すことになる．こうした抵抗は団結権にまつわる種々の困難と結びついていたからだ．すなわち結社の自由は 1789 年の原則の中には含まれておらず，1901 年の法律〔結社法(アソシアシオン)〕によって行政の監督下から解放されるまで，たいへんな苦労を強いられるのである．言うなれば，「個人と団体との間に」妥協点を見出せるようになるには，長い時間がかかるだろう．なぜならフランス人は「個人」の天下を高らかにうたっておきながら，「個人」を「消し去ろうとし」，国家と個人の社会とのあいだに何の媒介物も望まないと宣言しておきながら，国体主義を実践しようとするからである．トクヴィルは自ら手に入れたアメリカという観測所を通じて，フランスの政治文化にひそむ，こうした居心地の悪さをたびたび指摘するのである．

注

1) この手紙は以下の文献に再録されている．Françoise Mélonio, *Tocqueville dans la culture française* (thèse pour le doctorat d'Etat), vol. 3, p. 193.
2) Alexis de Tocqueville, *Écrits et discours politiques*, dans *Œuvres complètes*, III-2 (Paris: Gallimard, 1985), pp. 745–58.
3) この本は 1966 年と 1990 年に *Les Etats-Unis pendant la guerre de Sécession* というタイトルで一部再版されている．
4) とりわけ，のちに出版される *La République conservatrice* (1873) において．
5) *Archives philosophiques, politiques et littéraires* 〔以下，*APPL*〕, t. 1 (1817): 265.
6) こうした自由主義批判については，Lucien Jaume, *L'individu effacé ou le paradoxe du libéralisme français* (Paris: Fayard, 1997), および "La fonction de juger dans le Groupe de Coppet et chez Alain," *Alain dans ses œuvres et son journalisme politique* (Paris: Institut Alain, 2004), pp. 205–14 を参照のこと．
7) *APPL*, t. 2 (1817): 184.
8) M. Guizot, *Essais sur l'histoire de France* [1823], treizième édition (Paris: Didier, 1872), p. 354.

9) Ibid., p. 435.
10) Ibid., p. 314.
11) Jaume, *L'individu effacé* の，1826 年における大論争についての論考を参照のこと（pp. 297–306）．補充指定制度の再導入，すなわち一部の家族に対し長子相続権への回帰を部分的に認めるペロネの試みについての論争である．
12) M. Guizot, *Des moyens de gouvernement et d'opposition dans l'état actuel de la France* (Paris: Ladvocat, 1821), p. 157.
13) Aurelian Craiutu, *Liberalism under Siege* (Lexington Books, 2003)〔Edition française révisée: *Le Centre introuvable. La pensée politique des doctrinaires sous la Restauration*, trad. Isabelle Hausser (Paris: Plon, 2006)〕．
14) Guizot, *Moyens de gouvernement*, p. 161.
15) バラントの重要な著書を参照のこと．Barante, *Des communes et de l'aristocratie* (Paris: Ladvocat, 1821)．
16) Guizot, *Moyens de gouvernement*, pp. 163–64.
17) Ibid., p. 164.
18) M. Guizot, *Histoire parlementaire de France* (Paris: Michel Lévy, 1863), t. 1, p. 317. 1831 年 10 月 5 日の演説．
19) Jaume, *L'individu effacé*, p. 304 を参照のこと．
20) Pierre Rosanvallon, *Le moment Guizot* (Paris: Gallimard, 1985), p. 112 を参照のこと．もっともロザンヴァロンは(p. 200, note 4)貴族院議員の肩書きについてのギゾーの演説が，「純粋に」「能力主義の原則」を表明しているわけではないと認めているはずである．
21) Alexis de Tocqueville, *Œuvres*, Bibliothèque de la Pléiade, t. 2 (Paris: Gallimard, 1992), pp. 1179, 1122–23.
22) Lucien Jaume, "Une liberté en souffrance: l'association au XIXe siècle", in *Associations et champ politique*, sous dir. Claire Andrieu, Gilles Le Béguec, et Danielle Tartakowsky (Paris: Publications de la Sorbonne, 2001), pp. 77–100 を参照．
23) 1834 年 3 月 12 日の演説を参照．Guizot, *Histoire parlementaire*, t. 2, pp. 222–23.
24) M. Guizot, *De la démocratie en France* (Paris: Victor Masson, 1849), p. 36.
25) Ibid., p. 37.
26) Ibid., p. 39.
27) Ibid., pp. 100–101.
28) イデオロギーの概念をギゾーに適用する点については，選挙の声明文と政治演説に関する次の共著本に掲載予定の著者の論考を参照のこと．*Le parole in azione*,

sous dir. Gianluca Fruci (Florence: Le Monnier).
29) 立憲主義とはすなわち，権力を抑制するための駆けひきを通じて，さらには法律の合憲性の審査(違憲審査制度)を通じて，諸権力を制限するための理論と実践のことである．1814 年から 1971 年にかけて──憲法院が大きな発展を遂げた時期である──のフランスがそうであったように，国家が自分で自分を抑制せざるをえない場合には，近代的な意味での立憲主義という言葉は効力を失ってしまう．
30) Lucien Jaume, "Les libéraux et la justice administrative sous Juillet: craintes et ambiguïtés", *L'office du juge: part de souveraineté ou puissance nulle?* sous dir. Olivier Cayla et Marie-France Renoux-Zagamé (Paris: LGDJ et Publications de l'Université de Rouen, 2001), pp. 137–49 および Jaume, *L'individu effacé* の司法についての章 (p. 351 et suiv.) を参照．フランスにおける自由主義の問題は，19 世紀を通じて重要性をもちつづける行政訴訟についての議論をぬきにしては理解されない．この議論は 1872 年に(国務院および行政訴訟についての法律の制定によって)やや沈静化する．
31) Alexis de Tocqueville, *De la démocratie en Amérique*, éd. François Furet (Paris: Garnier-Flammarion, 1981), t. 2, p. 201 ("Comment l'aristocratie pourrait sortir de l'industrie").
32) Cf. Tocqueville, *De la démocratie en Amérique*, éd. Eduardo Nolla (Paris: Vrin, 1990), t. 2, p. 140, note **a** et renvoi à t. 1, p. 40, note **s**. 次の文献を参照されたい．Jean-Louis Benoît, *Tocqueville moraliste* (Paris: Editions Champion, 2004), pp. 223–28.
33) Tocqueville, *De la démocratie en Amérique*, éd. Nolla, t. 1, pp. 362–63.
34) Ibid.
35) しかしながら貴族院も含め，七月王政下の議会に法律家や司法官が多くいたということは指摘したとおりである．
36) Tocqueville, *De la démocratie en Amérique*, éd. Nolla, t. 2, p. 140.
37) これがあとに続く『アンシャン・レジームと革命』の主要テーマとなる．
38) Tocqueville, *De la démocratie en Amérique*, éd. Nolla, t. 2, p. 140.
39) Pierre Rosanvallon, *Le modèle politique français* (Paris: Le Seuil, 2004) および Lucien Jaume, "Le citoyen sans les corps intermédiaries: discours de Le Chapelier", dans *Interpréter les textes politiques*, sous dir. Lucien Jaume et Alain Laquièze, *Les Cahiers du CEVIPOF*, n° 39 (avril 2005) (sur internet: http://www.cevipof.msh-paris.fr/publications/cahiers/CahierDuCEVIPOF39.pdf) を参照のこと．
40) Ernest Duvergier de Hauranne, *Les Etats-Unis pendant la guerre de Sécession* [1866] (Paris: Calmann-Lévy, 1990), p. 159.

41) もちろん1864年の大統領選のことである. Ibid.
42) Tocqueville, *De la démocratie en Amérique*, éd. Nolla, t. 1, p. 278.
43) *Revue des deux mondes*, 1er et 15 avril 1868: 608–43 et 785–821.
44) Gaetano Quagliariello, *Politics without Parties* (Aldershot: Avebury, 1996), p. 67.
45) *Revue des deux mondes*, 1er avril 1868: 636.
46) Charles de Rémusat, *L'Angleterre au XVIIIème siècle* (Paris: Didier, 1856). レミュザの付した序論を参照のこと. また, 次の文献も参照のこと. D. Roldàn, *Charles de Rémusat. Certitudes et impasses du libéralisme doctrinaire* (Paris: L'Harmattan, 1999).
47) *Revue des deux mondes*, 15 avril 1868: 788.
48) Ibid., p. 790.
49) 「自然の優越性」というのがギゾーの好んだ用語であることに注意.
50) 1875年2月28日のガンベッタの演説を参照のこと. この演説の中でガンベッタは, 上院は新たな貴族階層を迎え入れることはできないと説明している. 次いで1875年4月22日には, 上院のうち, 選挙によって選出される部分の顔ぶれが, 「コミューンによる民主主義」にとって, このうえなく喜ばしい驚きをもたらすだろう, そして上院はフランスの農村部を政治色に染めるであろう, と述べている. 1875年2月12日のガンベッタ自身の言葉によれば(その表現は1871年以来膾炙していたが), 民主主義は「保守化」していく. これらのガンベッタの演説は次の文献で読むことができる. *Plaidoyers et discours politiques de M. Gambetta*, éd. J. Reinach (Paris: Charpentier, 1881), t. 3, p. 284 et t. 4, pp. 310–15.
51) *Revue des deux mondes*, 15 avril 1868: 799.
52) Tocqueville, *De la démocratie en Amérique*, éd. Nolla, t. 1, p. 290. トクヴィルにとって, 「正しい選択を保証するもの」として「普通選挙」を褒めそやすのは「全くの幻想」(ibid., p. 286)である.
53) *Revue des deux mondes*, 15 avril 1868: 802.
54) さまざまな著述家たちがこの新たなアリストクラシーという概念をとりあげ, それを非常に多岐にわたる分野に適用していたことを示す必要があろう. 次の著書を参照のこと. Lucien Jaume, *Tocqueville: Les sources aristocratiques de la liberté* (Paris: Fayard, 2008).

(杉本圭子 訳)

II–2　分析装置としてのアリストクラシー

アラン・カハーン

　デモクラシーという主題を扱った近代の著述家たちの中で，アレクシス・ド・トクヴィルはおそらく最良の思想家であり，その著作が頻繁に引用されることでは随一と言ってよい．彼のデモクラシー理解については，数え切れないほどの本や論文が書かれてきた．しかしデモクラシーについて書くとき，トクヴィルは決してデモクラシーについてのみ考えていたのではなかった．漫然と読む者は気づかないかもしれないが，片側にデモクラシーが載った天秤の反対側には，もう一つの錘であるアリストクラシーがつねに存在するのである．

　貴族社会の本性と機能，あるいは民主社会における自由と個性の保持と発展に対して，貴族的な諸要素がどのように貢献しているかという問題，これらについてのトクヴィルの見解に対しては，従来，ほとんど関心が払われてこなかった．だがアリストクラシー概念は彼のデモクラシー分析において必要不可欠の装置であり，またアリストクラシーの本性の理解は，彼の仕事全体の中心をなすものである．本論文の目的は，この欠落を埋めることにある．

　トクヴィルにとってのアリストクラシーの重要性に気づき，わずかであるがそれに言及している研究者も少数ながらいる．シーモア・ドレッシャーは『トクヴィルとイギリス』の中で幾度もこの主題に触れているが，その大半はトクヴィルによるイギリス貴族の観察に限ったものである．またピエール・マナンは，著書の短いが洞察力に溢れた一章をアリストクラシーに当て，『アメリカのデモクラシー』の中で，貴族制を経験していないアメリカという国について述べるときでさえ，貴族的／民主的の区別は，政治生活に対するトクヴィルの理解において鍵となるものであることを指摘している．しかしマナンは，トクヴィルがデモクラシーについて論じる時とくらべて，アリストクラシーについてはあまり詳細に論じていないことを強調する．たしかにそれは事実であるし，著作が『アメリカのデモクラシー』〔以下，『デモクラシー』と略〕と題されている以

上，驚くべきことでもない．もっと驚くべきことは，『デモクラシー』の索引に「アリストクラシー」という言葉が登場する回数であり，この本全体に散らばるアリストクラシーについての長短のコメントの数々である．アリストクラシーについて咀嚼することなしには，デモクラシーを少しも理解することはできない．そしてもしこのことが『デモクラシー』について当てはまるとするなら，『アンシャン・レジームと革命』〔以下，『アンシャン・レジーム』と略〕についてはなおさらである．シェルドン・ウォーリンが正しくも指摘するように，トクヴィルは「アリストクラシーについて書くことなしに，デモクラシーについて考えることはなかった」のである[1]．

アリストクラシーはトクヴィルにとって，必要不可欠な分析装置である．ウォーリンはこれを，民主的な立脚点からすれば外からの視座と呼んでいる．ウォーリンもきっと認めるであろうが，トクヴィル自身にとってアリストクラシーは単なる理念型ないし分析概念ではなくして，つねに彼自身の一部を構成してきた，一組の感情や生得の反応なのである．『回想』の中で彼は書いている．「……私は，利害や意見が自分とはまったく異なる貴族たちとやりとりしているときの方が，利害や思想を同じくするブルジョワジーとやりとりするときより，百倍もくつろいだ気分でいる自分に気づいた」と．トクヴィルの意見や好みがいかに民主的であろうとも，彼の出自と本能は貴族的なものであった．彼は民主制の方がより公正な制度であると頭では考えるが，実は頭のてっぺんから足の先まで貴族 gentilhomme なのだ．貴族としてはいかに異端であろうとも[2]．

*

ならばトクヴィルは「アリストクラシー」をどのように理解していたのか．トクヴィルに関する限り，単純な定義は，たとえ彼自身がそれを行っていたとしても，けっして適切ではない．しかし彼のアリストクラシー概念の使用法を理解するためには，出発点として一応の定義が必要である．それは次のようなものである．貴族社会においては，「境遇がまるで等しくなく，不平等が恒久的である」[3]．このような状況はいかにして生まれたのか．

トクヴィルは二つの異なるやり方でアリストクラシーを理解している．これ

II-2 分析装置としてのアリストクラシー

ら二つの方法は，アリストクラシーの起源に関する二つの異なる説明にもとづいている．両方とも 1830 年代の彼の著作の中に見られるものだ．一方の説明においては，貴族制は強制力の結果として生まれた不自然な制度である．そうだとすれば，貴族制を生んだ力が打ち負かされれば，貴族制自体も消え去ることになる．社会が貴族制を持ち，それを廃止したことは長く続く影響力を持つ．それゆえ，貴族的なものは一挙に消え去ることはないが，結果的には消滅するのである．もう一方の説明においては，貴族的な諸要素は人間社会に存在する永久的な特徴である．貴族的諸要素はいつも支配的とはかぎらないが，つねに存在するものである．この二番目の理解が，トクヴィルにとってはたいていの場合，非常に有効であった．

＊

貴族制が不自然な産物であることについてトクヴィルが説明した箇所はいくつもあり，細部は異なるものの，それが征服の結果であることを強調することにおいて共通している．もっとも詳細な記述は，『デモクラシー』第 1 巻が出版された 1835 年に書かれた，貧困に関する最初の覚書の中にある．ここでのトクヴィルはきわめてルソー的であり，『人間不平等起源論』の中の，私有財産制と土地所有開始の結果として，いかにして不平等が生まれたかについてのルソーの記述を思い起こさせる．しかしながら，私有財産制の中に制度化された不平等だけでは，貴族制は生まれない．「すべての永続的な貴族制の父母である征服の精神が強められ，不平等が極限に達したとき」，たとえば戦争により支配階級の手中に土地所有が集中したときに初めて，貴族制は生まれるのだ．その好例は蛮族によるローマ侵入である．「不平等は合法化された．当初は事実であった不平等は権利となった．封建社会が形成され，中世が誕生したのである」．しかしトクヴィルは，平等への最終的な回帰の展望によって，ルソーの見解を修正している．蛮族は相互に平等であり，「非常に文明化された人間もまた，互いに平等になりうる．なぜなら彼らは皆，安楽と幸福を手に入れるための類似した手段を自由にしているからだ．これらの両極の間に見出されるのが，境遇や富，知識の不平等であり，少数者の権力や貧困，無知，無力，その他のものである」[4]．

貴族制に関して土地所有の問題が強調されている箇所は，『デモクラシー』第1巻にもある．「貴族制は土に立脚するものであり，土地に執着し，土地によって支えられる．特権だけで貴族制が確立するわけでも，出自がこれをつくるのでもない．これをつくるのは代々受け継がれる土地所有である」．トクヴィルが貴族制を出自のみによって定義することをつねに拒否している事実は興味深い．「ほとんどの貴族制が滅び去るのは，それらがこの世に不平等を打ち立てたからではなく，ある人々の犠牲において別の人々を優遇すべく，不平等を維持しようとしたからである．人々が憎むのは不平等一般ではなく，この種の不平等である」[5]．『デモクラシー』のこの箇所には，トクヴィルがのちに『アンシャン・レジーム』の中で発展させるカーストと階級の区別の萌芽が見て取れる．

＊

土地所有権がめまぐるしく移動し，いかなる小集団も土地に対する永続的な支配権を確立することができない民主社会は，貴族制を持つことはないし，持とうとしても不可能である．したがって，「覚書」におけるトクヴィルの結論を敷衍するならば，アメリカ人のように「非常に文明化された」人々は，ちょうど蛮族がそうであったように，貴族制抜きで済ませることができるのである[6]．

このような観点からすると，貴族制は自然の産物ではなく，力と征服の産物である．ウォーリンは『デモクラシー』の中で，トクヴィルが次のように述べている箇所を引用する．「人間社会が存在してこのかた，自らの選択，自分たちだけの努力で貴族制を創り出した国民の実例をただ一つでも挙げることはできないと思う．中世のあらゆる貴族制は征服の娘であった．……このとき，力が不平等を押しつけた……」[7]．この記述は，『デモクラシー』の中で彼が，官僚制や法曹や産業に基礎を置く貴族制が将来のアメリカに生まれる可能性について取り上げ，否定していることと合致する．

しかしながら，このような第一の説明と書かれた時期は同じくしつつも，土地所有や征服に基礎を置かずにトクヴィルが貴族制を説明している箇所もまた存在する．「1789年以前と以後のフランスの社会的・政治的状態」〔以下，「フランスの社会的・政治的状態」と略〕の中の一節である．

II-2　分析装置としてのアリストクラシー

　　いかなる社会においても，また人間がいかなる法律を作ろうとも，その性格上，少数の人々しか持ち得ない現実的あるいは慣習的な財というものが存在する．その筆頭は出自であり富であり知識である．すべての市民が高貴で，啓発 éclairé されており，金持ちである社会というものを想像できるだろうか．私がここに挙げた財は相互に非常に異なってはいるが，一つの共通の性格を持っている．それは少数者にしか手に入らないということだ．……それゆえこれらの財は多くの貴族的諸要素 éléments aristocratiques を形成するのであり，それらの財が分散されているか集中しているかの違いはあっても，あらゆる国とあらゆる時代に見出されるのである．これらの例外的特権を手中にした人々が寄り集まって統治を行おうとしたならば，そこには強力で永続的な貴族制が出来上がるであろう[8]．

　貴族制は力の不自然な結果というよりむしろ，「これらの例外的特権を手中にした人々が寄り集まって統治を行おうとしたならば」という条件付きではあるが，人間社会が持つ永遠の性格がもたらしたものである．すべての社会が貴族的なわけではないが，すべての社会には貴族的諸要素が存在する．貴族支配が衰退し，貴族社会に代わる民主社会が到来したにもかかわらず，これらの貴族的諸要素はこれからもつねに存在し続けるのである．
　トクヴィルは『デモクラシー』の中で「知識と徳性からおのずと生まれる自然の貴族制」について述べ，「知的不平等は直接神に由来するものであって，これが繰り返し生まれるのを人が妨げることはできない」と強調しているとはいえ[9]，ここでいう永続的な「貴族制」とは，遺伝の産物とされるトマス・ジェファソンの「自然の貴族制」とは異なっている．トクヴィルが言う永続的な貴族的諸要素には，知性ばかりではなく出自と富も含まれる．徳は必ずしもつねに含まれるわけではない．誰が高貴な生まれか知るためには歴史と伝統が必要であり，また富の多寡の区別を付けるためには私有財産制がなければならない．貴族的諸要素は「[人間が]いかなる法律を作ろうとも」存在し続ける．人間が作り出したものでないからには，貴族的諸要素は神の摂理によるものと考えうる．いずれにせよ，民主社会における人間の自由の保持において，貴族的諸要素は神の摂理のような役割を果たす潜在的可能性を持っている．

＊

　重要なことは，これらの貴族的な諸要素はあらゆる社会状態において存在し続けることである．貴族社会にも民主社会にも，これらの要素は存在する．それにより，トクヴィルは民主的な社会における様々な憂うべき傾向との釣り合いを取るために貴族的諸要素を用いることができた．民主的な社会に貴族的諸要素が存在し続けることはよいことである．なぜなら，貴族的諸要素は民主的な社会と政府に特徴的な欠陥を和らげることができるからだ．貴族的諸要素はトクヴィルの近代化された「混合」政体論の基礎をなしている．トクヴィルの混合政体は古典的・共和主義的な意味での混合政体ではなく，民主的な社会の中に貴族的諸要素が織り込まれることにより，自由および人間本性の高度な発展にとっての希望が生まれるという，明確に近代的な意味合いのものである[10]．

＊

　『デモクラシー』においてトクヴィルは，アメリカ社会がこのような混合を作り出すことにおいて経験した失敗と成功について述べている．よく指摘されるように，彼はアメリカ人が作る自発的結社を貴族と同等の機能を果たすものとして取り上げている[11]．民主的な社会における貴族的諸要素は，そのほかに，同じく結社と結びついて作用する，自由のもう一つの基礎を形成する．たとえば，自発的結社の働きの一つは，民主社会の中に散らばって存在する出自や富や知性の断片を寄せ集めて，個人では実行不可能な用途にあてることである．これは民主的なプロセスである．「旧い社会の貴族的な構造が生み出した数々の制度や見解，思想の中から拾い上げて選択する」ことは不可能であり，デモクラシーの洪水の中にアリストクラシーの島を浮かばせることはできないと，トクヴィルは指摘する[12]．この指摘は，すでに終焉したものとしての貴族制に関する彼の説明と合致する．しかし，結社においてのように，社会に永続する貴族的諸要素をデモクラシーの文脈において利用することは可能であり，このことはアリストクラシーに関する第二の説明，すなわちあらゆる社会に存在する貴族的諸要素の説明と合致する．

　これは，トクヴィルが場合によって，アリストクラシーの二つの説明の両方

を使い分ける好例である．フランスの貴族的な正統王朝派(レジテイミスト)に向かっては，貴族制は滅んだのだからアンシャン・レジームを復興することはできないと語り，血気盛んな民主主義者に向かっては，デモクラシーは貴族的な諸要素により抑制される必要があると語る．あるときには，デモクラシーとアリストクラシーは「二つの相異なる人間性」を表し，両者は同じ基準により比較できないものであるから，片方をもう片方の観点から評価することは不公正であるとトクヴィルは言う[13]．また別のときに彼は，以下で検討するように，デモクラシーとアリストクラシーを同じ比重で扱って二つを一緒に評価し，これこれの文脈ではこちらがより望ましいと結論づける．しかし彼の最も重要で有名な結論は，出自や富，知識などの貴族的諸要素は新しい社会の中に組み込まれ，かつて貴族制が果たしていた機能を果たさなければならないというものだ．これらの貴族的諸要素は新たな貴族制や貴族的制度を形成するわけではない．新しく生まれるのは，民主的エリートである．あるいは少なくともそうであらねばならない．

＊

民主的エリートを見つけ出すことは，19世紀の自由主義にとって共通の課題であり，トクヴィルが純理派(ドクトリネール)と共有した課題であった．純理派はそれを中間階級の中に見出し，その他すべての19世紀の自由主義者たちと同じく，何らかの優越的な能力にもとづいて政治エリートを定義しようとしたのである[14]．アメリカにおける政治エリート形成の過程を描くとき，トクヴィルは大抵の場合，成功面を強調している．『アンシャン・レジーム』においてトクヴィルは，フランスがその過程においてどのように手酷く，典型的に失敗したか述べている．これら二つの著作を十分に理解するためには，アリストクラシーの起源に関するトクヴィルの二つの説明を理解するばかりではなく，社会制度としての貴族制についての彼の理解と評価を知る必要がある．なぜトクヴィルは，人間社会における永続的な貴族的諸要素を発見したいと望んだのか．この疑問に答えるためには，トクヴィルはなぜ貴族制を拒否したのか，また拒否したにもかかわらずその中の何を価値あるものとみなしたのか知る必要がある．

　トクヴィルはアリストクラシーに関して，一つに論文の枠に収まりきらない多量の記述を残している．民主社会における貴族的諸要素がいくら有用とはい

え，彼は全体としては貴族制を拒否した．それはある程度まで歴史にもとづいてのことだ．貴族制は過ぎ去ったものである．偉大な社会革命は「既成の事実」[15]である．しかし彼はまた，道徳的，さらには宗教的な理由によってもそれを拒否したのであり，これこそ究明を要する点である．

＊

　トクヴィルは最終的には貴族制の本性そのものを拒否するがゆえに，貴族制を拒否する．その本性とは何か．トクヴィルの貴族制理解一般に関して，ドレッシャーは適切な要約を行っている．それによれば，トクヴィルにとって貴族制は階層制と伝統，地位と権力の恒久的で不変の区別により特徴づけられる相互的な義務に基礎を置く制度である．恒久的で安定した階層制の存在が鍵である．階層制は貴族社会の政治を決定するのみでなく，その社会がいかなる個人を育むかも決定する．貴族社会の人間は，固定した階層制の中のあれこれの共同体の成員として自分たち自身を認識しており，個人としての自分の認識は一義的なものである[16]．たとえば，「境遇がまるで等しくなく，不平等が恒久的なとき，諸個人は次第に類似性を失い，階級の数だけ別種の人間があるようになる」[17]．要するにここでトクヴィルは，人種主義と貴族制との関係を明らかにしているのである．人種主義と貴族制に共通するのは「さまざまに違った種類の人間性のかたち」である．1835年の時点での貴族制の拒否は，20年後にゴビノー〔文人・外交官であり，後に人種主義の理論家として知られる．トクヴィルの知己でもあった〕の人種主義を拒否する予兆である．

　貴族社会における諸個人は，階層制における地位により定義される．これは三つの階級のうちのどれに属するかというような単純なものではない．あらゆる階層制の中には，つねにもう一つの階層制が存在する．貴族的時代においては「……それぞれの職業が一個の別世界をなして，……ある一つの職業に携わるすべての人々には……やがて団体としての世論と誇りが生まれる」．「それぞれの階級の成員にとっては自分の属する階級が一種の小さな祖国，国全体よりはっきり見える，大切な国である」．しかしながら，この複雑な階層制の中に諸個人が占める地位は，金だけが個人の地位を決める場合よりも，よりいっそう明確である．また，ここでトクヴィルが述べているのは，理念型としての貴族

制であり,歴史的な事実としてのそれではない[18]．

＊

〔貴族制において〕誰もが自分の場所を持っており,すべての場所は相互的な義務と責任の鎖により結びつけられている．「貴族制の国民にあっては,すべての人が互いに支えあい,依存しあっている．すべての人が階層の絆で結ばれている……」[19]．しかしトクヴィルは,よく知られた民主的個人主義に対する批判と対応する「貴族制的個人主義」とも呼ぶべきものに対する批判の概略も描いている．民主的社会では,個人主義は自分自身や家族,友人の幸福のみにしか関心のない人々のものである．だれもが自分が属する階級の一部であることを深く自覚している貴族社会では,このようなことはありえない．しかし「貴族制の国民を構成するさまざまな階級は相互にまったく別々で,見知っていないから」[20],社会の分裂への誘因も存在する．「このような世紀には,各国の人民はそれぞれまたいくつかの階級に分かれ,階級同士まみえること少なく,混じり合うことは決してない」ため,貴族社会においてはある種の社会的分裂が不可避である．その結果,共通の言語すら断片化し,「同じ言語の中に貧乏人の言葉と金持ちの言葉,平民の言葉と貴族の言葉,学者の言葉と俗人の言葉が並び立つ．分裂が深く,障壁が越え難いほど,そうならざるを得ない」[21]．しかし貴族社会が解体へと向かうこの不可避の傾向は,回避が不可能ではないにもかかわらず,通常は避けられないさまざまな結果を生む[22]．そうなると貴族制は,純粋に出自のみに基礎を置くカーストによって取って代わられる．トクヴィルの見解によれば,イギリスを例外に,ヨーロッパ諸国の貴族制はみな,このような運命をたどったのだった[23]．貴族社会における集団的個人主義(コーポレート・インデイヴイジュアリズム)に対するここでのトクヴィルの批判は抽象的なものにとどまっているが,『アンシャン・レジーム』はこの種の個人主義の危険を具体的に描写したものと考えることができる．

＊

しかしながらトクヴィルにとってアリストクラシーは,その最高の状態にあるときでさえ,デモクラシーに劣るものであった．アリストクラシーの起源に

ついてもっとも詳しく説明している「フランスの社会的・政治的状態」の中で，彼は次のように述べている．「近代的で民主的，そして敢えて言うが正しい自由の概念にもとづくならば，身を処するに必要な知性を自然から与えられたはずの人間は誰しも……仲間の人間から独立して生き，自分のみに関係することについては自分がしたいようにする平等で譲り渡すことのできない権利を持っている」．最も基本的で重要な水準において人間存在は平等であると，トクヴィルは考えていた．あたかもそれが宗教的な信念であるかのように，彼はこの信念を固守し続けた．人間の平等についての信念を強化するために彼が頼ったのは，摂理一般でもキリスト教でもなくイエス・キリストの権威であり，このことは彼の思想を特徴づけるものである．「古代の偉大な著述家たちのすべては，奴隷を所有する貴族階級に属すか，あるいは少なくとも貴族階級が社会の主人であることに疑いを持っていなかった．彼らはさまざまな方向に思考を展開したが，この一点において限界を持っていた．人類はその本性からして互いに似通っており，平等であることを人々が理解するためには，イエス・キリストの到来を待たねばならなかった」．このような評価は，『デモクラシー』においても，より一般的だが同様に宗教的な言い方で繰り返されている．「……創造主かつ人類の救済者の目から見てもっとも喜ばしいのは，少数者の繁栄ではなくしてすべての人間がより幸福な状態にあることである……平等な状態は高貴ではないかもしれないが，より公正である．そして平等は公正であることにより偉大で美しいのだ」．デモクラシーは倫理的にアリストクラシーに優越するのであり，より公正である[24]．

しかしデモクラシーもまた，政治的な意味で，また個人と社会に与える影響の面で，道徳的な欠点を持っている．そしてこれらの欠点はトクヴィルの個人的な感情（「私は知的には民主的制度をより好むが，群集を嫌い，恐れることから分かるように，本能においては貴族である」[25]）と相俟って，彼をしてアリストクラシーを注意深く批判的に検討させることとなった．彼はデモクラシーの欠点を，アリストクラシーを用いて補うことを望む．したがって彼は，アリストクラシーがデモクラシーと異なる点や劣った点ばかりでなく，デモクラシーより「気高い」諸特徴についても強調する．新しい民主的エリートはおそらく，デモクラシーの弱点がどこにあるかを学び，また人民主権が罹る病の至高の治

療法として，トクヴィルの導きの星である自由に救いを求めることを学ぶであろう．自由をもってすれば，民主社会に存在し続ける貴族的諸要素が，公正であるばかりでなく高貴な社会を実現するかもしれない．

トクヴィルは『デモクラシー』第1巻において，アリストクラシーよりもデモクラシーを選ぶことの帰結について詳しく述べている．

> 社会とその政府について読者は何を望むのか．この点を明確にしなければなるまい．
>
> 人間精神にある種の気高さを付与し，現世の事物に執着せぬ潔さを求めるのか．物質的幸福を蔑視する気持ちを人々に吹き込みたいのか．深い信念を生ぜしめ，保持させて，偉大な献身を行わせたいのか．
>
> 習俗を磨き，礼節を高め，芸術を盛んにすることが読者の関心事なのか．詩と名声と栄光をお望みか．
>
> 他のいかなる国民に対しても強い行動に出られるように国民を組織しようというのか．国民が必ずや偉大な事業を試みるように，努力の結果は何であれ，歴史に大きな足跡を残すようにさせたいのか．
>
> 諸君の考えるところ，人間が社会生活において追求すべき主要な目的がこれらの点にあるとするならば，民主主義の政府を採ってはならない．それが諸君をたしかに目的地に導くとは限らない[26]．

トクヴィルの問いかけは一見，修辞的なもののようだが，実際には選択の余地はない．彼は次に，より広く行き渡りより公正ではあるが輝かしさにおいて劣るデモクラシーの長所について総括したあと，その章の締めくくりに次のように述べる．「もし，もはや選択の時間は過ぎ，人間を超えた力がすでに諸君の希望を顧みず，二つの政府の一方に諸君を押しやっているのならば，せめてその政府から生じうるあらゆる利益を引き出すことに努めようではないか．そして，その良き本能と悪しき傾向とを見定め，後者の影響を制限し，前者を育成すべく努力しようではないか」[27]．先述のトクヴィルの問いかけは，この最後の一節から出てきたものである．民主的な社会においても，おそらく，これらの分野でできることがあるのである．これこそが，トクヴィルがデモクラシーに

ついて再考する目的に他ならない．また，貴族的な諸要素があらゆる社会状態に残存することが重要なのは，このためなのである．目標は民主的な社会の内部において達成される均衡，すなわち可能な限り多数の人々により，それ以外の人々を犠牲にすることなく，人間本性の最善で至高の側面が表現されることを可能にする均衡である．

　トクヴィルが民主的社会の中に保持し，促進しようと望んだアリストクラシーの特色は，先述の彼の問いかけの中に列挙されている．彼は，列挙された諸分野のいくつかにおいては，デモクラシーがアリストクラシーと同等の能力を持つ可能性に深い疑念を抱いていた．たとえば彼は次のように書いている．「外交政策には民主政治に固有の資質はほとんど何一つ必要でなく，逆にそれに欠けている資質はほとんどすべて育てることを要求される．……大事業の細部を調整し，計画を見失わず，障害を押して断乎としてその実現を図るということになると，民主政治はこれを容易にはなしえまい．秘密の措置を案出し，その結果を忍耐強く待つことは民主政治にはなかなかできない」．他方，「貴族制に生来の欠点を注意してみると……それらの欠点から生じうる帰結は国家の対外問題の指導にはほとんどなんら目立った障害でない」のである．それがゆえに，「世界に覇を唱えた国民，偉大な事業を計画し，これを追求し，実行した国民は，ローマ人からイギリス人に至るまで，ほとんどみな貴族制に導かれていた」のである．この一節の内容を意識したと思われる『デモクラシー』のためのあるメモの中で，彼はより強い調子で次のように述べる．「デモクラシーが内政を指導できることについては，認めてもいい．しかし，デモクラシーが外交政策を指導することができるとは，どうやったら信じられるか私には分からない」[28]．トクヴィルが生きていたならば20世紀の外交史をどのように解釈しただろうか，と考えると興味深い．アルジェリアにおけるフランスの歴史やヴェトナムにおけるフランスとアメリカの歴史，そして冷戦における西側の立場をトクヴィルならどのように理解したであろうか．

＊

　しかし，政治的自由という極めて重要な問題をとりあえず脇に置くなら，トクヴィルはたいていの場合，アリストクラシーの政治的性格よりも，個人や社

II–2 分析装置としてのアリストクラシー

会の特徴に対するアリストクラシーの効果の方により関心を払っている．トクヴィルはアリストクラシーが個人や社会の特徴に与える肯定的（かつ否定的な）効果を引き出すために，貴族社会のさまざまな様相について論じたが，本論文では紙幅の関係上，そのすべてに触れることはできない．アリストクラシーがデモクラシーに優る特徴，あるいは民主的な社会においてもっと強調されるべき特徴は，先述のトクヴィルの問いかけの中に示されている．すなわち，精神の気高さ，物質的幸福に対する蔑視，詩と名誉と栄光を好む傾向である．たとえば，民主社会一般，とりわけ中流階級と同一視される物質主義，金儲け，「物質的幸福への好み」をトクヴィルが忌み嫌っていたことはよく知られている[29]．だが，貴族社会の方が知性，とりわけ抽象的な知性に対して好意的であるという彼の議論は，あまり知られていない．パスカルのごとく知を求めることのみに生涯を費やす数学者が，「民主社会の中でも貴族制におけると同じように生まれ育つものかどうか．私としては，そう考えるのは難しいと白状しよう」．民主社会にはパスカルは生まれそうもない．なぜなら「貴族制の時代の学者たちは理論に惹かれ，往々にして実用を軽蔑する」し[30]，「貴族制の世紀に人が学問にとりわけ求めるのは精神の満足だが，デモクラシーにあっては肉体の満足である」からである．民主社会の科学はより実用的ではあるが，崇高さに欠けている．この比較は公平なものに見えるかもしれないが，失われた貴族社会の偉大さに対する賛美によってバイアスがかかっている．芸術や手工芸その他についても同じことが言える．人々の礼節についてもだ．「貴族のマナーは人間性についての美しい幻想を与えた．その絵はしばしば欺瞞的であったが，人はこれを見ることに高貴な悦びを感じていたのである」[31]．

貴族社会に関する議論の多くの中でトクヴィルが強調しているのは，この失われた「高貴な悦び」である．強調しておかなければならないのは，これらの高貴な喜びを追求したのは貴族たちばかりではなく，職人から学者に至る他の階層も同様であったことである．この点に関して，トクヴィルは文学と文化にとりわけ注目した．トクヴィルの美学についての研究はまだほとんどなされていない．だが貴族的な様式と民主的な様式を大胆に対比した点において，トクヴィルの美学は通常考えられているよりもニーチェのそれと親近性を持っている．トクヴィルの価値観は基本的に民主的なものではあるとしても，

*

　トクヴィルにとって，貴族社会の文学や好み，その他貴族社会が生んだ作品一般を特徴づけるのは，「知的な諸活動も，統治の仕事と同様に，一つの支配的階級によって統率されていること」である．「同じ少数の人々が同じ仕事に同時に従事するときには，彼らはすぐに互いの意思を通わせ，一人一人を律すべきいくつかの規則を共同で定める」．さらには，「これらの人々が国の中で世襲の地位を占めているならば……彼らは自分たちのためにいくつかの不変の規則を採用するだけでなく，祖先に課せられていた規則に従おうとするだろう．彼らの掟は厳格であると同時に伝統に縛られたものとなろう」[32]．

*

　トクヴィルが，合意に基づいて決定された規則によって動く小さな集団が，貴族的な文化を統制すると書くとき，彼は，貴族的であれ民主的であれ，トマス・クーン的なパラダイムについて書いている．しかし貴族制の方がこのようなパラダイムを形成しやすい．なぜなら，閉鎖的集団は貴族社会により馴染むからである．世襲集団(彼はここで出自を用いているが，出自とは結局，「貴族的諸要素」なのである)についてさらに述べる中で，トクヴィルは貴族的な好みが特殊なものであると言う．たとえば貴族社会の文学は，固定したカノンに従って「細部まで配慮が行き届く」であろうし，文学のあらゆるジャンルは固有の特性を持っており，「形式が内容と同じように重んぜられる」．このような貴族社会の文学が持つ危険は，集団的個人主義と孤立であり，これはトクヴィルが貴族制の中につねに見出していたものである．貴族社会の作家たちは「その他の人々をまったく見失って」，「貴族的隠語」を用い，しだいに現実の世界から遊離していくのである[33]．

　貴族的な文学は，きわめて偏った世界観をもたらす．貴族社会の演劇は，貴族階級の社会状態に照応した特定の徳や悪徳にしか興味がないと，トクヴィルは主張する．「演劇においても他においてと変わらず，貴族たちは大領主としか出会おうとせず，王侯にしか感動しない」．これは「しばしば人間のある一面しか描かなくなり，ときには人間の本性の中にありもしないものを表現すること

II-2 分析装置としてのアリストクラシー

にさえなる」きわめて不適当な演劇である(ニーチェにしたがってギリシャ悲劇のことを考えてみよ).それでもなおトクヴィルは,貴族社会の演劇が道徳の称揚の面で民主的社会の演劇に優ることを強調する.民主社会においては「演劇はより刺激的で,一層通俗的で,真に迫るものになる」のに対して,貴族社会の演劇は「人間の本性を超え,その外に出てしまう」のである.トクヴィル自身はそのどちらを好むのかと問うのは,的外れであり,それは美と真実のどちらが優れているかと尋ねるようなものである.すべては,誰がいかなる文脈で問いを発しているかにかかっている.デモクラシーに関する本の中で,トクヴィルは貴族階級の趣味や文学,演劇などの美しさを懸命に披露するが,これはある目的があってのことだ[34].

実際には,二つの目的があった.一つには,民主社会の性格をより明確に描くためである.もう一つは,民主社会に欠けているものは何であるか,できるかぎり取り戻し,保持する必要があるものは何であるかを指摘することである.かくして『デモクラシー』第2巻第1部の主題である民主的知性の広範な検討の中には,「ギリシャ,ラテンの文学の研究が民主社会において特に有用なのはなぜか」と題する,短いが重要な一章が含まれることとなった.前述のように,トクヴィルにとって古典文学はすぐれて貴族的な文学であった.この章の結論は,ギリシャ・ローマ時代のでなく将来の民主社会における貴族的諸要素のことをはっきりと語っている.

> 民主社会においては,個人の利害からも,また国家の安全からも,最大多数の人々の教育は文学的であるよりは科学的で,商工業を重視するものでなければならないのは明らかである.
>
> ギリシャ語,ラテン語をあらゆる学校で教えるべきではない.だが,資質と背景から文学に親しむ……人々が古代の文学を完全に習得し,その精神を身につけることのできる学校を見出せることは重要である.……
>
> 民主的な国民にあっては,文筆に秀でようという野心をもつ者はすべて,古代の著作を時には養分とすべきである.それは良い薬である.
>
> 古代人の文学作品には非の打ち所がないと私が見ているわけではない.私はただ,それらには特別の長所があって,それがわれわれに固有の欠点

を補うのに驚くほど役立ち得ると思うのである[35]．

ここでもまた，貴族的諸要素はデモクラシーの文脈において促進される必要があるのだ．

＊

貴族社会の文化的価値を民主社会の弱点の補強に使おうとするトクヴィルの意図は，創作のみでなく歴史学にも適用される．「民主的世紀における歴史家に特有の若干の傾向について」と題された章では，演劇および小説について書かれたのと同種の処方箋が示されている．彼はアリストクラシーの時代に生きる歴史家とデモクラシーの時代に生きる歴史家との，たびたびそうであるように一見すると公平な比較から説き起こす．貴族社会の歴史家たちは個々の登場人物や特殊な諸要因の重要性を誇張し，何らかの一般的諸要因が事件相互を結び付けている可能性について想像することができない．翻って民主社会の歴史家たちは，一般的な諸要因の重要性を過度に強調し，諸個人や特殊状況がなんらかの影響を与えた可能性を否定する．当然ながらトクヴィル自身はその中間の道をとり，一般要因と特殊要因の双方が事象に影響を与えるが，アリストクラシーの時代には特殊要因が，デモクラシーの時代には一般要因がそれぞれ重要であると述べる[36]．

しかしそのあとトクヴィルは，民主的な歴史家たちの習性を激しく批判する．一般的諸要因のみを見ようとする彼らの傾向は，人間の自由意志を危うくし，ひいては人間の自由を危機に陥れる．「民主的な時代に生きる歴史家は……少数の人々が人民の運命を動かす力を認めるだけでなく，人民自身から自らの運命を変える力を奪って，これを動かし難い摂理やある種の目に見えない宿命に従属させる」．これとは対照的に，「貴族的な時代の歴史家，とりわけ古代の歴史家の著作を読んでいると，自分自身の主人となり，仲間を治めるには，人は自己抑制する術さえ知ればよいように思われる」．トクヴィルがどちらの種類の歴史を好むのか言い当てるのは難しくない．道徳的・宗教的な理由から貴族社会に存在する恒久的な不平等を拒絶したのとまさしく同じように，彼は決定論的歴史観を拒否する．いかなる形であれ，トクヴィルにとって決定論はつねに憎

むべきものである．「現代人は誰もが自分の弱さによって力の限界を至るところで感じているだけに，自由意志を疑うのは当たり前すぎるほどだが，それでもなお社会という人間のまとまりには力と独立を喜んで認める．この発想を鈍らせないように警戒しなければならぬ．大切なのは魂をひき上げることであって，これを打ちのめしてしまうことではないからである」[37]．

　人間の魂はどうやったら高めることができるのか．方法は民主的なものでなければならない．それゆえに，われわれは個人としての貴族を生み出すのでなく，機能を忠実に遂行する社 会 団 体（ソーシャル・ボディーズ）を創り出すべきなのだ．社会団体とはおそらく自発的結社であるが，これらの社会団体は，自信と行動への意思に溢れたものでなければならない．翻って考えるなら，このようなことは，社会諸団体が貴族的な観点を民主的な社会に持ち込んで初めて可能となるだろう．魂の高揚も偉大さも，純粋に貴族的な感情であるわけではない．しかしこれらの感情は民主的な歴史にとって，もっと言うなら民主的な諸国民にとって馴染みのない感情であるがゆえに，貴族的諸要素の注入により涵養する必要があるのだ．ここで必要なのは，トクヴィルが必ずしも民主的価値に優越するとは評価していない貴族的な価値をデモクラシーに付け加えることではない．必要なのは，世界がどのように動いているかについての貴族的な観点なのである．これはそれ自体としては誤りではない民主的な観点を貴族的な観点によって置き換えることではなく，道徳的・政治的に有用なやり方で後者により前者を補うことなのだ．もし民主社会のエリートが古典文学を読むなら，それもまた役に立つだろう．

❦

　しかし，トクヴィルによるアリストクラシーの分析がつねにその美点を強調するものであったと考えるのは間違っているだろう．デモクラシーとアリストクラシーに関する彼の説明は，デモクラシーに関する説明の方がより充実してはいるとはいえ，その並列的構造により有名である．かくしてトクヴィルの分析において，デモクラシーに固有の重大な欠陥と危険の指摘は，アリストクラシーの分析にたどり着く．このことは個人主義についても当てはまるし，停滞と固定化の危険についても当てはまる．多数の圧政に体現されるようなデモク

ラシーにおけるこれらの危険についてのトクヴィルの説明は有名である．しかし，停滞と固定化は，違った形ではあるが，貴族社会に固有の欠陥でもある．貴族社会の場合，変化し成長することを妨げるのは多数者ではなく少数者である．とはいえ少数であるからといって危険性が低いわけではなく，どちらかといえば逆である．実際トクヴィルにとって，個人主義も停滞も，デモクラシー以上にアリストクラシーにとってより危険であったと論じることも可能である．この議論は，個人主義に関してより容易に立証可能である．事実，トクヴィルが示唆するには，アリストクラシーは個人主義に屈したのである．

　貴族社会の集団的個人主義に対するトクヴィルの批判は，フランス革命に関する彼の分析と直接的に関連する．『アンシャン・レジーム』の中で彼は，出自のみにもとづくカーストに変質する誘惑に貴族制が負けたことで有害な結果が生じたことを，繰り返し強調している．これに関する記述は同書の全体に渡り散見されるが，簡潔な形では第2部第9章に見ることができる．章の題名は「非常に似通った人々がなぜ，互いに疎遠で無関心な小集団へとかつてないほど分裂したのか」というものだ．『アンシャン・レジーム』の大概の章がそうであるようにこの章も，トクヴィルの用語法にしたがえば，すでに本来の貴族社会ではなくなった18世紀後半のフランス社会について述べたものだ．そこでは，貴族制的な集団的個人主義がフランスにもたらしたもの，すなわち国民が協働することを妨げ，革命による以外には打ち破ることができないカーストの障壁により切り刻まれてしまったフランス社会の状態が描写されている．もっと悪いことには，革命ののちに社会を再建しようにも，彼らは力を合わせて何かをする経験をまったく持っていなかった．民主主義の進展はすでに人々を互いにより似通ったものにしていたが，貴族社会の悪習がそれを見えなくさせていた．「ブルジョワジーと貴族階級がもし互いに似通ってきていたとしても，同時に二つの階級は互いに孤立を深めていた．……〔類似化と孤立という〕これら二つの傾向は，一方が他方を緩和するというよりむしろ，しばしば強化したのだった」．14世紀フランスのように円滑に機能している貴族社会においては，18世紀フランスと比べて諸階級は互いにもっと異なっていた．にもかかわらず，トクヴィルが指摘するように諸階級は協働することができていた．18世紀までには集団的個人主義により階層制内部の絆は切断され，それぞれの階級は「日ごとに孤

立し」，そして 1789 年までには「ブルジョワジーと貴族はかつてないほど疎遠になっていた」．第 2 部第 12 章でトクヴィルが強調するように，他階級と疎遠になり孤立しているという点では，農民階級も都市の職人階級も同様であった．大革命期の災厄のすべてではないにしても，その多くがこの集団的個人主義に由来するものであると，トクヴィルは主張する[38]．

＊

　貴族制的個人主義の危険が具体的なものであったとしても，社会の停滞と固定化によってもたらされた危機についてのトクヴィルの説明は抽象的なままだった（このことは，デモクラシーの危機としての多数の圧政の説明についても，ある程度当てはまる）．貴族社会が停滞と固定化により脅かされるのは，貴族社会自体が大きな変化を望まないからである．「貴族制の国民は人間が自己を改良する能力をもつことを完全に否認するわけではない．ただ彼らはその能力に限界がないとは見なさない．改善は考えても変革を考慮することはない．社会の状態がより良くなるとは想像しても，別のものになるとは思わない」．階層制が不変のものであり，その中における個人の地位が明確であるとき，それ以外に考えようがあるだろうか．かくして「人はみな人間の力の最終的限界を自分自身のすぐ近くに認め，抗し難い運命に戦いを挑むものはいない」．「貴族支配は改善を求めるよりは現状維持を心がけるものである」．トクヴィルはいつものように最初は，このような貴族社会の考え方と人間性の無限の完成能力に関する民主社会の信念との間で，公平な立場をとろうとしているように見える．すなわち「貴族制の国民は自然，人間の完成可能性にあまりにも狭い限界を付しがちであり，民主的国民は時としてこれを途方もなく拡大する」と．しかしここでは今までと逆に，「高尚」なのは民主社会の方であり，トクヴィルがどちらをより評価しているか見て取るのは簡単だ．彼は「貴族的な世紀には，個人一人一人と同様，個々の国民も他のあらゆる国民から離れてじっとしている傾向がある」ことや，中世において「[社会的]境遇と同じように，人の思想にもほとんど変化は起こらなかった」ことが気に入らない．これは『デモクラシー』の中でたびたび繰り返される，表面的な動きと変化にもかかわらず民主社会が画一化と停滞を促進していることについての記述と対をなすものである．民主社会で

は表面的には動きが見られるが，貴族社会ではそうではない．しかしそれぞれの場合において危険なのは，真の変化や多様性および進歩が存在しないことである．どちらの社会もそれぞれに特有の宿命論と決定論に陥りやすいのであり，トクヴィルは宿命論と決定論をすべからく拒絶する[39]．

*

アリストクラシーの起源と本性，諸特徴に関するトクヴィルの分析について理解すれば，貴族的諸要素のいくつかが，いかにして民主社会に貴重な貢献をなすことができるか，という問題に対する彼の見解についても理解できるはずである．しかしながら，最も重要な貢献については，ここで改めて触れておきたい．それは，民主社会におけるアリストクラシーと自由との関係に関わる事柄である．同時代の自由主義者たちの多くとは異なり，トクヴィルにとって貴族制と自由は正反対のものではないものの，貴族的な自由はもはや存立不可能であった．「われわれが入りつつある世紀に，特権と貴族制に基づいて自由を支えようと試みるものは失敗すると信じて疑わない．……まして，どんなに賢く力ある立法者といえども，平等を第一の原理とし，旗印に掲げずに，自由な諸制度を維持することはできない」．トクヴィルの目的は死者を蘇らせることでなく，生者を助けることであった．「問題は貴族社会を再建することではなく，神がわれわれを住まわせたまう民主社会の中から自由を引き出すことである」[40]．したがって，民主社会において自由を促進するにあたって，貴族制の役割は決定的に重要である．

もちろん，貴族的な自由と民主的な自由とは異なったものである．トクヴィルによれば，自由というものは，誰もが持つ権利と解釈することも，あるいは特権の享受と考えることも可能である．後者が貴族的な理解である．このような理解は自由の民主的な理解と比べると偏狭ではあるが，だからといってより無力であるわけではない．個人に与えられたとき，「この種の自由は，しばしば人々を非常に並外れた行動へと導いた．国民全体に与えられたときには，いまだかつて存在しなかったほどの偉大な国民を作り上げた」．トクヴィルはローマ人の例を取り上げる．おそらくもっとも重要な点は，貴族的な自由の理解が，人々に「彼ら諸個人の価値についての高揚した感情および独立を求める熱情」

II-2　分析装置としてのアリストクラシー　　　　　　　　　　　　189

を与えることである．トクヴィルの目から見ると，このような感情は非常に多くの場合，民主社会に欠けているものである．貴族的な自由は道徳的には明らかに劣った概念であるが，この点では汲み取るべきものを多く含んでいるのである[41]．

*

　平等に基礎を置く民主的自由は，民主的な手段によって貴族的諸要素を奨励することで利益を得る．貴族制は，民主的な政治体制の中に書き換えることができる．たとえば「選挙は中央権力に対して公務員の独立性を保障する民主的方策であり，その点，貴族制の国民にあって世襲原理が官職の独立を保たせたのと同様，あるいはそれ以上の効果をもつ」．同様に，「普通の市民が団体をつくって，そこに非常に豊かで影響力のある強力な存在，一言で言えば，貴族的な人格を構成することはできると思う」[42]．貴族的自由の一つの特徴は，それが権力，とりわけ中央政府の権力や支配者の権力を制限することにある．マナンが指摘するように，トクヴィルにとって貴族制の政治的な意味は中央権力の制限にある．まったく異なる観点から，ウォーリンは同じ議論を行っている．「貴族制は……独自性と反物質主義および権力の分散の，永続的な（そして理念化された）表現なのである」[43]．貴族制に関するこのありふれた見解は，トクヴィルの著作の中でたびたび繰り返されている．『デモクラシー』の冒頭では，牧歌的な光景が描かれている．「王権が貴族に支えられてヨーロッパの諸国民を平和裡に統治していた」頃，「幾人かの臣下の権力が君主の圧政を防ぐ越えがたい障壁を打ち立て，王の方も……〔民衆から〕そこまで敬われている以上，権力の濫用は夢にもすまいと思っていた」[44]．

*

　民主社会の内部に貴族制と構造的に等価なものを創り出そうというトクヴィルの願望は，必ずしもそれに相応しい重要性を与えられてきたわけではないが，研究者たちによってしばしば指摘されてきた．しかしトクヴィルが望むような民主的な自由を実現するためには，彼は制度以上のもの，すなわち人々を必要とする．適切に高められた人格と知性を備えた人々，貴族制の習俗のうちの最

良の部分を保持している人々である．大革命前のフランス貴族が無用のカーストに成り果てていたことに関しては，シエースに同意しながらも，貴族制の崩壊を彼が残念に思ったのは，このような理由による．それは「フランスにとって貴重な資源であって，破壊してしまうのはまことに有害である」．トクヴィルは，シエースが「第三身分の大義を歓迎し，熱意を持って擁護したのは平民階級の著述家たちではなく，貴族階級の著述家たちであった」と認めている部分を引用し，次のように評している．「これは貴重な告白であり，次のことを証明している．すなわち，かかる貴族たちがその権力の乱用と悪徳の只中にも持っていた，ある種の精神力はフランス国民のために残されるべきであり，フランケンの森へと追い払ってしまうべきではない」．このことは，『アンシャン・レジーム』の中で彼が次のように書いたことを繰り返したものである．「貴族たちが書いた陳情書を読む者は……そこに表れている貴族階級の精神と偉大な特性を感じとるであろう．さらに人は，われわれが自国民からその本質の必要不可欠な部分を奪い去り，決して癒えない傷を自由に与えてしまったことを……嘆くに違いない．……[貴族制は]多くの男らしい習俗を持っていたばかりでなく，それが模範となって他の階級も男らしさを増すこととなった．貴族制を破壊することで，反対者たちはみずからを弱体化してしまったのだ」[45]．

民主的な自由に到達する方法は，上記の貴族制の諸特徴のいくらかを保持することにある．貴族的な諸要素はあらゆる社会に存在するのであるから，これを実現できる望みはある．目標は，デモクラシーに固有の習俗が，貴族的諸特徴によって，社会的に適切な民主的形態において均衡を図られるような，自由で民主的な社会を創造することである．少数の貴族制的特徴はすべての者が（たとえば結社を通じて）獲得可能であり，またその他の特徴は少数の個人だけが持ちうるであろう．当然ながらこれらの貴族的特徴は修正された形態を取るであろう．「民主的な諸国において，個人の独立の範囲が貴族制の国々と同じように大きいと期待してはならない．また，そうあって欲しいと願うべきでもない．貴族制の国民にあっては，しばしば社会が個人の犠牲になり[反ニーチェ主義者としてのトクヴィル！]，最大多数の繁栄が少数の人々の栄光の犠牲になったからである」[46]．重要なのは，貴族的特徴が旧い形のままで復活することではなく，それらが新しい社会の内部に存在するようにすることである．

この目標は，社会の諸権力に抗する個人の力を強化することによってのみ達成されうる．これは現代の政治学に課せられた固有の課題である．

> われわれの時代に先立つ貴族制の世紀には……人々の主要な努力は社会の権力の拡大と強化に向かった．……これからは，新たな害悪に新たな治療薬を求めなければならない．社会の力に広くはあっても明確で不動の限界を設け，私人に一定の諸権利を与え，それらの権利を異議なく享受することを保障し，個人に残された限りの独立と力と個性を保持させ，これを社会と対等のレベルに引き上げ，社会に対抗させること，私にはこれらがわれわれが迎えつつある時代における立法者の第一の目的であるように思われる[47]．

貴族制および貴族的な自由は，これらの民主的な目標にとっての一つの雛型をトクヴィルに与えてくれるものだった．彼が強力で独立した個人の範型を取ったのは，貴族制からである．マナンにとっては，これは逆説である．「自由についての正しい［民主的な］概念が悪しき結果を招きがちで，誤った［貴族的な］概念が望ましい結果を招きやすい」[48]．しかしトクヴィルにとってこれは逆説ではなく，単に並列構造を持つ議論の結果なのであり，構造の設計者に課せられたもう一つの課題である．モンテスキューの追随者がみなそうであるように，トクヴィルは徹底して文脈を重視するタイプの思想家である．貴族制の文脈でトクヴィルが拒否した諸特徴が，デモクラシーの文脈で肯定的な役割を果たすこともあった．貴族制を生き返らせることはできないし，生き返らせてはならない．しかしその要素のうちのある部分は，トクヴィルが思い描く将来のデモクラシーにおいて，従属的ではあっても非常に重要な役割を果たすことができるし，また果たさねばならない．選挙制度と結社がかつての貴族と構造的な等価物を再形成するのとちょうど同じように，民主的な社会の個々の市民たちに貴族的な特徴を吹き込むための手段が見出されねばならない．

このように均衡を取るやり方は，政治理論家としてのトクヴィルが一貫して取ってきた方法であった．それは『デモクラシー』の第1巻から『アンシャン・レジーム』第2部の注まで，至る所に見て取れる．彼自身も自分の方法に自覚

的であった.『デモクラシー』のためのあるメモの中で，彼は次のように書いた.「社会が向かうべき絶対的な方向性を，論議もなしに，ある単一の社会原理に決定させてしまうことの危険性．私が本書において強調したいと考えていた概念」．これこそがトクヴィルの政治学の焦点である．他のメモに書いているように，彼の中心的な問題の一つは，「民主主義の悪徳と闘いつつ民主主義と共に生きる」ことであり，「貴族制の遺産を生かしつつデモクラシーに固有の欠点を緩和する」ことであった[49].

　均衡こそ自由を実現するための鍵であった．この点においてトクヴィルは実際，中庸を好むモンテスキュー的理論家であった．しかし次の点については区別しなければならない．トクヴィルはアリストクラシーとデモクラシーを混合することによって両者とは別の，何か得体の知れないものを創り出すことを望んだのではなかった．彼は複数の社会原理を混ぜ合わせて，完全に民主的ではない政府と社会を創り出そうとしたのでもなかった．選挙制度などの本質的に民主的な制度的構成を通して，また常在する貴族的要素を利用して人格の貴族的向上を促進することにより，彼はデモクラシーの内部に貴族的な特徴を保持することを望んだのである．この民主的な広い文脈において，トクヴィルはあらゆる分野に均衡を求める．

　トクヴィルが追い求めた均衡は，多くの側面から危機に曝されており(中庸を旨とする思想家がパラノイア気味になるのは自然である)，その一つは旧い貴族制を復活させたり新しい貴族制を作ったりしようとする勢力からの攻撃であった．トクヴィルは，新しい貴族制の形成を勢いづかせることなく貴族的要素を促進するという困難な責務に直面した．トクヴィル研究者の中にはトクヴィル自身，このことを予測すべきであったと言う者もいる[50]．しかしながら，そのように言う研究者たちは，貴族制が持つたくさんの特徴を十分考慮に入れることをせず，単純な不平等としての貴族制を強調しているのだ．

　トクヴィルは，民主社会の中に存在するかもしれない新しい貴族制の社会的基礎の萌芽を見つけ出して分析することに，特別の注意を払っている．それらを見つけ出したときには，彼は却下するか，あるいはそれらをデモクラシーに関する彼の理論の中に統合してしまう．これらの擬似貴族制は，それらが民主社会の中に溶け込ませることができない貴族的特徴を示す限り有害であるか無

益であり，存続する見込みはない．貴族制は終わったのだ．ここでふたたび，貴族制に関するトクヴィルの第一の説明が主役となる．だが，永続する貴族的諸要素というもう一つの説明に基づいて，貴族的特徴を備えたある社会団体を彼の理論の中に統合することで，自由のために何か救い出せるものがあるときは，彼はそれを行う．このようなトクヴィルのやり方を見るには，産業資本家，法律家と官僚，そして知識人など，現代のエリートに関する彼の議論を見るとよい．これらの者たちはみな，貴族階級の特徴の少なくとも幾分かを備えている．だが，貴族制の社会を再建できる者は誰もいない．

＊

　将来的に可能な貴族制に関するトクヴィルの議論としてもっともよく知られているのは，『デモクラシー』第2巻の中の「どのようにして産業から貴族制が生ずる可能性があるか」と題された章である．だがブルジョア貴族制の考え方についてトクヴィルが検討したのは，この一箇所だけではない．『アンシャン・レジーム』の中で，ブルジョアジーが彼ら固有の特権を持ち，貴族たちと同様に大衆から孤立し，また貴族階級というよりカーストに成り果てた擬似貴族制として扱われるときにも，この考え方が顔を出す[51]．しかし18世紀フランスの特権的なブルジョアジーは，あまり現代的な人物像とはいえない．マルクス主義の時代においてトクヴィル擁護者の役に立ったのは，『デモクラシー』の中の産業資本家について書かれた章だった．少なくともこの点では，トクヴィルは聖マルクスと同じ道を辿ったのだった．

＊

　しかし，トクヴィルの記述を詳しく検討すれば，マルクスとの類似性は消え去る．マルクスにとって工場主は必然的に資本主義の貴族であり，彼らが時代を支配することは予め定められている．産業資本家の覇権は，プロレタリアートの前衛をつねに例外として，社会の全体に及ぶ．トクヴィルにとっては，この新しい貴族制は，民主的で平等主義的な「社会状態全体の中で一つの例外，一個の奇形」である．ぼろをまとった労働者は農奴と同じように見えるかもしれないが，産業資本家たちは貴族とはまったく異なっている．「貧しい人々は自

分の境遇を脱して金持ちになる手段をほとんど持たないが，金持ちは絶えず貧しくなり，あるいは彼らは儲けを得ると商売から離れる．したがって，貧困階級を構成する要素はほぼ固定的だが，富裕階級の構成要素はそうではない」．この新しい階級は永続性を持っていない．また内部に階層制も存在しない．「金持ち同士が相互に固く結びついていないだけでなく，貧者と富者の間に真の絆がない」．この分析を前提にするなら，トクヴィルがこのような「貴族」による統治という考え方を馬鹿馬鹿しいと考えたのも驚くに当たらない．というのも特に，産業資本家たちは政治に関心を持っていないからである．産業資本家階級は「何を望めばよいか分からず，行動する力がない」のである．トクヴィルはこの新しい集団に愛情を持っていないが，かといってひどく恐れているわけでもない．トクヴィルは産業資本家階級について，次のように述べている．「工場貴族制は地上にこれまで見られた中でももっとも苛酷な貴族制の一つだと思う．だが，それは同時にもっとも限定的で危険の少ないものの一つである」．出自と富と知性という三つの貴族制的要素のうち，この階級に表れているのは富だけであり，その富さえも絶え間なく流動するものである．産業資本家たちはせいぜいのところ擬似貴族制でしかなく，少なくともカーストでさえない[52]．

＊

　法律家と官僚はそれとはまったく異なった種類の擬似貴族制を形成する．『デモクラシー』は法律家について論じるために一章を割いているが，「合衆国における法曹精神について，また，それが民主政治に対する均衡の重しとしてどのように役立つか」という節の題名には擬似貴族制としての法律家たちという考え方は見えるものの，貴族制という言葉は登場しない．なぜトクヴィルは最初から，法律家たちが貴族であると宣言しないのだろうか．それはおそらく，大革命およびすべての革命ないし革命の企てにおいて法律家たちを主役とみなすことに慣れているフランスの読者たちには，そのような宣言は奇異に映るからであろう．したがってトクヴィルはまず，コモンローとローマ法の違いや，法律家がフランスでは急進主義者であるのに対して，イギリスやアメリカでは保守主義者であることの歴史的な背景について，詳しく説明しなければならない．先にこのような説明があってはじめて，トクヴィルの次のような主張が説得力

を持つ．法律家たちは「知識層の中で一種の特権階級を形成する．……これに加えて，彼らは自然に一つの職業団体を形成する．……研究の共通性と方法の一致は法律家の精神を互いに結びつけ……だから法律家の心の底には，貴族の趣味と習慣が部分的に隠れているのに気づかされる」．産業資本家とは異なり，むしろ貴族たちと同じように，「形式はどうあれ，およそ自由な政体ではどこでも，すべての党派の指導的地位に法律家がいる」のである[53]．

*

であるならば，法律家が本当の貴族となるのを妨げているものは何か．それは彼らを民衆に結び付けている利益であり，彼らが民衆の出自を持つということである．「法律家は利益と生まれでは人民に，習性と趣味では貴族に属する．彼はこの両者の自然の結び目，二つをつなぐ環のごときものである．法曹身分こそ，民主主義本来の要素と無理なく混じり合い，首尾よく，また持続的にこれと結びつくことのできる唯一の貴族的要素である」．ここに，貴族制の高潔な特徴を民主主義社会の中に保持するための社会的土台が存在する．ときとしてトクヴィルは，さらに言う．「アメリカの貴族階級はどこにいるのかと問われるならば，金持ちの中に貴族がいないことは躊躇なく答えられる．金持ちを結集する共通の絆は何もないからである．アメリカの貴族階級は弁護士の席や判事の椅子にいる」[54]．

生産手段に対する関係によって定義される産業資本家と違って，法律家は互いに共通のものを持っている．それは共通の教育，似通った身なり，永続的な職業的つながり，そして政治において果たす指導的な役割である．彼らは貴族であるが，民主的な社会の中で活動する．彼らが，自分たちが抱くイメージに沿って社会を作り上げたり，階層制を作ったりする可能性をトクヴィルが考えていた節はまったくない．彼らは「一つの権力を形成しているが……権力と意識されにくい」．むしろ彼らは「民主主義のものとは違う傾向，それとは異質な手段によって［民主的な政府が］本来的に向かおうとする進路を変えさせようと努める」．かれらは，デモクラシーがそれ自身のために生み出した異邦人である．その一点だけをとっても，かれらは社会の貴重な構成要素である．トクヴィルが次のように表明したのもそのためだ．「人民の権力の増大に比例して法律家の

政治への影響力が増さないとすれば，今日，共和政体がその存続を期待しうるとは信じられない」[55]．彼らは必要な均衡を提供する．トクヴィルにとって法律家は，持続的な民主的政治体制を確立するために必要不可欠な材料なのである．

＊

　以上は，1835年の楽観的なトクヴィルである．『アンシャン・レジーム』を出版する1856年までには，「固有の特質と伝統，徳，道義と自負心」を備え，かつての貴族に相当する新しい階級は，もはや法律家ではなくなっていた．それは官僚である．彼らは「新しい社会における貴族」なのである[56]．貴族的な価値を民主的な社会の中に持ち込むというよりむしろ，彼らは中央政府のためにそのような価値を撲滅する手助けをする．もし官僚が同時に法律家である場合は，かれらはコモンローの個人主義的伝統にではなく，ローマ法の平等主義的な平準化原理に従う．トクヴィルは『アンシャン・レジーム』の中の長い注において，16世紀以来の北ヨーロッパにおけるローマ法の再生が，いかにして中央集権化を促進し，絶対王政の成立に貢献したかという点を説明している．トクヴィルはそのローマ法を実行に移す官僚を嫌っている[57]．

　しかしトクヴィルの怒りのより大きな部分は，フランス貴族がかつて果たした役割を最も直接的に簒奪した者たちに向けられる．役に立つ補助者以上のものではない法律家も，また民主的国家の下僕である官僚も，『アンシャン・レジーム』における彼の真の標的ではない．真の標的は知識人である．トクヴィルは産業貴族に対しては軽蔑のみを覚え，また官僚に対しては彼の先祖が地方長官を嫌ったと同じように嫌悪を覚えるが，知識人に対して覚えるのは恐怖である．知識人こそ，世界が警戒しなければならない真に危険な擬似貴族なのである．

　『デモクラシー』におけるトクヴィルの知識人に対する態度は曖昧であり，いかなる場合も興味の中心とはなっていない．一方で彼はニューイングランドについて語るとき，あたかも貴族制と知性が対立するものであるかのように，「連邦のこの地域には，貴族制の萌芽すらかつて植えられたことがない．この地に築くことができたのは，ただ知的な影響力だけである」と述べている．にもかかわらず『デモクラシー』の別の箇所では，先に検討したように，貴族社会は

抽象的な知的探究において民主社会よりも大きな可能性を持っていると述べ，また注の中では学術的な機関は民主主義の精神に反すると書いている[58]．階級としての知識人ではないとしても，知性もまた，「フランスの社会的・政治的状態」のなかで列挙されている「貴族的諸要素」の一つである．

『アンシャン・レジーム』では知識人は舞台の中央に移動するが，そこに描かれた肖像は好意的なものではない．「18世紀の中葉以来，知識人たちはいかにしてわが国の指導的政治家となったか，またその影響」と題された第3部第1章は，知識人が貴族の役割を奪い取ると何が起こるかについての議論である．続く数章はこの主題の変奏であるが，詳しいことはここでは省く．

第3部第1章は，18世紀フランスの知識人，ないし旧い言葉を用いるなら「文人」men of lettersの特徴が，政治的貴族制の古典的な役割を果たしたことにあるとする．知識人たちは世論を支配し，「しばらくの間，自由な国々において通常は政党の指導者が占める地位を占める」[59]．政党の指導は貴族の役割であるが，その地位を争うライバルは他にいない．

> この役割を争う立場にある者は，もはや誰もいなかった．活力があったころの貴族制は，政治を取り仕切るばかりでなく世論を指揮し，文壇の基調を定め，また思想に権威を与えた．18世紀には，フランス貴族制はこの部分の力を完全に失っていた．精神的権威も政治力の衰退とともに地に落ちた．精神の政府に貴族が占めていた場所は空となり，著述家たちはあわてることなくその場所を占有すればよかった．ましてや，貴族たち自身がそれを歓迎していたのだから[60]．

自分たちのライバルであり敵である知識人が指導権を握ることを受け入れるとは，フランス貴族はなんと愚かで間違っていたことか．そして，以前，社会の上位を占めていた者たちによる承認以上に，知識人が貴族的指導権を持つことを正当化する強力な根拠がありえようか．

*

知識人たちは，まさに知識人であるがゆえに，多くの事柄において互いに意

見を異にするが，当時の貴族や特権を持ったブルジョアジーに対する共通の態度を持つ点で，互いに結びついている．「彼らはその他の事柄では意見が分かれようとも，次のような考え方を共通の出発点として持っている．すなわち，彼らの時代の社会を支配していた複雑で因習的な諸習慣を，理性と自然法にもとづく基本的で簡潔な原理で置き換えることが望ましいという考え方である」．トクヴィルによれば，18世紀のあらゆる哲学の背後には，この一つの考え方が存在する．これはそれ自体，徹底して民主的な思想である．実際これは，『デモクラシー』の「アメリカ人の哲学，その方法について」と題された章の中で，トクヴィルが民主制に相応しいとした，デカルト的な論理と同一のものである[61]．

　知識人は民主社会において貴族の役割を引き受けたが，彼らには貴族社会を再建しようとする意図はなかった．このような知識人はトクヴィルの理想にちがいなく，パスカルのことを考えるならば，『デモクラシー』の中で描かれる知識人の原型であるにちがいない．いわく，知識人はデモクラシーの性格に均衡をもたらし，民主政治に高潔さをもたらす完璧な階級である．しかしながら実際の彼らは災厄でしかなかった．

*

　知識人は貴族階級が持つべき「精神の方向性」を持っている．だが彼らは抽象的な原理にもとづいて思考し，「すべてが単純で調和し，均一で公平，理性に合致するような空想的な社会」を構想する．この空想的な理想像がフランス全土を覆った．「人はあるべき社会について考えるために現実の社会に対する興味を失い，ついには著述家たちが築き上げた空想の都市に住まうようになった」．これは「一つの偉大な国民に対する政治教育の全体が文人たちによって独占的に行われる」という他に類を見ない事態であるとトクヴィルは言う．そしてこれこそ，「おそらく」ではあるが，フランス革命における最も重要な唯一の事実なのである．これこそが「おそらく，フランス革命に固有の精神を与えることにおいて最大の貢献をなしたものであり，われわれが現在目にしているものをもたらした原因なのである」．大革命はルソーの責任ではないが，ルソーと彼の仲間たちが大革命の性格を決定したのである．トクヴィルの見解によれば，大革命は自由と平等を求めて始まったが，手に入れたのは平等のみであった．

自由抜きのデモクラシーであり，専制と無政府の交互反復である[62]．

このような事態を招いた原因のすべてが，知識人による擬似貴族制の性格にあるわけではない．フランス社会の全体が，政治的自由の経験を欠いていた．もし政治的自由の経験があれば，とりわけ知識人は中庸の徳を学んでいたであろう．この欠陥はある特定の一つの階級に限られるものではなかった．しかし知識人は特有の欠陥を持っており，そのため権力を行使することに不向きであった．不向きであるのは産業資本家と同様であるが，その理由は違った．産業資本家とは異なり，知識人はみずから権力を行使することを望んだがゆえに，その欠陥はより重大な意味を持った．知識人たちは互いの相違にもかかわらず，必然的に抽象的思考を広める使徒である．トクヴィルはデカルト的政治を信頼しない．抽象や論理，一貫性なるものは，トクヴィルが求めるものではない．「なんと恐ろしい光景であることか！ 著述家としての美点は，政治家としては時として致命的な欠点となる．そして素晴らしい書物を作り上げる同じ精神が，しばしば大規模な革命を引き起こすのである」[63]．

＊

知識人たちは階級としての影響力を弱めていったが，最悪だったのは，彼らの悪習を民主社会の中に遺産として残していったことである．「奇妙なのは，文学から学んだ習慣をわれわれがいまだに保持しているということである．……わたしは公的生活の中で彼らに出会い，しばしば驚いたのだが，本をまったく読まず，著述家たちを軽蔑しているにもかかわらず，自分たちが生まれる前に文学的な精神が生み出した主要な欠点のいくつかを，忠実に保持している人たちがいる」[64]．トクヴィルはパスカルにおける高貴な貴族的抽象を賞賛するし，また『デモクラシー』の中では民主的なデカルト的論理に対してさえも異を唱えていない．しかしこれらは知識人の擬似貴族制の手中にあるとき危険なものとなる．法律家がデモクラシーの性格に高貴さをもたらす上での安全な同盟者であるとするならば，知識人は明らかにそうではない．

以降は推測にもとづく議論である．『デモクラシー』の中で法律家について書かれた数章のあとに，もう一つの章を付け加えることが可能かもしれない．そこではトクヴィルは，法律家は状況しだいで自由の友にも，革命ないし専制の

友にもなりうることを説明するだろう．知識人についても，おそらく同様に扱うことが可能であろう．自由は法律家に対してと同じような影響を知識人にも与えるかもしれない．だとすれば，トクヴィルが求めた，民主社会をより高める機能を知識人に担わせてみたらどうだろう．そのためのヒントはある．イギリスの知識人はフランスの知識人とは異なる役割を果たした．イギリスの知識人は社会を主導する役割を望まなかったし，擬似貴族制を作りもしなかった．しかし実際にはトクヴィルは，デモクラシーにおける知識人の役割について，このような章を書くことはなかった．彼自身が法律家であり，またたとえ本人は認めようとしなかったとしても紛れもない知識人であったのだから，このような章は書かれてもよかったはずである．しかし彼は書かなかったし，また書かれる可能性もなかった．というのも，『アンシャン・レジーム』を執筆する頃の彼は，1835 年ないし 1840 年の頃とくらべてはるかに悲観的になっていたからである．

　結局のところ，いかにしてデモクラシーを高めたらいいのか，また同時に偉大であり民主的であるような諸個人を生み出すために，民主社会の中に存続する貴族的要素をいかにして利用したらいいのかという問題は，答えが不明確なままである．アンシャン・レジームの末期には，新しい，民主的でリベラルなエリートは存在しなかった．フランス革命はそれを作り出すことに明らかに失敗したのだ．『アンシャン・レジーム』を書いた頃までには，七月王政もまたそれに失敗したことが明らかになっており，トクヴィルはアメリカの実験の帰趨について心配を募らせていた．晩年のトクヴィルはまちがいなく悲観論者である．しかし決して運命論者ではない．彼はパスカルが言うところの「希望の身振り」gestes de la foi をし続ける．身振りを続けることを通して，いつの日にかそれが奇跡的に実現することを望みながら．トクヴィルは，人々が自由になることを可能にする制度的文脈を作ることにより，人々が自由を選ぶことを期待した．高貴な人格が存在することが可能な社会を作ることによって，そのような人格が社会の中に生まれることを期待した．彼は，自由についての自分の賭けが正しかったことが，いつの日にか証明されることを望んだ．もし賭けに負けたとしても，パスカルが言うように何も失うものはないのだ．彼が賭けに勝つかどうかは，今も分からない．われわれも身振りを続けることにしよう．

注

1) Seymour Drescher, *Tocqueville and England* (Harvard University Press, 1964), passim; Pierre Manent, *Tocqueville and the Nature of Democracy*, tr. John Waggoner (Rowman and Littlefield, 1996), pp. 13, 15; Sheldon Wolin, *Tocqueville between Two Worlds: The Making of a Political and Theoretical Life* (Princeton University Press, 2001), p. 159.
2) Alexis de Tocqueville, *Recollections* (Transaction, 1987), p. 217 n. 4; Alexis de Tocqueville, "My Instincts, My Opinions," in *The Tocqueville Reader: A Life in Letters and Politics*, ed. Olivier Zunz and Alan S. Kahan (Blackwell, 2002), p. 219; Alexis de Tocqueville, *Democracy in America*, tr. Arthur Goldhammer, look up Drescher cite in vol. 2, pp. 337–38.
3) Tocqueville, *Democracy*, p. 495〔松本礼二訳『アメリカのデモクラシー』全4冊(岩波文庫, 2005–8 年), 第2巻(上), 35頁〕.
4) Alexis de Tocqueville, "First Memoir on Pauperism," in Seymour Drescher, ed., *Tocqueville and Beaumont on Social Reform* (Harper & Row, 1968), pp. 41–43.
5) Alexis de Tocqueville, "État social et politique de la France avant et depuis 1789," in *Œuvres complètes*〔以下, *OC*〕(Gallimard, 1951–), t. II, 1, p. 46.
6) Tocqueville, *Democracy*, p. 34〔第1巻(上), 51頁〕.
7) Ibid., p. 461〔第1巻(下), 397頁〕. トクヴィルは「1789年以前と以後のフランスの社会的・政治的状態」と題する1836年の論文の中でも, 貴族制は征服に基礎を置くものであると述べている. その箇所で彼はフランスの貴族は「中世の他の貴族と同様に征服から生まれた」と述べる. 次を参照. Tocqueville, "État social et politique de la France," p. 38.
8) Ibid., p. 45.
9) Tocqueville, *Democracy*, p. 59〔第1巻(上), 86頁〕. 「大衆」の知的能力が限られたものであることに関する彼の見解も参照のこと. Alexis de Tocqueville, *Voyages en Sicile et aux Etats-Unis*, *OC*, t. V, p. 101.
10) ウォーリンは, トクヴィルにとって貴族制の最高の瞬間は, つねに何らかの民主的な要素を取り入れた時に到来すると述べている. ウォーリンは否定するが, その逆もまた真である. 次を参照. Wolin, *Tocqueville between Two Worlds*, p. 310; Alexis de Tocqueville, *The Old Regime and the Revolution*, ed. François Furet and Françoise Mélonio, tr. Alan S. Kahan (University of Chicago Press, 1998–2001), vol. 2, p. 64.
11) 最近の例としては次を参照のこと. Seymour Drescher, "Who Needs *Ancienneté*? Tocqueville on Aristocracy and Modernity," *History of Political Thought*

24, no. 4 (Winter 2003): 627.
12) Tocqueville, *Democracy*, cited in ibid., p. 630.
13) この説明の様式はトクヴィルに特徴的なものである. 次を参照. Alan S. Kahan, *Aristocratic Liberalism* (Oxford University Press, 1992), pp. 34-40. 研究者たちはあまりにも頻繁に, トクヴィルの観点の片方だけを強調し, もう片方を無視している. たとえば次を参照. Manent, "Tocqueville philosophe politique," *Commentaire* 107 (Autumn 2004): 584-85.
14) 次を参照. Alan S. Kahan, *Liberalism in Nineteenth-Century Europe: The Political Culture of Limited Suffrage* (Palgrave, 2003), "Introduction."
15) Toqueville, *Democracy*, p. 14 〔第1巻(上), 27頁〕. とりわけ次の箇所を参照のこと. Tocqueville, *The Old Regime*, vol. 1, p. 87.
16) Seymour Drescher, *Dilemmas of Democracy: Tocqueville and Modernization* (University of Pittsburgh Press, 1968), pp. 26-27.
17) Tocqueville, *Democracy*, p. 495 〔第2巻(上), 35-36頁〕.
18) Ibid., pp. 530, 586, 660, 762 〔同上, 89-90, 176頁〕.
19) Ibid., p. 574 〔同上, 158頁〕.
20) Ibid., p. 556 〔同上, 131頁〕.
21) Ibid., p. 550-51 〔同上, 122頁〕.
22) それらを避けるために必要なのは自由である.
23) カーストと階級の差異およびこの点についてのイギリスとフランスの比較に関する議論は以下の箇所に見ることができる. Tocqueville, *The Old Regime*, vol. 1, pp. 152-56.
24) Tocqueville, "État social et politique de la France," p. 62; *Democracy*, p. 496, cited in Drescher, *Tocqueville and England*, p. 15. この力強い一節を根拠に大胆な推定をするならば, トクヴィルは自由と同じくらい平等を崇拝していたと言えるかもしれない.
25) 1841年頃にトクヴィルによって書かれたメモ. Tocqueville, a note of c. 1841, in Zunz and Kahan, eds., *The Tocqueville Reader*, p. 219.
26) Tocqueville, *Democracy*, p. 281 〔第1巻(下), 137頁〕.
27) Ibid. 〔同上, 138頁〕トクヴィルは『アンシャン・レジーム』の序文でもほぼ同様のことを述べている. Tocqueville, *The Old Regime*, vol. 1, p. 87.
28) Tocqueville, *Democracy*, pp. 262-63 〔第1巻(下), 108-10頁〕; *Voyages en Sicile et aux Etats-Unis*, p. 120.
29) 次を参照. Kahan, *Aristocratic Liberalism*.
30) ここでのトクヴィルの見解は, 民主社会は一般的で普遍的な物の見方をし, 貴族社会は特殊で独自な物の見方をするという彼自身の主張と矛盾している. この矛盾

II-2　分析装置としてのアリストクラシー　　203

は，パスカルやとりわけ啓蒙の哲学者たちが，貴族的要素が残る民主的社会の初期段階に生きていたと考えることで解決される．これはトクヴィルが『アンシャン・レジーム』の第3部第1章で示しながら，十分に展開していない議論である．

31) Tocqueville, *Democracy*, pp. 525–26, 531–32, 714〔第2巻(上), 82–84頁；第2巻(下), 105頁〕．
32) Ibid., pp. 539–40〔第2巻(上), 102–3頁〕．
33) Ibid., pp. 540–41〔同上, 104–5頁〕．
34) Ibid., p. 565〔同上, 145–46頁〕．
35) Ibid., p. 546〔同上, 114–15頁〕．
36) Ibid., pp. 569–71〔同上, 151–54頁〕．
37) Ibid., pp. 572–73〔同上, 155–57頁〕．
38) Tocqueville, *The Old Regime*, vol. 1, pp. 153–63.
39) Tocqueville, *Democracy*, pp. 240, 514–15, 558〔第1巻(下), 79頁；第2巻(上), 64–67, 135頁；第2巻(下), 134頁〕．貴族社会の集団的個人主義および貴族社会の停滞がもたらす災厄に関するこれらのマクロ・レベルでの説明は，ミクロ・レベルでもまた行われていることを指摘しておく．トクヴィルが個人主義に関連して貴族社会の家族について論じている箇所，および社会の停滞に関連して貴族社会の言語について述べている箇所を参照のこと．Ibid., pp. 690–91, 548–51〔第2巻(下), 67–69, 117–23頁〕．
40) Ibid., p. 822〔同上, 263–64頁〕．
41) Tocqueville, "État social et politique de la France," p. 62.
42) Tocqueville, *Democracy*, p. 824〔第2巻(下), 266–67頁〕．
43) Wolin, *Tocqueville between Two Worlds*, p. 234.
44) Tocqueville, *Democracy*, pp. 822, 824〔第1巻(上), 17–18頁〕．
45) Tocqueville, *The Old Regime*, vol. 2, pp. 99–100; vol. 1, p. 173.
46) Tocqueville, *Democracy*, p. 823〔第2巻(下), 264頁〕．
47) Ibid., pp. 828–29〔同上, 273–75頁〕．
48) Manent, *Tocqueville and the Nature of Democracy*, p. 19.
49) Tocqueville's notes for *Democracy*, cited in Wolin, *Tocqueville between Two Worlds*, p. 159, and Drescher, *Dilemmas of Democracy*, p. 14 n. 11.
50) 次を参照．Drescher, *Dilemmas of Democracy*, pp. 254–57.
51) Tocqueville, *The Old Regime*, vol. 1, pp. 176, 190–91.
52) Tocqueville, *Democracy*, pp. 651–52〔第2巻(上), 273–74頁〕．
53) Ibid., pp. 303–4〔第1巻(下), 170–72頁〕．
54) Ibid., pp. 306, 309–10〔同上, 174–75, 178頁〕．ここでは詳しく論じる余裕はないが，トクヴィルはイギリスの法律家を「イギリス貴族階級の分家のようなもの」

と呼び，アメリカおよびフランスの法律家と区別する．次を参照．Ibid., p. 308〔同上，177–78 頁〕．この章全体は，フランス革命における法律家の役割に関するバークの議論と対比して読むことができるかもしれない．ただし，おそらくトクヴィルはこれを読んではいないが．

55) Ibid., pp. 306, 311〔同上，174–75, 182 頁〕．
56) Tocqueville, *The Old Regime*, vol. 1, p. 139.
57) 次を参照．Ibid., pp. 257–58.
58) Tocqueville, *Democracy*, pp. 52, 526〔第 1 巻(上)，76 頁；第 2 巻(上)，82–83 頁〕; notes for *Democracy*, cited in Drescher, *Dilemmas of Democracy*, p. 260 n. 3.
59) Tocqueville, *The Old Regime*, vol. 1, pp. 198, 200.
60) Ibid., p. 198.
61) Ibid., pp. 196, 201.
62) Ibid., p. 201．『回想』の中の「政治における文学的精神」に関する短い議論には，知識人の役割に関するこの分析を予期させるものが含まれている．Zunz and Kahan, eds., *The Tocqueville Reader*, p. 243.
63) Tocqueville, *The Old Regime*, vol. 1, p. 201.
64) Ibid., p. 202.

（原千砂子　訳）

II–3　ブリッソーからトクヴィルへ
アメリカ，革命，民主政

富永茂樹

1. はじめに

　「アレクシス・ド・トクヴィルは文明化したアメリカを遍歴したが，私が訪れたのはその森であった」と，『墓の彼方の回想』のシャトーブリアンは，姻戚関係にあり子どものころからよく見知っていた若者が作家として登場したときに記している[1]．『アタラ』で描かれる世界と『アメリカのデモクラシー』で論じられる社会との対比，読者も無理なく心にいだくであろう時代の対比を前者の著者自身が語っているというのは興味深い．しかしいうまでもなく，シャトーブリアンがアメリカの森を訪れるよりも以前から，トクヴィルに先行して合衆国の社会を見聞きし，そこから少なからぬものを学んだ者は 18 世紀にもすでにいく人もいた．そのうちの重要なひとりがここで採りあげるジャック＝ピエール・ブリッソーである．

　彼はのちにトクヴィルが『デモクラシー』で展開することになる論点，デモクラシーと革命とにかかわる無視しえない論点をアメリカの「経験」をとおしてすでに看取しており，それを早い時期から提起していたのだった．やがてジロンド派の首領となる人物（と彼の同僚たち）が 1791 年に民衆協会の扱いが問題となった機会に立憲議会とジャコバン・クラブで示した集団観を検討し，トクヴィルの政治結社および結社一般をめぐる論点と並べて比較することで，18 世紀末と 19 世紀前半のフランスがそれぞれアメリカからなにを学びえたのか，またそれが今日にいたるまでのデモクラシーの理解にたいしてどのような示唆をもたらしうるのかを明らかにするのがここではめざされている．

2. 中間集団: その政治的意義

　1791年はフランスの中間集団にとっていわば厄災の年であった．つまりこの年3月のアラルドによる同業組合の廃止にはじまり，6月のル・シャプリエによる労働者の団結の禁止，9月になり憲法が成立して議会が解散するその直前に，これまたル・シャプリエが提案する民衆協会の活動の制限にいたるまでの一連の法令（さらには地区や民衆協会など集団による請願行為の禁止などにかかわる5月の法令を付け加えておこう）に見ることのできるように，フランス革命期に一貫して確認できるとリュシアン・ジョームのいう「市民の集団再編成にたいする不信」[2]が全面的に表面化した年であった．事態はしかも二重の意味で危機的であった．というのも，これらの法令を提案し可決させた側とは逆に，このときクラブや民衆協会の存在を攻撃から守るべき立場にある人びと，たとえばロベスピエールたちのあいだでさえ，中間集団にたいする敵意にこめられた意味が充分に理解されてはいなかったからである．

　そうしたなかで9月に民衆協会の活動それ自体が問題となったとき，パリのジャコバン・クラブでブリッソーが民衆協会の「有用性」とこれを「維持し増加させる必要」を論じる演説を行ったのは注目に値する．ル・シャプリエの提案する法令の中心をなしていることがらのひとつは協会で「討議」がなされることの禁止であった．討議 délibération とは，たとえば「議論 discussion」などとは明確に区別され，それが最終的に重要な結論に到達することをふくむ行為，より具体的には法の作成にかかわる討論を意味するものとして，ル・シャプリエをはじめとする立憲派の議員のあいだでは考えられていた．ところで革命がはじまって以来シエースの推奨のもとで採用され，新しい憲法でも存続することが確認されている政治体制は代表制であり，国民は直接に立法にかかわるのではなく自身の代表を選出し，その代表が議会を構成して法を作成することになる．討議という語を先のように解釈するならば，それは国民の代表の集まりである議会のみに許される行為であるということになる．したがって民衆協会などの政治結社が討議を行うならば，その集団は議会に並びあるいは議会の権威を簒奪するものとみなされるだろう．

「法にかんする討議は代表体制においては代表者の集団にのみ属することがらである，と叫ばれている．そのとおり．もしも討議ということで法を作成することであると理解するならば，たしかにこうした権力を簒奪する他のいかなる集会も咎められるべきであろう．だが愛国協会はそうした意味で討議しているつもりなのであろうか．協会は法ではなく法についての意見を発するにとどまっており，協会にそのような権利はたしかにあるのだ．」[3] まずはこのようにブリッソーはクラブや民衆協会に加えられる攻撃をかわす．ただし討議という言葉の解釈の差異をめぐる議論にとどまっているかぎりでは，彼の議論は恣意的な解釈の背景にある党派の対立のどちらか片方に立つ（この法令を提案するル・シャプリエは同じ年の夏にジャコバン・クラブから分裂して形成されたフイヤン派に属している）という以上のものではありえない．ブリッソーのこの夜の演説がわれわれの注意を惹くとすれば，それはここで「議論」ということに党派間の抗争を超えた大きな期待，あえていうなら社会学的に見て大きな期待がこめられているからであった．

　民衆協会は次のような三つの目的をもつ，とこの政治結社の擁護者はいう．すなわち作成すべき法について議論すること，作成された法についてたがいに啓蒙しあうこと，そしてあらゆる官吏を監視することである．このうちまず最初の目的について，市民はただ自身の代表を選出するだけで終わるのではなく，選出のあともたえずその意向を議員に伝達して，それが作成される法に反映されてゆく必要があると，やがてジロンド派の指導者となる人物は述べる．「立法府は一般の意見，一般意志を調べることもなしにどうしてそれを知るのであろうか．またそれをよく知り確実にわがものとするのに愛国協会以上の場所があるだろうか．」[4] ブリッソーによれば革命が開始したばかりの現況，無にひとしい存在であった人間が市民というなにものかに姿を変えたばかりのときに，この市民はまだ政治的な意味で充分に成熟しているわけではない．「ひとはまだ自由の権利の行使にほとんど慣れていないので，大多数の人間は協会のなかでしか力をふるわない．また単独で公共精神を示すのを恐れてもいる．」[5] そうした市民にとってかわり，あるいは彼らの個々の意見を集約し外部へと伝達するのが政治結社でありまたそこでなされる議論なのであった．

　この年の5月に集団による請願権が問題となったときに同様の見解を示して

いたのが，このころすでにブリッソーに近い政治的立場にいたフランソワ・ビュゾーであった．「名もない市民のいだく孤立した意向は無視される．そうではなく一般的な意向が同業組合，都市，行政団体……や市民の協会をとおして表明されるなら，世論を参照するのが義務である立法府や国王はこの圧倒的な請願を考慮に入れないわけにはいかないであろう．」[6] こうしてブリッソーにおいてクラブや民衆協会は中間集団 le groupement intermédiaire の文字どおりの意味での媒介の役割を果たすことになる．この働きを「代表的媒介」と呼んでおくなら，媒介は市民から全体社会に向かう方向でのそれである．彼らはしかし，この年の一連の法令を提案する立憲派の側で考えられているような，議会と競合しさらにはそれを凌駕する政治集団の形成を考えているわけではけっしてない．協会という「官吏と市民のたえざる混合」[7] が実現する場をとおして，「監視」という第3番目の目的とともに，市民の意志が確実に議会へと伝えられる回路を構想しているのである．そのような制度は代表制を否定するのではなくむしろ補完するものであり，あるいは代表者の選出のあとには取り返しようもなく分離するかもしれない国家と市民の接合，代表制を採用したイギリスの人民は「議員を選挙するあいだしか」自由でないとルソーはいうが[8]，こうした制度がともなう限界を補い，代表の選出のあともなお市民の自由を確保するための「権力と社会との分節化」[9] がここでは提案されているのだった．

　このような市民と国家とのあいだに複数の回路をおく多元的な社会の構想は，40年余りの時間をへだててトクヴィルが『アメリカのデモクラシー』で展開した議論と呼応しあっている．よく知られているとおり，結社ないしアソシアシオンはその政治社会学の中心をなす主題のひとつであった．彼の考えるところによれば，それはまず諸条件の平等の拡大にともなう政治的な中央集権化，あるいは国家権力の増大に対抗しこれを制約し，個人の自由を確保する存在として現れる（「民主政の国では政治結社はいわば国家を規制しようと望む唯一の強力な個体となる」[10]）．トクヴィルによるとかつての貴族政においては貴族層や地方，同業組合などが君主の恣意に抵抗するものとして存在していたが，平等の進展はそうした中間的な集団を社会から一掃させてしまった．後に残るのは独立してはいるがしかしそれ自体としては脆弱で無力な個人と，ますます肥大化し強い力を獲得するにいたる国家でしかない．「今日それ［貴族政のもとでの諸

制度〕と同じものに頼ることができるとは私にもわかっている．だがこれにかわる民主的な措置を想像することはできる．同業組合や貴族から奪った行政権のすべてを主権者に付与するのではなく，普通の市民が一定の期間に形成する二次的集団にその一部を分かち与えることもできるであろう．そうすることで，平等を減じることなく個人の自由はいっそう確実なものとなるだろう．」[11]

この中央集権にたいする制約という点では，彼のいうアソシアシオンは地方の共同体と並ぶものである．いやトクヴィルからすれば共同体は「自然のうちにある唯一のアソシアシオン」でさえあった——あとの議論との関連でふれておくなら，地方自治の制度は自由にとってちょうど「学問にとっての小学校」の位置をしめている[12]．だが地方の共同体や政治結社がそうした中央権力に抗して個人の自由を確保する役割を果たすとして，それはどのような力学にもとづいてのことであるのだろうか．ここでトクヴィルは市民が各自でいだきながらしかし単独では表明が困難な意見をアソシアシオンが集約して外部に示してくれることに注目する．「ある意見がアソシアシオンによって表明＝代表されるとき，それはより明確で，より精確な形式を取らざるをえなくなる．」[13] 先に見てきた民衆協会の「代表的媒介」の役割へのブリッソーやビュゾーの注目は，ここでも明確に「再現」され「反復」されている．あるいは彼らの議論は『アメリカのデモクラシー』におけるそれを先取りするものであったことがわかる．

3. 社会化とコミュニケーション

トクヴィルによればしかし，外部の社会とりわけ国家にたいして個人を代表するというだけが中間集団の果たすべき役割ではなかった．『アメリカのデモクラシー』の第1巻でアメリカの政治結社について詳しく論じた著者は第2巻においてあらためて結社一般に目を向け，さらにそれと政治結社の関係にも説き及んでいる．諸条件の平等化が進行した社会では個人は原子化し無力な状態におかれている．そうであるからこそ第二次集団がこの無力な存在を代表する必要があったのだが，同じ集団にはまた彼らのあいだで失われた社会的紐帯を回復させる機能も期待されている．市民は結社をとおしてその意志を外部に表明してもらうにはとどまらず，自身がその内部で他者と「結合する技術」を学ば

なければ自由を守りつづけることができないであろう．「感情と精神が新しくなり，心が人間精神を大きくするのは人間のあいだの相互の活動によってでしかない．」ところがこの活動は民主政のもとではほとんど存在しないにひとしい．「したがってそれを人為的に作り出す必要がある」とトクヴィルはいう[14]．

「社会とはコミュニケーション，精神と心の関係でなければなんであろうか」と『デモクラシー』の草稿で記されるほどに，人間のあいだのコミュニケーションはこの政治社会学の先駆者の根底的な関心の向かうところであった[15]．こうした社会関係それ自体を創出する役割がトクヴィルの述べるアソシアシオン一般に求められている．しかし諸条件の平等が進行するなかで学習が要求される結合の技術をもっともよく教えてくれるのは，彼によれば政治結社にほかならなかった．「あらゆる身分，あらゆる気質，あらゆる年齢のアメリカ人が日ごとアソシアシオンへの一般的な好みをもち，その使用に慣れ親しむのは政治結社のただなかにおいてである．彼らはここで大人数が出会い，話しあい，理解しあい，あらゆる種類の企てにおいて共同で活気づく．」[16]「アソシアシオンの科学＝学問」――ということはわれわれの言葉にいいかえれば社会学ということになるだろうか，それは民主政においては「母体となる科学」であったが，その「アソシアシオンの一般的理論」を市民が学びにやってくる「無償の大学校」こそが政治結社なのであった[17]．

こうしたもうひとつの媒介作用，先に見たのとはちょうど逆方向つまり市民から全体社会への方向での媒介，代表的媒介に対比して「社会化的媒介」と呼ぶべきことがらもまた，フランス革命期のブリッソーたちはけっして無視してはいなかった．クラブや民衆協会によって代表されることを必要とする市民の政治的未成熟は，人間が法について，さらには一般的な社会規範を知り習得することを要求するであろう．それがブリッソーの掲げた政治結社の目的のうちの第2番目のもの，すなわち作成された法についての啓蒙にかかわっている．啓蒙の理念と切り離しがたいかたちではじまったはずのフランス革命にとって，新しい時代における教育は最重要課題のひとつであり，現にこの1791年にはコンドルセを中心にして公教育制度にかんする検討作業がはじまっていた．だが未成年者はこれから学校で教育を受けるとして，それではすでに成人した市民はどうするのか．彼らはおのおのが生業に就いておりあらためて学校へ通う

だけの時間的余裕はない．ブリッソーによればそうした市民の教育にはふたとおりの手段がある．新聞と政治結社の演説席である[18]．新聞というのはここでは採りあげる余裕がない，彼のもうひとつの重要な主題であるが，市民にとって学校と同様の役割を果たすのがクラブであり民衆協会であった．「子どもの人民には無償の学校，大人の人民にはクラブ．これこそ国民が設置し，費用を負担すべきものである」とブリッソーはいう[19]．

　ここで無償の学校という表現が，ただのメタファーのうえでのことにすぎないとしても革命期における中間集団の理論家と『アメリカのデモクラシー』の著者とを直接につないでくれる．クラブが学校に相当するというのは革命期に比較的広い範囲で共有された発想であった．たとえば1790年に出た『クラブおよび愛国協会雑誌』の創刊号では「愛国クラブは自由な政府にかんする学問が教えられる学校である」と宣言される[20]．また同じ時期にブリッソーと密接な関係にあったフランソワ＝ザビエル・ラントナスはまさに『公教育の一分枝とみなされる民衆協会について』と題するパンフレット（1792年）のなかで革命を経た今日では教育は市民の形成を目指しているが，現時点での成年の多くは専制により長いあいだ無知のなかに沈められてきており，彼らのあいだでこそ「もっとも強い知識＝啓蒙を広めなくてはならず，できうるかぎりあらゆる市民が自由の原理とそれにふさわしい法について知ることができるようにしなくてはならない」と述べて，やはり民衆協会が学校であるべきことを主張する[21]．地方の共同体が自由の初歩を学ぶ小学校であり，政治結社が結合の技術を教える大学校であると語るトクヴィルは，ブリッソーたちのディスクールの存在を知っていたかどうかは別として，少なくとも結果として彼らの用いた表現を踏襲したことにはなる．

　だが革命期と七月王政期との中間集団をめぐる見解の一致ないし呼応関係はただメタファーの領域にとどまるものではけっしてなかった．1791年の秋に戻るならば，ブリッソーがまず念頭においていたのは社会から個人に向けての知識と規範の伝達であったが，しかし政治結社の議論への参加をとおして習得されるのは知識や法規範ばかりではなかった．参加者はまた，市民の政治生活に不可欠の表現方法，議論のしかたそれ自体をも学ぶのである．「討議する協会ほどにすぐれた学校が存在するであろうか．ひとはそこでこそ，きわめて必要な

技術である聞き取る技術や，現代の雄弁術の一部である論述を習得できるのであり，それはわれわれの演説席で完成するのではないだろうか.」[22] 5月の議会でのビュゾー，先にさまざまな中間集団が果たす代表的媒介の機能について語るのを見てきたビュゾーもまた，同じ集団における市民のあいだのコミュニケーションの意義に注目を怠ってはいない．革命がはじまってまもない今，社会の秩序は市民の集会の内部からこそ回復させなくてはならない．「そこでは知識が伝達され，理性の声が耳にされて，高揚し錯乱した精神を元に戻してくれるであろう.」そのためには「平穏に討議できる集会という手段」を市民に示す必要があるとブリッソーの同僚は述べる[23].

このように討議という行為が，個人の意見を全体社会へと媒介する結社の機能の基礎にあったと同様に，人間が学習し市民となってゆく社会化の過程においても重要な役割を果たしている点には留意しておいてよい．というのもこのブリッソーの発想は，同じ年の5月に請願権を個人にのみ許し集団による請願を禁止する法令を提案したさいに，ル・シャプリエが通りすがりのように次のように語っていたのと対比することができるからである．「教育が獲得されるのは街路の片隅においてではない．それは討議することなく議論する平穏な協会においてであり，ひとはそこで情念も党派精神もなしにたがいに啓蒙しあうのである．教育は書物のなかで，結局は健全な哲学が指示する法律をとおして獲得されるのである.」[24] 1791年における中間集団への不信と敵意を体現する人物はここで政治結社の存在自体を否定してはいないものの，やはりそこでなされる討議行為を認めているわけではけっしてなく，さらには街路や広場をふくめた公共空間における対面的コミュニケーションよりも，書物を読むことによる教育＝社会化を説いているのだ．

このル・シャプリエの発言は，やがて活字印刷によるコミュニケーションが「理性にもとづくいっそう確実でいっそう持続的な力」をもたらすと論じ，クラブの処遇が問題になっている同じ時期に公教育についての検討を進めながら，その学校教育においてでさえ読書による独学の可能性を指摘していたコンドルセ[25]と並べて読むなら，その意図をさらによく理解することができるだろう．そしてこれにたいしてブリッソーやビュゾー，またラントナスは孤独で沈黙した空間ではなく，ひとが直接に出会い対話する公共空間におけるコミュニケー

ションと社会化の可能性に目を向けていることが明らかになる．とりわけその最晩年には政治的にきわめて近いところにいたブリッソーとコンドルセではあったが，この点ではふたりは対極的な地点に立っているというべきか，前者にとっては市民が討議に参加する政治結社こそがむしろ「人間の理性を完成させ，それをあらゆる階級に広め，各人にたいして大量に分け与える手段」となりうるのであった[26]．

4. アメリカというモデル

同業組合から民衆協会にいたるまで，あらゆる中間的な社会集団に向けて敵意が大規模に示された1791年に，ブリッソーやビュゾーたちの展開した議論はきわめて例外的なものであり，その意義はつい最近になるまでほとんど注目されることさえなかった．フランス革命史学におけるジロンド派の「社会理論」にたいする冷淡と無関心は，たとえばアルフォンス・オーラールが集成したジャコバン・クラブの資料のなかにも，ブリッソーの演説の当夜の記録にそのことが注記されるのみで，演説のテクストそのものは採録されていないというあたりからもうかがうことができる[27]．彼らの以前にアンシャン・レジーム期であれば，君主政においては中間的権力が政体の専制化を防ぐ重要な役割を果たすと説いていたのがモンテスキューであった．『法の精神』によれば「中間的，従属的そして依存的な諸権力」すなわち貴族の権力が政体の本質をなしており，それは権力が流通する「中間の水路」であるが，さらにはこれと並んで高等法院が「法律の保管所」として無視しえない位置をしめるはずであった[28]．ブリッソーはこのモンテスキューからなにごとかを学んだのであろうか——どうもそのようには考えられない．

クラブと民衆協会にかんする彼の議論はむしろ彼自身のアメリカの「経験」のなかにその起源のひとつがある．他方でまた，40年をへだててブリッソーと呼応しあうかのようなトクヴィルがブリッソーやラントナスのテクスト，立憲議会におけるビュゾーの発言の記録に目をとおしていたのかどうかさだかではないが，しかしこのアメリカでの経験をとおして1791年に中間集団に注目する論者と『デモクラシー』の著者とはあらためて相互の親和性を見いだすであ

ろう．91年9月の演説で政府は民衆協会をとおして以外にどのようにして世論を知るのであろうかと問う箇所には，合衆国のペンシルヴァニア州ではいかなる法案も議会での検討に先立って印刷・配布され市民の討論に付されるという説明がつづいているのであった[29]．また1787年に出たエティエンヌ・クラヴィエールとの共著である『フランスおよび合衆国について』を見るならば，そこには政治結社そのものについての記述は見られないものの，「共和国では理性の提供するあらゆる手段が用いられている」こと，そのひとつが公共のことがらにかんする議論であることに詳しい言及がなされている[30]．ブリッソーが政治結社とりわけそこでなされる討議に期待したとき，アメリカがひとつのモデルとして彼の念頭におかれていたことは明らかである．

ただし彼のアメリカにおける社会制度の「経験」については，多少の保留が必要であるのはいうまでもない．なぜならブリッソーがはじめて大西洋を渡るのは1788年つまり『フランスおよび合衆国について』の出た翌年のことであるからだ．彼は「合衆国で起きているあらゆることがフランスで知られる」とともに「フランス人の才能が発見しうるあらゆる有用なことをアメリカで広める」という「両国の相互の交流」を目的にした「ガリア＝アメリカ協会」[31]を，フランス語訳が84年に出ていた『あるアメリカ農夫の手紙』の著者エクトル・サン・ジョン・ド・クレヴクールやクラヴィエール，ニコラ・ベルガスらとともに設立し，さらに「黒人の友の会」を結成したのちにアメリカへと向かうのである．トクヴィルが合衆国での9ヶ月におよぶ滞在から戻って大著の執筆をはじめたのにたいして，クラヴィエールとの共著はブリッソーが以前から大きな関心をいだきながらもまだ実際に訪れてはいない国にかんして間接的に知りえた情報にもとづいて書かれている点は興味深い．

88年の秋に全国三部会の招集が決定して本国の状況が急変するということがなければブリッソーは合衆国での滞在をさらにつづけ，家族を呼び寄せて定住さえしていたかもしれない．だが知らせを受けた彼は革命前夜のパリに戻る．半年のあいだのアメリカ社会での見聞はそれ以前からの関心と知識をどのように強めまたふくらませてくれたであろうか．バスティーユ襲撃の2週間後に刊行をはじめた新聞『フランスの愛国者』のなかで「革命が挫折したとしても，自由を活性化させた者たちはそれを合衆国に見いだして慰められることだろう．

革命が成功したなら彼らはひとたび獲得された自由を保持するために必要な共和国の良俗を模倣することを学んでいるであろう」と書くジャーナリストは[32]，同じ趣旨を繰り返して1787年の書物は自身の同胞がアメリカ人の繁栄を目の当たりにして「彼らの行動を模倣し彼らの自由を回復させる」ことを望んで書かれたものであったと，のちになって回想することになる[33]．このようなアメリカ経験をとおして知ることとなった合衆国の良俗，フランス革命が模倣し受け容れるべきもののひとつが政治結社という制度とそこでなされる討議であり，ブリッソーはそれをクラブや民衆協会のうちに発見したのである．

ブリッソーによる革命期における政治結社の果たす役割の発見にはしかし，アメリカでの経験とは別にもうひとつの背景があることを付け加えておかなくてはならない．今しがた見てきたばかりのガリア＝アメリカ協会や黒人の友の会の結成という活動からもすでに推測できるのだが，この中間集団にかかわる社会学的な理論の「先駆者」は，革命のはじまる以前から結社一般にたいして並々ならぬ関心をもっていた．たとえば1783年にロンドンにいたとき彼は「リセ」や「ミュージアム」を開くことを考えていたという．これは今日いう意味での中等教育の機関や博物館とは性格が少しちがうもので，「そこには週のうちの決まった日に全世界の知識人，哲学者が集まり，あらゆる芸術作品が集められるはずだった．私はまたこの学者の会合の結論を世に広めるための雑誌の発刊を夢想した．この雑誌はあらゆるフランス人に接種すべき哲学や政治の真理の通行証となるはず」であり，しかもこの構想はM.-C. ラブランシュリーがパリではじめたことを実行に移すものでもあったとブリッソーはのちになって回想する[34]．

ラブランシュリーとは，マノン・フィリポンつまりいずれロラン夫人となる女性の最初の愛人で，18世紀のサロンの様子を伝える『文芸共和国便り』を発刊し，またサロンを模した，しかしサロンとはことなり誰もが自由に出入りし議論に参加できる団体の設立を考えていた人物である．このような人物への言及からは，ブリッソーが18世紀の後半におけるサロンの伝統に間接的にではあるがつながると同時に，そのサロンがある種の変質を開始して別の集団を産出してゆく過程，オーギュスタン・コシャンが「思想協会」の名称のもとで否定的な評価をくだし，他方でダニエル・モルネがフランス革命の「知的起源」

として肯定的に描こうとした過程——同じものを『公共性の構造転換』のユルゲン・ハバーマスであれば「文学的公共領域」から「政治的公共領域」への移行と呼ぶであろうが——のさなかにいることがわかる[35]．こうした集団への関心がやがてアメリカ社会の経験と遭遇したのであり，この出会いによってこそ，ブリッソーをはじめとする1791年の政治結社とその社会的役割への注目は可能になったのであった．

　もっともこの点で，18世紀の公共空間にかかわる知識から出発してそれをアメリカの経験に接合させたブリッソーの政治結社への関心は，40年後のトクヴィルの議論と多少の齟齬を見いだすことにもなる．というのも合衆国における，また諸条件が平等化した社会一般における市民の結社の存在意義を強調する『アメリカのデモクラシー』の著者は，別のところではアンシャン・レジーム期に発達したサロンや文芸共和国について，かなり消極的な評価しか示していないからである．その第1巻が刊行された翌年の論文「1789年以前と以後のフランスの社会的・政治的状態」は，貴族に保護されながらもしかしことなる階級に属していた文学者が世紀の半ば頃には政治の世界で一定の地位を認められるようになるという現象が語られている．「文学はこうして平等が隠れ家を求める中立の場所のようになっていた．そこでは文学者と領主が出会い……しかもある種の想像上の民主政が現実の世界の外で支配するのが見られた．」[36] この「想像上の民主政」という表現はさらに，18世紀に実際の政治経験からは疎遠であった文学者たちが「理性と自然法」から借用してきた社会にかんする説明に熱中することで，現実には混乱した社会のうえに「画一的また公平」な「想像上の社会」が立ち上がってきたとする『アンシャン・レジームと革命』の議論へとわれわれを誘うであろう[37]．

　ここでトクヴィルはサロンやその延長線上にあるさまざまな結社に必ずしも明示的に言及しているわけではないが，しかし彼がブリッソーにおいてはおそらく重なっていたはずのこれらの集団とアメリカの政治結社とをつないで考えようとしていないことは明らかである．それどころか前者は後者を必要とする社会，諸条件の平等が進行する社会それ自体を象徴するなにものかでさえあった．文学が平等の「隠れ家」を準備したと述べるトクヴィルはむしろ，知識人の集団が18世紀の最後の四半世紀になって変質して，平等主義が支配し抽象

的な議論しか行なわない「思想協会」が登場し，それがジャコバン・クラブなど革命期の結社の元になったとするコシャン，『フランス革命を考える』のフランソワ・フュレがトクヴィルとともに革命史学のなかで重要な位置を与える[38]，この20世紀はじめの歴史家にごく近いところにいる．『アンシャン・レジームと革命』は革命を準備した絶対君主政のもとでの社会の詳細な分析に終始し，その続編の草稿その他においても，革命の初期段階に注目したあとは，ナポレオンのクーデタから帝政の成立に向かう時期に関心を移してしまうトクヴィルは，ジャコバン・クラブや民衆協会の活動になにか中心的な主題を見いだしてはいなかったようである[39]．

ともに市民のあいだのコミュニケーションに大きな関心をいだき，合衆国での見聞によってつながるふたりではあったが，ブリッソーとトクヴィルはこの点で決定的に別れる．『アメリカのデモクラシー』の著者は，ジロンド派の指導者としてやがて革命の舞台から姿を消してゆくことになる人物ほどには，人間のあいだの結合について楽観的ではなかった．なぜなら民主政が拡大した社会においては平等な関係が実現しかつては見ることのできなかった穏和な習俗をもたらすが，しかしそれはまた人間の孤立や競争関係とその結果としての「隣人への羨望，憎悪，軽蔑」[40]をともなってもいるからである．トクヴィルはブリッソーについて，わずかに革命初期でのパンフレットに注目しているにとどまり，革命が過激化してゆく過程での民衆協会の動向に注目した形跡は見あたらない．しかし仮にいくばくかのことを知っていたならば，平等化の進んだ社会で生じるであろう憎悪をふくむ人間関係をそこに見てとっていたはずである．ブリッソーからトクヴィルへの集団理論の継承には，きわめて大きな転換があらたに付け加わる可能性もあったのだった．

5. おわりに

諸条件の平等にふくまれるこうした側面への，40年をへだてた見落としと注目——これが18世紀の後半期を生きたブリッソーの限界であり，また革命後の19世紀の社会に対面したトクヴィルの明敏であった．もっとも一方の限界と他方の明敏を指摘することが，ふたりの政治思想をつなぎ対比させる真の目

的なのではなかった．ここには特定の人物とその思想の相違ではなく，むしろ革命という大事件をひとつの頂点とする社会の変質を見て取るべきである．さらにはブリッソーとトクヴィルとを並べてみるならば，ふたつのことなる時期のフランスから眺めたアメリカの像をどのように受けとめるのか，アンシャン・レジーム期からフランス革命にかけて，さらには19世紀に向けて変貌してゆく市民のあいだのコミュニケーションのかたちをどのように捉え評価するのかなど，政治哲学と歴史の見かたにかかわる，今後の大きな課題として残されるべきいくつもの根柢的な問題が明らかになってくるであろう．

　ブリッソーはあれほどに社会的な役割に大きく期待したジャコバン・クラブで，われわれの見てきた演説の1年後にはきわめて激しい非難と中傷の対象となり，さらに断頭台に身をさらす運命を迎え，またビュゾーは追放後の逃亡の途上で野犬の群に襲われて命を落とすにいたる．「残念なことながら，民主政のもとでの人民にとってアソシアシオンをきわめて必要とさせる同じ社会状態は，その他のいかなる人民以上に彼らにとってアソシアシオンを困難なものとする．」[41] このように述べるトクヴィルは，ここでジロンド派の革命家たちの運命を意識していたとは思えないが，しかし彼らが身をもって経験したことをごく的確に要約していたのだということはできるかもしれない．

注

1) Chateauriand, *Mémoires d'outre-tombe* [Bibliothèque de la Pléiade] (Paris: Gallimard, 1951), t. I, p. 576.
2) Lucien Jaume, *Le Discours jacobin et la démocratie* (Paris: Fayard, 1989), p. 222.
3) J. P. Brissot, *Discours sur l'utilité des sociétés patriotiques et populaires, sur la nécessité de les maintenir et de les multiplier par-tout* (Paris, 1791), p. 4.
4) Ibid., p. 5.
5) Ibid., p. 10.
6) *Archives parlementaires*, t. XXV, p. 690.
7) Brissot, *Discours sur l'utilité* ..., p. 2.
8) Jean-Jacques Rousseau, *Du contrat social, Œuvres complètes* [Bibliothèque de la Pléiade], t. III (Paris: Gallimard, 1964), p. 430.
9) Patrice Gueniffey, "Brissot", *La Gironde et les Girondins*, s.l.d. de François

Furet et Mona Ozouf (Paris: Payot, 1991), p. 455.
10) Alexis de Tocqueville, *De la démocratie en Amérique*, *Œuvres* [Bibliothèque de la Pléiade], t. II (Paris: Gallimard, 1992), p. 633.
11) Ibid., p. 842.
12) Ibid., pp. 64–65.
13) Ibid., p. 213.
14) Ibid., pp. 620 et 623.
15) Alexis de Tocqueville, *De la démocratie en Amérique*, pub. par Eduardo Nolla (Paris: Vrin, 1990), t. II, p. 101, note k.
16) Tocqueville, *De la démocratie* ..., édition de la Pléiade, t. II, p. 633.
17) Ibid., pp. 625 et 631.
18) Brissot, *Discours sur l'utilité* ..., p. 13.
19) Ibid., p. 15.
20) *Journal des clubs et des sociétés patriotiques*, n° 1 (20 novembre 1790): 4.
21) François-Xavier Lanthenas, *Des sociétés populaires considérées comme une branche essentielle de l'instruction publique* (Paris, 1792), p. 2.
22) Brissot, *Discours sur l'utilité* ..., p. 16.
23) *Archives parlementaires*, t. XXV, p. 694.
24) Ibid., p. 681.
25) Condorcet, *Esquisse d'un tableau historique des progrès de l'esprit humain*, pub. par Alain Pons (Paris: Flammarion, 1988), p. 188; *Cinq mémoires sur l'instruction publique*, prés. par Charles Coutel et Catherine Kintzler (Paris: Flammarion, 1994), p. 198. なお、活字印刷をめぐるコンドルセの見解については富永茂樹『理性の使用: ひとはいかにして市民となるのか』(みすず書房、2005年) を参照.
26) Brissot, *Discours sur l'utilité* ..., p. 12.
27) Alphonse Aulard, *La Société des Jacobins: Recueil de documents pour l'histoire du Club des Jacobins de Paris* (Paris, 1892), t. III, p. 153.
28) Montesquieu, *De l'esprit des lois*, édi. par Robert Derathé (Paris: Garnier, 1973), t. I, pp. 22–24.
29) Brissot, *Discours sur l'utilité* ..., p. 5.
30) Étienne Clavière et J.-P. Brissot de Walville, *De la France et des États-Unis* (Londres, 1787), p. 106.
31) "Prospectus de la Société Gallo-Américaine", *Correspondance et papiers*, pub. par Cl. Perroud (Paris, 1912), p. 115.
32) *Patriote français*, n° 328 (2 juillet 1790).

33) J.-P. Brissot, *Mémoires*, pub. par Cl. Perroud (Paris, s.d.), t. II, p. 52.
34) Ibid., t. I, p. 239.
35) Augustin Cochin, *La Révolution et la libre-pensée* (Paris: Copernic, 1979); Daniel Mornet, *Les origines intellectuelles de la Révolution française* (Paris: Armand Colin, 1947); Jürgen Habermas, *L'Espace public. Archéologie de la publicité comme dimension constitutive de la société bourgeoise*, trad. par Marc B. de Launay (Paris: Payot, 1992).
36) Alexis de Tocqueville, "État social et politique de la France avant et depuis 1789", *Œuvres* [Bibliothèque de la Pléiade], t. III (Paris: Gallimard, 2003), p. 20. 傍点は引用者.
37) Alexis de Tocqueville, *L'Ancien Régime et la Révolution*, ibid., pp. 169–70.
38) François Furet, *Penser la Révolution française* (Paris: Gallimard, 1978).
39) Alexis de Tocqueville, *Considérations sur la Révolution*, *Œuvres*, t. III, pp. 577–613.
40) Tocqueville, *De la démocratie* ..., édition de la Pléiade, t. II, p. 517.
41) Ibid., p. 622.

III
●
トクヴィルと日本

III–1　アンシャン・レジームと明治革命
トクヴィルをてがかりに

渡辺 浩

1. はじめに

　本稿の目的は，極めて限定されている．アレクシ・ド・トクヴィル(1805–59)の著書 *L'Ancien Régime et la Révolution* (1856)（『アンシャン・レジームと革命』）に見られるフランス革命解釈が，現代日本語でふつう「明治維新」と呼ばれている革命の解釈に何らかの示唆を与えうるか——それを極く簡潔に瀬踏みしてみることである．無論，本稿の題名は，上のトクヴィルの著作を暗示している[1]．

　それにしても——と，反撥される読者もおられるかもしれない——そもそも明治維新を「革命」と呼ぶのはいかがなものか．

　しかし，それまでの支配身分が解体され，全国の統治体制，司法・租税・貨幣・軍事の諸制度，そして，社会・経済の諸構造，教育と情報伝達の諸制度，さらに（服装・髪型・食物をも含む）文化まで，突然，急速に変革されたのである．それを「革命」と呼んで，どこがまずいのだろうか．「民衆」が「蜂起」して王宮を包囲するような場面が無かったとしても，他の国であのようなことが起きたら，誰でもためらわず，「革命」と呼ぶのではないだろうか．事実，かつては「明治維新」の英語の定訳は the Meiji Restoration（いわば「明治王政復古」）だったが，近年，米国の代表的日本史研究者は，その通史において the Meiji Revolution（すなわち「明治革命」）と記している[2]．

　また，歴史的にも，明治人は往々「維新革命」「戊辰慶応の革命」「明治の革命」等と書いている[3]．それは，「民」の統治を委任する「天命」の所在の変更という，伝統的な漢語の意味も含んでいたかもしれない．しかし，多くは revolution の訳語である．あの大変革を「革命」と考え，そう呼ぶのは，新奇でもなく，奇矯でもないのである．

III-1 アンシャン・レジームと明治革命

いや，それでも「本質」が違う，「本質」が革命でないものを安易に革命と呼ぶべきではない——そう考える読者も，(今なお)おられるかもしれない．つまり，明治維新は封建制と資本制との歴史的発展段階の画期とはいえず，せいぜい(封建制段階の末期である)絶対主義政権樹立への変革であって，フランス革命のような「典型的なブルジョア革命」とは違う，というわけである．

しかし，今や，「フランス革命はブルジョア革命だ」というその理解自体が，フランス革命研究者によって揺るがされ，通説としての地位を喪失しているのである[4]．(「明治維新は，たとえ下級武士層の指導のもとに遂行されたとはいえ，またそれが，古典的なブルジョア革命にくらべれば，いちじるしいゆがみをもっていたとはいえ，ブルジョア革命の本質をそなえていた」という説[5]を含め)マルクス主義的な欧州史解釈を陰にあるいは陽に参照し，それとの比較において明治維新を説明しようとしてきた立場の，基本前提が問われているのである．そのことを無視して，「維新」の「本質」を漫然と自明視していていいのだろうか．また，あの変革を専ら「維新」という独特の漢語に閉じこめて万邦無比の事象のようについ思わせるよりは，世界の近世・近代史上に散発する「革命」の一つと素直に見なし，広い比較の場に引き出す方が，時には有益なのではないだろうか．

しかも，「フランス革命即ちブルジョア革命」説を揺るがした歴史家の代表，フランソワ・フュレ氏は，その著名な *Penser la Révoluiton Française* (1978, 1983)(『フランス革命を考える』)[6]において，詳細にトクヴィルの『アンシャン・レジームと革命』を分析し，トクヴィルから学んだものの大きさを告白している．*Origins of the French Revolution* (3rd ed., 1999)(『フランス革命の諸起源』)の著者，ウィリアム・ドイル氏も，『アンシャン・レジームと革命』を，「依然として，あらゆる研究の実り豊かな出発点」と評している[7]．そうだとすれば，このトクヴィルのフランス革命解釈で「明治維新」を照らしてみる試みにも，意味がありはしまいか．

その上，彼は，その異常なまでに明澄な知性によってその著作に接する者を魅了せずにはいない人物である．その強引な演繹に見えながら不思議に説得力のある諸命題の展開によって，もう一つの大著 *De la Démocratie en Amérique*

(1835, 1840)(『アメリカのデモクラシー』)は,「デモクラシーについてこれまで書かれた最善の著作にして,同時に,アメリカについてこれまで書かれた最善の著作」とさえ評され[8],アメリカやデモクラシーを論ずる際に頻繁に引照される人物である.カール・マルクスより13歳年上で,安政6年に没した彼にも,チャンスを与えてみてもよいのではないだろうか.

ただし,本稿には,トクヴィルの描いたフランス革命(それがすべて正確であるはずもない)を何らかの意味で範型とみなし,それからの距離を測って「明治維新」の「特殊性」や「限界」や「後進性」をあげつらおうなどという意図は無い(いったいどちらが「一般」なのか.「進む」とはどういう意味か).ただ,試みにトクヴィルを手がかりにして二つの革命を横に並べて観たとき,何か新しいものが見えてこないかを探りたいのである.

なお,ここでフランス革命としては,1789年から1815年のナポレオンの最終的失脚までを言い,明治維新とは1867年の「大政奉還」から1890年の第1回帝国議会までを含むものとして言う.無論,始期について,あらゆる歴史的大事件と同じく,「初動期」「胎動期」「生長期」「萌芽期」「受精期」等々といくらでも遡ることができる.終期も,同様である.ただ,トクヴィルは,ナポレオン帝政までを含む――つまり四半世紀を超える――フランス革命史を構想していた[9].それに対応して,明治革命期を,旧体制の崩壊から新しい政治体制確立までの,紆余曲折に富んだ23年間と考えてみるわけである.

2. 革命前夜

明治維新とフランス革命には,多くの重大な相違がある.例えば,前者では事実上の国王を廃位して実質上制限された皇帝を戴き,後者では国王を処刑した後に強力な皇帝を戴き,結局,王政が復古した.前者では,その後経済が目覚ましく発展したが,後者では遅々としていた[10].前者では,その100年後には「貴族」の身分意識はほぼ消滅したが,後者では100年を経ても,(例えばマルセル・プルーストの『失われた時を求めて』の読者なら誰もが知るように)旧貴族の身分意識が頑強に持続した.

III-1 アンシャン・レジームと明治革命

しかし，(どちらも「ブルジョア革命」ではないとしても)共通点・類似点も多い．

まず，勃発前夜の社会的条件が，かなり似ていた．

例えば，その国王が直接・間接に統治していると考えられていた人口は，約3300万人[11]と約2800万人[12]である．いずれも「産業革命」以前であり，その人口の約80％が農民だった[13]．しかし，都市化は，双方ともかなり進んでいた．江戸の人口は約100万人，他に大坂30万ないし40万人，京都約30万人，名古屋・金沢約10万人，堺・長崎5万ないし6万人，仙台・岡山・熊本・広島・徳島・福井・秋田が4万ないし5万人である[14]．一方，パリの人口は40万ないし50万人[15]で，王国内には人口5万人を超える都市がパリ以外に七つあった[16]．巧緻な手工業と(ギルドがあるもののそれなりに激しい市場競争に突き動かされた)商業も発達していた．いずれにおいても少なくとも大都市では，市民が文字を知っていることは当然視され[17]，洗練された文化が展開していた．パリには各教区に少なくとも一つの男児のための学校があり[18]，江戸には寺子屋が「大きなもので四五百，ささやかなものまで加えれば千五百前後」あったようである[19]．したがって，検閲はあったものの出版業は大いに栄えていた．哲学・政治学・倫理学・医学・軍事学等にかかわる最新の学説を記した書物から，小説・戯曲，そして春本に至るまで，多種多様の出版物が氾濫した．政治的・社会的事件，災害等の情報は直ちに都市内・都市間で，やがては村々にまで流通した．

しかもそれでいて，例えば清朝中国とは異なり，いずれも原則として世襲による身分制度が確立していた．(満州人貴族を除けば)世襲貴族が無く，個人として筆記試験(「科挙」)に合格し，庶人の地位から一躍出世した男たちによって官職が占められていた中国とは，両者とも対照的だったのである．トクヴィルの次の叙述は，明朝や清朝に，ほぼ正確に妥当する(彼は，実際に中国を思い浮かべていたのかもしれない[20])．

> だれもがいつかはエリート集団に入ることができる，と信じているならば，エリート集団の諸権利の大きさは，それに属していない者自身にとっても貴重となる．こうして，制度の欠陥自体が制度の力を生み出すのである．

しかしその機会は僅少だなどと言わないでほしい．目標が高ければ，それはほとんど問題にならない．人の心を最も強く捉えるのは，小さな成功の確実性よりも華々しい成功の可能性である．達成すべき目的を大きくすれば，達成する機会を懸念なく小さくできる．

貧者が国家統治に携わる地位への路が開かれている国の方が，国家統治への路が開かれていない国よりも，貧者を常に統治から遠ざけておくことが容易である．いつの日か自分も到達しうるという想像上の偉大さの観念が，つねに貧者自身と現実の惨めな光景との間に置かれるからである[21]．

（家族を含めて）日本では人口の6ないし7%[22]，フランスでは約1%[23]を占めた世襲貴族は，生まれながらに特別な栄誉に包まれていると観念され，他身分の人々が敬意をもって接することを要求した．そして彼等は多くの特権を有していた．まず，租税を（全てではないとしても）免れ，夫役を負担しないことである[24]．また例えば，帯剣することである．日本の貴族は重罪を犯しても斬首でなく自ら切腹する特権を有し，フランスの貴族は絞首刑でなく斬首される特権を有した[25]．そして，いずれも多くは慢性的に貧困化の道を歩んでいた．

彼等の中の第一人者が，日本では「将軍」として，フランスでは「王」として，全国の統治者となっていた（いずれも実際にはより長々しい称号や，他の呼称を有していた）．彼は，国内では威光に輝き，外国に対しては国威を輝かすべき外交の責任者だった（したがって，七年戦争や「開港」問題での「国威失墜」が，国内での威信に直ちに響いた）．しかも，彼の決定が人々の生活に影響することも理解されていた．さらに，書き言葉・書物・貨幣・風俗・宗教等をかなり共有する「日本人」・「フランス人」という人の集団があるということも，多くの人々が意識していた（現に松前から薩摩までを描いた「全国」地図も多数市販されていた）．最高の軍事指導者の統治下の，ある同質性を有すると想定された人の集まりの意識があるという意味で，「臣民」意識，あるいは「臣民」感覚は，広範に存在したわけである．にもかかわらず，国民軍も国民議会も存在しなかった．下級貴族も含め，人々が「国民」として「国政」にみずから参与する権利は，どちらにも無かった．一介の庶民が国政を非議すれば，犯罪者として追及される危険もあった．

また，いずれも政治的中心は明確で，観念上の統合がある一方，実際には，無数の中間団体が盤踞し，それぞれの規則と慣行によって構成員を強力に統制していた．研究者によって，フランス「旧体制」は「社団国家」，a "corporate" and "customary" society characterized by a powerful sense of hierarchy 等と言われる[26]．日本の「旧体制」は「幕藩制」「株仲間」「村請制」等で特徴付けられる．日本の方が秩序立っているようだが，全国的大変革を実現しようとするとき，中央政府と人々との間にある固い外皮を持つ公認された機構が邪魔になり，結局，破壊され，無力化されたのは同じである．

3. 革 命

二つの革命自体にも，多くの共通点・類似点があった．

何より，いずれも都市が主導し，その変革が地方に波及した（「農村が都市を包囲」した中国革命と対照的である）．また，ロシア革命・中国革命と異なり，イデオロギー体系で武装した，革命以前からの「前衛党」が指導したのではなかった．さまざまな思惑を持った当初の当事者たちの想像を超えて，みるみる急進化していったのである．しかも，両者とも暴力的だった．

革命政府は，「封建」なるもの，féodal なものを破壊した（無論，両者の意味は，類似点はあるものの異なるが）．そして反対勢力を必要に応じて容赦なく武力で弾圧した．一時は，凄惨な内乱状態にもなった．政府要人が暗殺されもした．人々の平等が主張され，急速に受け入れられた（日本についても，「今や『あらゆる人は生まれながらに自由であり平等である』ということをモットーとしている統合された国民」the united nation, whose motto is today "that all men are born free and equal" とアメリカ人が評価した[27]のは，1871年である．「近来我国人も大に面目を改め，人民同権の説は殆ど天下に洽くして之に異論を入るゝ者はなきが如し」という観察[28]は，1875年である．その数年前にはまったく意想外だったはずの言明である）．そしてどちらでも，身分的特権の多くが，実際に突如として剝奪された．千年近い歴史を持つ貴族身分が消滅し，人々の間での諸条件の平等がにわかに当然とされるに至ったのである[29]．

それと表裏をなして統治機構は中央集権化し，それ以外の（「私的な」）忠誠関

係への埋没は非難された(戊辰戦争・西南戦争での勇敢な敵対者は，単に「賊」である．「[自分も当然に「王臣」であるのに他の]王臣ト君臣ノ義ヲ約スルハ，叛逆ナリ」慶応4年[30])．

フランス同様，日本でも民主化の徹底を求める運動も起こった．成文憲法が初めて作られ，法律も司法制度も統一された．選挙による議会も設置された．そして，それまでの(宮廷・禁裏・大奥における「嘆かわしい」前例等に鑑み)いずれにおいても女性は制度的政治参加を拒絶された[31]．

一方，いずれも，外国の圧力の下，国民軍が設置され，徴兵制が敷かれた．強いナショナリスティックな感情が湧き起こり，革命の正当性を理解しない隣国への反感がにわかに高まった．やがて外国に出兵した．現在まで「国歌」とされている歌も作られた．Patrie・「皇国」等の語が輝かしい栄光を伴っているかのように用いられた．それらは，単に，会ったこともないが同質とみなされた多数の老若男女のことではなかった．個々人を超え，彼等を包摂しつつ屹立する，神聖で荘厳な建築物のようだった．patriotisme(祖国愛)・「愛国」・「報国」とは，その抽象的な観念への献身だった．

それまで「宗教的制度というよりも政治的制度となっていた」「教会」[32]には，突然，政府が改革を迫った(寺請制度，廃仏毀釈，神仏分離)．そして多くの僧侶が妻帯するに至った[33]一方，政府は，新しい国家宗教を国民の統合のために樹立しようとした．そして，「国民教育」が政府の義務にして権限とされ，教育制度の全国的整備が図られた．

政治に関する文化と心性(無論，その内容はフランスと日本では大きく異なるものの)が，こうして不可逆的に，決定的に，変容したのである．しかも，その影響は現在にも及んでいる．

さらに，この二つの革命においては，いずれにおいても，旧来の暦法が突然廃止され，「合理的な」暦が採用された(フランスでは共和暦，日本ではグレゴリウス暦[34])．つまり，生きる時間の区切りまでが，一変した(日本では，時刻の区切りまで変革され，それが恒久化した)．そして領土空間の区切りも変わり，多くの地名も変更された[35]．伝統的な服装・髪型・習俗が突如笑いものになり，より「自然」で「合理的」な姿が勧められ，時には強制された(日本ではそれは，19世紀後半の西洋人の姿だった．「散髪にはなるべき道理」「衣服は働

きよき仕立にすべき道理」「帽子はかならず着べき道理」「沓はかならずはくべき道理」．以上，加藤祐一『文明開化』1873年の章題である）．文体と語彙に急激な変化が起こり，それ以後，もとに戻ることはなかった．特に日本では，衣食住，生活文化の全面までが変わり始めた．

1876年，ロシアの革命家，レフ・イリイッチ・メーチニコフは，次のように記している[36]．ガリバルディ，ゲルツェン，バクーニンとも親しかった彼は，パリ・コミューンに関連して活動した後，東京に1年半（1874年から75年まで）滞在した．その観察である．

> これは歴史上われわれが知り得るもっとも完全かつラジカルな 革命（ペレヴァロート）である．封建制の廃止と全統治機構の改編にはじまり，非常に広汎な国民教育の組織化にいたるまで，この急激な改革のなかで，手をつけられなかった社会的，政治的習俗の領域はひとつもないのである．

一方，トクヴィルは，こう書いている．

> おそらくフランス革命に比べて，より強力でより急激でより破壊的で，そしてより創造的な革命は，かつてなかっただろう[37]．
> 大革命は，政治的諸制度を破壊したあと，社会的諸制度を破壊した．法律の後には習俗，慣習，言語までも変えた．そして統治機構を破壊したあとには，社会の基盤を揺るがし，ついには神をも責めようとするかのようだった[38]．

こうして見れば，この二つの世界史的大事件の比較は十分に可能であり，しかも（「世界史の一般法則」などを信じなくとも）実に魅力的ではあるまいか．

4．前史と結末

意図・結果・原因

ある革命が「何」だったのかを言うのは，難しい．革命の前後を比較して結

果論をするならば，結局王政に復古したフランス革命は，単に歴史の一時的脱線かもしれない（ロシア革命はどうだろうか，中国革命はどうだろうか）．当事者たちの言い分に寄り添うならば，明治維新は，「尊王精神」の発達による「王政復古」だったということになる（本当だろうか）．それとも，「攘夷」や（「王政復古の大号令」に言う）「国威挽回」が主な意図であり，要するに「列強」に対峙して「独立」を守るための新しい政治・社会形態の模索だった，そこで「尊王論」も利用された，ということだろうか．しかし，真摯な攘夷論者は，風俗まで西洋風に変えて「自己植民地化」した近代日本が「独立」しているなどとは認めないであろう．「筒袖」まで着て得意気に西洋人のように振る舞っていて，何が「国威」だろうか．現に，それ故の西洋への根深い劣等感とその裏返しの声高な虚勢との目まぐるしい交替に，みずから翻弄されているではないか．

いや，それでもともかく全体として「日本国民」の「独立」確保のための模索だったのだ，と説明するのだろうか．しかしその抽象的な「独立」や「国民」の概念自体，実は維新によって形成された近代ナショナリズムそのものであろう[39]．事後的な自画像を実像としてよいのだろうか．

福沢諭吉の解釈はこれらとまったく異なる．

> 彼の王政一新の挙動も，其際には或は尊王と云ひ，或は攘夷と云ひ，様々の議論も行はれたることなれども，悉皆事の枝葉にして，其実は尊王にも非ず，又攘夷にも非ず．国権の棟梁たる人民の気風は，政府の専制を倒して自由に赴かんとせしものなり．若し此挙動果して攘夷のためならば，当時徳川の政府をして実意に外人を攘はしめなば，幕府は安全なる可きや．之を信ずる者は信ぜよ．余輩は信ぜず[40]．

フランスでは当事者の主張である「自由」こそが，維新では隠れた真因だというのである．

トクヴィルも，福沢と同じく，革命家たち自身が呼号した革命の目的を真に受けない．革命の外見は実態と異なる[41]．しかし，外見と実態の内容の理解は，むしろ裏返しである．

大革命は，決して一般に信じられているように宗教的諸信条の支配を破壊するために行われたのではない．それは，様々な外見にもかかわらず，実質上社会的・政治的革命だった．そして，その主要な敵対者の言に反し，社会的政治的諸制度については，混乱を永続化しようとするものでもなく，それを恒常的なものとしようとするものでもなく，アナーキーを体系化しようとするものでもなかった．むしろ，公的権威の力と諸権限とを増大しようとするものだったのである[42]．

フランス大革命は多数の副次的・二義的な事柄を生み出したが，主要な事柄の萌芽を発育させただけである．こうした事柄は大革命以前に存在していた．大革命自身が原因となったというよりも，むしろそれは，一つの大きな原因がもたらした諸結果を整理し，体系化し，法律化したのである[43]．

いずれにせよ，トクヴィルによれば，大きな革命は，みずからを創造しはしない．それは，長く徐々に形成されてきたもの（フランスでは中央集権化）を，一挙に顕在化させる．だから，急激で徹底的たりうるのである．

では，明治革命はどうだったのだろうか．トクヴィルを手がかりに例示的に見ていこう[44]．

「心の不在地主制」absentéisme de cœur

トクヴィルは，「田舎貴族」le gentilhomme について，こう述べている[45]．

彼等はもはや農民たちの主人ではなくなったので，もはや，かつて持っていたような，農民たちを世話し，援助し，指導することへの関心を持っていなかった．他方で，彼等は農民たちと同じ公共負担には服さなかったので，自分たちと共にすることのない農民たちの貧窮に深く同情することもなく，自分たちには疎遠な農民たちの不満に与することもなかった．農民たちはもはや彼等の臣下ではなかったが，しかも，市民同士でもなかった．これは歴史上，特異な事象だった．

これは言うなれば，心の不在地主制とでもいうべきものをもたらした．それは文字通りの不在地主制よりも頻繁に見られ，しかもより影響のある

ものである．

現代の歴史家，デイヴィッド・D. ビアン氏も，フランス革命前の「貴族政」について「トクヴィルが依然としてその最高の注釈者である」と述べつつ，こう指摘している．

> われわれの目を驚かすのは，フランス貴族がいかに土地に結びついていなかったか，という点である．……土地所有がフランス貴族の本質ではなかったことを認めなければならない．じっさい，貴族の基本的条件はまさに制限をもたないことにあった．それは，思うがままに，つまり国王の意志によって決定されえた．というのも国王が貴族をつくっていたからである[46]．

ところで，荻生徂徠は，享保12年(1727年)頃，将軍に提出した詳細な政策論(『政談』)において，武士が城下に集住し，知行地に不在であることを嘆き，こう記している[47]．

> 当時は[「現在は」の意味]我が身江戸に在りて知行所遠方なれば，なじみもなく恩義も貫かず，ただ百姓よりは年貢をとるものと覚え，百姓はまた年貢を取らるるものとばかり覚え，ただとらんとられじとの心ばかりにて，百姓に非道をする族もこれあれども，不断に我が住処にて見なれ聞きなれする時は愛憐の心も自然と生じ，いかようの人にても百姓をさのみむごくはせぬ事，これまた人情也．武家を知行所に差置く事，かくの如きの徳ありてはなはだ宜しき事也．

フランス貴族と事情は大きく異なるが，農民にとって「不在」となり，浮き上がってしまったことは同じである．武士たちは心だけでなく体も不在であり，村々に武士の姿は無かった．多くの武士は，ただ主君から禄をもらっていたのであり，自分の土地を持たなかった(その傾向は，江戸時代に入ってからも進んだ．「廃藩置県」以前に，既に「封建の世」から「郡県の制」に向かっていたの

である．それ故，「武家土着」論もしきりに主張された）．彼等と農民との日常的な接触は無く，「なじみ」も無く「恩義」も無い．したがって「愛憐の心」も生じない．農民は武士にとって（中世までのような）自分の農民ではなかった．それでいて無論同輩でもなかった．ただ年貢を取る側と（何故か）年貢を出させられる側だったのである．

ところでトクヴィルによれば，「特権の保持者にとって最も危険なものは，財産上の特権」である．理由は簡単である．

> 栄誉を求め，国家を指導しようと目指す者は少数しかいない．しかし，裕福になることを望まない者はごく少ない．多くの人々は，誰が自分たちを統治しているかほとんど知ろうとしないが，自分自身の財産に起きることについて無関心ではいられない[48]．

維新の過程で武士の特権が奪われたとき，武士は自分の土地にたてこもって抵抗することなどできなかった．武士身分全体として，維新政府指導者を身分の裏切り者として指弾し，対決することもしなかった．誰もが努力すれば武士になれるなどという建前も無かったから，武士でない人々がその特権剥奪を惜しむ理由も無かった．武士たちの多くは，あたかも永く予期していたものがついに来たかのように静かな諦めをもってそれを受け入れた（「秩禄処分」で済んだのは，まだましだったのかもしれない）．その一因は，上のような事情にあろう．

土地から離れ，城下に，町人たちと共に住んでいた武士たちは，軍人であるはずだった（建前上，「法服貴族」は日本にはいない）．次の戦さに待機しているはずだった．しかし，2世紀以上，戦さは起きていなかった．武器をつぎつぎと最新式に置き換え，それに対応する訓練と編成替えをするということさえ，なされなかった．上級武士の多くは無聊だったが，典雅な無為こそが高貴の徴だという通念も無かった．そして下級武士の多くは，内職が実際の本業と化し，職人のように生活していた．「武威」に輝いているはずの各大名の政府は，実は，紙幣を発行したり，専売制を実行したりし，銀行の如く，商社の如き事業を行っていた[49]（財政の逼迫がそれを強いた）．

彼等はいったい何のために生きていたのだろうか．
フランス貴族については，次のような指摘がある[50]．

> ……多くの貴族の関心，さらに彼らの帰属意識が，ますます職業にかかわるものになっていたということがある．このことから，われわれは18世紀の貴族の社会的再統合が帯びた特殊な形態へと導かれる．この過程の根源には，啓蒙の時代の深い感情，すなわち，有用な労働を品位のあるものとする感情がある．この観念は，まず重商主義者がいだいたものだったが，すべての社会層に浸透した．……無為の状態にとどまっている人々はそれを隠すことがますます重要になってきたと考えた．

それに似て，（かつての武士を「抗顔坐食」と罵った [「太政官徴兵告諭」1872年]）明治政府の下で，官吏・軍人・巡査になり，教師になり，銀行員等になることは，慢性的アイデンティティ・クライシスに陥っていた武士たちに，ようやく，後ろめたさの無い新たな生きる意味を与えたという面があろう[51]．

地位も心も財政も空洞化した武士たちは，世襲身分の無い平準化した「国民」の上に中央政府が屹立する社会への準備を，意識しないままに永年ひそかに進めていたと言えるかもしれない．

「文士たち」les homme de lettres

トクヴィルは，こう指摘している[52]．

> 彼等［フランスの文士たち］は，イギリスのように日常的に実務に関わることはまったく無かった．逆に，それらから最も離れて生活していた．彼等はいかなる権限も帯びず，すでに役人に充ち満ちていた社会においていかなる公的な役も果たさなかった．
>
> しかし，彼等は，ドイツの文士たちの大多数のように，政治にまったく無縁で，純粋哲学と文芸の領域に引き籠もっていたというわけでもなかった．彼等は統治にかかわる事に不断に関心を抱いていた．実のところ，それこそが，彼等の固有の仕事だった．彼等が，常に次のような事柄につい

て論ずるのが開かれた．社会の起源について，その始原の形態について，市民と権力とが有する最も重要な諸権利について，人と人の間の自然な，また作為による諸関係について，習慣の誤りと正しさについて，そして法の原理そのものについてである．こうして文士たちは毎日，当時の国制の基礎にまで踏み込み，その構造を子細に詮索し，その全体図を批判していた．

　この状況は，同時代の中国や朝鮮とは対照的である．これらの国では，筆記試験によって選抜された，世俗的な儒学者たち（「フィロゾーフたち」?）が，みずから統治組織を構成していた．彼等は，自然（「天」）と理性（「理」）と普遍的な自然法（「天理」）を信頼していた．そして，統治は民のためになされるものであることを固く信じ，少しでもこの世を善くしようと現場で努力していた（はずであった）．血の貴族政ではない，徳の貴族政が，形式上実現していたのである．

　日本の状況は，むしろフランスに似ていた．武士は文士ではない．「文」をも弁えていることは望ましかったが，純粋の文士は，むしろ軽侮される．儒者として雇用された者が，統治実務にかかわるのは例外である．彼等は，武士からは，実務を知らず，理屈倒れの，口舌の徒とみなされがちだった．「儒者料簡」という侮蔑の言葉もあった．逆に彼等自身としては，彼等の信ずる普遍的な原理に依拠しつつ，この世の本来のあり方，正しい人間関係，正しい統治のさま，望ましい国制と政策，現代の嘆かわしい諸習慣・諸風俗について，語り続けるほかはなかった．

　この状態は，特に18世紀後半以降，変わっていった．一つには，前記のように武士たちがその存在意義を再定義する必要があったからである．民の識字率が上昇する中で，武士も武芸と家柄だけで威信を保つのは難しくもあった．武士たち自身が儒学を学ぶことが増え，大名による，儒学を教授するための学校の設立もあいついだ．そして次第に，儒学的言辞で統治について語ることが当然と思われるようになっていった．同時に，儒学的知識人たちの全国に薄く拡がる交際の網が成立した．いわゆる「文芸の共和国」である．その中では，大名と庶民出身の儒者とが同輩のように漢文の書簡を交わすことがありえた[53]．無論，それに憧れ，それを妬む「共和国」の「下層市民」もいたであろう．

武士が儒学を学んで文士ともなり，儒学の社会的威信が高まることは危険でもあった．例えば，儒学によれば，統治者は有徳でなければならなかった．だが，家柄や先祖の「由緒」は，徳性を保証しないであろう．だからといって科挙を始めれば，世襲身分の否定である．「私」を捨てて「公」につくべきだといえば，世襲の武家ほど「公」でないものはない．また例えば，儒学によれば習慣や制度は古いだけでは正当性を持たない．「道理」に合っていなければならない．現状が「道理」に合っていると信じれば，儒学者は(自ら統治にあたっていた清朝・朝鮮での通例のように)いくらでも保守的になるが，現状が合わないと信じれば，大胆に現状を批判し，改革しようとする(実際，熊沢蕃山『大学或問』，荻生徂徠『政談』，太宰春台『経済録』，中井竹山『草茅危言』，藤田幽谷『勧農或問』等，著名な儒者の政策論は，いずれもそれなりに理屈は通っているが実現困難な大変革の勧めである)．しかも，現実の統治にあずかれない地位の武士が儒学を学べば，「治国平天下」への関心と衝動が高まりうる．(とりわけ「外夷」の脅威などを理由に)公共心と野心とが融合し，正義を呼号しつつ権力欲・出世欲を満たそうとすることもありうる．儒学について本気になれば，極度に伝統主義的だった当時の世を，内側から揺るがしうるのである．

　トクヴィルは，こう述べている[54]．

　　我が革命の歴史を検討すると，それが，統治に関する抽象的な書物を多数書かせたのと正確に同じ精神によって導かれていたことが見て取れる．一般理論・完全な法体系・法の厳密な均整の同じ愛好，既成事実の同じ軽侮，理論への同じ信頼，制度における独自性・独創性・新奇性への同じ好み，部分を改良しようとするのではなく，論理の規則と統一的な計画によって一挙に国制を作り直そうとする同じ欲求である．恐ろしい光景だ！　何故なら，著述家としての資質は政治家においては時に悪徳であり，しばしば良い本を書かせたのと同じものが，巨大な革命に導くこともありうるのだから．

このようないわゆる啓蒙主義の精神が，実際に革命とどのような関係にあったのかについては，今も議論が絶えない[55]．しかし，誰も無関係だとは言うま

III-1 アンシャン・レジームと明治革命

い．そして，少なくとも日本では，儒学が，明治維新にある種の一般的理念を供給し，それによって現状変革を正当化した．事実，豊臣家を倒した大坂の陣には政治的スローガンは無いが，徳川将軍家を倒した明治維新では多くのそれが舞った．そして「旧来ノ陋習ヲ破リ，天地ノ公道ニ基クベシ」（「五箇条の御誓文」）とは，まさに儒者たちの永年の主張である．「維新」自体，『詩経』大雅「文王」の語である．

ただし，日本では，儒学的理論と思弁が現実を把握しようとした時，それに具体性を注ぎ込むものがあった．「諸事神武創業ノ始ニ原ツキ」（「王政復古の大号令」慶応3年12月）と称して現状を「一新」しようとしたとしても，その点で，「理性の助けと理性の効能だけによって，あれほどに複雑で古い社会全体を突然に衝撃もなしに改造しうると信じた」[56]フランスの場合とは大きく異なった（フランスにも実は，一応，イギリスの国制やアメリカ独立革命の例があったが）．具体性の淵源とは，無論，主に西洋である．

当時の欧米諸国が維新変革の重要な範型とされたのは，往々誤解されているような，単なる「富国強兵」の優者への対抗上の戦略ではない．一面で，それが「道」に照らして正しく，善いことだからである．例えば，「言路洞開」し，「万機公論ニ決ス」ることは，治者が意見を「芻蕘［草刈りと木こり］にも詢ふ」（『詩経』大雅）ことを美徳とし，真理は「講習討論」によって発見されると信じる（朱熹『大学章句』伝3章）儒学者から見て，善いことである．

> 古の聖人堯舜周孔孟などを九泉より迎へて，方今会議の制を見せたらば何にとのたまふやらん．我を以て之を観れば，必ず掌を拊て大に喜び，我も此事を考へざるには非ざれども，かゝる妙法あらんとは思ひよらざりしなり，我等が後世畏る可しと云しは此等の事を指して申せしなりなどと，のたまふこともあるなるべし．（「議院考一則」『中外新聞』41号，明治3年2月12日）[57]

さらに例えば，学校が多数設けられ，教育が普及していることは，「学問」によって「己を修め」ることが「治国平天下」の基礎だと信じる儒学者から見て，すばらしいことである．「古への聖人の世」には，「小学」と「大学」という教

育機関が設置されていたはずである．人々がより教育され，制度が整備され，世の中が道理に照らしてより善くなって栄えること，即ち「文明」（『易経』乾，『書経』舜典）が善いことだとは，当時の儒学的知識人の誰もが原則としては承認したことである．その「文明」を西洋人は Civilization と呼んでいると，少なからぬ人々が理解したのである．彼等は，特に20世紀後半以降の多くの知識人とは異なり，価値相対主義者ではない．善悪・良否は普遍的にして客観的な判断だと基本的に信じている．そして「君子」たるもの，人の善を学ぶのは当然の美徳である．それを屈辱と思うのは「小人」である．朱子学者，阪谷朗廬も，『明六雑誌』で活潑に論陣を張り，明六社での議論を聞いて「益々正理公道ノ之ヲ以テ推セバ中ラザルモ遠カラザルヲ知ル」[58]と確信していた．「欧化」ではなく，「開化」だったのである（「文質彬々其宜ヲ得ル之ヲ開化ト謂フ」，阪谷朗廬[59]）．

明治維新はこうして，一面では，徳川時代を通じて進行した儒学の影響力拡大の完成だった．中国・朝鮮と異なり多くの場合実際政治から疎外されていた，日本の「文士」「書生」たちの永年の夢の，西洋によって補充された実現だった．明治期に，洋学塾と共に漢学塾が栄え，「文明開化」と共に漢語的表現が氾濫し，伝統的な古文とも候文とも異なるこわばった近代日本語が成立したのは，偶然ではないのである．

「最も危険な瞬間」le moment le plus dangereux

トクヴィルは，革命勃発のきっかけについて，こう述べている[60]．

> 革命に陥っていくのは，事態が悪化の一途をたどっていく時とは限らない．多くの場合，不平も言わずそれを感じてもいないかのように，最も苛酷な法律を支えていた人々が，その法律の重さが軽減されるや否や，激しくそれを拒絶するのである．革命が破壊した体制の方が，ほとんどの場合，それ以前の体制より良い．そして経験の教えるところでは，悪い政府にとって最も危険な瞬間とは，たいてい改革を始める時である．長期の抑圧の後にその臣民への重圧を軽減しようとする君主を救うことのできるのは，偉大な天才だけであろう．逃れられないものとしてじっと耐えてきた悪が，

それを免れうると思うや否や，耐え難くなる．悪弊を除去すると，残った悪弊がより目立ち，感情はより苛立つ．悪は本当に小さくなっても，感受性はより敏感になる．

つまり，あのゴルバチョフ氏は，この「最も危険な瞬間」を乗り切れる「偉大な天才」ではなかったということだろう．

明治維新でも，「悪弊」を除去し，改良を始めようとしたことが，確かに全面的崩壊の始まりだった．方向は周知のように二つである．

第一に，ペリー来航直後，徳川政府は，アメリカ大統領の「開港」を要請する書簡を諸大名に示し，意見の提出を求めた．これは徳川政府の公明正大さを示し，大名をまきこんで困難な事態を乗り切るための巧い策だったかもしれない．儒学的名君としても，好ましい態度であろう．しかし，この行為は，直ちに全国の敏感な大名・武士の政治的関心を惹起した．そして，彼等を政府の方針に影響を与えようとする行動に導き入れた．

第二に，同時に徳川政府は，状況を詳しく京都の禁裏に伝えた．さらに，日米修好通商条約については，禁裏の「勅許」を得ようとした．これも，高まりつつあった「尊王」の気運に乗じ，禁裏をみずから尊重して見せることによって利用する巧みな策だったかもしれない．しかし，その「勅許」が得られなかったこともあって，むしろ徳川政府は窮地に陥った．

この二つの策は，ルイ十六世の三部会招集と相似する．「専制政治」の改良の開始であり，同時にそれにとって致命的だった．その後，徳川政府は，ある時は大名・武士たちの政治行動を封じ込めようとし，ある時は彼等の要求を受け入れて有利を図ろうとした．しかし，往々「志士」たちは一層苛立った．始めはおそるおそる「御公儀」の「仕置」に疑問を呈していたのに，やがては「幕吏共」を公然と罵るようにさえなった．そうして事態はますます「悪化」していった．禁裏についても同様である．その動きを無視しようとしてしきれず，その要求を入れようとして，なお足りないとして非難された．永年の慣例が突如ひどく無礼だったことになり，公家と「尊王」派のさらなる不満と激昂とを引き起こした．結局，そうしてますます追いつめられていき，ペリー後，僅か14年余りで，2世紀以上安定して保持してきたその強大な権力を，あっけなく

放棄するに至ったのである．

　その後に成立した新政府の正統性根拠は，この二つの方向に正確に対応して，「公論」と「天皇」だった．

5. おわりに

　慶応4年3月14日(1868年4月6日)，天皇以下，革命政府の成員が，新たに定められた「国是」の遵守を誓った(「五箇条の御誓文」)．

　　一　広ク会議ヲ興シ，万機公論ニ決スベシ．
　　一　上下心ヲ一ニシテ，盛ニ経綸ヲ行フベシ．
　　一　官武一途庶民ニ至ル迄，各其志ヲ遂ゲ，人心ヲシテ倦マザラシメンコトヲ要ス．
　　一　旧来ノ陋習ヲ破リ，天地ノ公道ニ基クベシ．
　　一　智識ヲ世界ニ求メ，大ニ皇基ヲ振起スベシ．

　この「国是」は，フランス革命の「自由・平等・友愛(連帯)」ほど簡潔ではなく，劇的でもない．全人類に覚醒を呼びかける宣教の情熱もない．しかも，人民主権を謳うどころか，すべてが「皇基」のためであるかのようである．フランス革命との相違は大きい．
　しかし，ここにも，ある種の自由と平等が含意されている．（後に実際にそのために援用されたように）民主化へのベクトルもある．そして普遍的原理に基づいて改革を進めることが，宣言されている．さらに，フランス革命におけると同様，正にこれらのことが，強力な権力の創出を可能にしたのである．

　ロシア革命とフランス革命との相互類推は，かつてしばしば行われた．しかし，より広く考えてもよかろう．明治維新は近代の革命を考える際の重要な参考例である．逆に明治維新自体，再考がいくらでも可能であろう．本稿の簡約な検討からみても，そのような際，トクヴィルは啓発的な忠告をしてくれるすばらしい相談相手である．それは，デモクラシーやアメリカについて考える際

III-1 アンシャン・レジームと明治革命　　　241

と，おそらく同様である．

注

1) 本稿は，Colloque international commémoratif du Bicentenaire de la naissance d'Alexis de Tocqueville（東京，2005年6月10日―12日）での報告 "The Old Regime and the Meiji Revolution" を，大幅に改訂して『思想』979号（2005年11月）に発表したものに，さらに若干の改訂を加えたものである．周知のように，トクヴィルの『アメリカのデモクラシー』は，特にその第2巻が示すように，単なるアメリカ論ではなく，広く「近代」の運命を考えようとしたものである．これに対し，『アンシャン・レジームと革命』は，フランスで起きた特異な革命を論じたもので，元来，広い理論的応用を意図していない．それにもかかわらず，他の革命解釈に示唆を与えうるというのが，筆者の見通しである．

2) Marius B. Jansen, *The Making of Modern Japan* (Harvard University Press, 2000) の第11章は "THE MEIJI REVOLUTION" と題されている．また，Andrew Gordon, *A Modern History of Japan from Tokugawa Times to the Present* (Oxford University Press, 2003) の第2部は "MODERN REVOLUTION, 1868-1905" と題され，「1868年の状況を――政治的・経済的・社会的・文化的な――どの面においても，わずか10年後のそれと比較しても，その変化は息を呑むほど breathtaking であり，革命 revolution という語に十分値する．」として，現に the Meiji Revolution という語を用いている．Ibid., pp. 61, 76. ちなみに，現場でこれを目撃した英国の外交官アーネスト・サトウも，"the Revolution of 1868" と呼んでいる．Ernest Satow, *A Diplomat in Japan* [1921] (Stone Bridge Press, 2006), p. 19.

3) 例えば以下の通り．福沢諭吉『文明論之概略』[1875年]『福沢諭吉全集』第4巻（岩波書店，1959年），73-74頁；徳富蘇峰『自由，道徳，及儒教主義』[1884年]『徳富蘇峰集（明治文学全集34）』（筑摩書房，1974年），32頁；同『吉田松陰』[1893年] 同上，161, 220-23頁；竹越与三郎『新日本史』中 [1892年]『明治史論集1（明治文学全集77）』（筑摩書房，1965年），133-46頁；北村透谷「明治文学管見」[1893年] 勝本清一郎校訂『北村透谷選集』（岩波書店，1970年），249, 252-58頁；山路愛山『現代日本教会史論』[1905年] 山路平四郎校注『基督教評論・日本人民史』（岩波書店，1966年），8頁；板垣退助監修『自由党史』[1910年]（岩波書店，1957-58年），上，33頁．

4) フランス革命の近年の研究状況を概観するには，次の書が便利である．T.C.W. ブラニング『フランス革命』天野知恵子訳（岩波書店，2005年）[T.C.W. Blanning, *The French Revolution: Class War or Culture Clash?* 2nd ed. (Palgrave Macmillan, 1998)].

5) 楫西光速・加藤俊彦・大島清・大内力『日本資本主義の成立Ⅰ(双書日本における資本主義の発達1)』(東京大学出版会, 1970年), 244頁.
6) フランソワ・フュレ『フランス革命を考える』大津真作訳(岩波書店, 1989年) [François Furet, *Penser la Révolution Française* (Éditions Gallimard, 1978, 1983)].
7) ウィリアム・ドイル『アンシャン・レジーム』福井憲彦訳(岩波書店, 2004年), 「参考文献」9頁 [William Doyle, *The Ancien Regime*, 2nd ed. (Palgrave Macmillan, 2001)].
8) *Democracy in America*, translated and edited by Harvey C. Mansfield and Delba Winthrop (The University of Chicago Press, 2000), Editor's Introduction, p. xvii.
9) *Œuvres, Alexis de Tocqueville*, Bibliothèque de la Pléiade III (Éditions Gallimard, 2004), pp. 635–40 (Esquisses de *L'Ancien Régime et la Révolution*). 以下, *L'Ancien Régime et la Révolution* と関連論文・ノート類からの引用は, このプレイアード版全集から行い, *ARR*, pp. 635–40 のように表記する. なお, 同全集に収められた *L'Ancien Régime et la Révolution* の本文と, 論文 "État social et politique de la France avant et depuis 1789" (1836) については, 小山勉訳『旧体制と大革命』(筑摩書房, 1998年)の頁をも示す. しかし訳文は, 小山訳を参照はしたが, 必ずしもそれによらない.
10) 「19世紀の間にフランスは, 人口においては, アメリカ合衆国, ドイツ, オーストリア゠ハンガリー, ロシアに遅れをとり, 工業総生産の点では, アメリカ合衆国, ドイツ, イギリスに追い越され, 国民一人あたりの実質収入の点では, スイス, オランダ, ベルギー, スカンディナヴィアと, 大英帝国のいくつかの地域にも追い抜かれてしまった. 経済の高い成長率を達成したのは, 旧体制の多くの特徴が残存したイギリスやドイツであったことをよく考えるならば, 工業化がはじまったとき, フランス型の革命は良くて無関係, 悪ければハンディキャップであった, と示唆しているように思われる.」ブラニング『フランス革命』100頁.「1840年代にいたるまでフランス経済は不振で, 大胆なところも一切なく, 経済的慣行も18世紀なかばの発展期以来, ほとんど変化していなかった.」ドイル『アンシャン・レジーム』102頁. トクヴィルも, 革命によってブルジョアジーが経済的打撃を被ったと指摘している. *ARR*, p. 655.
11) 関山直太郎『近世日本の人口構造: 徳川時代の人口調査と人口状態に関する研究』(吉川弘文館, 1957年), 117頁.
12) Emmanuel Le Roy Ladurie, *L'Ancien Régime 1610–1770* (Hachette Littératures, 2003), p. 8; ドイル『アンシャン・レジーム』61頁.
13) 関山『近世日本の人口構造』312頁; Jack R. Censer and Lynn Hunt, *Liberty*,

III-1 アンシャン・レジームと明治革命

Equality, Fraternity: Exploring the French Revolution (The Pennsylvania State University Press, 2001), p. 4.
14) 関山『近世日本の人口構造』229–33 頁.
15) David Garrioch, *The Making of Revolutionary Paris* (University of California Press, 2002), p. 127.
16) Ladurie, *L'Ancien Régime 1610–1770*, p. 265.
17) ちなみに，ミシェル・ヴォヴェル『フランス革命の心性』立川孝一ほか訳（岩波書店，1992 年），42 頁［Michel Vovelle, *La mentalité révolutionnaire: Societé et mentalité sous la Révolution française* (Messidor/Éditions Sociales, 1985)］によれば，当時のフランスの識字率は概ね 50％ だったという.
18) Garrioch, *The Making of Revolutionary Paris*, p. 135.
19) 石川松太郎『藩校と寺子屋』（教育社，1978 年），144 頁.
20) Cf. *ARR*, pp. 190–91［小山訳，344 頁］.
21) Ibid., p. 17［同上，37 頁］.
22) 関山『近世日本の人口構造』312 頁.
23) Censer and Hunt, *Liberty, Equality, Fraternity*, p. 4.
24) Ibid.
25) Ibid.
26) 二宮宏之「フランス絶対王政の統治構造」『全体を見る眼と歴史家たち』（平凡社，1995 年）．"Through the first half of the eighteenth century Paris remained overwhelmingly a 'corporate' and 'customary' society characterized by a powerful sense of hierarchy. It is a world very foreign to us today. The whole political and social structure of eighteenth-century France was based on the idea of 'corporations,' in which the original organic sense of 'body' remained strong." Garrioch, *The Making of Revolutionary Paris*, p. 7.
27) *The New York Times*, 17 October 1871［内川芳美・宮地正人監修『外国新聞に見る日本』第 1 巻（1852–1873　原文編）（毎日コミュニケーションズ，1989 年），570 頁］.
28) 福沢『文明論之概略』196 頁.
29) 「千年間も存続してきた後，貴族階級はどのようにして，一夜のうちに打倒されえたのだろうか．」*ARR*, p. 225［小山訳，401 頁］．また，「大革命は結果的に，何世紀もの間ヨーロッパの大多数の民族を全面的に支配してきた，一般に封建制と呼ばれる政治諸制度を廃止して，諸条件の平等を基礎とする，より画一的でより単純な社会的・政治的秩序に置き換えただけである．」Ibid., pp. 68–69［同上，126 頁］.
30) 匿名『復古論』［慶応 4 年 8 月成］『明治文化全集　雑史篇』（日本評論社，1967 年），545 頁.

31) 関口すみ子『御一新とジェンダー：荻生徂徠から教育勅語まで』(東京大学出版会, 2005 年).
32) *ARR*, p. 7 [小山訳, 21 頁].
33) ミシェル・ヴォヴェル『フランス革命と教会』谷川稔ほか訳 (人文書院, 1992 年), 第 5 章 [Michel Vovelle, *La Révolution contre l'Église: De la Raison à l'Être Supreme* (Éditions Complexe, 1988)].
34) 「兎に角に日輪は本なり，月は附ものなり．附ものを当にせずして本に由て暦を立るは，事柄に於て正しき道といふべし．……故に日本国中の人民，此改暦を怪む人は必ず無学文盲の馬鹿者なり．これを怪しまざる者は必ず平生学問の心得ある知者なり．されば此度の一条は日本国中の知者と馬鹿者とを区別する吟味の問題といふも可なり．」福沢諭吉『改暦弁』[1873 年]『福沢諭吉全集』第 3 巻 (岩波書店, 1959 年), 324–26 頁.
35) ただし，日本の場合と異なり，フランスでは多くの地名がその後，旧に戻されたようである．ヴォヴェル『フランス革命の心性』286 頁.
36) レフ・イリイッチ・メーチニコフ『亡命ロシア人の見た明治維新』渡辺雅司訳 (講談社, 1982 年), 16 頁．メーチニコフの経歴については，同『回想の明治維新：一ロシア人革命家の手記』渡辺雅司訳 (岩波書店, 1987 年) の渡辺雅司「解説」による．
37) *ARR*, p. 39 [小山訳, 72 頁].
38) Ibid., p. 55 [同上, 98 頁].
39) 現に，例えば福沢諭吉は，「国体と文明とは並立すべからざる者」だという説に強く反撥し，「言語宗旨等の諸件の存亡」よりも「独立」それ自体が優先すると力説している．福沢『文明論之概略』第 2 章, 26–28 頁.
40) 「国権可分の説」[1875 年]『福沢諭吉全集』第 19 巻 (岩波書店, 1962 年), 528 頁.
41) フュレ氏は，こう述べている．「つまり，トクヴィルは，ミシュレの大革命史よりも『右寄り』の歴史をたとえば書いたということではない．彼が書いているのは別の大革命史なのである．それは，革命的イデオロギーにたいする批判，フランス革命の自己幻想と判断されるものにたいする批判に立脚している．」「歴史のなかで革命時代はとくに不分明な時代である．イデオロギーのベールが，ドラマの演技者の目から事件の深い意味を最大限に隠すような時代である．これが恐らく，『旧体制と大革命』が革命理論にたいして与えた基本的な貢献であろう．」フュレ『フランス革命を考える』27, 286–87 頁.
42) *ARR*, p. 68 [小山訳, 125 頁]．ここで「主要な敵対者」とされているのは，無論，例えばエドマンド・バークである．Cf. ibid., p. 1025.
43) Ibid., p. 39 [同上, 72 頁].

44) 逆に，本稿の目的からして，トクヴィルが手がかりになりそうにない明治維新の様々な面については，それ自体はいかに重要であれ，本稿では触れない．
45) Ibid., p. 154–55 [同上，280 頁].
46) デイヴィッド・ビアン「貴族政」フランソワ・フュレ，モナ・オズーフ編『フランス革命事典 5 思想 I』河野健二ほか監訳（みすず書房，2000 年），124, 110–11 頁 [David D. Bien, "Aristocratie," in François Furet and Mona Ozouf, eds., *Dictionnaire Critique de la Révolution Française* (Flammarion, 1992)].
47) 辻達也校注『政談』(岩波書店，1987 年)，76–77 頁．分かり易さのためにルビを付した．
48) *ARR*, p. 11 [小山訳，28 頁].
49) 鈴木淳氏は，こう指摘している．「大隈重信は明治 8 年 (1875) 9 月の建議で，江戸時代には『三百有余の政府人民に代はり銀行其他の商業を経営したると謂ふも夸言に非さるへし』と，各藩が藩札を発行して金融を助け，また藩外との交易の資本とするなど銀行のような役割を果たしていたとの認識を示している．旧藩士族集団の生活をささえるとともに，地域産業の振興に資する銀行の経営は，士族にとってかつての藩政の実務と類似の意義を見出し，誇りを持って従事できる仕事だったにちがいない．銀行や類似営業の士族会社の従事者は数千人で，士族の就業先としての意味は官吏や巡査より小さいが，それらが初期の『会社』の大半を占めていたのであるから，後の時代の銀行や伝統ある会社の従業員に良きにつけ，悪しきにつけ，士族的な意識の残像が見えたとしても不思議ではない．」鈴木淳『維新の構想と展開（日本の歴史 20）』(講談社，2002 年)，180 頁．
50) ビアン「貴族政」117 頁．
51) 武士たちの維新後の転身と名誉意識の問題については，園田英弘・濱名篤・廣田照幸『士族の歴史社会学的研究：武士の近代』(名古屋大学出版会，1995 年)を参照．
52) *ARR*, pp. 169–70 [小山訳，305–6 頁].
53) ちなみにトクヴィルは，次のように指摘している．「ルイ十四世の治下で，貴族たちは著述家を尊重し，保護した．しかし，彼等は混じり合いはしなかった．凡そは，一体となることなくしばしば接触する，二つの異なる階級をなしていた．18 世紀末には，もはやそうではなかった．それは，著述家が貴族政の特権の分与を認められたということではない．彼等が政界で著名な地位を獲得したということでもない．貴族界は彼等をその身分に呼び入れはしなかったが，多くの貴族が彼等の間に身を置いたのである．文芸は，そうして平等の宿る中立地帯のようになった．文士と大貴族は，そこで，お互いに探すことも恐れをいだくこともなしに出会った．現実世界の外で，ある種の想像上の民主政が確立したのである．そこでは，各人について重要なのは自然の与えた優越性のみだった．」Ibid., p. 20 [同上，41 頁].
54) Ibid., p. 177 [同上，317 頁].

55) ロジェ・シャルチエ『フランス革命の文化的起源』松浦義弘訳(岩波書店,1994年)[Roger Chartier, *The Cultural Origins of the French Revolution* (Duke University Press, 1991)];ブロニスラフ・バチコ「啓蒙」フュレ・オズーフ編『フランス革命事典5』152–68頁;ブラニング『フランス革命』第1章3「啓蒙思想」.
56) *ARR*, p. 174 [小山訳, 313頁].
57) 『明治文化全集 新聞篇』(日本評論新社, 1955年), 460頁(分かり易さのために, 句読点を一部改めた). なおこれ以前に清朝で公刊された西洋を紹介する地理書も, 議会制を高く評価している. 例えば, 梁廷枏『合省国説』, 魏源『海国図志』「墨利加洲部総叙」, 徐継畬『瀛寰志略』「英吉利国」.
58) 阪谷朗廬「尊王攘夷説」『明六雑誌』43号(1875年), 7丁表.
59) 阪谷朗廬「女飾ノ疑」『明六雑誌』21号(1874年), 6丁裏.『論語』雍也に「子曰, 質勝文則野. 文勝質則史. 文質彬彬, 然後君子.」とある.
60) *ARR*, p. 202 [小山訳, 362頁].

III-2　義気と慣習
明治期政治思想にとってのトクヴィル

松田　宏一郎

1. はじめに

　明治新政府の体制がまだ固まっていたとは言い難いごく初期の頃，望ましいあるいは望ましくない政治体制についての議論が，続々と西洋から輸入されていた．トクヴィルの『アメリカのデモクラシー』(以下，『デモクラシー』と記す)もその一つであった．そして，立場や関心の異なる多くの人々に読まれ，あるいは引用されてきたために，近代日本にとってのトクヴィル受容の問題は多様な面を持つものであった．

　トクヴィルの名が言及されるおそらく比較的初期のものとして，トクヴィルの著作そのものでなく，その人物像がサミュエル・スマイルズの *Self Help* に紹介されており，これが中村敬宇によって『西国立志編』として翻訳されている例などもある[1]．ここではトクヴィルがその高貴な家柄に自足することなく，自ら困難を顧みずアメリカを視察し，優れた著作によって学問に貢献した人物として称揚される．中村自身，スマイルズのこういった紹介からトクヴィルに関心を持ち，『デモクラシー』を読み始めたと述べている[2]．

　トクヴィルの著作の最初の翻訳は，『デモクラシー』の中の「出版の自由」について論じた章の訳出であった[3]．これは明治新政府による言論統制を批判する理論的武器として採用されたものである．また，肥塚龍による『デモクラシー』第1巻のほぼ全体の翻訳が，1881年から1882年にかけて出版された[4]．これはヘンリー・リーヴによる英訳からの重訳であるが，比較的丁寧に訳されたものである．

　こういった翻訳や紹介を通じて近代日本にトクヴィルがもたらした知識と思想は，いくつかの観点と深さに分けることができる．しかし，おおまかにいえば，トクヴィル受容のあり方として最も一般的なものは，アメリカという国家

の政治システムそのものを理解する手がかりとしての扱いである．さらに，実際のアメリカ社会で生きる人々が生活や社会についていだいているものの見方について，トクヴィルが共感しながらもきわめて冷静で時に皮肉たっぷりの筆致で描いている点もまた，当時の日本の知識人にとって重要な情報であった．もちろんこういった情報や分析は，共和制や連邦制という国家体制の類型的特性と歴史的背景，さらにデモクラシーの思想など，アメリカという具体的な国家の背後にある，西洋の政治的伝統と理念についての知識に大きく貢献した．

既に，日本の政治思想におけるトクヴィルの受容については多くの専門的研究があり，ここでその業績についていちいち振り返る必要はないと思われる[5]．そこで，本稿ではいわばトクヴィルが描くアメリカの政治制度と理念がどのように日本で理解あるいは誤解されたかといった検討は避けて，やや特定の観点から近代日本の政治思想へのトクヴィルの影響を考察してみたい．

第一点は，トクヴィルによって描かれたデモクラシーと共和政を支える市民の「精神の習慣」とでも呼ぶべき資質について，日本の歴史的伝統の中からそれに対応する精神的要素を見いだそうとする努力がなされたこと．第二に，トクヴィルが示した旧体制の社会と革命の意味づけが日本ではどのように理解されたのか．以上の二点に絞って検討をしたい．

2．「義気」とパブリック・スピリットの解釈

明治9年に，慶應義塾によって刊行されていた『家庭叢談』という雑誌に，『デモクラシー』の第1巻の中からいくつかの節が，小幡篤次郎による翻訳で掲載された[6]．先に触れたように，既に明治6年に小幡は出版の自由に関する章を訳出していたが，地方自治に関する章の翻訳は，明治10年刊行の福沢諭吉『分権論』に引用され重要な役割を果たした．福沢家所蔵本には明治10年6月から7月にかけて『デモクラシー』の英訳版を読んだことを示す書き込みがあるため，福沢自身がこれを本格的に読んだのは，おそらく『分権論』脱稿よりも後である．ただし小幡篤次郎の訳から学んだり，あるいは福沢本人による部分的な拾い読みはその前からなされていたのではないかと思われる．小幡篤次郎の業績は，今日あまり注目されることがないが，福沢の著作活動にも深

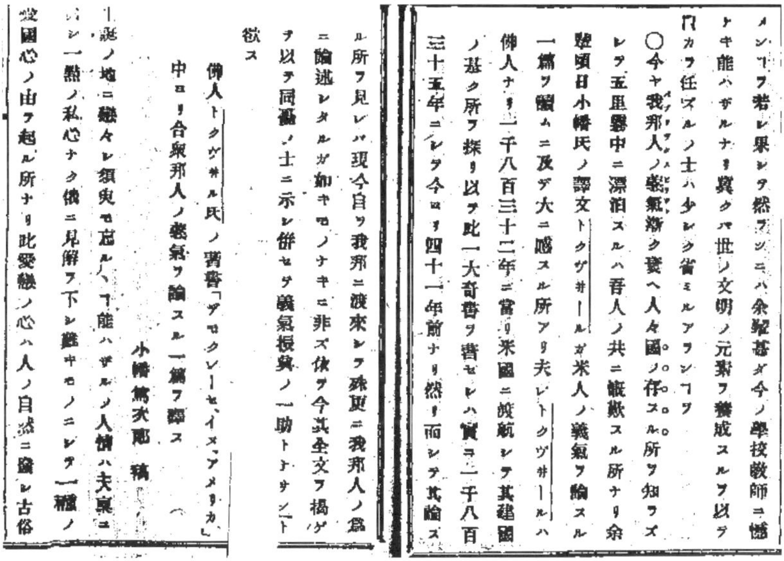
メントヲ若シ果シテ然ラシニハ余輩甚ダ今ノ學校教師ニ憾
ナキ能ハザルナリ冀クハ世ノ文明ノ元素ヲ養成スルヲ以テ
自カラ任ズルノ士ハ少シク省ミル所アランコトヲ
○今ヤ我邦人ノ義氣漸ク衰ヘ人々國ノ存スル所ヲ知ラズ
シテ五里霧中ニ漂泊スルハ吾人ノ共ニ慨歎スル所ナリ余
輩頃日小幡氏ノ譯文トクヴサールガ米人ノ義氣ヲ論ズル
一篇ヲ讀ムニ及デ大ニ感ズル所アリ夫レトクヴサールハ
佛人ナリ一千八百三十二年ニ當リ米國ニ渡航シテ其建國
ノ基ク所ヲ探リ以テ此一大奇書ヲ著セシハ實ニ一千八百
三十五年ニシテ今ヨリ四十一年前ナリ然リ而シテ其論ズ
ル所ヲ見レバ現今自ラ我邦ニ渡來シテ殊更ニ我邦人ノ爲
ニ論述シタルガ如キモノナキニ非ズ依テ今其全文ヲ掲ゲ
テ以テ同憂ノ士ニ示シ併セテ義氣振興ノ一助トナサンコト
ヲ欲ス

佛人トクヴサール氏ノ著書「デモクラシー、イン、アメリカ」
中ヨリ合衆邦人ノ義氣ヲ論スル一篇ヲ譯ス
小幡篤次郎　稿

土誕ノ地ニ纏々シ須臾モ忘ル丶能ハザルノ人情ハ夫ノ某處ニ
存シ一點ノ私心ナク僅ニ見解ヲ下シ難キモノニシテ一種ノ
愛國心ノ由テ起ル所ナリ此愛戀ノ心ハ人ノ自然ニ論シ古俗

図1

くかかわっており，福沢がトクヴィルを自分で読む以前にトクヴィルの思想についての紹介役をはたしていたと考えられる[7]．

小幡は『家庭叢談』誌上に，public spirit という概念が用いられたいくつかの節を訳載した．これに紹介文を寄せた，福沢諭吉であろうと推測される編者は，public spirit を「我邦人の義気」と訳している．

> 今や我邦人の義気（パブリックスピリット）漸く衰へ人々国の存する所を知らずして五里霧中に漂泊するは吾人の共に慨歎する所なり．余輩頃日小幡氏の訳文トクヴサールが米人の義気を論ずる一篇を読むに及で大に感ずる所あり．夫れトクヴキールは仏人なり一千八百三十二年に当り米国に渡航して其建国の基く所を探り，以て此一大奇書を著せしは実に一千八百三十五年にして，今より四十一年前なり．然り而して其論ずる所を見れば，現今自ら我邦に渡来して殊更に我邦人の為に論述したるが如きものなきに非ず．依て今其全文を掲げて以て同憂の士に示し，併せて義気振興の一助となさんと欲す（ルビと強調

は原文）．（図 1）

　小幡の訳の中では public spirit が「人心」「元気」といった言葉で表現されている．たとえば，「実に政権の集合なければ国々を成さざるは余が能く知る所なれども治権集合せば間断なく地方の人心を挫き元気を羸疲するの他なきものなり」（『家庭叢談』34 号，明治 9 年 12 月）という一節がある．この原文は "But I am of opinion that a central administration enervates the nations in which it exists by incessantly diminishing their public spirit"（第 1 巻第 5 章）である．「地方の人心を挫き」が "diminishing their public spirit"，「元気を羸疲する」が "enervates the nations" に対応していると考えられる．

　「義気」という言葉は福沢諭吉が『学問のすゝめ』（11 編「名分をもって偽君子を生ずるの論」明治 7 年 7 月）の中で用いている．福沢は，日本は義の国だと主張するような主張を皮肉り，徳川時代に日本国民の内どれだけ「義気」をもった人間がいたのか計算してみようという．

　　或人云く，斯の如人民不実の悪例のみを挙ぐれば際限もなきことなれども，悉皆然るにも非ず，我日本は義の国にて，古来義士の身を棄てて君のためにしたる例は甚だ多しと．答云く，誠に然り，古来義士なきに非ず，ただその数少なくして算当に合わぬなり．元禄年中は義気の花盛りとも云うべき時代なり，この時に赤穂七万石の内に義士四十七名あり．七万石の領分には凡そ七万の人口あるべし．七万の内に四十七あれば，七百万の内には四千七百あるべし．物換り星移り，人情は次第に薄く，義気も落下の時節と為りたるは，世人の常に言うところにて相違もあらず．故に元禄年中より人の義気に三割を減じて七掛けにすれば，七百万に付三千二百九十の割合なり．今，日本の人口を三千万と為し義士の数は一万四千四百人なるべし．この人数にて日本国を保護するに足るべきや．三歳の童子にも勘定は出来ることならん[8]．

　赤穂藩の全人口の内 47 人しか「義士」がいないのであれば，経年による目減りも考えると「日本国」全体では現在 1 万 4100 人しかいないことになる．

武士の「義気」は，赤穂の「義士」のように勤め先の主人である殿様への忠誠心や自己犠牲の精神であるかもしれないが，国民の公共精神とは関係がないではないかというわけである．この一節がトクヴィルと直接関係するかどうかはわからない．しかし，国民国家の基礎をなす一般人民の公共性への献身といった考え方を強めることに，トクヴィルが重要な影響を与えたことは確実であると考えられる．そしてもちろんトクヴィルによる地方分権の意義の強調が，この考え方に精神論的な鼓吹以上の政治制度論的な性格を与えていた．

『分権論』（明治10年刊）のアイデアに関係すると考えられるメモには，以下のような一節がある．

> 治権分布の慣習なきこと日本の如き国に於ては，情実の政を施すこと板倉大岡の流に従ふより外は，如何なる政体にても，政府に人物集りて政治の行届く程，ますます国力は衰微す可し．政治行届きて国の衰微するとは迷惑なる次第なり．然ば則ち態と不行届きにしては如何と云ふに，若し不行き届きならば各地方に幾多の専制力を生じて又難渋なる可し．されば板倉大岡の流に復古せん歟，開国以来再び行ふ可らず．此復古が出来る位なれば，徳川は滅亡せざる筈なり．結局今の処にては治権分布の慣習を養ふより外なし．此事行はれざれば日本は慥に無に属す可し[9]．

明らかに「治権」はトクヴィルの『デモクラシー』における行政 administration の分権という議論を引いており，この言葉は既に小幡の『家庭叢談』上の訳文に現れていた．もちろん「慣習」もトクヴィルのいう "mœurs"（リーヴ訳1873年版では manners, mores）を引いたものであろう．そして福沢は「治権分布の慣習」をつくりださなければ，政治権力はますます干渉的にならざるを得ず，国民はますます自立心や活力を失うと論じている．

福沢は，国家の統合と「治権分布」は相互に補強し合う関係にあるということを，『分権論』の中で次のように説明した．

まず中央集権論が日本の文脈では否定できない説得力をもつことをある程度認める．

集権論者は又一歩を進め，啻に治権を集合するのみならず，商売工業の権をも一処に合併して，殆ど人民の私を制せんとするの考あるが如し．蓋し日本の商工は数百年の久しき，睡眠の如く麻痺の如く，至静の有様に沈て，唯よく他の命に従ふのみに非ず，求めて之に従ひ悦て之に依頼するに慣れたる者なれば，之を放頓して其為す所に任ずるときは際限ある可らず．……今政府に在る人は，其官位を問はず履歴を尋ねず，唯其知力のみに就て論ずるも，日本国中の人民に於て先進先覚の人物と云はざるを得ず．然ば則ち先進は後進を導かざる可らず．先覚は後覚を教へざる可らず．是即ち人民の睡眠を驚破し麻痺を感覚せしむるの一策なり．此一段に至ては，日本の政府は西洋諸国の政府に比して少しく趣を異にし，恰も公務の外に一の私務ある者の如し．故に自国の形勢をも考へずして西洋の空談を聞き，一概に自然放頓の旨を主張して政府の多事繁務なるを咎るは，実地に暗き者の紙上論のみ．

　日本のような後発国では，政府が「公務」と「私務」を兼ねるのも仕方が無い．しかし，やはり「習慣」から実際的な知恵をすくい上げなければ，統治は機能しないだろうという．

　　然りと雖ども，其これを導き之を教るの方法に就ては頗る考案を要することなれば，軽々着手す可らず．政府を人民の先進先覚と云ふと雖ども，唯斯の如くす可しとの説を発明したるのみにして，未だ斯の如くするの術を得たる者に非ず．実際の術に至ては，仮令ひ理論に乏しきも，人民の習慣に由て熟知する所なれば，固より政府の及ばざるものなり[10]．

　この一節は，『デモクラシー』においてトクヴィルが，中央集権のメリットを吟味しながらも，結局中央集権主義は通常の政府の能力を考えると限界があるとしている箇所を踏まえている．中央政府があらゆる地方と分野を指導することはその処理能力を超えてしまうと福沢は考えるからである．
　この記述での「人民の習慣」は村落レベルの地域秩序を運営する伝統的習慣であって，国家構造全体を意識した「治権分布の慣習」とは別である．しかし，

III-2　義気と慣習

福沢は，この二つの習慣を結びつける可能性を提示しようとしていた．この「習慣」が新しい自治の習慣への基礎条件的な役割を果たすと考え，その転換を実現するために，地方分権制度による経験を通じてわざわざ「教え導く」必要があると考えたのである．トクヴィル自身，『デモクラシー』第1巻出版の後，1830年代後半に，産業化の進展が政府の干渉に多分に依存している事態に着目し，社会そのものが持つ活力に期待するだけではすまなくなり，中央集権化についての評価もより複雑なものになっていった[11]．福沢は後発国である日本の条件に即して，中央集権主義批判の調子をやや弱めたのではないだろうか．

国民が権力と権威への無自覚的依存から自由になるように，国家が制度を通じて教育するという逆説的な課題設定は，同時に，集団への本能的な執着心を，理性的な秩序への貢献意識に転換するという課題にも結びついていた．

明治11年刊行の『通俗国権論』では，『デモクラシー』を用いたと思われる記述がある．

> 又封建の時代に各藩相対するの事情は競争の最も甚しきものにして……．是等の事実に出て考れば，日本の人民決して報国心に乏しからず，唯其心の狭小なりしのみ．心の狭小なるに非ず，之を用る場所の狭小にして，彼の広大なる日本国なるものを知らざりしのみ．報国の心は殆ど人類の天性に存するものにして，其元素は何等の事情事変に遭ふも，或は専制暴制等の働を用るも，決して消滅す可きものに非ず．豈日本人にして独り此心を欠くの理あらんや[12]．

トクヴィルは「本能的なパトリオティズム」instinctive patriotism が，伝統的な社会のあり方にも存在することを認めながら，それがそのままでは，「思慮の上に成るパトリオティズム」reflecting patriotism という近代国家における国民としての貢献と責任意識には結びつかないと論じていた（『デモクラシー』，福沢本のリーヴ訳では第1巻第14章中の「合衆国における公共心について」の節）．おそらく福沢はそのトクヴィルの議論を踏まえて，「天性」にある萌芽的な patriotism を，国民国家を支える「報国心」へといかにして再編成していくかという課題を示そうとした．ここで「封建」の中に見られる「競争」的要素の効

用というアイデアは，トクヴィル自体からではなく，むしろフランソワ・ギゾーの文明論からの影響があると考えらえるが，福沢による「封建」概念の肯定的な使用については別稿にゆずる[13]．

　西南戦争の頃と思われるが，「薩摩の社会を評すれば，藩政の大綱は専制なれども，藩士相互の細目は自由自治の風あり，恰も自由の精神を以て専制の君に奉じたるものなり．薩兵の強きは特に此自治自動仲間申合せの致す所なり」(「[頭書] トウクビルデモクラシ初巻第三百二十八葉を見れば，カトリキ宗の国権を論じたり．其旨暗に本論に符合する所あり．トウクヴィルは先づ余が心を得足るものなり．専制の下に国権の人民ある可し．間違なき議論なり」)といったメモを福沢は残している．「専制」の制度の中に「自由自治」の精神を働かせる仕掛けがこっそり仕組まれていたことが，薩摩藩士の独立的精神の秘密であると福沢は考え，それを高く評価している[14]．

　一見古くさく非合理的に見える，権威に対する畏怖や伝統への愛着が，うまく「自由自治」・「自治自動仲間申合せ」を奨励する制度と組み合わせになれば，国家全体を支える精神的基盤として機能するというアイデアを，福沢はトクヴィルを通じて得たと考えられる．『分権論』の狙いは士族の精神的資質を近代国民国家への忠誠と貢献の意識に転換しようというものであるが，その論理構成にトクヴィルは強く影響を与えた．

> 概して之を云へば士族の生は国事政治の中に在て存し，四十万の家に眠食する二百万の人民は，男女老少の別なく一人として政談の人に非ざるはなし．伝へ聞く，亜米利加の人民は所謂「ポリチカル・アイヂヤ」なるものを抱て，人々一国公共の事に心を関するの風ありと云ふと雖ども，日本の士族が国事に意を留る程の甚しきはなかる可し．固より東西習慣を異にし，日本にては君家に忠義と云ひ，戦場に討死と云ひ，文武の嗜と云ひ，武士の心掛と云ひ，亜米利加にては報国の大義と云ひ，国旗の栄辱と云ひ，憲法の得失と云ひ，地方の議事と云ひ，其趣は双方全く同じからずと雖ども，国事に関して之を喜憂する心の元素に至ては，正しく同一様なりと云はざるを得ず[15]．

III-2 義気と慣習

> 324
>
> collect in certain spots, and would soon be subject to wants like those of the Old World, which it is difficult to satisfy; for such is the present good fortune of the New World, that the vices of its inhabitants are scarcely less favourable to society than their virtues. These circumstances exercise a great influence on the estimation in which human actions are held in the two hemispheres. The Americans frequently term what we should call cupidity a laudable industry; and they blame as faint-heartedness what we consider to be the virtue of moderate desires.
>
> In France simple tastes, orderly manners, domestic affections, and the attachment which men feel to the place of their birth, are looked upon as great guarantees of the tranquillity and happiness of the state. But in America nothing seems to be more prejudicial to society than these virtues. The French Canadians, who have faithfully preserved the traditions of their pristine manners, are already embarrassed for room upon their small territory; and this little community, which has so recently begun to exist, will shortly be a prey to the calamities incident to old nations. In Canada the most enlightened, patriotic, and humane inhabitants, make extraordinary efforts to render the people dissatisfied with those simple enjoyments which still content it. There the seductions of wealth are vaunted with as much zeal, as the charms of an honest but limited income in the Old World; and more exertions are made to excite the passions of the citizens there than to calm them elsewhere. If we listen to the eulogies, we shall hear that nothing is more praiseworthy than to exchange the pure and homely pleasures which even the poor man tastes in his own country, for the dull delights of prosperity under a foreign sky; to leave the patrimonial hearth, and the turf beneath which his forefathers sleep; in short, to abandon the living and the dead in quest of fortune.
>
> At the present time America presents a field for human effort, far more extensive than any sum of labour which can be applied to work it. In America, too much knowledge cannot be diffused; for all knowledge, while it may serve him who possesses it, turns also to the advantage of those who are without it. New wants are not to be feared, since they can be satisfied without difficulty; the growth of human passions need not be dreaded, since all passions may find an easy and a legitimate object: nor can men be put in

図 2
慶應義塾福澤研究センター所蔵

　また，人間の欲望を利用して社会の活力を引き出すというアイデアについてもトクヴィルは貢献した．福沢家所蔵本で，第 1 巻第 17 章「合衆国で民主的共和政の維持に役立っている主な原因について」の所に，「不徳も亦社会に益を為す」という書き込みのある付箋紙が見られる．これは，新世界では貪欲が必ずしも悪徳とはいえず，それが国家を発展させていることを記した箇所にある（図 2）．

　福沢がこの付箋紙を貼り付けたページで，トクヴィルは，旧世界では人々の

欲望を抑え込むことによって秩序を維持することが国家の存立のために重要であるのに対して，アメリカでは事情が全く異なると述べている[16]．アメリカでは豊かになる事への欲望と移動を好む精神とが，うまく秩序の中に織り込まれているとトクヴィルは考えていたが，福沢はこの記述に関心をもったのである．

以上，福沢諭吉のケースを中心に見てきたが，個別の論点や断片的知識の収集ではなく，ある社会に習慣化した心的態度の中に新しい政治秩序形成への手がかりを発見しようとする方法論そのものがトクヴィルの貢献であることがよくわかる．

他方，福沢とは注意点がやや異なり，トクヴィルを，柔軟性はあるが丈夫で壊れにくい秩序構築のヒントとして使うものもあった．井上毅の下でフランス語の法・政治関係文献を翻訳し，さらに山県有朋を支えて地方制度の設計に深くかかわった大森鍾一は，その「地方治体論」と題する草稿[17]で，トクヴィルに触れている．

> Tocqueville は大に集権の非を鳴せし人なり．曰く Central [isation] administ[rative] は常に Cité(壕)の心を減じ□□遂に何れの時か何れの町かに於て全国の民力 Force を集会し終りて再び続き生 Reproduire ずるの力を失はん．戦時に於ては利あらしむ可しと雖も遂には国力を失はしめん．（図3）

これはメモなので翻訳としてはこなれていないが，行政的集権が esprit de cité(リーヴ訳では public spirit)を弱め，一定の時と場所に国民の力を集中するには良いが，それを再生産することは長期的には難しくなると論じている箇所からの抜粋である．250頁に引用した小幡の訳と同じ部分にあたる．

大森は，地方行政をナショナルな政治的紛争から切り離し，安定した地域社会の秩序を維持することが，長期的には「国力」を維持し再生産することに貢献するという主張をトクヴィルからくみとっている．結局，国家の極端な干渉なしに，spirit や force を維持できる方策を考えるための材料としてトクヴィルが用いられている．

おそらく，大森はトクヴィルの地方分権論について，フランスの法学者アン

III-2 義気と慣習

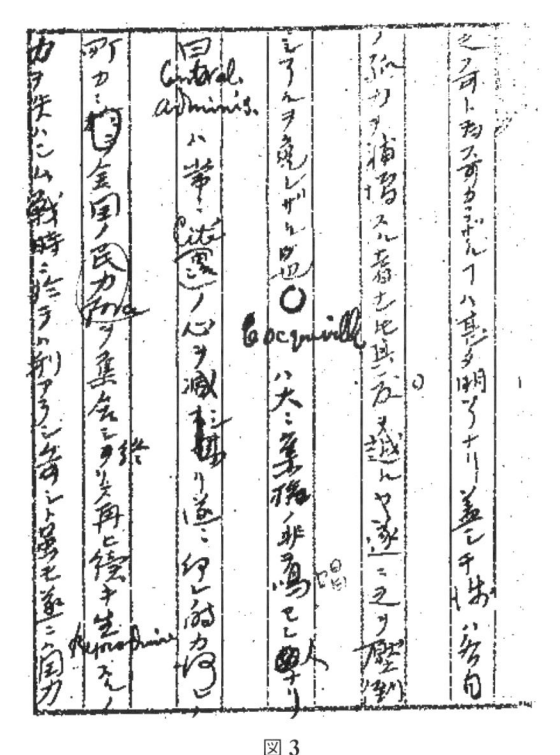

図3
財団法人東京市政調査会市政専門図書館所蔵

セルム・バトビーの行政法に関する書物から学習したと思われる．バトビーの名前が同じ草稿の随所に見られるためである[18]．大森はバトビーに触れながら，過度の中央集権は頭の大きすぎる人間と同じでバランスを欠き，精神の中央依存 centralisation morale を生み，不健康であると記述している．またバトビーに従って，中央集権を政治的・行政的・文化的 morale/intellectuelle という三つの下位カテゴリーに分け，また逆に行政には集権・分権，自治，保護後見的 tutelle な種類があるという考えを記している．

試みに大森の議論を図にすると図4のようになる．

大森は，これらのどの制度が優れているかを論じるのではなく，こういったカテゴリーの検討を通じて，国家全体のバランスの中に自治と分権の制度を位

```
                    ┌─ politique gouvernementale  立法・和戦・外交・兵馬・司法
      centralisation ┤─ administrative  水利・工業・農業・道路・警察・学事・租税
                    └─ morale/intellectuelle  富・人材

                    ┌─ centralisation/decentralisation  集権・分権
      administration ┤─ self government  地方民会の権
                    └─ tutelle  保護行政
```

図 4
筆者作成

置づけようとした．すなわち，バトビーを経由して，社会が地域レベルでもっている秩序維持能力の長期的再生産という観点からトクヴィルを理解したとみなすことができる．福沢の関心が意欲的で活動的な個人を「国民」のモデルとして描き出すことにあったとするならば，大森の場合は，同じ材料を使いながら，地域的秩序を非政治化し安定させる制度モデルを引き出すことに関心があった．

3. 「封建」と「革命」への視線

福沢が「封建」の精神の中に専制に対抗する自由主義的な要素や自発的な秩序形成への精神的伝統といった要素を読みとろうとしたのは，トクヴィルをギゾーおよびミル的な文脈で理解すると同時に，日本には専制から離脱することのできる歴史的条件がそもそも用意されていたという立論に役立ったためである．トクヴィルは『デモクラシー』で中国に言及しているが，それがおそらくJ. S. ミルの『自由論』における中国官僚制への言及を思い起こさせ，いわばアジア的専制の伝統から，日本だけは自由であるというアイデアが生まれたのではないだろうか．

『デモクラシー』第 1 巻第 5 章中の節，「合衆国における行政的分権の政治的効果」には次のような脚注が見られる．

III-2　義気と慣習　　　　　　　　　　　　　　　　　　259

　私の見るところ，中国は完全に中央集権的統治を行っている国家の最も徹底した事例を示している．旅行者の見聞によれば，中国人の社会は，幸福なき平和，進歩なき勤勉，力なき安定，公共精神なき政治秩序で作られている．社会状況は常に，我慢できるものであっても決して優れたものとはいえない．ヨーロッパ人の眼からすれば，中国はこの世界で最も完全な中央集権のモデルであるに違いない[19]．

　これは，中央集権的な行政によって社会が完全に睡眠状態にあることが平和な秩序ある望ましい状態であるとみなされてしまう危険性を述べた箇所につけられた脚注である．ここで，平和・勤勉・安定・秩序といった価値は，完全に統制され活力を失った社会でも成立するという逆説的な指摘がなされ，「中国」はその象徴として扱われている．
　福沢はあえて日本の「封建制度」に中国的専制とは異なる伝統を読み込んだわけだが，同じ箇所を読んだ他の日本の知識人の中には，この危険性が他人事ではないといった感じを受けたものもいた．
　明治10年代の後半，徳富蘇峰が，東京で新聞記者として名を挙げたいという願いがかなわず，野心を抑えかねながら，熊本で勉強し，民権運動にかかわり，大江義塾で英語や他の西洋知識を教えていた頃読んでいたとされる『デモクラシー』には，ちょうど上記の部分にアンダーラインが引かれている（図5）．さらには，「民主政下の国民が怖れるべき専制とは何か」と題された第2巻第4部第6章で，権力が人々を完全にコミュニティの中に押さえ込み，決して暴力的ではないが，あらゆる個性や活力を否定して標準化された従順な社会を生み出すことの危険性を論じた箇所に，「支那之如是也」と書き付けている（図6）[20]．
　トクヴィルは民主政治の先に現れる平均化され活力を失った社会について警告したのだが，もちろん蘇峰は民主政治の未来にある危険な可能性に着目したのではない．トクヴィルが指摘する中国のような社会になったら，自分のように才能のある人間も生涯世に認められることなく終わるという恐怖を実感したのであろう．
　そして若い蘇峰にとっては，こういった完全に集権化され停滞的な国家としての中国というイメージは，日本が容易には脱却できないかもしれない近い過

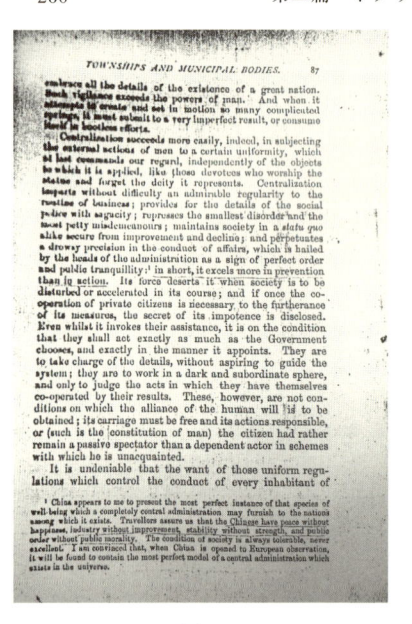

図5

図6

水俣市立蘇峰記念館(旧淇水文庫)所蔵

去でもあった．蘇峰の理解では，トクヴィルの描くアジア的専制国家は，かつてのヨーロッパが経験した「専制」と同じであり，それがなぜ革命によって破壊されなければならなかったかをトクヴィルの議論はわかりやすく説いていた．したがって，蘇峰に引用されるトクヴィルは，自由の為に専制とたたかう理想主義者のような捉えられ方である．

> トクブウイル氏曰く，自由の徒弟となるより難きものはあらじ，彼専制制度の如きは甘計美言を以て人民を誘致するに足るものなり，然れども自由は混雑糾紛の際に生じ内乱を経て漸くに完備し而して其効用は彼れが生長老大に到らざれば顕れざる也と[21]．

> トクフウイル，氏曰く道徳の観念に続て尤も高尚なるは権理の観念に若く

III–2 義気と慣習

ものあらず，更に之を明白に言はば二者の観念は一に合せざる可らず[22]．

　福沢諭吉が，「自治」と関連づけることにより「封建」概念にポジティブな含意を与えて使用し，日本の過去の中に「専制」を否定する要素を見いだそうとしていたのとは対照的に，蘇峰は「封建制度」と「専制」を重ね合わせて理解した上で，それとの訣別の重要性を説いた．蘇峰が『デモクラシー』から引き出したのは，個人の精神を専制的な権威の中に縛り付けてしまう「封建制度」という像であった．もちろんこれは，徳川体制をそのようなものと見なすことに結びついていた．蘇峰のこの読解は，トクヴィルが「忠誠心で構築された中世の国家では逆に愛国心は存在し得ない」という指摘をした箇所に依拠していた．蘇峰は中世の国家における上位権力への忠誠心と近代国家における愛国心とはまったく別のものであるという論理を見いだした．

　　［忠孝は］三百年間士族社会の脳底は唯此の二字の支配する所……トクブウヒル氏曰く「封建社会全体の組織は唯君主に忠を尽すの一念によりて維持せらるるものなり．苟も之を撃破するものは，是れ乱政の関門 anarchy を啓くものなり」[23]．

　トクヴィルがこの章でもちいた feudal societies という概念は，団体的な自治の伝統としてではなく，人格的な権威と忠誠がハイアラーキーを構成している状態を指していた．そこに着目した蘇峰の「封建」攻撃は激しい．
　『将来之日本』（明治19年）では，次のように述べている．

　　封建社会に於ては，上み征夷大将軍より下も庄屋に至る迄，皆一様に上に向ては無限の奴隷にして下に向ては皆無限の主人なり．然るが故に社会の位置なるものは唯一の鉛直線にして何人と雖ども，何時と雖ども，決して同地位に立つことを許さず，如何なる場合に於ても其関係は皆上下の関係なり[24]．

　蘇峰は徳川体制を「封建社会」ととらえ，そこに「自由の精神」などが生ま

れる余地をまったく見いださない．蘇峰の理解する「封建社会」は，西洋にとっては過去であり，中国では現状であり，そして日本にとってはそこから抜け出せるかどうかわからない危険な直近の過去の遺制であった．

　中国像を利用して，極端に標準化され従順な民と極端に強力な権力の組み合わせによる政治体制の危険性を警告する方法は，当時の西洋でトクヴィルによってだけ用いられたのではない．当時日本でよく読まれたミルやギゾーの著作にも同じような意味をもった中国像が登場していた．もちろんこれはトクヴィル，ギゾー，ミルの相互の影響関係が背後にあるが，19世紀ヨーロッパの自由主義的知識人にとって，中国をそのように描くことは，本来ヨーロッパの文明がもつ健全さを強調し，それを失ってはならないと警告するために必要な鏡のようなものであった．そしてその鏡は日本の知識人が自己の文明化の目標を設定するために輸入され利用された[25]．ただし，福沢と徳富蘇峰の違いに見られるように，福沢にとってはミルらが描く中国的専制は日本にとって異質の政治的伝統であるのに対し，蘇峰にとっては日本がまだ完全には脱却できていない極めて近い過去だったのである．

　しかし，蘇峰の理解には『アンシャン・レジームと革命』（以下『アンシャン・レジーム』と記す）が入っていない．旧体制の中に革命の成果とみなされる要素がすでに胚胎していたというトクヴィルらしい逆説的な歴史観を蘇峰は学ばなかった．

　トクヴィルが『アンシャン・レジーム』の著者であることは，ある程度知られていた．この著作の直接の受容については十分な材料がないが，間接的な受容について中江兆民と陸羯南の二つのケースを取り上げたい．

　中江兆民は，アルフレッド・フイエの『哲学史』[26]を翻訳しているが，その中に，トクヴィルのフランス革命観について次のような記述がある．

> トックウィル其著はす所の昔時の政治法朗西[フランス]の革命と題する書中言ふ有り，曰く，夫れ旨趣の極めて温厚なると行為の極めて凶暴なると正さに相反せしは，是れ法朗西革命に係る奇事の一なり，然れども学士輩少く当時の事情を察するときは，此事初より怪むに足る無し，何ぞや法朗西の革命は此邦の人士の最も純明篤学なる者之れが旨趣を掲出して，而し

III–2　義気と慣習

て其最不学無術にして志気剛暴なる者之を実行せり，其相合はざるや固より宜なり，云々[27]．

　これはフイエがモンテスキュー，ルソー，チュルゴー，コンドルセの思想を論じて，人間の進歩や平等についての理想をただちに暴力革命の原因とみなすことはできないと擁護した章に補足的に付いている一節である．「学士」の主張がいかに正しくとも，学問が無く暴力的な人間による「実行」がよくないという見方である．この翻訳箇所そのものにおける兆民の読解に特に個性的なところはない．しかし，兆民にとってトクヴィルの名前は，自由主義的かもしれないが，知識教養階級の優位と大衆の情動的な行動の危険性を論ずる保守的な立場に結びついていたのではないかと思われる．

　兆民はトクヴィルのへの言及をあまりしないが，明治23年の『選挙人めざまし』の中で，『デモクラシー』に触れた一節があり，「トックウィル氏曰く，米利堅連邦に在ては議会の任期甚だ短し，是は代議士をして単に国民希望の大体に適合せしむるが為めのみならず，更に彼の最も推し易く最も変転し易き国民の感情に迄適合せしむるが為めなり，云々」[28]としている．『選挙人めざまし』は兆民のいう「有限委任」，すなわち国民から代議士への命令的委任 mandat impératif という発想の重要性を説いた書である．「変転しやすき国民の感情」といった翻訳の言葉遣いから考えると，兆民にとってトクヴィルの議論は，あまりに国民の政治的判断力を信用しない保守的なものに見えているのではないだろうか．先のフイエによる一節もそういった印象を強めることに役立ったのであろう．

　兆民とは対照的に民主主義に警戒的な政論家であった陸羯南もトクヴィルに言及していた．兆民の『選挙人めざまし』と同年，羯南は「自由主義如何」という論文の中で，『アンシャン・レジーム』の第3部第3章「いかにフランス人は自由よりも改革を優先するか」[29]に触れている．

　　日耳曼［ゲルマン］人種は殆ど天性的に個人自由を好む．索遜［サクソン］人種も亦た而して拉典［ラテン］人種は理論上に於て個人自由を好むも其の天性は寧ろ社会平等を好む．故に自治制分権制は夙に彼処に行はれ，而して干

渉制集権制は今ま猶ほ此処に行はる．一長一短，国民各々異同ありて而して自由主義に消長の差を生ず．此の情態は夫のトクヴヰールをして嘆息せしめたり．「圧制に逆らひて起れる自由主義は一時の火焰たるに過ぎず．圧制の薪木尽くるときは自由主義の火焰も亦た頓に熄む．斯る反動的の自由は恃むに足らず．真正の自由主義は人々が居常其の言動に於て自由ならんと欲するに在り．神聖なる憲法の外に服従せざるに在り」と．トクヴヰールの生国の情態は彼をして此の嘆声を発せしめたり．仏国の人民は能く其の口に自由を唱ふ．而して其の実行を見れば英雄を崇拝せり，虚名を崇拝せり，奇怪なる理論を崇拝せり，寧ろ自由平等と云へる字象，人権宣示と云へる木像を崇拝せり．此の木像の蔭には往々夫の籠絡家と称する悪魔の冷笑して佇立するあり．而して崇拝者は毫も知らざることあり．噫理論上の自由主義[30]．

この一節は，『アンシャン・レジーム』から直接とられたのではなく，スイス出身の法学者 J. C. ブルンチュリによる『科学としての政治学』(1876年)の中からとられたものである．陸が参照したのは，おそらくそのフランス語訳『政治学』(1879年)である[31]．ブルンチュリは穏健なリベラル・ナショナリストといった立場の法学者であるが，ここでは「人種」や「天性」と政治的傾向が関係するといった記述が羯南の気に入ったのであろう．もちろん，羯南は，日本人にフランス人的な「木像崇拝」的要素が強いと考え，警戒をしていたのである．

この「自由主義如何」という論文は，一見すると自由主義の政治理論をあつかったもののように見えるが，実は同時代の自由党系知識人の一種の路線闘争である「国家自由主義」対「個人自由主義」論争(『朝野新聞』などに掲載された)の全体を批判し，ばかばかしいので議会開設にそなえてもっと実際的な政策論争をしたらどうかと皮肉った論文である．もちろん自由党系の知識人達も，自由主義の理論的可能性を追究したかったのではなく，当時の自由党内部での主導権争いを，言論・集会の自由などの権利論重視か条約問題などの国権論重視かという形に転換して，関係の新聞紙上で繰り広げていただけである．羯南は哲学的な意味での個人の尊厳や自由の問題にはほとんど関心がないので，ト

クヴィルによるフランス人の理論崇拝志向についての記述を見てこれは使えると考えたのであろう．

類似したトクヴィルの引用としては，慶應義塾出身で徳富蘇峰率いる『国民新聞』などで活躍した竹越與三郎(三叉)によるものがある．竹越は『政界之新潮』(明治20年，これは竹越が蘇峰の民友社に入るより前である)の中で，民主的でない政治体制において非現実的な理論信仰が発生する病理を指摘する際に，トクヴィルの『デモクラシー』第2巻第1部第1章にある，アメリカでは哲学はあまり重視されない，という一節を引用していた．竹越によれば日本の学風が「無形の学問」(アブストラクト)ばかりで「有形の学問」(コンクレート)が弱いのは，「社会の組織が不平等」で「人の理想上の楽土」から遠いためにかえって「哲学風」の言論が盛んになってしまうからであるという[32]．トクヴィルのアメリカ論は，「哲学風」が必要のない社会の好ましさを描いたものとして触れられている．

またこれに関連して，徳富蘇峰は『将来之日本』の中で，「商業社会」をあからさまに肯定するアメリカの新しさという点に着目してトクヴィルを引用していた[33]．蘇峰は「平民主義」を掲げるにあたって，士族がふりまわす天下国家の理念よりは，「平民」がもつ自己の利益への合理的な計算にこそ，結局は国家の発展に役立つ精神的要素があると考えていたが，『デモクラシー』もその発想に貢献したかもしれない．

明治20年から23年頃の新聞雑誌などに現れる政論では，「主義」の政治から「実業」の政治への転換がしばしば唱えられていた[34]．中江兆民・陸羯南らは，評価の仕方は異なるが，トクヴィルをやや保守的で穏健なリベラルとみなし，悲憤慷慨の革命論を牽制する立場の論者とみなしていた．これと比較すると，蘇峰や三叉は，トクヴィルが「哲学」への執着を「旧世界」的とみなし批判する点に，いわば一種のポジティヴィズム的傾向，すなわち人類の発展の法則的説明を見いだし，共鳴していた．

4. 結　論

本稿で見た中では，福沢諭吉のものがトクヴィルの政治理論の本質にもっとも肉迫しているといえる．個人の自由と社会全体の活力の問題，統治の効率化

と知識や才能の中央集中のコスト，政治的自由の拡大と社会的な平準化がもたらす凡庸で愚かしいものの優勢といった，ひとまとまりの現象の中に国家および個人にとってのメリットとデメリットを両方見いだす手法が福沢の資質にあっていたためであろう．また，それはトクヴィルの読み込みということだけではなく，福沢がトクヴィルのおかれていた英・仏の知識人社会のコンテクストを，ミルやギゾーの著作を踏まえてよく理解していたからである．もちろんその背後には福沢が日本と中国の政治的伝統の違いに極めて敏感であり，また西洋の知識人が描く中国像が日本に当てはまらないことを願う気分が強く反映していた．

しかし，福沢も含めて立場や理解の程度の異なる知識人に，トクヴィルが与えた共通の影響はおそらく次のようなものであろう．すなわち，近代国家形成にとって政治的権力の集中は否定できないとしても，社会的秩序への貢献・参加の意識は，地域社会に分散し，自治意識として機能するよう導かれるべきであること．またいかに望ましいと思われる政治的理念であっても，実践的経験や伝統的習慣によって涵養された精神態度によって支えられなければ，無力であるだけでなく有害でもあること．最後に，おそらくそういった問題群の自覚こそが，日本が「アジア」的専制と停滞から抜け出す重要な基盤となること．いずれもトクヴィルとの出会いがなければ明確に描き出すことの困難な，しかし重要な着眼であった．

ただし，トクヴィルから学んだものは，必ずしも好ましい結果につながったとは限らない．『デモクラシー』はしばしば地方自治制度と強く関連づけられて参照されたため，self-government の概念は地域単位の自治行政として発想されることが多かった．人類の社会形成・集団形成の形態や規範の在り方が多様で，「自治」を支える精神態度も具体的には多様にならざるを得ないといった観点は脱落しがちだった．たとえば，明治後期以降，日本の知識人が中国や朝鮮社会を見るときに，なぜ中国・朝鮮の人々は強力な集団性とネットワークをもっているのに，地域レベルでの自己統治システムがあまり機能していないのかという疑問を示すことが多かったが，これは逆に日本の知識人が「地域」と「自治」の結びつきばかりをあまりに強く考えていたための発想の視野狭窄である．

また，おそらく中江兆民が感づいていたように，あまりにも容易に「理論信

仰」を非難するために，理論が理論として厳密に整合的に構築されているかという問題に関心が薄く，政治体制が整合性をもった理論によって正当化できるかどうかを厳密に検討してみるという試みがなかなか発展しなかった．

もちろんこれらはトクヴィルに責任があるのではない．近代日本の知的言説空間を生み出す条件の中に，そうならざるを得ない要素があったためである．

[付記]
史料の引用に当たっては，読みやすさを優先し，漢字を通用のものに，カタカナはひらがなに改め，句読点を補足した．

注
1) 中村敬宇訳『西国立志編』［1871 年］（講談社学術文庫，1981 年），第 1 編 32 章「ワーズワースの論ならびにトクヴィルの事」，33 章「トクヴィル他人より助けを得たることを招認する事」．
2) ギルレット著，中村正直訳『共和政治』（1873 年），序文．
3) 小幡篤次郎訳『上木自由之論』（1873 年）．
4) 肥塚龍訳『自由原論』（1881-82 年）．この翻訳については出原政雄『自由民権期の政治思想：人権・地方自治・平和』（法律文化社，1995 年），第 3 章参照．
5) 丸山眞男「『福沢諭吉選集』第 4 巻解題」丸山眞男著，松沢弘陽編『福沢諭吉の哲学 他 6 篇』（岩波文庫，2001 年）；山下重一「トクヴィル・福沢諭吉・德富蘇峰」『福沢諭吉年鑑』2（福沢諭吉協会，1975 年）；安西敏三「福沢におけるトクヴィル問題：西南戦争と『アメリカのデモクラシー』」『近代日本研究』22 巻（慶應義塾福沢諭吉センター，2006 年 4 月）；安西敏三「福沢諭吉と A. D. トクヴィル『アメリカにおけるデモクラシー』序説」『福沢諭吉年鑑』6（福沢諭吉協会，1979 年）．安西敏三の論文は，『福沢諭吉と自由主義：個人・自治・国体』（慶應義塾大学出版会，2007 年）に改訂の上収録された．
6) 『家庭叢談』23, 29, 34 号（1876 年 11 月, 12 月）．これは，リーヴによる英訳の *Democracy in America*, First Part, Chapter V のうち "Political Effects of the System of Local Administration in the United States" の節および Chapter XIV のうち "Public Spirit in the United States," "Notion of Rights in the United States" の節を翻訳したものである．表記は福沢家所蔵本 1873 年版による．
7) しかし，近年以下のような有益な研究が現れた．住田孝太郎「小幡篤次郎の思想像：同時代評価を手がかりに」『近代日本研究』21 号（慶應義塾福沢研究センター，2004 年）；西澤直子「小幡篤次郎と『モラルサイヤンス』」『三田評論』1081 号（慶

應義塾, 2005 年 7 月).
8) 福沢諭吉『学問のすゝめ』11 編［1874 年］慶應義塾編『福沢諭吉全集』(岩波書店, 1958–71 年), 第 3 巻, 100 頁.
9) 福沢諭吉『覚書』［1875–78 年］『福沢諭吉全集』第 7 巻, 683 頁.
10) 福沢諭吉『分権論』［1877 年］『福沢諭吉全集』第 4 巻, 268 頁.
11) Seymour Drescher, *Dilemmas of Democracy: Tocqueville and Modernization* (Pittsburgh: University of Pittsburgh Press, 1968), pp. 82–83；小山勉「トクヴィルとサン・シモン派：『産業国家観』をめぐって」『思想』733 号(1985 年 7 月)を参照.
12) 福沢諭吉『通俗国権論』［1878 年］『福沢諭吉全集』第 4 巻, 640 頁.
13) 拙稿「『封建』と『自治』, そして『公共心』というイデオロギー」『江戸の知識から明治の政治へ』(ぺりかん社, 2008 年).
14) 福沢『覚書』681 頁. トクヴィルの該当個所は, リーヴ訳第 1 巻第 17 章中の "Religion Considered as a Political Institution" という節であるが, 福沢の原文理解自体には問題がある.
15) 福沢『分権論』237 頁.
16) "In France simple tastes, orderly manners, domestic affections, and the attachment which men feel to the place of their birth, are looked upon as great guarantees of the tranquility and happiness of the state. But in America nothing seems to be more prejudicial to society than these virtues."
17) 大森鍾一「地方自治体論」(東京市政調査会『大森文書』59).
18) Anselme Polycarpe Batbie, *Traité théorique et pratique de droit public et administratif*, t. 1–7 (Paris: Cotillon, 1862–68).
19) ここでは, 福沢諭吉が読んでいた Alexis de Tocqueville, *Democracy in America*, translated by Henry Reeve (New York, 1873), First Part, p. 93 から訳出した.
20) 徳富家所蔵本, Alexis de Tocqueville, *Democracy in America*, translated by Henry Reeve (London, 1875), Second Part, Fourth Book, Chapter VI, p. 291.
21) 徳富蘇峰「明治 23 年後の政治家の資格を論ず」［1884 年］植手通有編『明治文学全集 34　徳富蘇峰集』(筑摩書房, 1974 年), 29 頁. Tocqueville, *Democracy*, Second Part, Third Book, Chapter XXI に対応.
22) 徳富蘇峰「自由, 道徳, 及儒教主義」［1884 年］植手編『明治文学全集 34』43 頁. Tocqueville, *Democracy*, First Part, Chapter VI のうち "Notion of Rights in the United States" に対応.
23) 徳富蘇峰『新日本之青年』［1887 年］植手編『明治文学全集 34』128 頁. Tocqueville, *Democracy*, Second Part, Third Book, Chapter XVIII, p. 211 に対

応．

24) 徳富蘇峰『将来之日本』[1886 年]『明治文学全集 34』102 頁．
25) Georgios Varouxakis, *Victorian Political Thought on France and the French* (Basingstoke: Palgrave, 2002), Chapter 2; Robert Kurtfirst, "J. S. Mill on Oriental Despotism," *Utilitas* 8, no. 1 (March 1996); Michael Levin, *J. S. Mill on Civilization and Barbarism* (London: Routledge, 2004), Chapter 6. また拙稿「エリート形成と能力主義の定義」『江戸の知識から明治の政治へ』も参照．
26) Alfred Fouillée, *L'Histoire de la philosophie* (Paris, 1875).
27) 文部省輯局(中江兆民)『理学沿革史』第 4 編「近代ノ理学」第 7 章「本論」[1886 年]『中江兆民全集』(岩波書店，1983–86 年)，第 6 巻，151 頁．
28) 中江兆民『選挙人めざまし』[1890 年]『中江兆民全集』第 10 巻，110 頁．
29) Alexis de Tocqueville, *L'Ancien Régime et la Révolution*, livre III, chapitre III, "Comment les français ont voulu des réformes avant de vouloir des libertés."
30) 陸羯南「自由主義如何」[1890 年]『陸羯南全集』第 1 巻(みすず書房，1986 年)，33 頁．
31) J. C. Bluntschli, *Lehre vom modernen Staat, Bd 3: Politik als Wissenshaft* (1876)．フランス語訳で該当個所は *La politique* (Paris, 1879), Livre deuxième, "Idées politiques modernes" にある．
32) 竹越三叉『政界之新潮』[1887 年] 柳田泉編『明治文学全集 36 民友社文学集』(筑摩書房，1970 年)，105–6 頁．
33) 徳富『将来之日本』79 頁．
34) こういった明治 20 年代の政論の傾向については拙稿「『近時政論考』考：陸羯南における《政論》の方法(1)」『東京都立大学法学会雑誌』33 巻 1 号(1992 年 9 月)および拙著『陸羯南：自由に公論を代表す』(ミネルヴァ書房，2008 年)参照．

III–3　戦後日本のアメリカ研究とトクヴィル

古矢 旬

1. はじめに

　本稿は，トクヴィルの『アメリカのデモクラシー』が第二次世界大戦後の日本のアメリカ研究に与えた影響を明らかにすることを目的としている．しかし意外なことに，戦後日本のアメリカ研究もしくはアメリカ史研究において，トクヴィルあるいは『アメリカのデモクラシー』に直接的に取り組んだ作品はきわめて少ない．例えば，『アメリカ研究邦語文献目録：歴史・政治・経済』(1973年)に記載されている約5800の文献のうち，トクヴィルの名をタイトルに掲げた論文はわずか五つである．また，より最近の『アメリカ研究案内』(1998年)でも，書籍は1冊，論文は二つしか記載されていない[1]．

　これは驚くべき数字であるが，しかしこのことは，日本のアメリカ研究者たちがトクヴィルを完全に無視してきたということを意味しない．むしろ，学生，教員としての個人的な経験から言うならば，日本のアメリカ研究におけるトクヴィルの影響力の大きさには瞠目すべきものがある．実際，日本のアメリカ研究者で，その研究活動においてトクヴィルをまったく読んだことがないという人は皆無に等しいと思われる．私たちの多くにとって，トクヴィルのアメリカ理解はいまだに手本となるものであって，アメリカ研究の手引きとしてなくてはならないものである．例えば，『アメリカ研究案内』の「政治」の章の執筆者は次のように結んでいる．「今日においても，もっとも歴史的評価に堪える同時代的なアメリカ政治論は，依然としてトクヴィルによるアメリカ民主主義論であることを忘れることはできない．このことは，比較の視座からの研究の必要性と同時に，幅広い文明論的な視野を持った研究の必要性をも訴えている．」[2]

　ここで興味深いのは，アメリカ研究における特定の研究対象としてトクヴィルがほとんど完全に欠落していることと，アメリカ研究という学問分野全体に

トクヴィルが実のところ多大な影響を与えていることとの間の大きなギャップである．このギャップ自体のうちに，戦後日本におけるアメリカ研究がどのようにトクヴィルとその学問を受容してきたかを垣間見ることができよう．その好例は，1920年代以降，日本のアメリカ研究を確立し，トクヴィルのアメリカ論を戦後日本に取り入れた，おそらくもっとも重要な人物である高木八尺の研究の足跡である．

2. 高木八尺とトクヴィル

明治時代に日本の上流社会に生まれ育った高木は，前途有望な若手研究者として（日本で初の）アメリカ政治外交史講座の教授職に就く．「米国憲法・歴史及外交」を正式名称とするこの講座はアメリカの銀行家，A. バートン・ヘボンによって，1918年，東京大学に寄付されたものである[3]．この講座は1924年に開講されるが，高木はそれに先立ちアメリカに渡り，ハーヴァード大学でフレデリック・ジャクソン・ターナーに師事した．J. フランクリン・ジェームソンの紹介により，高木はスタンリー・K. ホーンベック，オリヴァー・ウェンデル・ホームズ・ジュニア，ジョン・バセット・ムーア，エドウィン・セリグマン，チャールズ・ホーマー・ハスキンズ，エドワード・チャニング，サミュエル・エリオット・モリソン，チャールズ・H. マッキルウェイン，ハロルド・J. ラスキ，アンドリュー・C. マクラフリン，チャールズ・E. メリアム，チャールズ・A. ビアードといった，当時の著名な歴史家や社会科学者たちの知遇を得ることになる．当時は革新主義の全盛期であり，高木は革新主義学派の優れた歴史家の影響を受けながら，アメリカ史を理解する枠組みを築き上げていく．

帰国後，高木はヘボン講座に拠り，アメリカ政治外交史，アメリカ憲法史の研究・教育に着手する．1927年には初めての本格的学術論文として「米国政治史に於ける土地の意義」を公刊する．この研究は，日本における専門的アメリカ研究の端緒を切り開いた．タイトルが示唆するように，これはターナーのフロンティア理論の影響を色濃く受けたものであった．以後，フロンティア理論はピューリタニズムとともに，高木のアメリカ史論を支える二大支柱の一つとなっていく．この二つの視点から，高木は主著『米国政治史序説』（1931年）を

著し，これにより日本の学界におけるアメリカ史のパイオニアとしての名声を得た．それまでは，明治初期以来，常にヨーロッパが知識や着想の源となっていた日本の人文・社会科学の流れに，アメリカという新しい視座が築かれたのである．

時あたかも，いわゆる排日移民法と中国大陸への日本の軍事的侵略をめぐって日米関係は悪化していた．学者としての経歴を積み重ねていくうちに，ほどなく高木は当時のアメリカの政治・外交に関する権威となっていく．日本政府中枢の信任厚く，有名な非政府国際組織，太平洋問題調査会の理事となり，精力的に活動を行った．満州事変から真珠湾攻撃，そして太平洋戦争期を通じて，高木は学者，教師，アドバイザー，さらには日米関係の交渉者という役割をまで粛々とこなしていく．この難局においても高木が泰然として高い研究水準を保ち，アメリカ文明やアメリカ民主主義の功績への敬意を決して失わなかったことは特筆してよい．

同様に特筆すべきは，高木の『米国政治史序説』やその他の戦前の著作には，ほとんどまったくトクヴィルの名が登場しないことである．その理由は明白であろう．高木の学問形成に与ったアメリカの学界は，トクヴィルを学ぶのにあまり適したものではなかったのである．当時，歴史学におけるトクヴィルの影響力は地に堕ちていた．ジョン・ハイアムが指摘するように，1904年から1945年までの革新主義の全盛期においては，『アメリカのデモクラシー』の新版がアメリカで出版されることはなく，それ以前に上梓された版はたいてい絶版になっていた[4]．アメリカの文化をひとつの有機的統一体として捉え，それが時にはコンフォーミズムや多数者による専制に陥る危険性を孕んでいるというトクヴィルの理解は，特権的利益対人民，持てる者対持たざる者の間の社会経済的対立がアメリカの発展を形作る重要な要因だったとする，革新主義的なアメリカ史解釈にはいささかそぐわなかったといえよう．たしかに高木は1940年には自らの講義で学生に，アメリカ研究の古典として『アメリカのデモクラシー』の講読を勧めてはいたが，とはいえ高木の戦前の学問は革新主義の枠を大きく出るものではなかったのである[5]．

しかし，戦前すでに高木は，アメリカ研究を進めるにあたり，トクヴィルと共通の動機を内心抱いていたのかもしれない．トクヴィルと同じく，高木は祖

国の先行きを深く憂慮していた．また，トクヴィルと同様に，高木は上流階級に生まれ，おそらく自身を民主主義者として意識してはいなかったにもかかわらず，母国の避くべからざる行く末に民主主義を予見し，アメリカにそのモデルを見ていたのである．太平洋戦争が終結し，占領軍による民主化政策の波に日本が呑み込まれると，高木は再びトクヴィルに向き合い，これにしだいに傾倒してゆくようになった．

　敗戦と冷戦の幕開けによるイデオロギーの混乱のただなかにあって，高木は『アメリカのデモクラシー』の重要性を繰り返し説き，アメリカを理解するためだけではなく，現代世界の動向を把握するためにも，学生に同書を読ませた．1950年代前半には，高木はトクヴィル研究の先駆けとなる二つの論文を発表する[6]．もっとも，トクヴィルに対する高木の関心は学問的目的よりは教育的目的に基づいたものであった．高木は，新しい世界情勢に日本が対処していくにはアメリカ型の自由民主主義による以外ないと信じて疑わなかった．「われわれは，戦争と敗戦の苦を通して，この民主化の大勢に参ずるに当り，世界史の示す進路に進む叡智と決意を求められている」と高木は述べている．しかし，そうした選択をする上でトクヴィルに学ぶ必要があると強調する時，高木は，トクヴィルがアメリカ民主主義の支柱とみなした「風習，思想，信念」に関して日本がいかに欠けているかを警告することを忘れなかった[7]．

　高木は『アメリカのデモクラシー』から三つの点を学んでいる．第一に，民主化はすべての国家にとって不可避の趨勢であるとトクヴィルが結論付けたこと．第二に，そのためトクヴィルはフランスがこの流れを認め，民主主義と平等主義の到来に備えるべきであると主張したこと．第三に，トクヴィルが世論の分極化と党派対立を戒めて，フランス国民に中道を行き，極端な党派対立を避けるよう忠告したことである．高木は自らをトクヴィルになぞらえ，民主主義のとば口に立つ日本国民の欠点を指摘していたようである．民衆の間で民主主義を求める衝動が暴発するのを抑えるために役立つとトクヴィルが考えた教育と宗教が日本には欠けていることを高木は憂えた[8]．同様に懸念を起こさせたのは，日本の文化において個人主義が未成熟なことであった．高木によれば，わけてもキリスト教の伝統の欠如ゆえに，日本社会では，民主主義が成長するために欠かし得ない責任ある自律的な個人という観念が育たなかったとい

うのである[9].

　かくして，高木はトクヴィルに，民主主義を求める国民にとってのよき教師を見てとった．この意味において，『アメリカのデモクラシー』は日本国民を教化するためのまことに有用な教科書にほかならない．しかし高木はこの教育的目的を超えて，アメリカ史理解の枠組みとしてトクヴィルの学問を活用しようという試みにはほとんど手をつけなかった．高木の講義では『アメリカのデモクラシー』は必ずや課題図書として挙げられ，同書の抜粋は高木の手で，記念碑的な原典史料集に収録されたが，高木は自らのアメリカ理解をトクヴィルのそれに適合させようとはしなかった．高木は戦後も，アメリカの民主主義への信頼や革新主義的学風に特徴的な楽観的基調を失うことはなかったのである．

　しかし，折しも，いわゆるトクヴィル・ルネサンスがアメリカでもヨーロッパでも隆盛を極めていた．学問的に言うならば，それはジョージ・ピアソンの『アメリカにおけるトクヴィルとボモン』（1938年）や『アメリカのデモクラシー』の複数の新版の刊行，またフランスでのトクヴィル全集の出版に端を発するものである．世界各国・諸国民が近来共通にくぐった時代経験もまた，トクヴィルの文明史観の再考を余儀なくしていた．

　このように，トクヴィル・ルネサンスはアメリカの歴史学の方向性の転換にとって，原因でもあれば結果でもあった．1940–50年代において，若手のアメリカ史研究者たちが革新主義学派に対し学問的疑義を呈し始める．1930年代以降，国内外の一連の危機に直面した若き歴史学者たちは，社会経済闘争や党派対立などよりも，アメリカの民主主義の安定性，連続性や凝集性などといった特徴に自然とより高い関心をもつようになっていった．歴史家のリチャード・ペルズが述べるように，「新しい世代の中核的メッセージは明白であった．アメリカの歴史は，ヨーロッパが経験したイデオロギーや階級に起因する動乱を免れ得た．……[そして]カール・マルクスはこの約束の地に足を踏み入れることができなかったというのである．」[10] これらルイス・ハーツやダニエル・ブーアスティンなどのいわゆるコンセンサス学派に関して，リチャード・ホーフスタッターは彼らを革新主義学派の歴史家と比較して，次のように記している．「[彼らは]アメリカの発展が必然的に特異な筋道を通っているというトクヴィルの理解に立ち戻っている．またアメリカの民主的諸制度がすでに早くからできあがっ

ていたことを強調する点でも，そしてアメリカでは民主的革命が起こる必然性がなかったことを重視する点でも，トクヴィルに立ち返っているのである.」[11] このコンセンサス学派が台頭するや，にわかにトクヴィルは再発見された.『アメリカのデモクラシー』の新訳の出版が相次ぐにつれ，「アメリカに特有な経験，性格，特徴についての研究や考察がつぎつぎと現われた.」[12]

ただし，高木とは異なり，コンセンサス学派は民主主義に対するトクヴィルの評価は両義的であると見た．トクヴィルはアメリカの民主主義の賛美者であるだけではなく批判者でもあるというのである．アメリカ社会の多くの面をトクヴィルは賞賛したが，同時に彼は平等社会に潜むコンフォーミズムへの危険性を見逃すこともなかった．この点でトクヴィルは，熱狂的な民主主義への衝動に駆られた未分化な諸個人からなる大衆によって個人の自由や知的独立が危殆に瀕している現代の大衆社会の預言者と目されるようになった[13]．高木の戦後日本におけるトクヴィルの解釈と応用は，こうしたトクヴィルのアメリカ民主主義理解の暗部には目を向けていない．リベラリストとして高木はコンフォーミズムの現代的形態であるマッカーシイズムに重大な危惧を抱いていたが，この現象をトクヴィルの知見に結びつけることはなかったのである．

3. 斎藤眞・本間長世とトクヴィル

高木の次の世代の日本のアメリカ研究者たちはトクヴィルの重要性，またアメリカ民主主義の裏面にも，強い関心を抱いていた．新世代の研究者の中には学徒出陣で徴集され，実際に太平洋戦争でアメリカ相手に戦った経験を持つ者もいた．戦争が終結すると彼らは学問の世界に戻り，アメリカをモデルとした改革のさなかにあった戦後日本の大学で専門的なアメリカ研究を立ち上げんとする高木のプロジェクトに参加した．こういった若手アメリカ研究者の一部は，米国政府出資による援助プログラムであるガリオア資金(占領地救済政府基金)の助成を受けてアメリカに派遣された．1950年代初期，ジョセフ・R.マッカーシーとマッカーシイズムの絶頂期にアメリカの名門大学で学んだ彼らは，その負の側面も含め，アメリカの民主政治を存分に観察することができたのである．この経験により，彼らのアメリカ民主主義およびトクヴィルに対する見方は高

木のものよりもはるかに複眼的なものとなった．

　例えば，高木からヘボン講座を引き継いだ斎藤眞はガリオア奨学生の一人である．斎藤は建国期アメリカ史の研究においてもっとも独創的な業績を残しているが，1950年代初頭のアメリカの社会と政治に見られたコンフォーミズムと不寛容の瀰漫に強い印象を受け，この現象に関する一連の歴史エッセイを世に問うた．コンセンサス学派の歴史家たち，特にハーバード大学で師事したルイス・ハーツの影響を多分に受けていた斎藤は，マッカーシイズムを，アメリカ自由民主主義の長い歴史的背景の中に位置づけると同時に，冷戦の影響下におけるアメリカ政治外交という広い視野において位置づけようとした．

　トクヴィルの『アメリカのデモクラシー』は，コンセンサス学派の歴史家にとってそうであったように，斎藤のような日本の若きアメリカ研究者にとっても，ただ単に古典的作品というだけではなく，歴史的想像力の尽きることのない源泉にほかならなかった．マッカーシー時代のアメリカにおける偏執狂的な忠誠へのこだわりの歴史的起源を明らかにしようとした論文で，斎藤は，この問題は大衆社会における個人の「帰属感(センス・オブ・ビロンギング)」の喪失に根ざしていると論じた[14]．斎藤はこの現象の起源を求めてジャクソン時代にまでさかのぼり，そこでトクヴィルの『アメリカのデモクラシー』第2巻より二つの有名な箇所を引用している．その一つは，民主社会の個々の市民は，「自らの弱さのために他人の援けを得る必要を感じる」時，彼と同じく「無力で冷淡な」同等者からの助力は期待できず，おうおうにして「無力な個人を支える唯一不可欠の支え」とみなす，あの(中央権力という)「巨大な存在に視線を向ける」という箇所である．もう一つは，現代人は「指導されたいという欲求を感じ，同時に自由のままでありたい」という「二つの相反する情熱に絶えずとらわれている」という箇所である[15]．むろん歴史家として斎藤は注意深く，大衆社会の成立を，1820年代よりはるかに時代を下って1920年代に求めている．にもかかわらず，斎藤はトクヴィルの議論のうちに，現代民主主義における個人主義の逆説を鋭く読み取っていたのである．

　高木のトクヴィル解釈よりもニュアンスに富んだこのようなトクヴィル解釈は，戦後第一世代のリベラルなアメリカ研究者たちに共通するものである．彼らは高木の講義によってトクヴィルを知ったが，コンフォーミズムと不寛容へ

の傾斜を孕む存在としてアメリカの特質をとらえ直そうとするコンセンサス学派の歴史家の研究を通じて，再びトクヴィルにめぐりあった．したがって，やはり高木の教えを受けた，戦後日本のアメリカ研究の第一人者である本間長世が，アングロ・サクソン中心主義，ピューリタニズム，フロンティア理論に重きを置いた高木のアメリカ理解と，トクヴィルが描いた揺籃期におけるアメリカ民主主義像との間に不整合を見たことは，何ら不思議ではない．本間は1950年代のアメリカにおいて，独自に『アメリカのデモクラシー』を読むことにより，トクヴィルが大衆社会の預言者であることを見抜けなかった点で高木を批判した．その結果，戦後日本のアメリカ研究が，ハイアムの言う「一方には息詰まるコンフォーミズム，他方には変幻きわまりなき多様性」を持つアメリカの民主主義に矛盾を見たトクヴィルの解釈に含まれていた可能性を最大限に引き出すことができなかったと，本間は嘆いたのである[16]．

4. アメリカ研究とトクヴィル研究

斎藤や本間ら若手日本人アメリカ研究者がトクヴィルから学んだものは，ジャクソン時代のアメリカにおける具体的諸事実にとどまらず，むしろ，トクヴィルのものの見方やアプローチ，歴史学の方法論に関わっていた．この方面では，戦後日本を代表する政治思想家にして知識人であった丸山眞男が，トクヴィルの理論や方法論の特徴に関し，短いが示唆に富んだ言葉を残している．丸山は，「政治家としての鋭い日常的な感覚と学者としての異常な抽象能力」がトクヴィルの内部で渾然一体となっていることに感銘を受けたとのべている．丸山によると，トクヴィルは自分も巻き込まれた事象を対象として，あたかも後世の歴史家が行うような detached で（距離をおいた）冷静な観察と分析ができたしいう．それゆえに，このような思想家を社会的階級や地位や党派，イデオロギーで分類することはまったく無意味であると丸山は喝破した[17]．

しかし，丸山の意見に耳を傾けたアメリカ研究者は一握りにすぎなかった．斎藤や本間といったアメリカ研究者の他に，岩永健吉郎や小川晃一などの政治学者たちもヨーロッパとアメリカの政治の比較をトクヴィルの観点から試みている．後に五十嵐武士は，19世紀中葉から現在に至るまでのアメリカの歴史学

者や社会科学者たちがいかにトクヴィルをとらえたかを跡づけることを通して，アメリカの政治文化の変遷を鋭く描き出している[18]．これらの数少ない研究は，本稿の冒頭に述べた通り，直接的にトクヴィルと彼の思想をトータルに扱った著作が非常に少ない戦後日本のアメリカ研究の歴史においては例外に属するといえよう．

　最近まで，日本のアメリカ研究者の間でトクヴィル研究が盛んではなかったのには，多くの理由があろう．まず指摘できるのは，敗戦直後の日本の学問世界の全体を，マルクス主義の権威が席巻したという事情である．マルクス主義の突然の隆盛は，一つには，その正統な担い手をもって任ずる日本共産党が最後まで一貫して抵抗し続けたと主張する戦前の超国家主義体制が，敗戦とともに瞬時に崩れ去ったという政治的理由によっていた．この「仇敵」の全面的崩壊という歴史的事実は，総合的な科学理論としてのマルクス主義の正しさを雄弁に立証し，その権威を飛躍的に高めたかに見えた．その結果，この実践的活力にあふれたマルクス主義は，広く自然科学，社会科学，人文科学に従事する多くの研究者の心を強くとらえたのであった．この点で，敗戦直後の日本のアメリカ研究も例外ではなかった．

　しかし，冷戦が開始され，激化してゆくにつれ，日本共産党と彼らが当初「解放軍」と目して歓迎したマッカーサー麾下の米軍とGHQとの蜜月は，はかなくも終わりを告げ，その頃には共産党の正統マルクス主義の解釈によれば，アメリカは疑問の余地なく反ソ連，反共産主義的，帝国主義的，植民地主義的勢力であり，それゆえ本質的に「反民主主義的」であるとみなされるようになった．したがってこのマルクス主義的世界観の影響下になされたアメリカ研究は，必然的に「敵国(敵陣営)研究」の色合いを帯びることになった．それはマルクス主義的な知見に立脚し人類の向かうべき到達点の「科学的」探求を標榜し，アメリカや国際的な帝国主義，資本主義陣営があるべき人類史に逆行する反動にほかならないと強調する「世界認識」の枠内で遂行されてゆく．しかしながら，この「敵国研究」は，「敵」の弱さ，不正，腐敗に焦点を当て，自陣営の強さ，正義，公正を過度に強調する点で，太平洋戦争期の日本による「敵国研究」と奇妙に通底する質のものであった．

　こうして戦後の日本で大々的に展開されるにいたったマルクス主義の影響下

のアメリカ研究の多くは，かつて高木が問うたような，「アメリカの民主主義の根源」「憲法をはじめとするアメリカ政治制度の連続性」「民主社会における自由と平等」といったアメリカをアメリカたらしめている「本質」や「強さ」への内在的関心を失ったかに見えた．それらいわば左からの研究は，とりわけ奴隷制，人種差別，労働者の弾圧や搾取，政治的抑圧，他国の内政への不当な干渉，侵略的軍事行動などに関心を集中させ，アメリカの影の部分，非民主主義的・反民主主義的慣行の暴露に力点を置いた．マルクス主義のアメリカ論は，アメリカの社会と文明の様々な要素への言及という点ではトクヴィルのアメリカ論に劣らず包括的なものであった．しかし，トクヴィルが彼一流のきめ細かな観察により内からアメリカを理解したとすれば，戦後日本のマルクス主義者によるアメリカ研究はアメリカの外に立って，敵国の根本的な欠陥をもっとも効果的に例証してくれるようなテーマばかりを取り上げていたといえる．

公民権運動やヴェトナム戦争から最近ではイラク戦争に至るまで，日本のアメリカ研究はアメリカの民主主義に対してより一層批判的になっていった．そしてそれは同時に「トクヴィル的アメリカ研究」の衰退を意味してはいなかったろうか．ポストモダニズム，特に多文化主義の台頭により，アメリカ研究の視点は著しく断片化していった．またトランスナショナル・ヒストリーが脚光を浴びるにつれ，アメリカという国家の全体像や統合性や一体性をめぐる研究は，いちじるしく弱体化していったのである．

こうしたことがあいまって，アメリカ研究の内側からのトクヴィル研究者の輩出を困難ならしめた．戦後日本におけるトクヴィル研究は，そのほとんどが政治学者か，歴史と政治の関係に学問的関心をもつ思想史家によるものであったということは，非常に示唆的である．トクヴィルを現代のアメリカ研究者として甦らせようとするならば，まず自らが世界政治の現状をどうとらえているかを見直さなければなるまい．それなくしては，『アメリカのデモクラシー』は博士論文に使えるテーマの膨大なカタログに成り下がってしまうであろう．

注
1) 井出義光・阿部斉・嘉治元郎編『アメリカ研究邦語文献目録I』(東京大学出版会, 1973年);阿部斉・五十嵐武士編『アメリカ研究案内』(東京大学出版会, 1998年).

2) 久保文明「政治」阿部・五十嵐編『アメリカ研究案内』第2部第6章，123頁．
3) 以下，高木の生涯についての記述は，斎藤眞ほか編『アメリカ精神を求めて：高木八尺の生涯』(東京大学出版会，1985年) に基づいている．
4) John Higham, *History: Professional Scholarship in America* (Baltimore: Johns Hopkins University Press, 1983), p. 221.
5) 斎藤眞教授へのインタビューによる．
6) 高木八尺「トックヴィルの民主政論の現代的意義」東京大学アメリカ研究センター編『高木八尺著作集』第4巻(東京大学出版会，1971年)，72–97頁；同「トックヴィルの民主政論」同上，49–71頁．
7) 高木「トックヴィルの民主政論の現代的意義」80–85頁；同「トックヴィルの民主政論」68頁．
8) 高木「トックヴィルの民主政論」56頁．
9) 高木「トックヴィルの民主政論の現代的意義」90–91頁．
10) Richard H. Pells, *The Liberal Mind in a Conservative Age: American Intellectuals in the 1940s and 1950s* (New York: Harper & Row, 1985), p. 149.
11) Richard Hofstadter, *The Progressive Historians: Turner, Beard, Parrington* (New York: Vintage Books, 1970), p. 445.
12) Higham, *History*, p. 221.
13) Neil Jumonville, *Critical Crossing: The New York Intellectuals in Postwar America* (Berkeley: University of California Press, 1991), p. 157.
14) 斎藤眞「アメリカ独立革命の一考察(1)：忠誠の二重性」『国家学会雑誌』69巻11・12号(1956年4月)：529–44頁．
15) Alexis de Tocqueville, *Democracy in America*, ed. J. P. Mayer and Max Lerner, trans. George Lawrence (New York: Harper & Row, 1966), pp. 648, 667 [松本礼二訳『アメリカのデモクラシー』全4冊(岩波文庫，2005–8年)，第2巻(下)，221–22, 258頁］．
16) 本間長世『アメリカ史像の探求』(東京大学出版会，1991年)，4–5, 21–23頁；Higham, *History*, p. 222.
17) 丸山眞男「断想」『丸山眞男集』第6巻(岩波書店，1995年)，147–50頁．
18) 五十嵐武士『覇権国アメリカの再編：冷戦後の変革と政治的伝統』(東京大学出版会，2001年)，349–402頁．

第三篇

トクヴィルと現代デモクラシー

I
革命と戦争

I–1　民主化と惨事の時代にトクヴィルをどう読むか

スティーヴン・ホームズ

1

　アメリカ人がいちばんよく知っている，圧政に対する自由の擁護者というトクヴィル像は，冷戦の関心と不安を反映している．だが，21世紀初頭にわれわれが直面している危険がほとんどまったく新しいものだとしても，トクヴィルはなおわれわれに多くのことを教える．たとえば，才気あふれる第二「アルジェリア書簡」(1837年8月22日)において，トクヴィルはこう問うている．もし中国の皇帝が抵抗しがたい軍事力をもってフランスを侵略し，在来の国家を覆し，行政システムを破壊し，この国の言語，法律，習慣を何一つ知らずに支配しようとしたならば，どういうことになるだろうか，と．そのような試みが失敗するに決まっていることは，フランスが乗り出したばかりのアルジェリア植民のケースについても明瞭であった．アルジェリアで「フランス人はこれら諸部族の喋る言葉の一語も知らず，国そのものについても，その資源，河川，村落，気候についてもまるで無知であった」[1]のである．侵略する側と侵略される側との間に力の不均衡がある場合，こうした知識と準備の欠如は征服そのものを妨げない．「万事にわたってこのように無知なままにわれわれは船出したのだが，だからといって，われわれの勝利が妨げられたわけではない．というのも，戦場ではもっとも勇敢で強いものが勝利するのであって，もっとも学のあるものが勝つわけではないからである．」[2]だが征服の能力は統治の能力を意味しない．「一国を統治するにはこれを打ち負かすだけでは足りない．」[3]これこそ，征服地に対する責任を軍人の手に委ねてはならない理由であるとトクヴィルは結論する．2003–5年にアメリカは別のアラブの国を侵略，占領したが，これについてもこの分析が見事に妥当することは，冷戦後の地政学的混沌状況に照らしてトクヴィルを再検討する十分な理由を提供する．

本稿において，私は明らかに今日的重要性のある三つの主題に焦点を当てたい．貧困あるいは不平等はなぜ政治的暴力の説明にならないか，民主化はどのようにして階級紛争を緩和するか，そして，協力は「社会資本(ソーシャル・キャピタル)」でなく政治的危機によってどのように説明されるか，以上の三つである．

2

『アンシャン・レジームと革命』において，トクヴィルは暴力的な平等主義革命がなぜフランスに起こったか，同じように著しい社会的不平等を抱えていた二つの隣国，ドイツや英国ではなく，フランスにそれが起こったのはなぜかと問うている．彼の基本的な主張は次のように要約できる．不平等が人の注意を引き，心を傷つけて政治的暴力の引き金になるのは，それが比較を絶するほど大きくはなく，急速に変わりつつあって，さらなる変化がまもなくありそうだと思わせる一方，その責任者もしくは受益者(あるいは両方を兼ねるもの)を特定でき，そして，差別の烙印を押された人々が社会生活の他の領域では立派で平等な地位にある事実が不平等との対照によって苦々しくも浮き彫りにされる，そういう時である．どのような条件の下で不平等は屈辱とみなされるかについてのトクヴィルの分析には不愉快な意味合いがある．貧困と不平等ではなく，むしろ経済発展と政治改革が社会的抗議と革命願望をかきたてる．彼の概念化はまた，怒りに駆られた運動の根底にある不満の感覚に対処するいかなる試みも，貧困と不平等を減少させるだけでなく，屈辱感を和らげることに焦点を合わせねばならないことを示す．恵まれぬ人たちの尊厳を傷つけることは特権に恵まれた者たちにとって貧困と不平等以上に致命的であり，この問題は貧困と不平等を扱うのと同じ戦略，技術をもってとりくんではならない．

ドイツの農民の状況はフランスの農民の状況よりはるかに悲惨であった．農奴制はドイツのある部分に依然として存在し，農村部における賦役労働の扱いは残酷であった．だが反乱を起こしたのはフランスの農民であって，ドイツの農民ではなかった．ドイツ人からみれば，フランス革命は恵まれたものたちの反乱であった．なぜそれが起こったのか．なぜなら，封建諸税はそれが実際にはもっとも軽かったところでいちばん重く見えたからである．「封建的諸制度の

I-1 民主化と惨事の時代にトクヴィルをどう読むか

重圧はそれが実際にはいちばん軽いところで,もっとも耐え難く見えた.」[4] だが,どうしてだろうか.

われわれは,最大の社会的不満が爆発するのは状況がいっそう悪くなりつつあるときだと思うかもしれない.だがフランスの経験は(トクヴィルによれば)反対の教訓,多大な抑圧の下にあった人民が抑圧者に対して武器を取るのは,まさにその圧力が緩んでいると感じるときであろうという教訓を示唆する.「往々にして起こることだが,この上なく抑圧的な法律の下にありながら,まるでそれを感じてもいないかのように不平一つ言わずに耐えてきた人民が,圧制の重しがいくらか取り払われた途端に,これを力ずくで投げ捨てるということがある.」[5] 少なくとも短期的には,下層階級の怒りの運動は抑圧ではなく減圧から生ずる.ルイ十六世の時代に繁栄が広がり,改革が進んだことは,現実に革命の勃発を助けたのである.革命の前の 20 年間を通じて国家の繁栄は大きな足取りで進んでいたとトクヴィルは主張する.事実,1789 年から 1810 年の間よりその歩みは速かった.これがフランス革命がそのときその場所で起こった一つの理由である.

トクヴィルは彼の発見を記憶に残る一句で要約している.「フランス人はおかれた状態がよくなればなるほど,これをいっそう耐え難いものとみなした.」[6] 進歩の生む心理的ストレスは,革命がなぜドイツでなくフランスに起こり,それ以前でなく 18 世紀の終わりに起こったかを説明する.トクヴィルの分析は重層的で,複雑に分岐しているが,根本にある説明原理は,大多数のフランス人の心の中に貯えられていた「憎悪と羨望の貯蔵庫」[7] の鍵が経済発展と政治改革によってどういうわけか外されたという点に存する.18 世紀のフランスの貴族は,同時代のドイツやイギリスの貴族,またフランス史のより古い時代における貴族以上にブルジョワジーの羨望の対象となり,農民の憎悪をかった.

貧困よりも不平等の方が心をいっそう傷つけ,政治をより不安定にするという仮説は,人間が比較する動物であることを示唆する.人間はなによりも「自分の相対的地位」に関心をもつ.日一日豊かになりつつある国の市民が,隣国の住民はもっと急速に富裕になっていると知ったとき,あるいは自分たちの国よりはるかに豊かな国と突然接触したとき,彼らは不当な扱いを受けているという不合理な感情にとらわれるであろう.そのような遭遇と比較によって彼ら

の利益が本当に害されるわけではないが，彼らの感情は深く傷つく．

　すでに『アメリカのデモクラシー』において，トクヴィルは北部の豊かさに対する南部の憤りを説明するのにこの枠組みを用いていた．南部人こそ「連邦にもっとも執着して当然である」[8]とトクヴィルは述べる．というのも，南部だけになったならば，奴隷反乱が起こった場合，いちばん被害を受けるのは彼らだからである．それなのに，彼らは腹を立て，いらいらし，連邦から離脱すると脅しをかけてさえいる．なぜか．トクヴィルの答えは，連邦の中で北部が南部より急速に豊かになりつつあることに南部人が屈辱感をいだいているからだというものである．客観的にみれば，南部諸州はあきらかに繁栄している．「ヨーロッパのいかなる王国よりも急速に」[9]成長している．だが，南部人は遠いヨーロッパ諸国ではなく，北方に接する同胞市民とわが身を比較するから，相対的収奪の痛みを感じる．「隣人ほど急速に豊かになってはいないために自分たちは貧しくなっているように思われ，また，より大きな力に突然出会ったために自分たちは力を失いつつあると考える．」[10]『アンシャン・レジーム』において，トクヴィルは同様の分析を社会の諸階級に適用する．格差の縮小は比較を促すがゆえに，階級格差は小さくなればなるほど我慢ならぬものとなる．他者との比較が説得力を増すことは，重大な情緒的帰結を伴うがゆえに，重大な政治的帰結を生む．「上にある」人々は慢心しきり，「下にいる」人々は屈辱にひしがれているという想像の空間で比較がなされるのである．

　私とほとんど同格の人間が私よりよい暮らしをし，ずっと魅力ある資産を有していれば，私は自分をその男と引き比べるであろう．だがそうした比較に耽りだしたとたん，私は心の中で，「なぜ私でなく彼が得をするのか」と問わざるを得ない．想像上の比較から生ずるこの気の滅入る疑問は，私の境遇に客観的に存在する困難に主観的な苦味を加える．18世紀フランスのブルジョワは貴族と同じ本を読み，パリの同じサロンに出入りし，同じ娯楽を楽しんでいた．古くからある階層格差が，突然，以前よりずっと屈辱的で面目を失わせるものと感じられるようになったのは，まさに，貴族身分が自分たちをきらびやかな世界に住むべき高級な人種であると言っても，説得力がなくなったからである．貴族身分はブルジョワジーとまったく変わらないのに，ただ理由なく特権を有している．ドイツにおいてもまた，有能で教育ある中産階級の官吏は「参内資

格あり」hoffähig とはみなさなかった．彼も稀な機会には宮廷に出ることが許されたが，決して家族同伴ではなかった．家族を伴うことは，その場にいるすべての人にとって耐え難く迷惑だったろうからである．「フランスにおけると同じように，この劣等感は，この階級が日ごとに知識と力を拡大しつつあっただけに，いっそう深い傷を与えた．」[11] なぜこうした社会的排除が無念極まりないものと受け取られたのであろうか．排除されたものと排除したものとの間に，教育と行政責任において，ほとんど違いがなかったからである．そしてこの現象はフランスではより広い範囲に広がり，社会を一触即発状態にしたとトクヴィルは言う．彼は次のように論点を要約する．「ブルジョワと貴族が互いに似通って」[12] くればくるほど，相互の関係はいっそうとげとげしくなっていった．社会的劣等者の相対的地位が改善され，社会の序列の溝が狭くなることは社会的緊張を和らげるよりはこれを高める可能性が高い．

　人の心をもっとも強くとらえ，いちばん奮い立たせる社会的イデオロギーは人間の原初的情動に根をもつ．たとえば，トクヴィルは平等という社会主義の理想の起源をしばしば羨望という普遍的情念に求めている．この情念に火がつくときにのみ，平等主義は説得力を得，広く受け入れられるようになるとトクヴィルは主張する．つまり，人間が互いにかなり似通ったものになり，だからこそ，金持ちと貧乏人（あるいは強者と弱者）との比較がぼんやりとではあれ説得力をもつ，そうなってから後のことだというのである．正義を普遍主義的あるいは平等主義的にとらえる考えは，上流階級が社会の隔離された領域で暮らしている伝統的ないし階層的な社会で育った人間の感情や想像力をほとんどとらえない．人々の生活があまりに違っているときには，万人に適用される法という観念自体，理解しがたい．極端な階層秩序の自明性の前に，平等の観念そのものが解体する．「人々が互いにあまりに異なっているので，同一の法が誰にも適用されるという観念自体が理解しがたい時代がある．」[13] したがって，平等主義のイデオロギーそれだけでは階層社会を破壊することはできない．逆に，平等主義的諸観念が火を吹く前に，階層秩序がすでになかば崩れ，下層階級が上流階級の人々にとって代わるのを夢見ることが許される，そういう事態になっていなければならない．

　中産階級の境遇が改善されるにつれて，貴族の諸特権は自明性を喪失した．

貴族身分は依然として中産階級よりよい暮らしをしていたが，道徳的にそのことを擁護しうる理由は何もなかった．別の言葉で言えば，貴族に対するブルジョワの羨望を説明するのに，トクヴィルは他者との対照（インターパーソナル）の効果を強調する．これと対照的に，貴族に対する農民の憎悪を説明する際には，彼は地位の不整合あるいは自己内対照（イントラパーソナル）の効果に訴える．ヨーロッパの農民は貴族とわが身を引き比べてその特権を羨むほど，貴族と似てはいなかった．それでも農民は貴族を強く憎んだ．農民の作物を食い荒らす動物は貴族のものであり，農民が身を粉にして働いて育てた食物を派手に蕩尽するのは貴族だったからである．

だが，ドイツの農民がドイツの貴族を憎む以上にフランスの農民がフランスの貴族を憎むのはなぜだろうか．トクヴィルの仮説はよく知られている．フランスの農民層がより革命的で，階級的暴力に傾きがちだったのは，ドイツより劣悪な扱いを受けていたからではなく，相対的には彼らの暮らしの方が楽で，とりわけ，彼らは土地所有者だったからである．この状況はヨーロッパの中で特異であった．「同様の状態はフランス以外のどこにも存在しなかった．」[14] 実際，トクヴィルによれば，フランスの農民の他に類のない経済的諸特権こそフランスの特異な革命的歴史のもっともよい説明となる．

農民の心の中に集積された憎悪を説明するのは，まず第一に農民の土地所有である．農民は上位者に自分をひき比べはしない．にもかかわらず，彼は別種の執拗な比較に心を奪われる．彼は自分の生活のある側面を他の側面と比較するのである．農民は土地所有からある種の尊厳の感覚を引き出す．だがこの尊厳感覚は部分的である．農民の生活全体に及ぶものではない．それは，なによりも，彼らが土地貴族から受ける侮辱的な扱いによって否定され，掘り崩される．

このような地位の不整合は心理的苦痛を生む．フランスの農民は多くの点で自由である．他の点でなぜ不自由でなければならないのか．しかも，土地所有者であるがゆえに，彼らは直接十分の一税に苦しめられるが，驚いたことに貴族は不当にもこれを免ぜられている．土地を有しているからこそ，彼らは心血を注いで作物を育てる．だからこそ，貴族の兎がレタスをぼろぼろに食いちぎっているのに，貴族はこれを気にする素振りも見せないとなれば，農民の感情は深く病み，怒りに震える．所有地は，貴族の罪業と略奪に対する農民の感受性

を鋭くする一種の感覚器官である．貧困が感覚を麻痺させるとすれば，ささやかな富裕化は神経を刺激にさらす．土地の獲得はフランスの農民に尊厳と卑賤との違いの重さを教えたが，権利のずっと少なかった彼らの祖先にとっては，そうした違いはほとんど意味がなかった．トクヴィルによれば，土地をもたない農民はフランスの農民を暴力的反抗に駆りたてた悪弊の多くに「無感覚」[15]であり，少なくとも鈍感であろう．

3

トクヴィルは，猛烈に破壊的な平等主義革命を予防するもっとも効果的な戦略として，民主化をあげている．「ヨーロッパのほとんど全体が革命に震撼されてきたが」とトクヴィルは1848年に書いている．一方，「アメリカは騒擾の被害を受けたことさえない．」あるいはもっと強調して，「アメリカほど革命の芽が出ていない国は世界のどこにもない．」[16] 合衆国が革命と無縁であることは，民主化が政治的暴力の回避に役立つであろうことを示唆している．最低限，アメリカの存在はデモクラシーが必ずしも無政府状態や動乱，略奪と殺人を伴うとは限らぬことを示している．トクヴィルは政治的民主主義が階級諸関係を平和的に処理するのに役立つ理由をいろいろ挙げているが，その中には，たとえば，立法過程への間接的な参加でさえ，より貧しい市民たちにとって法律の内容を知る機会を増やすという事実がある．人々が法律に従うのはその法律が必然だからではなく，偶然だからである．彼らは明日にもそれを変更できると知っているから，今日法律に服する．同様に，普通の人々が公職にあるものの権威に従うのは，次の選挙でその地位から追い出すことができると知っているからである．だが，トクヴィルはまた，安住している支配集団が目に見える自己利益にとらわれるのを考えると，民主的改革を導入することがどんなに困難かについて鋭い叙述もしている．既得権の持ち主が短期的リスクを敢えて引き受けて，政治のシステムを開放し，より広い市民の参加，説明責任と透明性の拡大へと導くことは滅多にないが，その理由はよく理解できる．

したがって，反動的イデオロギーを覆さんとするトクヴィルの試みの中でもっとも驚くべきは，普通選挙についての彼の議論である．まず第一に，彼は普通

選挙が社会の運命を貧乏人の手に引き渡すことを認める．これこそまさしく投票権の拡大に反対するものたちがもっとも恐れた点である．彼らの反対の論拠を掘り崩すべく，彼はまず中途半端な解決は本質的に不安定であると主張する．1830年代には，選挙権はすでに中産階級の豊かなメンバーに広げられていた．そして，投票資格についての伝統的な制限がひとたび取り除かれると，すべての制限が廃されるのをとめ得るものは何もない．だが彼の真の議論は普通選挙の必然性ではなくむしろその効用，それも保守的反革命的見地から見ての効用に訴えるものである．

政治的自由に反対するもっとも説得的な議論は，それが暴力的で非妥協的な党派の成長を許すという主張である．トクヴィル自身，引用したばかりの公的討論についての見解の中でそれに近いことをほのめかしている．いずれにしろ，結社の権利（1901年までそのような権利はフランスになかった）に対するフランスの拒絶反応に刺激されて，彼は「政治的結社の自由は考えられているほど公共の平安に危険ではまったくない」[17]と主張するに至った．一つには，結社が法的に認められれば，警察が監視するのが非常に難しい秘密結社は姿を消すであろう．「結社が自由である国に秘密結社は存在しない．アメリカに党派を組むものはいるが，陰謀をめぐらすものはいない．」[18] もろもろの自由が広がると，逆説的なことに，社会は統制しやすくなる．

フランスのような近代国家では，世論はいずれ何らかの形で感じられるようになるであろう．もし政治的結社，新聞，選挙政治を通じて世論が表明されえないとすれば，世論は群衆の暴力の中に流れ込むであろう．「世論」に触れてトクヴィルは言っている．「それ〔世論〕はアメリカでは選挙と法令により，フランスでは革命によって行動する．」[19] 別の言葉で言えば，民主政は安全弁なのである．それは公共の熱気を排出し，社会の暴発を予防する．

普通選挙も同じように見なければならない．1793–94年の経験が明らかにしたように，もっとも危険な党派は市民の多数の名において行動する党派である．平等主義社会ではどこでも，多数の意思は必然的に巨大な精神的威信をもつ．ジャコバン派のような狂信的少数派が多数の名を騙っても信憑性があるようになると，考えられない残虐行為をしでかすことがある．この問題はどうすれば解決できるだろうか．唯一効果的な解決は，少数派が多数を代弁する権利を有

するともっともらしく主張することができないような政治制度を建設することである．これをなしうる政治制度は一つしかない．普通選挙制である．「だが合衆国において政治結社の暴力を和らげるのに役立っているあらゆる原因の中で，もっとも強力なのはおそらく普通選挙である．普通選挙が認められている国では，多数派がどこにあるか疑いようがない．どんな政党も投票しなかった人々の代表だと正当に主張することはできないからである．だから，政治結社が多数の代表でないことを結社自身，そして誰もが心得ている．」[20] 普通選挙制がないときには，党派の指導者は人民全体を代弁する．「ヨーロッパでは，多数の意思を標榜しない結社，あるいはこれを代表していると考えない結社はほとんどない．」[21] 実際，誰がそうではないと証明できるだろうか．

さらに，選挙権が厳しく制限されているときには，党派は陰謀をめぐらせ，攻撃的になり，ある種の神聖な使命感でいっぱいになる．「軍事的なやり方と方針」[22] に従って作戦を立てる．レーニン主義的になると言ってもよいだろう．普通選挙はこの状況をすべて変え，戦闘的少数派を協調的な民主的政党の中に暖かく迎え入れる．なによりも，選挙資格が広げられるとき，急進的少数派は「抑圧者に対する被抑圧者の闘争の一翼を担っているという神聖性を失う．」[23] 普通選挙はパリがフランスを独裁的に支配することを不可能にするだけではないであろう．それは公共の目に映る急進諸集団の威信を低下させ，その神聖性を剝ぎ取る．究極的価値ではなく，集団の利害だけが問題であることが明らかになろう．

説得と選挙技術によって目標を達する機会は一つの社会的鎮静剤である．それは急進派を出し抜く．同様に，選挙が頻繁になればなるほど，敗者の感じる辛さや不満は小さくなるであろう．そして，体制全体を武力蜂起によって破壊しようという気も失せていくだろう．トクヴィルはこのように過激王党派の主張をひっくり返したのである．体制が民主的になればなるほど，革命的でなくなると．

もちろん，これが話のすべてではない．『アメリカのデモクラシー』の中にある，合衆国に住む三つの人種についての長大な章にコメントして，シェルドン・ウォーリンは「トクヴィルの理論枠組みは，第1巻の結語に向かうにつれて崩れだす」と主張している．黒人とインディアンの暗い運命の考察に向かう前に，

トクヴィルはアメリカにおけるデモクラシーと平等の素晴らしい前進は約束されていると宣言した．それゆえ，ウォーリンはこう主張する．続く三つの人種についての章は「全体の企図を覆すに近い．というのも，この章は合衆国に危険きわまるほど深い反民主主義の存在することを暴露する破壊的な終結部だから．」たしかに，「すべてのアメリカ人が一人種を奴隷化し，もう一つの人種を絶滅したことを知っており，大半の人はこれに賛成していた」以上，アメリカは全然デモクラシーではなかったかもしれない．この「理論的混乱」は単にトクヴィルの本の一つの間違いや欠陥というより，むしろこの国の深い政治的危機の反映もしくは再演であるとウォーリンは論じている．トクヴィルは意図せずにアメリカを「深く分裂した国」，「逆行的な要素に足をとられた停滞」に苦しむ国として描き出している．これが『アメリカのデモクラシー』の隠されたドラマである．威勢よく自信に満ちた姿と並んで，トクヴィルは「問題に直面して自分に確信をもてず，迷っているデモクラシー」の姿をも提示している．トクヴィルは，「奴隷制と人種殲滅をおおっぴらに実践しながら，自らを自由と平等を体現するものとみなすという，デモクラシーの認知上の混乱」を彼の本の中で演じているのである[24]．

4

トクヴィルの『回想』は意図せざる結果についての一研究であり，政治的行為者が一般に歴史上の出来事の舵取りに無力であることについての研究である．有力な個人や集団は繰り返し自滅行動の定型に陥る．たとえば，社会的諸力をどんなに注意深く解き放ってみても，実際にはこれを有効に制御する力のないことを思い知らされることがある．一定の距離から見ると，たしかに人間は風に吹かれて当て途なく舞う葉っぱのように見えるときがある．だがトクヴィルが関心をもつのは，こうした固い一般法則に対する輝かしい例外の方である．決定論がすべてにわたってリアリスティックであるとは限らない．というのも，個人や集団が望ましい目的を追求して，出来事を有効に制御することになんとか成功することが，ときにはあるからである．こうしたことが起こるのは，共通の利益と志向を追求する，お互いのためになる協力が，嫉妬その他，人間精

神を害する執拗な情念に妨げられないときである．では，トクヴィルは政治的協力の可能性をどのように説明するであろうか．彼の権威に訴える現代のある種の政治学者がするような同義反復的なやり方で「社会資本（ソーシャル・キャピタル）」に訴えたであろうか．（「協力は社会資本，すなわち協力したがる傾向によって説明できる．」）そうではない．その代わりに，彼は合理的な社会的協力を困難もしくは不可能ならしめる情念が沈静する状況，少なくとも一時的に静まる条件を探求する．彼はもっぱら危機や惨事に焦点を当てる．人々をして相互の違いをしばらくの間忘れさせるのは，差し迫った，存在を脅かされるような状況だというのである．これが，彼の語るように，1848年の民衆の革命に対するブルジョワの反応の話である．

　トクヴィルは極度の危険が事態を「救う」可能性を秘めていることに注目するが，このことは彼の決定論の限度を明らかにしている．一般には卑小で無力な人間が，ある種の状況において出来事を自らの手で制御するという矛盾を解く心理過程を説明しているからである．都市の蜂起についての彼の分析全体は，危機認識が歴史の変化を制御する人間の力を強化するという考えにかかっている．統治機関が英雄的に行動することはめったにないが，満足できるほど効果をあげることはできる．諸個人は，少なくとも一時的に，事態を制御し得る．短い間だけ人間が舵を取る，そうした瞬間は外からの刺激，すなわち脅威によって可能になる．危険は弱者になくてはならぬ杖を提供する．

　国立工場閉鎖への議会の動きに対抗して，1848年の6月の終わりに向かうころ，パリにバリケードの山が積み上げられた．多くが地方から徴募された兵士からなる部隊の力で，カヴェニャック将軍は反乱を鎮圧した．数百人が戦闘で死に，何千もの人々が逮捕され，処刑され，あるいは流刑にされた．この蜂起についてのトクヴィルの叙述は第2部の第9章，第10章にある．この二つの章を統一しているのは「まさに事態が恐ろしいほど危険だったからこそ，われわれは救われた」[25]という考えである．彼は2世紀前の宗教戦争のときに言われたコンデ〔初代コンデ公．宗教内乱期の将軍〕の逆説，「われわれはここまで滅亡の際に追い込まれなかったならば，本当に滅亡していたに違いない」[26]という言葉を引用さえしている．ここで明瞭に言われているのは，それほど目立たず，著しくない危機の方がより危険だったであろうということである．なぜだ

ろうか．トクヴィルの答えは二重である．危機の認識は，人間の気質に対しても，また協力関係に対しても積極的な影響を及ぼす．目に見える脅威にさらされる時，われわれは立ち上がり，味方を獲得するのも安全な時よりやさしい．

　小さな危険より大きな危険の方が脅威に面している当事者にとって望ましい．というのも，それは意識の覚醒を促し，より賢明な防衛行動を引き起こすからである．たいていの人は自分を守ろうと欲するが，不幸なことに，彼らの心は道に迷う．眠ったまま漂流しているのである．自らの存在を脅かす危機に気づくときには往々にして手遅れである．人間の自己保存の本能は自然であり，生まれつきのものである．だが脅威を警戒する感度には非常に大きな違いがある．劇的な危険は，精神が破壊の可能性を直視するのに役立つ．デカルトが論じたように，人間の非合理性の，したがって自己破壊的行動の主要な源泉は，自己の関心の焦点を制御できない点にある．幸運は，もしそれが感覚を鈍らせるとすれば有害である．危険は，人間の意識を差し迫る最大の問題に固着させて目を覚まさせるときには有益である．

　なにゆえに，中産階級は蜂起した人々に対してパリを懸命に守るのだろうか．「敗北は隷属を意味することが分かっているから」[27]である．反乱の激しさがこの悩ましい予測を切実に感じさせる．それほど激しくなく，もっと静かなものであったなら，反乱はもっと成功したかもしれない．所有権の擁護者たちが手遅れになるまで眠っていたかもしれないからである．「もし反乱がこれほどラディカルでなく，凶暴にもみえなかったならば，おそらくブルジョワジーの大半は家に留まっていたであろう．フランスがわれわれを助けに駆けつけることはなかったであろう．多分，国民議会も降伏したであろう．」[28] 革命が凶暴でラディカルに見えたことが，都市の中産階級と保守的農民層の健康な抗体反応を引き起こしたのである．すべての有産者が共通に有する利益が社会主義的革命によって脅かされた．だが客観的利益はなお主観的動機づけにはならない．カトリック勢力と反教権勢力，正統王朝派(レジテイミスト)とオルレアン派，パリの住民と地方の住民，穏健王党派と穏健共和派という不合理な分裂があったために，フランスの有産者は共通の利益を守るために協力することがいまだかつてなかった．彼らが一緒になるには，「一種の奴隷戦争」[29]のドラマが必要であった．驚愕が，少なくとも一時の間，彼らを束ねて誓約団体に類するものにした．政治におい

I–1　民主化と惨事の時代にトクヴィルをどう読むか

ては,「憎悪の共有がほとんどいつも友好の基礎をなす」[30]とトクヴィルは説明する．財産を没収しかねない都市の革命派への恐怖が，束の間であれ，ある種の階級的連帯を生み出した．ただ乗りは減った．軟弱な商人階級でさえ，一度は雄々しい兵士のように行動した．共通の脅威はさまざまな部分集団に相互の違いを忘れさせた．とるに足らぬ毛嫌いや積年の恨み，それに個人的な神経過敏，通常の場合に諸党派を対立させ，合理的な協力関係を妨げるこれらのものは棚上げされた．要するに，明白な危機によってもてるものどうし，手をつながざるを得ないところに追いまれたがゆえに，危機の認識こそが1848年の原初的な社会主義革命を押さえ込んだのである．

　危険によって救われるという，『回想』の説明を補うために，『デモクラシー』の重要な一節に向かわねばならない．いくつかの点で，これこそ，いま問題としている力学について彼が用意したもっとも完全な説明である．

　　人間は窮地に追い込まれると平常の水準には滅多に止まっていないとも言われた．普段に見られぬ働きをするか，逆に平常の力も出ないというのである．人民についても同じである．極度の危機が国民を奮い起たせるどころか，意気阻喪させてしまうことも時にはある．情熱はかきたてられても方向が定まらず，精神は混乱するばかりで一向に蒙が啓かれないのがそういう場合である．ユダヤ人はエホバの神殿の焼け跡に立ってなお殺し合っていた．だが民族の場合でも個人の場合でも，まさに危険が切迫した中から異常な勇気が生まれる例の方がより一般に見られる．夜の闇に隠されていた記念碑が突如として火事の炎を浴びて浮かび上がるように，この時，偉大な人物がくっきりとその姿を現す．才能が惜しみなく才能を呼び，民衆も自らの危機に驚いて，暫しの間羨望の念を忘れる[31]．

　第一に，危険は必ずしも英雄的反応を引き起こす課題として役に立つとは限らない．人々の心を混乱させ，意気阻喪させる感情で一杯にすることもある．無益な殺戮に駆り立てることさえあるかもしれない．ある種の条件の下で，危険は積極的効果をもたらす．別の条件の下では否定的効果を生む．これが，トクヴィルがこの問題について言っているすべてである．経験的にいかなる条件

の下でどちらの力学が作動するかを特定する努力を彼はしていない．政治的行動様式と社会変革を研究するものが直面するであろう心理過程の多様性を確認し，叙述することで彼は満足している．

　第二に，引用した一節の最後の一句は，『回想』に前提はされているが決して言明されていないある観念を明らかにしている．危険が価値あるのは，羨望が途方もなく破壊的であるのに対して，危険は羨望を抑圧する大きな力だからである．よりはっきり言えば，危険はすぐれた個人に対する民主主義的な憤りを鎮め，それによって自然の貴族制が公共の舞台に上るのを許す．

　同様の逆説は，外相時代の日々についてのトクヴィルの叙述の中にも現れている．問題が難しくなればなるほど，解決もしくは解消するのは簡単になる．「ある距離をおいて見た場合に考えがちのことだが，問題の重要性に比例していつも困難が増すというわけではない．むしろ逆の方が正しい．」[32] より重い荷物の方が軽いのである．この場合，トクヴィルの論理は次のように運ぶ．より困難な問題の方が対処しやすい，というのも問題解決に資する諸力，すなわち自分の才能やエネルギーと注意深さ，そしてまた他者の協力といった資源は定常ではないからである．能力は課題とともに大きくなり，そして課題よりも早く成長する．

　この議論は先に論じた，危機が救いになるというテーゼと正確に並行的ではない．たしかに，トクヴィルはここで一つの明白な危機状況を論じており，それが彼の分析に大きな効果を生んでいる．だが彼のいちばんの関心は，地位あるいは職位の問題である．個人が行政の序列を上に上るにつれて，より大きな問題に直面するが，問題は御しやすくもなる．問題はより重大になるが，それゆえまた手軽に解決できるのは，担当の職にあるものの腕が上がり，多くの助手や助言者が助けに来てくれるからである．第二の要素は次のように描かれる．「ある人の決定が国全体の運命に影響を及ぼすようなときには，いつも身近に彼を教え助ける人々，細部を引き受け，彼を励まし，擁護する人々がいるであろう．重要性の低い問題を扱う下位の職にあるものにはこういうことはなにも起こらない．」[33] 巨大な問題は自発的で有能な協力者を引き寄せる．だがその職にある個人の人格への効果も無視すべきでない．困難な課題は精神を集中させ，個人の中の「最高の力を表に出す．」「課題の重要性の意識によって自分のあら

ゆる力が奮い立つので，その課題が少々困難であっても，働く人間は最高のコンディションになる．」[34] これは，頂点に達した人間は尊大になり，率直な批判に耳を貸さず，おべっか使いに囲まれるという通常の考えの反対である．トクヴィルが平凡な時代を嫌った一つの理由は，彼の見方では，そうした時代は有能な個人から眠っている力を解き放つ挑戦の機会を奪うからであった．

　ここに描いた，危機が救いになり，成功が破滅のもとになるという力学は，もちろん，それ自体興味深い．だが，それは，『回想』あるいはトクヴィルの思考全体について正確なところ何をわれわれに告げているのだろうか．あるいは，それは単に一つの興味ある問題に過ぎず，通常その本や著者と結び付けられる近代デモクラシーの運命のような大きなテーマとは関係がないのだろうか．それはありそうにない．『アンシャン・レジーム』の中心テーゼを，成功が破滅のもとになるというアイディアに照らして考えてみよう．フランスの貴族身分はまさに望みを達成したがゆえに破滅した．貴族たちは課税から逃れる方法を探し求めたが，「免税特権が増えれば増えるほど，彼らは貧しくなっていった．」[35] 王政の話も似たようなものである．中央からの支配に対するあらゆる障害を粉砕することによって，フランスの国王はまた，危機の際に助けになるかも知れぬ諸力を見事に排除してしまった．貴族身分の力を意識的に弱めることによって，国王は農民の軍隊に支えられる可能性を消してしまった．そうした軍隊だけがパリの群衆に対して王を守ってくれたかもしれないのに．別の言葉で言えば，王政は目的を達したがゆえにその基盤を掘り崩されたのである．あらゆる力を一つの場所に集中し（王国の奪取を容易にし），国民を根こそぎの改革に慣れさせるなどの目的を達したがゆえに，国王も貴族身分も成功によって滅ぼされたのである．

　トクヴィルはまた彼の父親の世代は暴力革命の何たるかを知らなかったとも記している．18世紀の貴族たちはそのような残虐で破局的な騒乱は想像することさえできなかった．彼らに備えがなかったのは驚くに足らない．彼らは想像できなかった事態によって，そしてそれを想像し得なかったために滅びたのである．トクヴィルの理解では，この分析は適度の民主政を擁護する議論になる．共和政体はいつも幾分騒がしく乱れていると，トクヴィルは言う．だからそれは政治的支配者をいつも目覚ませておくことになる．

政治的自由がこの上なく安定した社会にも絶えずもちこむ小さな騒ぎは，社会の転覆の可能性を毎日思い起こさせ，政治的警戒心を眠らせることがない．だが，18世紀のフランス社会は奈落の底へ落ちかけているのに，傾いているのを知らせるいかなる警報も鳴ったことがなかった．」[36]

もし18世紀のフランス人がなんらかの公的自由をもち，それに伴う小規模の混乱を経験していたならば，混乱からどんな帰結が生じ得るかについてはっきり考えたであろう．フランスは18世紀を通じてあまりにも平和で落ち着いていたので，支配エリートは混乱の果てにどうなるかを気にもとめなくなってしまった．旧体制は成功によって，あるいはおそらく幸運によって滅びたのである．危険があれば救われていたかもしれない．

5

これらのトクヴィルの洞察は現代の政治的諸問題にどのような意味をもつだろうか．国境管理が緩み，企業に対する統制が低下し，地球のあちこちに無法地帯が広がり，国際的な金融基盤をもつ過激派が破産国家の政府から教育その他の公共サービスの支配権を奪おうと争い，そして大量破壊兵器が非国家的アクターの手に拡散する，このような事態に対してトクヴィルは何を語ることがあるだろうか．「多数の圧政」に対する彼の警告は，このような存在を脅かす脅威に対して特に有意味とは思われない．にもかかわらず，彼の思考が示唆するところは依然として大きい．というのも，それは経済発展の促進が反米感情の嵐を鎮める可能性を証し，人口増加が経済的機会の成長をはるかに上回り，混乱を極め内部分裂している社会に単純に選挙政治を導入することによって，合衆国がこれらの社会を平穏にすることに成功し得る蓋然性に言及しているからである．言うまでもなく，現代の諸問題に対して彼がきちんとまとまった解決策を提供しているわけではない．にもかかわらず，問題の深層心理的根源がどこにあり，どのような政治的に興味ある帰結がもたらされるかについてのわれわれの理解を深めるのに，彼の思考はたしかに役に立つ．

I–1　民主化と惨事の時代にトクヴィルをどう読むか

［訳者注記］

トクヴィルの著作からの引用は，『アメリカのデモクラシー』 *De la démocratie en Amérique*，『アンシャン・レジームと革命』 *L'Ancien Régime et la Révolution*，『回想』 *Souvenirs* についてはプレイアード版著作集 *Œuvres*, Bibliothèque de la Pléiade（Gallimard, 1991–2004．『デモクラシー』は第2巻，『アンシャン・レジーム』と『回想』は第3巻に所収）を用い，それぞれ *DA*, *AR*, *S* の略号とプレイアード版の引用ページを示した．その他はガリマール版のトクヴィル全集 *Œuvres, papiers et correspondances d'Alexis de Tocqueville*（Gallimard, 1951– ）に拠り，同じく巻数，ページを示した．著者の引用は仏文，英文まちまちだが，訳文はすべてフランス語原文から訳出した．

注

1) *Œuvres*, t. III-i, p. 140.
2) Ibid.
3) Ibid., p. 141.
4) *AR*, Pléiade III, p. 71.
5) Ibid., p. 202.
6) Ibid.
7) Ibid., p. 79.
8) *DA*, Pléiade II, p. 444.
9) Ibid., p. 445.
10) Ibid.
11) *AR*, Pléiade III, p. 249.
12) Ibid., p. 123.
13) Ibid., p. 63.
14) Ibid., p. 73.
15) Ibid., p. 78.
16) Avertissement de la douzième édition de *De la démocratie en Amérique*, *Œuvres*, t. I-ii, p. xliv.
17) *DA*, Pléiade II, pp. 632–33.
18) Ibid., p. 217.
19) Ibid., p. 138.
20) Ibid., p. 219.
21) Ibid.
22) Ibid., p. 220.
23) Ibid.
24) 以上，Sheldon Wolin, *Tocqueville between Two Worlds: The Making of a*

Political and Theoretical Life (Princeton University Press, 2001).

25) *S*, Pléiade III, p. 849.
26) Ibid.
27) Ibid., p. 857.
28) Ibid., p. 849.
29) Ibid., p. 842.
30) Ibid., p. 786.
31) *DA*, Pléiade II, p. 225.
32) *S*, Pléiade III, p. 923.
33) Ibid.
34) Ibid.
35) *AR*, Pléiade III, p. 166.
36) *S*, Pléiade III, p. 174.

(松本礼二 訳)

I–2　デモクラシーは平和的か
トクヴィルの軍隊・戦争論

松本 礼二

「民主的な国民が為すのに常に大きな困難を覚えることが二つある．戦争を始めることとそれを終わらせることである．」[1]

1

　トクヴィルは『アメリカのデモクラシー』第 2 巻第 3 部の末尾の数章(第 22 章—第 26 章)において，軍隊と戦争についてまとまった考察を試みている．すぐ前の第 21 章「大きな革命が今後稀になるのはなぜか」と合わせて，全巻のフィナーレを飾る第 4 部の「民主的専制」論への伏線となる重要な議論である．
　ところが，研究史は革命論と対照的に，この戦争論，軍隊論にこれまで十分な照明を当てていない[2]．トクヴィル自身，事実上外敵が存在せずネイティブ・アメリカンと闘う数千の軍隊しかもたない当時のアメリカ合衆国はここでの議論の対象でないと明言しており，『アメリカのデモクラシー』をアメリカ論の古典として読む限り，戦争論，軍隊論は無視する方が著者の意図に沿うことになろう．これが研究史の空白の理由であることははっきりしている．だが，トクヴィルが「アメリカにアメリカ以上のものを認めた」[3]こともまた事実であり，『アメリカのデモクラシー』はジャクソン期の合衆国の現場報告に尽きるものではなく，アメリカ社会の観察とヨーロッパとの比較に基づく近代デモクラシーの理論的考察の書でもある．この著はデモクラシーをなお成長途上のものとして扱い，それが現にある姿だけでなく，それが将来どうなるかをも問うている．著者のメッセージは叙述にとどまらず，しばしば予測ないし予言として発せられる．だとすれば，アメリカ社会，一般にデモクラシーのその後の発展に照らし，あるいはデモクラシーと軍隊，戦争という一般問題についての理論的考察として，トクヴィルの議論を振り返ることも許されるであろう．実際，今日の

読者はアメリカ合衆国が 20 世紀における主要な戦争の主役となり，いまや世界に並ぶものなき超軍事大国であるという事実を思い浮かべることなしにトクヴィルを読むことはできない．イラク戦争以来，デモクラシーの名の下に為される戦争の現実があらためて問題化している今日，トクヴィルの戦争・軍隊論の再検討は歴史的興味を超える意義をもつ．

　とはいえ，トクヴィルの意図に即する限り，戦争と軍隊の問題を論ずるに当たって彼の念頭にあったのが，フランスの状況，フランス革命戦争とナポレオン戦争の遺産の問題であったことは無視し得ない．そこで，本稿では，まずトクヴィルの議論の意味を 19 世紀前半，ポスト革命期あるいはポスト・ナポレオン期のフランスの歴史的文脈において検討し，次いで，これを当時のアメリカでなくその後のアメリカの変容，とりわけ 20 世紀後半における「軍産複合体」military industrial complex や「安全保障国家」national security state の形成という問題に照らし，現代の観点から考察してみたい．

2

　フランス革命戦争とナポレオン戦争についての同時代の考察は数多いが，トクヴィルの議論の特徴を際立たせるのに最適な比較の対象はバンジャマン・コンスタンのナポレオン体制批判であろう．コンスタンは一世代上の自由主義者として，トクヴィルといくつかの観点を共有して同じ問題に取り組み，事実，半分は似た結論を引き出しながら，また顕著な違いをも示しているからである．

　コンスタンが『ヨーロッパ文明との関連における征服の精神と簒奪について』の第 1 部「征服の精神について」において展開したナポレオン体制批判は，一口で言えば，それが近代の商業社会の本質を見誤った「時代錯誤」anachronism に基づいているという主張である[4]．

　「尚武の精神」l'esprit militaire はローマ人やバイキングのような過去のある種の民族にとって枢要な徳であったが，商業と交易によって結ばれる近代社会では意味を失い，ナポレオンの「征服の精神」は時代精神の変化を見誤った「粗雑にして致命的な時代錯誤」である．勇猛をもって知られた過去の諸民族が自由や宗教といった「高貴な」目的のために戦ったのに対して，近代の商業的

諸国民にとって，戦争は経済的利害の追求以外の目的をもたない．贅を蔑み欲を退ける武人の徳を失った戦士たちは「商人の計算」に走り，勝利の栄光は快楽と化して略奪が常態となる．征服と略奪が自己目的となった戦争に終わりはなく，終わりなき戦争に駆り出される兵士たちは将来の展望を失い，瞬時の偶然に身を任す「賭博者」の心性が蔓延する．かくてエゴイストの集団と化した軍隊に真の規律のあるはずはなく，ひとたび敗勢に立つと勝利が隠していた弱点が一挙に露呈し，ナポレオン軍のロシアからの敗走の惨状を現出した．

近代の商業社会では尚武の精神は歴史的意義を失ったという観点からする，ナポレオンの軍事体制の病理についてのコンスタンの鋭い分析は，うち続く戦争に疲れきったフランスの世論に訴え，来るべき立憲体制への準備を説くものであった．もちろん，かつての武人の徳は近代の商業社会と矛盾するという見方はコンスタン一人のものではない．モンテスキューやアダム・スミスから，サン゠シモン，スペンサー，ヴェブレンに至るまで，さまざまな立場の社会思想家が近代社会における武人の徳の意味喪失と新たな経済倫理の重要性を強調してきた．尚武の精神からホモ・エコノミックスの倫理への歴史的転換という観点は，18, 19世紀の広い意味での自由主義思想の核心をなすものである．

だが，それならばなぜナポレオン戦争がヨーロッパ大に拡大し，長期にわたって国民全体を動員し得たのか．コンスタンは国民全体を巻き込み，その熱狂的支持を得て遂行されたナポレオン戦争の新しい側面にも鋭いメスを入れている．たんに職業的軍隊の大規模化にとどまらず，国民全体を動員するためには，国民の独立と尊厳，国境の整備，通商の利益など然るべき戦争目的の提示が不可欠であり，なかでも偽善性を露わにもちだされるのがフランス革命の発明した「正統性を欠く圧政から人民を解放する」という口実である[5]．

「征服の精神」が革命から継承した偽善性はまた被征服者に対する画一的な制度の押しつけをもたらす．古代にあっては征服が時に一国の人民の絶滅をもたらすことはあっても，征服者が自らの風俗，習慣，宗教を敗者に強制することは決してなかった．近代の征服者はその版図に一律の画一的制度を打ち立てる．同じ法典，同じ尺度，同じ規則，そしてもし可能であるならば，同じ言語をさえ．「画一性の幻想」une chimère d'uniformité こそ現代の病である[6]．革命の「体系的精神」に淵源し，いまや「一個の宗教的教義」と化した「画一性へ

の賛嘆」に対して，コンスタンは地域に根ざし，歴史的に継承された風俗習慣の重要性を叫ぶ．「多様性こそ組織であり，画一性はメカニズムである．多様性は生命であり，画一性は死である」[7]という「征服の精神」第 13 章の議論は，ナポレオン体制批判という当面の課題を超えて，コンスタンの思考の核心に触れる．社会的結合における自発性と個別性，地域性と歴史性を擁護するロマン主義者コンスタンの面目躍如たる主張であり，また後のトクヴィルによる集権制批判を想起させる議論でもある．ナポレオンの法典編纂事業に対してもコンスタンは違和感を隠さない．「よい法律かどうかは，国民がいかなる精神をもって自らの法に服し，これに従うかに比べてはるかに重要性が小さい．」[8]

3

　トクヴィルもまた近代商業社会が基本的に平和を志向し，戦争を嫌うという見方をコンスタンと共有している．民主的人間の心理と民主的社会の習俗についての彼の分析は，そうした見方を社会学的に基礎づけるものである．
　「境遇の平等」は人々を孤立させて私事に埋没させ，物質的幸福の休みなき追求に追いやる．誰もが他者を羨んで競争心に駆られ，自らの境遇の改善に努めるが，同時に今現在の利益にとらわれて長期の展望を見失うから，手近のささやかな成功しか求めない．野心は万人に広がるが，大望をもつものは稀で，物質主義は普遍的情念となるが，桁外れの安逸，法外な享楽を追う者はいない．憂慮すべきは一部の人々の強欲ではなく，「一種実直な物質主義」[9]の蔓延が万人の魂を柔弱にすることである．デモクラシーは習俗を和らげ，秩序を乱し権力に挑戦する冒険から人を遠ざける．近視眼的な物質主義と個人主義が一般精神となる中で，幸福追求に専念する人々は社会秩序を尊重し，何より革命と戦争を恐れるであろう．
　このように，近代商業社会が平和を好んで戦争を退ける基本性向をもつという見方において，トクヴィルとコンスタンに違いはない．異なるのは，前者が民主社会一般の精神にとどまらず，デモクラシーの軍隊の構造と特質に立ち入った分析を加え，同じデモクラシーの平等原則が市民社会とは正反対の帰結をそこに産み出すと主張する点にある[10]．

戦争と軍隊の問題についても，トクヴィルの探究方法はアリストクラシーとデモクラシーの比較であり，貴族社会と民主社会の構造的差異が軍隊と戦争のあり方にどう反映されるかという視点は一貫している．貴族制の軍隊は貴族社会の構成原理の直接の反映であり，軍隊の階級制は貴族制の身分構造のミクロコスモスといってよい．士官は貴族階級が独占し，庶民出の兵士の昇進には初めから越えられぬ限界がある．兵を率いる指揮官は貴族の名誉と栄光のために戦うが，一般の兵士は軍隊で生活を保障されることに有難みを感じても，命をかけて戦う意欲は乏しいであろう．貴族出身の士官の多くは一生を軍隊で過ごすわけではなく，身分に伴う義務として若年時に軍役に就き，一定の年限を勤めた後には元の生活に戻る．彼らの地位は生まれによって保証されているので，軍功によって得たものではない．こうした条件は，当然，軍隊の好戦性を一定の限界の中にとどめるであろう．貴族制の軍隊にはそれが属する社会が欲する以上に戦争を望む理由がない．軍隊が戦争を望むとすれば，それは支配者あるいは支配階級が戦争を欲しているからであって，一般の国民は支配者の命に従って，仕方なく戦場に赴くだけである．

 民主社会においても，軍隊は社会の一般原理，すなわち平等原則に従って構成される．だが，軍隊，一般に軍事組織は，本質的に階級的構造をもつものである．いかに社会の民主化，平等化が進もうと，軍隊は軍隊であって，指揮官と兵卒，命ずる者と従う者の区別は残る．すなわち，デモクラシーの平等原理は軍隊の階級制を廃するわけではなく，その中で地位が万人に開かれ，出世の可能性が誰にもあるということを意味するであろう．軍隊こそは民主社会に残る唯一の階級組織であり，それでいて参入機会は社会的出自と無関係にすべての成人男子に(今日ではある程度まで成人女子にも)保障されている．誰にとっても，一般社会では実現し難い大功をあげて，名誉と地位を得る可能性のある唯一の舞台，それが軍隊である．軍隊は万人に開かれ，将兵の地位は出自や家門で定まるのではなく，戦場における軍功による昇進の道がいつでも開かれている．このことは当然，出世競争を組織全体に広げ，そして，戦争こそは誰に対しても昇進の最大の機会を提供するであろう．平和の永続は急激な昇進の機会の減少を意味し，年功序列による軍隊の人事構成の停滞を招き，結果として野心的な若手層の不満を蓄積しかねない．トクヴィルは民主的軍隊の階級構成

の社会学的分析をさらに進め，既に地位を得た士官層は現状に満足して保守化し，徴兵された兵士は一日も早く兵役を終えて，除隊の日を待ち望むだけであるのに対して，地位の上昇に最大の関心をもつ職業軍人たる下士官層が最も戦争を待望すると推論する．

トクヴィルはこのように，近代民主社会の一般精神は平和を志向して戦争を退けるというコンスタンと同じ観点から出発しながら，民主的軍隊の組織原理とその団体精神の分析を通じて，「あらゆる軍隊の中で最も熱烈に戦争を望むのは民主的軍隊であり，あらゆる国民の中で最も平和を望むのもまた民主的国民であるという奇妙な結論」[11]を導き出したのである．

4

平和と秩序を志向する民主社会の一般的傾向と民主的軍隊の独特の好戦性との矛盾というトクヴィルの議論は，デモクラシーを脅かす革命精神についての彼の憂慮とある程度並行的である．ポスト革命期のフランスの混乱の中で，トクヴィルは長い民主革命の渦中を生きているという意識に終生とらわれていた．フランス革命によって生活基盤を根底から揺るがされた貴族の家系に育ち，七月革命と二月革命を自ら経験した彼にとって，革命は生涯をかけて取り組んだ考察対象であった．『アメリカのデモクラシー』から『アンシャン・レジームと革命』まで，彼の著作はすべてこの問題に関わっている．だが，アメリカを参照したデモクラシーについての徹底的な検討は，革命についての過剰な恐怖から彼を解き放った．彼自身と同じミリューに育った保守派の友人たちと対照的に，トクヴィルは民主的精神と革命精神とを鋭く区別し，後者は平等の定着とデモクラシーの進展とともに弱まるであろうと予測する．革命精神が消えてなくなるわけではない．だがひとたび平等の定着した安定したデモクラシーにあっては，大多数の人々は何より秩序を求め，革命の混乱を嫌うから，革命家の煽動に耳を貸さぬであろう．トクヴィルは，革命的精神と尚武の精神はどちらも民主社会の一般的傾向に反することを強調する．「民主的諸国民を革命から遠ざけるその同じ利害，同じ恐怖，同じ情念が，彼らをまた戦争から遠ざける．尚武の精神と革命の精神とは，同時に，また同じ原因によって弱まる．」[12]

だが，革命と戦争の並行関係は両者が民主社会の一般精神に反するというところまでである．なぜなら，革命精神が絶対少数の革命家たちに限られ，社会全体に浸透し得ないのに対して，尚武の精神には軍隊という制度的受容器が存在するからである．トクヴィルが，少なくとも『アメリカのデモクラシー』第2巻執筆の時点において，革命精神の影響以上に軍事的精神の浸透を憂慮したのはそのためである．この時点において，彼は革命の現実的可能性を低く見積もっており，物質的利害と幸福追求に専念する人々の革命に対する過剰な恐怖心が精神の飛翔を妨げ，あらゆる知的冒険に反対する知的停滞を招きかねないという逆の警鐘を鳴らしてさえいる．

　平和を志向する民主社会における軍隊の存在はこの時期のトクヴィルにとってより大きな問題であった．ひとたび始めた戦争を終わらせるのは民主的国民にとって困難であり，長期にわたる戦争の継続は体制の兵営化を招きかねない．「長期にわたる戦争で，民主国において自由を大きな危険にさらさぬ戦争はない．」[13] トクヴィルはここでクーデタによる軍事独裁政権の可能性を排除していないが，最大の懸念はより構造的な問題である．

　　　戦争は民主的人民をいつも軍事政府の手に委ねるわけではない．だがそれは間違いなく，これらの人民において，文民政府の権限を途方もなく拡大する．戦争はすべての人を指導し，あらゆるものを使用する力をほとんど強制的に政府の手に集中させる．たとえ暴力によって一挙に専制に至らぬとしても，戦争は習慣を通じてゆっくりとそこへ導く[14]．

　ここにおいて，トクヴィルは平和を愛するデモクラシーの一般精神とその軍隊の特有の好戦性とを結びつける隠れたつながりを見出したといえよう．戦争は不可避的に人民に対する政府の統制を強化し，軍隊はすぐれて階層的で官僚的な組織である．官僚制こそデモクラシーの一般的傾向と軍隊の団体精神とをつなぐ隠れた糸に他ならない．民主的諸国民が真に憂慮すべきは軍事独裁の可能性ではなく，平時における強大な軍隊の存在それ自体であり，政府と軍部の融合である．

5

　トクヴィルの戦争論，軍隊論がなによりも革命から帝政期におけるフランスの歴史的経験を念頭におくものであることは疑いない．コンスタンの議論の対象もその点変わりはないが，フランス革命とナポレオン戦争を同時代の経験としたコンスタンと違って，トクヴィルはそれらがポスト革命期のフランスに残した永続的な帰結を明瞭に見たといえるであろう．

　ウィーン体制の国際秩序のもと，フランスがヨーロッパにおいて新たな戦争を始める余地はなく，七月王政の中心勢力となった中産階級の金銭崇拝と物質主義は戦争と革命を恐れて現状にしがみつく保守性を露わにする．中産階級の保守主義と政府の協調外交，とりわけ英国に対する弱腰に不満を募らせた一部の勢力はナポレオン時代の栄光の記憶を新たにしつつあった．ナポレオン戦争の従軍経験者はなお大量に生き残っており，過去の軍事的冒険の記憶は彼らの脳裏に焼き付けられていた．復員将兵を平和な社会に再統合することはポスト革命期のフランスの重要課題であり，王政復古の諸政府は退役軍人を寛大に処遇し，可能な限り年金を支給し[15]，七月革命はボナパルティストの将軍たちに名誉回復の道を開いた．こうした歴史的背景のもとでナポレオン崇拝が庶民の間に広がり，民衆的ボナパルティズムの高揚は1840年におけるナポレオンの「遺灰の帰還」という国民的狂騒において頂点に達する．ルイ・ナポレオンの蜂起の試みは失敗を繰り返し，ボナパルティストはなお政治勢力として一つにまとまるには程遠かったが，ナポレオン神話と国民的栄光の記憶は庶民の間に好戦的気分を醸成し，ティエールのような機会主義的政治家はこれを利用することをためらわなかった[16]．ただし，こうした民衆的ボナパルティズムの高揚はブルジョワジーの利己主義と政府の弱腰外交への反発の表現であって，それが明確な政治的意思に結実するのは二月革命と第二共和政の経験の後である．七月王政のフランス社会の鋭利な観察者，ハインリッヒ・ハイネはナポレオンの「遺灰の帰還」をめぐる狂騒に触れて述べている．

　　皇帝は死んだ．彼とともに昔風の英雄は消え，俗物たちの新世界が華々

しい悪夢から解き放たれて安堵の息をつく．皇帝の墓の上にブルジョワ的な実業の時代が立ち上がり，まったく別種の英雄，徳高きラファイエットや製糸工場主ジェームズ・ワットのような人々が称えられる[17]．

しかしながら，ヨーロッパで軍事的冒険を試みる可能性は奪われていたとはいえ，フランスはその外に軍隊を差し向けることはできた．アルジェリアがそのために格好の舞台を提供したのである．七月革命直前のブルモン元帥の遠征に始まるアルジェリア派兵は復古王政が七月王政に残した置き土産であったが，元来が周到な計画に出るものでなく，議会や新聞世論には植民地経営のコストの観点からする反対論も強く，政府の方針も当初は定まらず，こうした場合の常として，現地の部隊の独自行動が問題を拡大，深化させていった典型的事例である．だが，1837年のコンスタンチン地方の制圧を機にそれまで緩い提携関係にあったアブド・アルカーディルの勢力と全面的対決状態に入ると，フランス軍はビュジョー将軍のもとに全面的な征服戦争に乗り出していく．しかも，最終的勝利を収めるまでには当時のフランス軍の総兵力の三分の一，10万人以上の兵を投入し，なお10年近い年月を費やした．トクヴィルが戦争と軍隊について思索をめぐらしていたのは，七月王政の政府がそれまでの試行錯誤から本格的な征服戦争へと舵を切っていくまさにその時期のことであった．

トクヴィル自身，七月王政の政治家の中でも突出してアルジェリア問題に深く関わり，いくつかの新聞論説を書き，議会の専門委員会に参加し，二度にわたって現地調査を行い，議会報告を行っている．トクヴィルのアルジェリア論の基本的視座は，ひとたび始めた国家の大業を困難だからといって中途で投げ出すのは国民の衰弱を世界に示すものだとして，国家の栄光のため，とりわけ英国に対抗しての植民地獲得を積極的に支持する一方，軍事的征服と植民地経営はまったく異なるとして，現地の法律習慣に通じ，宗教事情や部族社会の実情に即したきめ細かい施策を求めるものであった[18]．トクヴィルのアルジェリア論それ自体の検討はここでの課題ではないが，本稿の視点から無視し得ないのは，彼自身が意識したかどうかに関わらず，彼のアルジェリア論と軍隊・戦争論との間にはある論理的関連があるという事実である．

先に述べたように，トクヴィルは戦争の可能性を奪われた平時の民主主義国

家が強大な軍隊をもつこと自体に自由に対する脅威を見出し,「民主的国民にあって,軍隊を拡大してよいことは何もない」と述べ,「どんな対策をとろうと,民主的人民の中の大規模な軍隊はいつも大きな危険であり,この危険を減らす最も効果的な手段は軍隊を削減することである」[19]と結論していた(ただし,軍事力の削減は「どんな国民もとることのできる対策ではない」[20]と述べて,フランスにとってそれは不可能なことを示唆している).他方で,民主社会における個人主義と物質主義の蔓延,私的利害への埋没と公共精神の衰弱,壮大な野心と冒険心の喪失といった傾向を深く憂慮し,戦争がそうした傾向への歯止めとなる可能性をも示唆している.「私は戦争が悪いとは決して言わない.戦争はほとんど常に人民の思考を拡大し,意気を高揚させる.平等が自然に産み出すいくつかの傾向の行き過ぎた成長を戦争しか止めることができず,民主社会が陥りがちないくつかの根深い病に対して戦争を必要と考えねばならないような場合がある.」[21]

この二つの論理を結びつけて考えるならば,四囲を潜在的な敵国に囲まれた大陸国家として軍隊の削減という手段をとりえず,強大な軍隊を維持してその中に不穏な好戦的分子を養わざるを得ない民主国フランスにとって,「第一次アルジェリア戦争」は軍隊の欲求不満に格好のはけ口を与え,国内における自由への脅威を減少させるということにならないだろうか.トクヴィル自身がこの論理的連関をどこまで自覚していたかはともかく,戦争と軍隊を論じるに当たって,北アフリカで現に作戦遂行中のフランス軍を意識しなかったはずはない.実際,彼は戦争と軍隊についての諸章を執筆中,軍事について実際的知識のないことを自覚し,1830年のアルジェリア侵攻に関わった経験をもつ親友ルイ・ド・ケルゴレにたびたび助言を求めている.トクヴィルにおける戦争と軍隊についての考察とアルジェリア論の論理的整合性を問うことは,興味ある問題を構成するであろう.

6

以上述べたように,トクヴィルの戦争論,軍隊論が19世紀前半のフランスの歴史状況と深く関連していることは明白である.それは直接にはフランス革

命とナポレオン戦争の歴史的経験についての考察であり，ナポレオンがポスト革命期のフランスに残した遺産としての民主的軍隊の社会学的分析であった．だが，他方，彼がデモクラシーとアリストクラシーの理念型的対比を通して問題を一般化して提示していることもまた事実である．平和を志向する民主社会の一般傾向と相反する民主的軍隊の好戦性というトクヴィル独自の観点は，ポスト革命期フランスの歴史的文脈を離れて，近代国家における軍部の問題を一般的に考えるためにも有効な視座を提供する．

民主社会においては，一般市民が経済活動による富の獲得に専念してなにより戦争と革命を嫌うのに対して，武人の徳は尊敬を集めず，エリートは軍人になろうとしない．市民の多くが守るべきなにがしかの財産を有するのに対して，兵士の供給源は無産階級であり，指揮官たちも戦功によってそこから出世してきたものである．平和の持続と社会の安定は軍隊に不満を蓄積し，革命精神が軍部に浸透する．かくして，「軍隊全体が国民全体に比べて知性の広がりに欠け習慣は粗暴な一つの部分国民を別個に形成する」[22] ことになり，その「無教養な部分国民が武器をもち，彼らだけがその使い方を知っている」[23] という事態を招く[24]．したがって，「戦争を好まぬ国民の中にある軍隊ほど危険なものはなく……軍隊による革命は貴族制においてはほとんど全く心配する必要がないが，民主国では常に恐れなければならない．」[25]

トクヴィルのこうした論理を彼の時代の文脈で考えるならば，それは「ルイ・ボナパルトのブリュメール18日」の予言ということになろうが，より広くは平等化の進展がある種の条件のもとで軍事革命政権，あるいは軍事独裁政権の登場に道を開くという，20世紀に頻繁にみられた現象の説明としても有効であろう．そして，トクヴィルは「不満を募らせ騒乱を好む精神は民主的軍隊の構造そのものに固有の病弊であり，これを治療することはあきらめるべきである」として，対策は「軍隊ではなく，国全体の中」にあることを強調する[26]．すなわち市民社会の自由な精神の軍隊への浸透だけが軍の暴政に対する防波堤だというのである．近代国家における軍部という一般問題として考えるならば，トクヴィルのこの主張はアングロサクソン諸国がヨーロッパ大陸の諸国に比べて相対的に軍事クーデタや軍部独裁の危険から免れてきた歴史的経験をある程度説明するであろう．それはまた，非西洋世界における近代化過程における軍部

の役割とその問題性を考えるためにも，有効な視点を提供するであろう．一般に，市民社会の成熟なしに上から近代化が行われる場合，軍隊は国家機構の中で相対的に最も民主的に構成され，近代化の牽引車となる反面，軍部独裁への不断の危険がそこに胚胎することもまた広く見られ，何よりわれわれにとって，それは近代日本の歴史的教訓である．

しかしながら，すでに述べたように，民主社会における軍隊についてのトクヴィルの懸念の対象は軍事クーデタや軍部独裁にとどまらず，長期にわたる臨戦態勢が社会と政府全体を兵営化し，官僚制を媒介項として政府と軍部が融合する可能性にあった．彼は軍隊・戦争論の草稿の中に「軍事的で官僚的な組織，兵士と事務員，これこそ将来の社会の象徴である」[27]と書きつけている．この視点は，軍隊と戦争を論ずるに当たってトクヴィル自身が明確に除外した対象，アメリカ合衆国の現在についての考察にわれわれを導かざるをえない．

トクヴィルはジャクソン期のアメリカを観察して，集権制と官僚制の不在にアメリカ人の自由の保障を見出し，また合衆国の軍隊がとるに足らぬ規模で，連邦政府の権限も小さい最大の理由は外敵の不在という幸運な状況にあると考えた．アメリカ合衆国のその後の発展は大統領と連邦政府の権限の拡大が何よりも戦争の帰結であること（リンカン，ウィルソン，フランクリン・ローズヴェルトによる「戦時大統領制」）を示している[28]．それでも，第一次大戦の後までは，平時における常備軍に対する不信という建国期以来の伝統が生きていて，大規模な動員解除が行われたのに対して，第二次大戦とその後の冷戦は戦時体制を恒常化し，建国の父たちが想像だにしなかった強大な常備軍を育て，軍人出身の大統領が「軍産複合体」への警鐘を鳴らすありさまである．「戦争はあらゆる産業を破壊しつくすと，それ自体が最大で唯一の産業となり，そうなると，平等から生まれる熱烈で野心的な欲望はあらゆるところから戦争の方向にしか向かわなくなる．」[29] トクヴィルがフランス革命戦争とナポレオン戦争とを念頭において記したこの言葉は，20世紀後半のアメリカ合衆国について何事かを語っていないだろうか．

科学技術の飛躍的な発達を背景に総力戦と全体戦争を経験した今日，問題は軍事機構と狭義の軍需産業にとどまらない．ヘンリー・スティール・コマジャーによると，現代アメリカの「安全保障国家」national security state 化は「軍

産複合体」どころか,「軍事・産業・金融・労働・学問・科学結合体」a military-industrial-financial-labor-academic-scientific aggregate を途方もなく肥大化させたという[30]. そして軍事超大国アメリカの形成は当然のことながら国内外における自由の抑圧を陰に陽に伴わざるを得なかった. 革新主義の最後の歴史家コマジャーは, 冷戦期における「安全保障国家」の形成がいかに建国の理念に反する官僚統制と自由の抑圧を恒常化し, 権力抑制のメカニズムを機能不全に陥れたかをトクヴィルに引照して鋭く批判し, 冷戦終結後も根本的に状況が変わっていないことに警鐘を鳴らしている.

戦略論や軍事科学に限らず, 学問的客観性を標榜する国際関係の諸理論もまた「安全保障国家」の体制の中に組み込まれている事実をあらためて強く意識させたのは, いわゆる「民主主義による平和」democratic peace の理論である. カントの「永久平和論」に基づくと称するこの「理想主義」の国際政治理論は, 冷戦の終結という新しい歴史状況の中で北大西洋条約機構のような西側同盟を再定義し, さらにこれを拡大していく理論的根拠を提供した[31]. ここで, 民主主義国同士は戦争をしないという基本命題の歴史的検証に立ち入る余裕はないが, この理論は軍事機構がそれ自体として固有の運動原理を有することを軽視し, 自由民主主義の政治体制と文民統制の制度が自動的に軍隊をコントロールし得るという楽観を免れるものではなかった. 比類なき軍事大国が自らを民主主義国と定義し, 敵対するものはすべて非民主主義国だとみなすところで,「民主主義による平和」を唱えることの意味がどこまで自覚されていたのだろうか. ブッシュ政権の中枢にいた人物がイラク戦争開戦に当たってこの理論を援用して戦争を正当化したことは, さすがに論者の気持ちを逆なでしたようで, 主唱者の一人ブルース・ラセットはこう述べている.

> 民主主義による平和の主唱者の多くは, いま, 1945 年に原子物理学者の多くがいだいたような観念にとらわれている. 彼らはナチ・ドイツによる征服を妨げるために考えられたものをつくりだしたのだが, ドイツが降伏した後になって爆弾の実験が行われ, そして使用された. すでにその政府が降伏寸前であった日本の非戦闘員に対して. われわれの創造物もまた悪用されてしまった[32].

自由主義の遺産を継承したという理想主義の国際関係論の盲点を考えるとき，民主的軍隊自体に分析のメスを入れ，デモクラシーの国民一般の平和志向とその軍隊の好戦性というパラドックスを導いたトクヴィルの視点は，あらためて注目に値しよう．コンスタンはナポレオンの体制における軍部は固有の団体精神を有する部分団体として，アンシャン・レジームにおける教会に似た存在であると述べているが，トクヴィルの議論はこの興味深い指摘を別の観点から補強するものと言ってよい．一般に近代国家の軍隊は社会における身分，階級，財産，教育などに基づく階層差を超越する平等原理に立ちつつ，それ自体の内部に固有の階級制と団体精神を生み出し，そのような部分団体として，しばしば国家の命運を左右してきた．武力行使を任務とするかどうかを別にすれば，軍隊組織のこうした特質はたしかにアンシャン・レジームの教会と驚くほど類似しているのである．『赤と黒』のアナロジーが成立するのは19世紀前半，ポスト革命期，ポスト・ナポレオン期のフランスだけであって，現代世界には無縁といえるだろうか．

［付記］

　本稿は，シンポジウムの際に "Is Democracy Peaceful? Tocqueville on War and the Army" と題して発表した英文報告に加筆，訂正を施したものの日本語版である．英文論文としては，ほぼ同じ内容のものが，"Is Democracy Peaceful? Tocqueville and Constant on War and the Army" として *The Tocqueville Review/La Revue Tocqueville* 28, no. 1 (2007) に掲載されているが，この日本語論文の方が論旨の展開と参照文献の補充，さらに若干の新たな論点の追加によって，内容が増えている．これら一連の論考の出発点は旧稿「民主主義国は戦争をしないか：トクヴィルの戦争論・軍隊論の視点から」『政治思想研究』5号（2004年）であり，トクヴィルの戦争・軍隊論のより包括的な検討についてはこの論文を参照されたい（デモクラシーの時代の戦争の形態や戦略の変化，民主的軍隊の規律といった問題を本稿は論じていない）．

注

1) Alexis de Tocqueville, *De la démocratie en Amérique*, *Œuvres*, Bibliothèque de la Pléiade (Gallimard, 1991–2004), II［以下，*DA*］, p. 787［松本礼二訳『アメリカのデモクラシー』全4冊（岩波文庫，2005–8年），第2巻（下），183頁］．

2) 後に触れる Henry Steel Commager, *Commager on Tocqueville* (University of Missouri Press, 1993), Ch. 4, "The Military in a Democracy" はトクヴィ

ルに即してデモクラシーにおける軍隊の問題を正面から取り上げた早い例である．この書は著者最晩年の出版であり，冷戦の終結から湾岸戦争という状況に照らした加筆の跡は見られるが，主要な部分は1978年の連続講義に基づくものである．Jean-Louis Benoît, "Tocqueville: la démocratie au risque de son armée," *The Tocqueville Review/La Revue Tocqueville* 27, no. 2 (2006) はトクヴィル専門家がこの問題を本格的に論じたものとして，本稿と関心を共有する部分が多い．Hervé Guineret, *Tocqueville, De la guerre au colonialisme* (Ellypses, 2007) はアルジェリア論との関連で軍隊，戦争を論じている点で興味深い．いずれにしろ，トクヴィルの戦争論，軍隊論への注目は最近のことである．

3) *DA*, p. 15 [第1巻(上)，27頁].
4) 「征服の精神」のテキストは Benjamin Constant, *Écrits politiques*, textes choisis et présentés et annotés par Marcel Gauchet (Gallimard, 1997) を使用する．採録されているのは1814年の終わりにパリで出された第4版である．
5) Ibid., pp. 147–49.
6) Ibid., p. 162.
7) Ibid., p. 168.
8) Ibid., p. 165.
9) *DA*, p. 646 [第2巻(上)，229頁].
10) 以下は主として第2巻第3部22–23章 (ibid., pp. 782–93 [第2巻(下)，176–92頁]) の議論の要約である．
11) Ibid., p. 785 [同上，179頁].
12) Ibid., p. 782 [同上，176頁].
13) Ibid., p. 787 [同上，183頁].
14) Ibid., p. 787–88 [同上，184頁].
15) Isser Wolloch, *The French Veteran from the Revolution to the Restoration* (University of North Carolina Press, 1979).
16) ボナパルティスムの思想と運動については，Frédéric Bluche, *Le Bonapartisme, aux origines de la droite autoritaire 1800–1850* (Nouvelles Éditions Latines, 1980) 参照．
17) Heinrich Heine, *Mémoirs*, II, quoted in Jean Lucas-Dubreton, *Le culte de Napoléon 1815–1848* (Albin Michel, 1960), pp. 382–83.
18) トクヴィルのアルジェリア論についてはポスト・コロニアリズムの立場から近年批判的検討が盛んであり，フランス語でも英語でも関連テキストの刊行が続いている．*Tocqueville sur l'Argérie*, présentation par Seloua Luste Boulbina (Flammarion, 2003); Alexis de Tocqueville, *Writings on Empire and Slavery*, ed. and tr. by Jeniffer Pitts (Johns Hopkins University Press, 2001).

19) *DA*, p. 789 [第 2 巻(下), 186 頁].
20) Ibid. [同上].
21) Ibid., p. 787 [同上, 182 頁].
22) Ibid., p. 786 [同上, 181 頁].
23) Ibid. [同上, 181–82 頁].
24) トクヴィルは二月革命, 特に 1848 年 6 月のパリの労働者蜂起に出会うと, 逆に, 軍隊経験が民衆に武器の扱い方を広く教えたことが革命の条件をなした点を指摘している. *Souvenirs, Œuvres*, III, p. 843.
25) *DA*, p. 786 [第 2 巻(下), 182 頁].
26) Ibid., pp. 787–88 [同上, 185 頁].
27) Yale Tocqueville Collection, Beinecke Rare Book and Manuscript Library, CVa, Paquet 8, Cahier unique, p. 50.
28) 砂田一郎『アメリカ大統領の権力』(中公新書, 2004 年).
29) *DA*, p. 796 [第 2 巻(下), 197 頁].
30) Commager, *Commager on Tocqueville*, p. 75.
31) Michael Doyle, "Kant, Liberal Legacies and Foreign Affairs," Part I, Part II, *Philosophy and Public Affairs* 12, no. 3, 4 (1983) を理論的出発点とし, Bruce Russett, *Grasping the Democratic Peace* (Princeton University Press, 1993) が体系化した「民主主義による平和」論についての賛否両論の検討は, Michael Brown, Sean M. Lynn-Jones and Steven E. Miller, eds., *Debating the Democratic Peace* (MIT Press, 1996) にみられる.
32) Bruce Russett, "Bushwhacking the Democratic Peace," *International Studies Perspectives*, 2005–6: 396.

II
●
多様性と統合

II–1　トクヴィルと移民問題
米仏比較史の視点から

ナンシー・L. グリーン

　トクヴィルはアメリカの移民について何も論じていない．"immigré(s)"，"immigration" あるいは "immigrant(s)" といった〔「移民」や「移住」を表す〕語は，彼の著書『アメリカのデモクラシー』には一切出てこない[1]．これは言葉と事実に関わる二つの理由，つまりフランス語の問題とアメリカ史の文脈の両方からみて，さして驚くことではない．トクヴィルの母語に関していえば，1835 年発行の『アカデミー・フランセーズ辞典』第 6 版にはこの語は存在しない．一方，"émigration"〔移住(移出)〕という語は，国を変えた人々について述べるのに長い間選択されてきたフランス語である．(もちろん，"Emigrés" はさらに限定的な意味を持ち，革命から亡命した人々のことを指す．)

　しかし，トクヴィルがまだ存在していなかった語を使用しなかったのは当然でもある．1830–31 年の合衆国においては，移民はほとんど見受けられなかった．移住はまだ大規模な現象ではなく，2 世紀前にアメリカにやって来た初期の集団はピルグリム・ファーザーズ，入植者，開拓者と認識されており，文字通りの移民と見なされていたわけではなかった[2]．いずれにせよ，彼らはトクヴィルの頃までに彼の術語にいう「イギリス系アメリカ人」あるいは「アメリカ人」になっていた．トクヴィルが述べたように，これらの移住者は新大陸との出会いを「白紙状態〔タブラ・ラサ〕」と見なした．出自が比較的同質的だったおかげで，彼らは同じ言語を話し，互いに優越感をもたず，そしてトクヴィルの称賛するデモクラシーへの「出発点」[3]を構築した．大量移住はトクヴィルが帰国してからずっと後の 19 世紀中葉になるまで発生せず，それが起こったのは，ドイツ人やアイルランド人がアメリカの岸辺に到達し，イギリス系・フランス系・オランダ系の混交であった建国期の市民に測り知れない(そして望まれざる)多様性をもたらしたときのことであった[4]．

　トクヴィルの訪米は 19 世紀の大量移住を目撃するのには早すぎたとしても，

それでも我々は合衆国への移民について，それだけでなく，さらにいくらか後に大量移住が始まったフランスへの移民について論じるのに，彼を引用することができるであろうか．トクヴィルの古典的テキストは，彼の訪米後1世紀の間に初めて重要性を増したこの論点についての洞察を二つの方向で提供している．まず第一に，我々はトクヴィルの比較研究の眼差しに立ち戻ることができるのであるが，それは彼の視座そのものに立ち戻ることと，ここ30年にわたるトクヴィル・ルネサンスを通じて繰り返し言われてきた方法に立ち戻ることとの両方を意味する．第二に，トクヴィル自身は移民について論じなかったとはいえ，彼はアメリカ社会の根本原理に見えたもの，すなわち自発的結社について述べており，それは後に論じるように，大西洋両岸における移民史に間接的に結びついている．

1. 比較研究の視点

トクヴィルのアメリカのデモクラシーについての検討は，我々が知っているように，一方向的な事実発見の試みではなかった[5]．その検討項目はフランスの政治についての疑問から構成されており，結論はこの比較研究の観点から引き出された．トクヴィルの『デモクラシー』はアメリカについてと同程度にフランスについても論じている（「私はアメリカの中にアメリカを超えるものを見たことを認める」[6]）．さらにいえば，トクヴィルは，デモクラシーから宗教，国家にまでわたる論点について論じるために，大西洋両岸において，比較を可能にする反響板として引用されてきたのである．

トクヴィルの比較研究の視点はテキストの中で暗示的なこともあれば，明示的なこともある．デモクラシー，宗教その他についての従来の認識を修正するような発見について言及する限りでは，彼の比較研究の視点は暗示的である．それが明示的なのは，フランスとアメリカ，アリストクラシーとデモクラシーを比較するのみならず，合衆国とイギリス，合衆国とヨーロッパを，さらに合衆国内部において，北部と南部(奴隷制度)，東部と西部(前者はより民主的であり，後者はより未開であって宗教的慣習に支配されていない．「インディアンの毒矢も恐れず，荒野の厳しさもものともしない」[7])をも対置する点である．

実際,「多数の暴政」についての名高いパッセージに加え,北部と南部,東部と西部の比較は,トクヴィルにとってアメリカのデモクラシーがいかに一枚岩ではなかったかを示している.彼の論述の基本的枠組みはニューイングランドであったものの,彼の情報と観察はいくらかの多様性を考慮に入れていた.たとえ彼が〔次のように言って〕アメリカの多様性を自分のいちばんよく知っているものと対比して矮小化することがあったにしても,「しかるに,メインとジョージアの文明はノルマンディーとブルターニュの文明ほども違わない.」[8] しかし,比較研究の眼差しはもちろん視点次第で変化するものであり,おそらく 19 世紀のジョージア州の住民は,反対にノルマンディーとブルターニュとの相違よりジョージアとメインとの相違の方が大きいと感じていたであろう.

トクヴィルの視点における根本的に比較研究的な側面を理解することは,現代フランスの観察者が今日合衆国をどう援用するか,そのやり方を照らし出すのに役立つ.その逆は非常に稀である.比較研究の見方が両方向で均衡のとれていることは滅多になく,アメリカに対するフランスの視点はほとんど不変のお題目のようなものであるのに対し,アメリカ人によるフランスとの比較はごく稀である.アメリカの社会学者は,後に見るように,トクヴィルを持ち出すことがあるにしても,合衆国を研究してこれを明示的にフランスと比較するものは滅多にいない[9].合衆国を対象とするアメリカの歴史家について言えば,フランスの事情との比較は事実上存在しない.アメリカ史を他の方法と並んで,比較研究によって「国際化」すべきだとする声が高まってきたのは,つい最近のことである[10].

2. 比較研究の観点から見た移民史

移民史の分野も決して例外ではなく,合衆国の移民を扱うアメリカの歴史家は他の国の移民史にほとんど関心をいだいてこなかった[11].しかしながら,現代のフランスの研究者はトクヴィルができなかったことをしばしば行ってきた.フランスの移民史とアメリカのそれとの比較である.実際,別稿で論じたように,フランス移民史研究を正当化するためにアメリカの移民史を語るという修辞上の工夫が,フランスにおける移民史という研究分野の確立には不可欠であっ

た[12]．フランスへの移住を論じるのに役立てる目的でフランス側が参照したアメリカ移民史についての理解が時に（アメリカ移民史についての）誤った前提に基づいていたとしても，これは国境横断的な比較を特定地域の研究に必要な教訓として用いる手段の一部であることが多い[13]．合衆国への移住はこうしてフランスへの移住を評価するための反射板として役立ってきた．

ジョン・スチュアート・ミルが指摘したように，比較のための（修辞的）選択肢は基本的に二つ，すなわち類似性と相違性であって，米仏の移民史についてのフランス側の分析にはどちらもある[14]．第一の段階では類似性が強調されてきた．フランス移民史の歴史家たちは，フランスが，合衆国と同じように，19世紀の経済発展と相関する長い移民の歴史を有していることを述べてきた．この類似性の比較は，長い19世紀を通じて移入より移出によって特徴付けられる他のヨーロッパ諸国と対照的だとすることで，さらに強固なものになった．アメリカの「メルティング・ポット」が一つの基準として使用され，それによりフランス移民史自体が再び脚光を浴びるようになった．

しかしながら，第二の局面においては類似性に対して相違性が強調され，あるいは松本礼二が述べたようにモデルが脅威になった[15]．相違を比較する中で，フランスの経験はアメリカのそれと異なるのみならず，その「共和国モデル」こそが真のメルティング・ポットであり，もとのものより成功していると見なされるようになったのである．分裂をもたらすアメリカの多文化主義への批判，あるいは恐怖感から，アメリカ移民史のこの新しい見方は，「フランス流の統合」という，より楽観的な見方との対照においてアメリカ移民史の否定的な帰結を強調することになった．

これらの否定的あるいは肯定的言及は，しばしばアメリカ移民史の平板化を代償に為されてきた．米国への移住の波の変動と頻繁に繰り返される排外主義的排斥を無視しており，移民の活動をただ分離主義としてしか強調していないが，そうした問題はここでは関連が小さい．重要なことは，アメリカ・モデルがフランス移民史にとって肯定的な，ついで否定的な事例としてどのように役立てられるようになったか，その経緯を理解することである．トクヴィルの『デモクラシー』と同様に，肯定，否定両方の叙述は（その「正確性」を問うことなく），アメリカ史のみならずフランス自体についての論評としても機能した．

3. 自発的結社と移民の衝撃

アメリカ移民史をフランス側から見て，比較の見地からなされる批判の中で最も反響の多いものの一つは，移民が自分たちのコミュニティを組織する仕方と関連している．現代フランスの見方はしばしば（合衆国における，そしてそれ以上にフランスにおける）移民結社を，デモクラシーの建物を賃借しようと身構えている危険なロビー団体として恐れるほどではないとしても，しばしば不安の目でこれを眺めている．フランス人のアメリカ観察の核心にある比較による批判がどのように形成されているかを理解するのにトクヴィルをよりうまく利用できるとするならば，彼の『デモクラシー』は移民が公共社会へどう参加しているのか，そのあり方についての考察にも用いることができよう．

トクヴィルは移民を見なかったが，彼はもともと移出民であったイギリス系アメリカ人によって創設された多くの自発的結社の存在を十分に意識し，それに強い印象を受けていた．多様なクラブや政党の創設が如実に示すこの結社人の活動は，彼にとってデモクラシーが正常に機能していることの健全な証しであった．そして，結社の自由についてトクヴィルが強調していることは，彼の分析の中でも鍵となる新たな要素であった[16]．

> 政治的結社，工業と商業の結社，さらには学問と文芸の結社でさえ，権力が思うままに従わせることも陰で抑圧することもできない，知識と力ある市民であり，これらの結社は権力の要求に対して自己の権利を擁護することを通じて，共通の自由を救うのである[17]．

多数の暴政に対する防波堤として，また個人主義の陥穽に対する防御策として，自由な結社はトクヴィルによって「秩序を破壊せずに暴政と闘い得る」[18]手段だと称揚された．

自発的結社の創設，参加に向かうアメリカ人の傾向についてのトクヴィルの叙述は，歴史的に位置づけられねばならない．おそらく革命後40年ほど経ったからこそ，このような定式化が可能になったのであろう（たとえ「ヨーロッパ

人の大部分はいまだに結社を，戦争のための武器のように考えている」[19] としても），トクヴィルはこのアメリカ社会に特有の側面をフランスのそれとは反対に肯定的に捉えたが，彼もまた「職人組合（コンパニヨナージュ）」から「同業仲間（コミュノテ）」，「同業組合（コルポラシオン）」，「職業別団体」に至るすべてに対する，より一般的な批判から引き出された中間団体に対するフランス人の恐怖感にとらわれていた．1776年のテュルゴの王令から1791年のアラルド法，ル・シャプリエ法まで，新しく発見された「レッセ・フェール」精神への道を開くためのアンシャン・レジームの「社団」の廃止は，1884年法が労働組合を組織する権利を再び確立するまで次の1世紀を要したことを意味した．19世紀半ばに執筆したトクヴィルは，革命から十分に離れ，過去との継続性の感覚も将来への見通しも十分もっていたから，そのような結社の利益は一般意思に対する何らかの個別攻撃を招く恐れよりも大きいと考えることができたのである．

　しかし，トクヴィルの分析の「時機」を超えて考えれば，アメリカの自由な諸団体についての彼の考察は，基本的に比較の問題だと見なされねばならない．そして，この比較の手法こそ，フランスと合衆国の相違についての研究史の中で，長い生命をもったものであった．フランス国家が忌み嫌う中間団体をアメリカは容認するという対照は，これまでずっと米仏比較の要点であり，同時にまたフランスと合衆国それぞれの歴史研究の中で繰りかえし言われてきた真理でもあって，この点は市民参加の社会の性質をめぐるごく最近の論争に至るまで変わっていない．このことは，19-20世紀の移民を専門とする歴史家である私にとって，常に当惑の源泉である．我々は比較それ自体に立ち戻る前に，トクヴィルによる1835/40年の結社についての比較研究的考察が，両国での実際の歴史上，あるいは歴史研究史上どのような位置にあったかを問う必要がある．

4．アメリカにおけるトクヴィル

　合衆国において，トクヴィルは，市民参加の熱意の喪失が嘆かれているときでさえ，アメリカ人の集団形成力を確証する専門家として繰り返し引き合いに出されてきた．パットナムの最近の著作『孤独なボウリング』*Bowling Alone* とそれに先立つベラーらによる『心の習慣』*Habit of the Heart* についての調

査，この二つは，20世紀後半の個人主義の勃興がかつてトクヴィルが見事に描き出した社会的紐帯の衰退をもたらしたという自分たちの議論の支えとして，未練たっぷりにトクヴィルに訴えたものである．マーク・ハリングは，トクヴィルは「ボウリング仲間についての研究が政治的結果を生み出しうるという主張には当惑するだろう」[20]と皮肉った（彼はさらに，「トクヴィルのアメリカ化」についてこう論評している．「彼が喜ぼうと喜ぶまいと，トクヴィルはすでにアメリカの市民権を認められており，アメリカ政治学会，アメリカ歴史学会，アメリカ社会学会には強制的に入会させられている」[21]）．「社会資本」あるいは社会的紐帯についての議論は，我らの失いし世界への嘆きとなり，トクヴィルがかつて見たものへ帰る道の探求となった[22]．草の根レベルにおけるガーデニング・クラブ，合唱グループ，ボウリング仲間から，最高度に組織された頂点にある政治と労働と非営利の諸組織に至るまで，自発的結社は，トクヴィルの洞察を裏づけて，アメリカ精神そのものを定義するものと見られている．そして，これらはすべて，主体，つまり「ミー・ジェネレーション」の台頭とボウリングの衰退によってかき消されてしまったらしい．アメリカ社会についてのこうした理解を「不十分，例外的，一面的，無意味」[23]と批判するものがあるとしても，それは「共同体主義」運動のライトモチーフとなり，トクヴィルを「アメリカの共同体主義者の守護聖人」[24]にしたのである．

しかし，このような議論に「トクヴィル的な」（アメリカの）自発的結社が大きく影を落としている反面，この論争はより明白な一例をこれまで奇妙にも見逃している．それは，すでにみたように，トクヴィル自身は知り得るはずのなかった結社，すなわち，移民たちが創設した数多の結社である．二つの異なる歴史研究，すなわち政治理論と移民史とは，合衆国において，これまでずっとすれ違ってきた．トクヴィルが移民による結社を「見なかった」のは当然であった——なぜならそのような結社は彼のころにはまだなかったのだから——が，より最近の政治理論家はそのような弁解はできない．『国際移住評論』*International Migration Review*（移住研究センター，スタテン島）や『民族，移住問題ジャーナル』*Journal of Ethnic and Migration Studies*（サセックス移住研究センター，英国）といった現代における重要な雑誌でさえも，不可解にも現代の移民結社の研究を新分野だと称賛している[25]．

しかしながらその一方で，より歴史的な性格をもつ雑誌『アメリカ民族史評論』Journal of American Ethnic History にざっと目を通しただけでも，19世紀半ばからの移民コミュニティの建設に関する話はいくらでも見つかる．合衆国への移民史についての論文は豊富にあり，それは1970年代から花開きだしたのであるが，それらは移民の創設した組織についての論述に大きく依拠してはいないとしても，そうした論述に満ち溢れている．このような歴史は二つの理由から可能になった．一つには，かつてのよりお涙頂戴的な移民の疎外の物語に対抗しようとする歴史家によって提起された新しい問題関心のおかげである[26]．そしてまた，新たな資料，すなわち移民社会の諸組織自体の残存する新聞や記録が発掘されたことにもよる．移民史家は前々から，自ら知らずして，すべてトクヴィリアンだったと言えよう．自発的結社を重視するトクヴィル学者は，彼らの考察の中に移民史を取り込むならば，よい成果を上げるであろう．

5. 本国におけるトクヴィル

フランスでは，つい最近まで，たいていの歴史研究がまたアメリカと反対に，フランスに中間団体は存在しないというトクヴィルの暗黙の分析を自明とみなしてきた．しかしながら，ここでもまた，移民史家やフランスにおける移民以外のマイノリティについての研究者は別のストーリーを語っている．例えば，フランスのユダヤ人についての歴史には，クレルモン=トネールの有名な指令「民族(ナシオン)としてのユダヤ人にはすべてを拒まねばならず，個人としてのユダヤ人にはすべてを与えなければならない」に矛盾するポスト革命期の実例が溢れている．彼の1791年の発言は，国家と個人の間には何も存在してはならない(とりわけ革命前の「ナシオン」〔大学構成員の編成にみられるような出身地域別共同体〕や「社団」は)という革命期の思想の一種であったが，ナポレオンが長老会制度を創設するやいなやこの考えは否認された．より重要なことは，次の世紀にフランスのユダヤ人自身が自分たちの礼拝堂や組織団体をいくつも創設したということであり，その中には1860年に設立された世界ユダヤ連盟 Alliance Israélite Universelle といった主要な団体も含まれる[27]．その後の東欧からのユダヤ人移民の到来は(他の宗教集団が前からもっていたような)長老会に登録しな

い祈禱会から相互扶助協会や労働総同盟（CGT）のイディッシュ語支部に至るありとあらゆる組織の設立を 20 世紀初頭までに招いた[28]．

　フランスにおける互助組織の歴史は，「相互扶助 mutualisme」の歴史（これはプルードンから健康保険まで跳んでしまう）からの解放を待っている．特に，移民による互助団体は社会的であると同時に自助的な組織であり，しばしば定住への経由地としても機能した．舞踏会や集会，図書閲覧室，あるいは葬式への強制出席を通じて，移民は互いに新しい国での生と死について学んだのである．

　同様に，1901 年の結社法（アソシアシオン）100 周年のおかげで再び脚光を浴びた結社の歴史も，30 年前のモーリス・アギュロンの挑戦を再び取り上げて，19 世紀における地域の社会形成（ソシアビリテ）を研究する必要がある．地域の社交は合唱クラブやブラスバンド，学会，市民サークル，フリーメーソンのロッジ，その他スポーツクラブやビジネスクラブなどを通じて形成されたのであり，これらはいま必要とされている，トクヴィル以後のフランス史を構成するものである．そのため，1901 年法についての最近の二つの歴史研究は，最も広い意味での結社の歴史を描くために古い時代にまで立ち返り，修道院や中世の同業組合から始めて，それらの革命期における禁止，そして 19 世紀に再び復活するまでを検討している[29]．ピエール・ロザンヴァロンの最も新しい考察のように，これらのフランスにおけるアソシアシオニスムの新しい歴史は，ものがことばの前に，もちろん 1901 年法が「結社」という語にフランス語特殊の公定の意味（トクヴィルはおそらくこの意味を嫌ったであろう[30]）を付与する以前から存在したことを示している．ロザンヴァロンは，こうして，「社会の明白な多元性」を研究することにより，「遮断された社会やジャコバン的遺産に対して繰り返される非難」を疑問に付すべく，「トクヴィル的通説」の再検討の必要性を論じた[31]．

　移民史家がこのような態度をとり始めてから 20 年になる．一般に諸個人，そしてとりわけ移民たちの結合のあり方が同化のソシアビリテとも言えるものの一部をなしているという見方は，文書資料，新聞，覚書などから明白である．自助組織は，生活を目的としてもレジャーを目的としても，19 世紀後半から戦間期を通じてフランスに働きに来たベルギー人，イタリア人，ポーランド人，ユダヤ人，アルメニア人などの初期移民から，最近の北アフリカや東南アジアからの移民に至るまで，あらゆる移民集団に共通のものであった[32]．フランス

でもまた，大半の移民史家は移民集団の歴史を述べるうえで基本的にはトクヴィリアンである．

　こうして，移民史の欠如ゆえに，大西洋両岸の別々の歴史研究は，自発的結社について仏米は異なるというトクヴィルの比較展望をたいていの場合，増幅することになった．アメリカ史には，アメリカの市民社会は自発的結社に基づいて構築された，という理解が溢れており，これに対してフランスの歴史研究は，山とある反証例を無視して，中間団体はフランスには存在しないというトクヴィルに由来する古臭い決まり文句を絶えず繰り返している．
　別々に分かれた歴史研究は，二国間の相違についての比較分析を強めるだけである．さらに，フランス人の観察者が特にアメリカの移民史にこの比較を適用するときには，両国の対照はモデルから脅威に変わる．もはや自発的結社はデモクラシーの有益な付属物とは見られていない．アメリカの移民組織についてのフランスの歴史的，社会学的分析は，そうした自発的結社を格別厄介なものと見ることが多く，そのような中間団体を「輸入」することへの恐怖は，今日，トクヴィルの時代に比べてさえ増大している．移民による自発的結社は，よくて威勢のいいもの，悪ければ要求し過ぎで破壊的と見なされている．20世紀の終わりにおいて，自発的結社は再び特殊主義対普遍性の「戦争」に「武器」を提供することになった．つまり，トクヴィルは選択的に利用されているのであり，それは思想史において何ら新しいことではない．だが自発的結社の擁護者トクヴィルは，フランスとアメリカの相違を強調するトクヴィルに圧倒されてきたように思われる．
　最後に，私は，トクヴィルの自発的結社への回帰がいくつかのことをなしうると主張したい．19世紀以後のフランスにおける中間団体の役割を再評価し，その文脈において，移民史をそうした物語の筋道に組み込み，そして，最終的には，社会における「中間団体」の役割についてフランスとアメリカには大きな違いがあるという見方を再検討すること，これらがその課題である．フランスと合衆国におけるそうした諸組織の役割を新たに理解することで，トクヴィル流の区別自体崩れ去る．（われわれはそうしてトクヴィルを利用して彼の見解を修正することができる．）　中間団体，そしてフランスと合衆国の社会的市民

的生活におけるその役割についての新しい歴史は，実際，二つの国の相違点の溝を埋め，両者の類似性をより大きな視点から比較する道を開くであろう．

　トクヴィルは，自発的結社をデモクラシーの積極的な付属物と見なす一方，彼はまたその行き過ぎの可能性についても懸念していた．近年の逆説は，自発的結社はアメリカにとってはよいかもしれないが，フランスにとっては危険だというものであった．特殊主義と普遍性との緊張関係は，アメリカでもフランスでも19, 20世紀の歴史を通じて弱まることは決してなかった．しかし，トクヴィルが結論付けたように，それは，「より恐るべき危険に別の危険を対置するものである．」[33]

注

1) http://www.frantext.fr/noncateg.htm 参照．ただし，ある脚注において彼は「不運と不行跡のために，毎日のように新世界の岸辺に追いやられてくるたくさんのヨーロッパ人がある．これらの人々は合衆国にわれわれの最大の悪徳をもちこむが，その悪徳と戦って影響を減らせるような利害には何一つ関わりがない」と述べている．Alexis de Tocqueville, *De la démocratie en Amérique*, 2 vols. (Paris: GF-Flammarion, 1981), I, p. 381〔松本礼二訳『アメリカのデモクラシー』全4冊（岩波文庫，2005–8年），第1巻（下），444頁〕．この注について Aristide Zolberg 氏に感謝する．

2) 「移住者，というよりいみじくも自ら巡礼者（ピルグリム）と称するこの人々は，信奉する原理の厳しさによって清教徒の名を得たイングランドの教派に属していた．」Ibid., p. 91〔第1巻（上），54頁〕．

3) 『アメリカのデモクラシー』第1巻第1部第2章のタイトル（「出発点について…」）を参照．

4) 例えば，Aristide Zolberg, *A Nation by Design? Immigration Policy in the Fashioning of America* (Cambridge, Mass.: Harvard University Press, 2006) を参照．しかし，興味深いことに，植民地時代初期の歴史は今日，移住の歴史として書き換えられつつある．ただし，これは植民地時代が最近に至るまでどう理解されてきたかに関する認識についてというより，われわれがおかれているポスト・エスニックな歴史叙述の時代についてのコメントである．例えば，Bernard Bailyn, *The Peopling of British North America* (New York: Random House, 1986) を参照．にもかかわらず，ゴールド・ラッシュの時代の到来を予期した一節の中で，トクヴィルは移民の二重の動きについて述べている．すなわち，ヨーロッパ人は東海岸に到着するが，西方への移動を継続するのはその子どもたちであるアメリカ人で

ある．Tocqueville, *Démoratie*, I, p. 384〔第1巻(下)，199頁〕．
5) フランソワ・フュレは Tocqueville, *Démocratie* に付した「序文：『アメリカのデモクラシー』の概念体系」(pp. 7-43) の中で，トクヴィルが行く前からできていた説明の「体系」を合衆国にもちこんだことを強調している．また，Françoise Mélonio, *Tocqueville et les Français* (Paris: Aubier, 1993) も参照．
6) Tocqueville, *Démocratie*, I, p. 69〔第1巻(上)，27頁〕．
7) Ibid., p. 386〔同上，第1巻(下)，202頁〕．
8) Ibid., p. 247〔同上，第1巻(上)，274頁〕．
9) もちろんフランスを研究するアメリカの学者はいるが，ここでの私の関心は比較を用いるか否かにある．
10) Carl J. Guarneri, ed., *America Compared: American History in International Perspective* (Boston: Houghton Mifflin, 1997); *The Journal of American History* 85 (March 1999) and 86 (December 1999); Thomas Bender, ed., *Rethinking American History in a Global Age* (Berkeley: University of California Press, 2002). ここでは特に合衆国を研究するアメリカ人歴史家について述べている．合衆国の文学理論家や批評家による「フランス理論」の「利用」は別の論点である(そして，それは厳密に言えば決して比較研究的なものではない)．さらに言えば，私自身の見地が比較研究の問題をさらに複雑にしていることは疑いない．フランスにおける一アメリカ人として，フランス人の合衆国観察を観察する私自身の観点は，疑いなくトクヴィル自身の観点と同様に中立的ではない．
11) 初期における数少ない例外の一つは，John Higham, "Immigration," in *The Comparative Approach to American History*, ed. C. Vann Woodward (New York: Basic Books, 1968).
12) Nancy L. Green, "'Le Melting-Pot': Made in America, Produced in France," *The Journal of American History* 86, no. 3 (Dec. 1999): 1188–1208.
13) トクヴィル自身，いくつかの通念に不満を漏らし，誤った一般化を修正するために脱線して次のような言を吐いている．「したがって，新世界の共和国が滅びるとしたら，それは，しばしば言われるように合衆国に集権制がないからでは決してない．」Tocqueville, *Démocratie*, I, p. 156〔第1巻(上)，141頁〕．
14) 比較の異なる諸形式については，参照，Nancy L. Green, "Forms of Comparison," in *Comparison and History: Europe in Cross-National Perspective*, ed. Deborah Vohen and Maura O'Connor (New York: Routledge, 2004), pp. 41–56. 一般に，合衆国とフランスとの比較は相違と対照を際立たせるものとして描かれるのが普通である．しかしながら，興味深いことに，国民の相違という言説を弱めようと試みた著者もある．特に参照すべきは，たとえば，Jean-Philippe Mathy, *French Resistance: The French-American Cultural Wars* (Minneapolice: Uni-

versity of Minnesota Press, 2000); Robert C. Lieberman, "A Tale of Two Countries: The Politics of Color Blindness in France and the United States," *French Politics, Culture, and Society* 19, no. 3 (Fall 2001): 32–59.

15) Reiji Matsumoto, "From Model to Menace: French Intellectuals and American Civilization," *The Japanese Journal of American Studies* 15 (2004): 163–85. 合衆国とヨーロッパとの比較の一つの方法として，またトクヴィルの読み方の比較について，東京会議に提出された宇野重規氏とフランソワーズ・メロニオ氏のペーパー〔本書第一篇 II-2, 第三篇 III-2〕をも参照．

16) 例えば，Jean-Claude Lamberti, *Tocqueville et les deux démocraties* (Paris: PUF, 1983), p. 103.

17) Tocqueville, *Démocratie*, II, p. 391〔第 2 巻(下), 267 頁〕.

18) Ibid., p. 366〔同上, 229 頁〕.

19) Ibid., I, p. 279〔同上, 第 1 巻(下), 46 頁〕.

20) Robert Bellah, Richard Madsen, William M. Sullivan, Ann Swidler, and Steve M. Tipton, *Habits of the Heart: Individualism and Commitment in American Life* (Berkeley: University of California Press, 1985)〔島薗進・中村圭志訳『心の習慣』(みすず書房, 1991 年)〕; Robert D. Putnam, *Bowling Alone: The Collapse and Revival of American Community* (New York: Simon and Schuster, 2000)〔柴内康文訳『孤独なボウリング』(柏書房, 2006 年)〕; Mark Hulliung, *Citizens and Citoyens: Republicans and Liberals in America and France* (Cambridge: Harvard University Press, 2002), p. 90. しかしながら，ハリングの著作は彼の先入観と，フランス語と英語における republican と liberal という用語の混同によって，その価値が損なわれている．

21) Hulliung, *Citizens and Citoyens*, p. 17.

22) 「社会資本」という語の使用——この語はパットナムが *Bowling Alone*, p. 24 で言っているように，古い議論を新しい言葉で言ったものである——は，フランス語ではブルデュー的意味が広く普及しているだけに，比較研究の文脈において混乱をもたらす言葉の一例である．社会的紐帯については，より一般的な意味で Pierre Bouvier, *Le lien social* (Paris: Gallimard, 2005) を参照．

23) 不十分：数字が間違っており，アソシアシオニスムの衰退はない．例外的：市民的紐帯の衰退はおそらく合衆国には当てはまるであろうが，他の西洋民主主義社会においては当てはまらない．一面的：古い関与の形は衰退しているが，他の形は発展を見せている．無意味：伝統的関与の衰退は今日の世界では重要でない．Dietlind Stolle and Marc Hooghe, "Review Article: Inaccurate, Exceptional, One-Sided or Irrelevant? The Debate about Alleged Decline of Social Capital and Civic Engagement in Western Societies," *British Journal of Political Science*

35 (January 2004): 149–67.

24) Putnam, *Bowling Alone*, pp. 24, 292. 共同体主義宣言については, Amitai Etzioni, *The Spirit of Community: Rights, Responsibilities, and the Communitarian Agenda* (New York: Crown Publishers, Inc., 1993) が概略を示している．ただし，別のより遠まわしな定式として，例えば次を参照．Charles Taylor, *Multiculturalism and the Politics of Recognition* (Princeton: Princeton University Press, 1992); Michael Walzer, *Spheres of Justice* [1983] (Oxford: Basil Blackwell Ltd., 1985).

25) たとえば，Shin-Kap Han, "Ashore on the Land of Joiners: Intergenerational Social Incorporation of Immigrants," *International Migration Review* 38, no. 2 (Summer 2004): 732–46 は，アメリカを「加入者の地」と見るトクヴィルの見方と，アメリカを「移民の土地」とする観念とを，結びつけながら論じている．Jose Moya, "Immigrants and Associations: A Global and Historical Perspective," *Journal of Ethnic and Migration Studies* (Special Issue, Winter 2004) 参照．シカゴ学派の社会学は，多彩な移民組織をよく記録している．例えば，Robert Park, *The Immigrant Press and Its Control* (New York: Harper & Brothers, 1922).

26) 例えば，お涙頂戴ではあるが，重要な研究として，Oscar Handlin, *The Uprooted* [1951] (Boston: Little, Brown and Co., 1973) を，また，古典的な反論として，Rudolph J. Vecoli, "'Contani' in Chicago: A Critique of *The Uprooted*," *Journal of American History* 54 (1964): 404–17 を参照．

27) 実際，19世紀以来のフランスにおけるユダヤ人の同化についての小論争はフランスのユダヤ人が創設したさまざまな集団と制度の意味をめぐってなされた．Michael Graetz, *The Jews in Nineteenth-Century France: From the French Revolution to the Alliance Israelite Universelle*, trans. Jane Marie Todd (Stanford: Stanford University Press, 1996); Michael Morrus, *The Politics of Assimilation: French Jewry at the Time of the Dreyfus Affair* (New York: Oxford University Press, 1971); Phyllis Albert, "Ethnicity and Jewish Solidarity in 19th Century France," in *Mystics, Philosophers, and Politicians*, ed. Jehuda Reinhartz and Daniel Swetschinski (Durham: Duke University Press, 1982), pp. 249–74; Pierre Birnbaum, *Les Folies de la République: Histoire politique des juifs d'Etats de Gambetta à Vichy* (Paris: Fayard, 1992).

28) Nancy L. Green, *The Pletzl of Paris: Jewish Immigrant Workers in the Belle Epoque* [1985] (New York: Holmes & Meiet, 1986).

29) Maurice Agulhon, *Le cercle dans la France bourgeoise: 1810–1848; étude d'une mutation de sociabilité* (Paris: A. Colin, Ecole des hautes études en sci-

ence sociales, 1977); idem, *La République au village. Les populations du Var, de la Révolution à la Seconde République* (Paris: Plon, 1970); Henri Desroche, *Solidarités ouvrières. Sociétaires et compagnons dans les associations coopératives, 1831–1900* (Paris: Editions ouvrières, 1981); Jean-Claude Bardout, *L'Histoire étonnante de la loi 1901* (Lyon: Ed. Juris, 1991); Jean Defrasne, *Histoire des associations françaises* (Paris: L'Harmattan, 2004); Michel Dreyfus, *La Mutualité* (Paris: FNMF/CIEM, 1988). 18世紀と19世紀にまたがる事例については，William H. Sewell, Jr., *Gens de métier et révolutions: Le langage du travail, de l'Ancien Régime à 1848* [1980] (Paris: Aubier-Montaigne, 1983); Cynthia M. Truant, *The Rites of Labor: Brotherhoods of Compagnonnage in Old and New Regime France* (Ithaca: Cornell University Press, 1994). そして19世紀については，Philip Nord, *The Republican Moment* (Cambridge, Mass.: Harvard University Press, 1995).

30) 彼は有益な結社とそうでない結社とを国家が定義することに心から反対している．Tocqueville, *Démocratie*, II, p. 149, note 1〔第2巻(上)，280–81頁〕．

31) Pierre Rosanvallon, *Le modèle politique français. La société civile contre le jacobinisme de 1789 à nos jours* (Paris: Seuil, 2004), p. 431.

32) 以下は，フランスへの移民の歴史についての若干の文献サンプルである．Gérard Noiriel, *Longwy: Immigrés et Prolétaires, 1880–1980* (Paris: Presses Universitires de France, 1984); Green, *Pletzl*; Janine Ponty, *Polonais méconnus: Histoire des travailleurs immigrés en France dans l'entre-deux-guerres* (Paris: Publications de la Sorbonne, 1988); Marie-Claude Blanc-Chaléard, *Les Italiens dans l'Est parisien, Une histoire d'intégration (1880–1960)* (Rome: Ecole Française de Rome, 2000); Martine Hovanessian, *Le lien communautaire, Trois générations d'Arméniens* (Paris: Armand Colin, 1992); Véronique De Rudder et Michèle Guillon, *Autochtones et immigrés en quartier populaire, Du marché d'Aligre à l'îlot Châlon* (Paris: L'Harmattan, 1987); Catherine Wihtol de Wenden et Rémy Leveau, *La Bourgeoisie: Les Trois âges de la vie associative issue de l'immigration* (Paris: CNRS Editions, 2001).

33) Tocqueville, *Démocratie*, I, p. 278〔第1巻(下)，44頁〕．

(川崎亜紀子 訳)

333

II-2 トクヴィルとライシテ・市民権？
ひとつの比較史的展望

三浦 信孝

1. はじめに： 問題設定の難しさ

　本セッションの課題は「トクヴィルと現代デモクラシー」を「多様性と統合」というテーマのもとに問い直すことである．文化的多様性と移民統合はきわめてアクチュアルなテーマであり，私ははじめ米仏における「多文化主義」をめぐる議論を比較したいと思った．フランスはアングロサクソン流の多文化主義に批判的な普遍主義的共和国を標榜している国だからである[1]．しかし，青年トクヴィルがアメリカを訪れたのは1831–32年で，WASP以外の移民流入が本格化する前の，しかも南北戦争の結果，奴隷制が廃止される前のアメリカであり，トクヴィルがインディアンと黒人の境遇を問題にしたとはいえ，トクヴィルと多文化主義では問題の設定があまりに時代錯誤的だろう．そこで，近代民主主義の柱といえる「政教分離」と「市民権」を中心にいくつか問題提起を試みることにしたい．このテーマも米仏比較の切り口として有効だが，フランスに限ってその歴史を振り返るなら，ライシテ（非宗教性）と政教分離の歴史で重要なのは，公立学校からカトリックの影響を排除した1881–82年のジュール・フェリー法であり，国家と諸教会を切断した1905年の政教分離法である　他方フランスの市民権は国籍法と密接に結びついており，外国人の統合のためナポレオン法典以来の「血統主義」に加え「出生地主義」が採用されたのは1889年で，ともに第三共和政前半のことである．もちろん宗教の自由も市民権も1789年の「人と市民の権利宣言」をもって創設されたとするのが一般的だが，19世紀前半に生きたトクヴィルとライシテ・市民権という問題設定は，これまた時代錯誤の誹りを免れないだろう．トクヴィルは第三共和政の建国の父たちの主要な参照対象だったとは言えない．報告タイトルの「?」はそうしたためらいの表現である[2]．

2. アメリカの民主主義 vs フランスの共和国

　フランス革命200周年にあたる1989年の11月にベルリンの壁が崩壊し，フランス国内でイスラム・スカーフ事件が起こったとき，フランスの哲学者レジス・ドゥブレは，「あなたは民主主義者 démocrate か共和主義者 républicain か？」と題するエッセーを週刊 Le Nouvel Observateur に発表した[3]．アメリカには民主党と共和党の二大政党があるが，このエッセーは同じ二項対立的語彙をアメリカ対フランスの関係に転換し，アメリカを「デモクラシー」，フランスを「共和国」と呼んで両者を比較し，フランス型共和国理念の優位を主張したものである．トクヴィルは『アメリカのデモクラシー』を書いたが，その向こうを張って『フランスの共和国』を書いた者はいない．それなら自分がそのエッセンスだけでも書いてやろう，というのがドゥブレの意図だった．民主主義は商業の精神と結びつく．経済活動の自由が優先され，市民は個人の幸福にかまけて政治的関心を失い，受動的な消費者になる．共和国は市民の公民的徳によって支えられ，特殊利益より公共の利益を優先する．したがって民主主義においては「市場」が，共和国においては「国家」の役割が重要だというのが一つのモチーフになっている．しかしスカーフ事件に触発されて書かれた論文だけに，「市場」（経済）と「教会」（信仰）のまわりに形成されるアメリカ社会と，「市役所」（共和国の単位）と「学校」（公教育）を柱とするフランス社会が対比され，ライシテを共和国の普遍的統合原理に据え，多文化主義の「差異への権利」を拒否するジャコバン共和主義のカテキズム（公教要理）といっていい文書になっている．

　ドゥブレの議論は，普遍性か差異か，共和国か多文化主義かをめぐる1990年代フランスの議論の土俵をつくったが[4]，その後ドゥブレの反米・反欧州で国家主権至上主義的なナショナル共和主義 national-républicain 的偏向が批判され[5]，ドゥブレに共和国の何たるかを教わった私自身，1998-99年を境に彼には批判的になった[6]．しかし2001年の「9・11」から2003年のイラク危機にかけて「デモクラシーの帝国」[7]アメリカへの批判が高まり，その先頭に立ったことでフランスの共和主義者は息を吹き返した．9・11のちょうど1年

後に『帝国以後』(邦訳は藤原書店)を出したエマニュエル・トッドはその代表である．もう一つ重要な変化は，教条的ライシテ派だったドゥブレが，最近は宗教の問題に取り組んでいることである．ドゥブレが大著『神，ひとつの軌跡』 *Dieu, un itinéraie* (Odile Jacob, 2001)を出し，文部大臣の諮問を受けて「公立学校における宗教的事象の教育」を提言した直後の2002年2月に再来日したとき，なぜ宗教かという私の質問に答えて，「宗教は君主政よりも共和国においてこそ必要だ」"la religion est beaucoup plus nécessaire dans la république que dans la monarchie" というトクヴィルの一句を引用したのが印象的だった[8]．いずれにせよ1989年から15年以上経った今日，ドゥブレの「民主主義vs共和国」の図式は今なお有効か．アメリカでこの議論は知られているか．アメリカ人ないし日本のアメリカ研究者はどう反論するだろうか．

1989年に戻るならば，この年の7月にパリで開かれた革命200周年記念世界学会で，ドゥブレに先んじて，しかしほとんど同主旨の米仏比較論を発表した日本の憲法学者がいる．樋口陽一である．樋口の「ルソー＝ジャコバン型」の単一共和国と「トクヴィル＝アメリカ型」の多元的民主主義という類型論は，ルソーとトクヴィルを単純に対立させることの当否はさておき，憲法学の分野を超え多くの論議を呼んだ[9]．私なりの言葉で要約すれば次のようになる．

「社団」を編成原理とする旧体制のもとでは，個人と国家のあいだにギルドcorporationsから特権的身分までさまざまな中間集団があった．革命はギルドを解散し貴族の特権を廃止すると同時に個人を帰属集団から解放し，理念の上で「法の前に平等な市民」をつくった．「民族共同体 nation としてのユダヤ人にはすべてを拒否せよ．個人としてのユダヤ人にはすべてを与えよ．国民 Nation のなかに民族共同体 nation があってはならない」という貴族出身の革命家クレルモン＝トネールの言葉ほど，新しく生まれた共和国の統合理念をよく要約するものはない．共和国はみずからの民族 ethnos 性を否定する代わりに共和国内部に個別的エスニック集団を認めない．「民族的ネーション」Nation ethnique ではなく一つの「公民的ネーション」Nation civique をつくること．帰属集団から解放された個人が社会契約によってつくる共和国は，民族・宗教・身分など出自から自由な「市民」たちの共同体であり，人民主権は一部の集団によって専有されることも分割することもできない以上，単一不可分の普遍的

共和国でなければならない．これを樋口は「ルソー＝ジャコバン型共和国」と呼んだ．逆に，封建制も身分制もない新天地に移り住んだピューリタンたちが，神の加護のもとに本国から独立して建国したアメリカでは，境遇の平等な市民たちが，自発的に形成したアソシエーション（結社）やタウンシップの自治に参加して多元的な民主主義を支える．トクヴィルが描いたアメリカのデモクラシーは「国家」によって担保された民主主義ではなく，健全な「市民社会」によって支えられた民主主義である．

いま市民社会 civil society という表現を使ったが，フランス語の civil には，革命が制度化した戸籍 état civil や民事婚 mariage civil あるいは聖職者民事基本法 convention civile du clergé にみられるように「非宗教的な」「教会の管轄から離脱し公的領域に属す」という意味があるのに対し，英語の civil にそうした非宗教性の含意はないことに注意したい．むしろ宗派こそ違え，共通のキリスト教的信仰がアメリカ人の「市民宗教」civil religion[10] として公民道徳の基礎にあることをトクヴィルはみていた．「宗教の精神」と「自由の精神」の共存という有名なテーゼである．

補足するならば，樋口の議論は，エトノスの論理を超えた普遍的市民権による共和国的統合を主張するドミニク・シュナペールの「市民の共同体」論[11] に近い．シュナペールは EHESS（社会科学高等研究院）の政治社会学者で憲法院の判事，レイモン・アロンの娘だがリベラルというより共和主義者である．ではアメリカ人でもフランス人でもない樋口がなぜ米仏の比較を行い，あえてルソー＝ジャコバン型共和国を選ぶのか．それは，日本の民主主義には何が欠けているかという切実な問いがあるからである．

樋口は 2004 年 5 月，ピエール・ロザンヴァロンが来日したとき，「中間団体」corps intermédiaires の役割について日仏会館で討論している．コレージュ・ド・フランスの政治学教授が『フランス的政治モデル：ジャコビニスムに抗する市民社会』*Le modèle politique français, La société civile contre le jacobinisme de 1789 à nos jours* (Seuil, 2004) を出して間もないときだった．フランス的政治モデルが集権型のジャコバン主義ではなく，さまざまな結社のネットワークによって裏打ちされ修正されたジャコバン主義 jacobinisme amendé であることを歴史的に解明した本である[12]．樋口とロザンヴァロンの討議は，

私の頭のなかでは今回 2005 年 6 月のトクヴィル・シンポジウムの中心テーマを予告するイベントであった．二人の議論にずれがあったとすれば，それは樋口が日本における中間団体の抑圧的側面を強調する結果，中間団体の役割に懐疑的ないし警戒的だからである．ロザンヴァロンが言う「市民社会」が成立するためには，その前提として，個人が帰属集団の束縛から解放され自律した市民になっていなければならない．

　私が 1989 年のドゥブレと樋口の議論の重要性に気づいたのは数年後のことだが，以来私は，アメリカとフランスのデモクラシーをそれぞれリベラル・デモクラシーとリパブリカン・デモクラシーと呼んで区別することにしている．もちろん合衆国も共和国として建国されたが，独立革命期の共和主義は，やがて自由主義にシフトしたと見るからである．だが，米仏に並べて比較の第三項である日本のデモクラシーをどう定義するかは，きわめて難しい．日本のデモクラシーは米仏に比べ 1 世紀近く遅れてスタートしたうえ[13]，西洋から移植されたその理念と制度には複数のソースがあり，しかも土着化する過程で雑種化している．大江健三郎のノーベル賞受賞講演[14]にならって「曖昧な日本の民主主義」と呼びたいところだが，ここではアメリカの歴史家ジョン・ダワーに従って「天皇制民主主義」imperial democracy と呼んで先に進むことにする．

　三つのデモクラシーの違いを浮き彫りにするため，それぞれの政治文化に欠けている要素を挙げるなら，アメリカで育たなかったのは「社会主義」であり，フランスで周辺化されてきたのは「自由主義」であり，日本に移植されなかったのは「共和主義」である．

　アメリカでリベラルと言えば保守 conservative に対する進歩派を指す．しかしフランスでリベラルは長く保守，それも反共保守のイメージが強かった．言葉は同じでも意味内容は正反対である．フランスでトクヴィル復興を準備したのはレイモン・アロンだが，マルクス主義を「知識人の阿片」(1955 年) と呼んだアロンは，戦後長くサルトルに対抗する保守リベラルの代表と目された．逆にサルトルにとって，マルクス主義は「現代の乗り越え不能の地平」(『方法の問題』1957 年) だった．

　アメリカとフランスは共に 18 世紀後半に，君主制を否定して成立した共和国である．アメリカは君主制の本国から独立し，フランスは革命によって君主

制を打倒したという違いはある．トクヴィルの用語で言えば，貴族制から民主主義への移行は，アメリカではフランスのような革命の混乱なしに実現された．共和国の目立った特徴は，世襲制による君主が主権者ではなく，主権者である人民によって選ばれた大統領が元首であり行政府の長であることだ．アメリカはそれぞれ憲法をもつ州を束ねた合衆国 United-States という分権型の連邦国家である．それぞれの憲法をもつ独立国家が集まって共通の憲法をつくろうとしている EU（欧州連合）が，アメリカ合衆国の成立過程を想起させるのも無理はない．

それに対しフランスは中央集権国家という印象が強いが，トクヴィルの『アンシャン・レジームと革命』によれば，それはジャコバン独裁に始まりナポレオンが完成させたのではなく，アンシャン・レジームから革命が引き継いだ悪しき遺産だという．

分権か集権かの違いを示す例を一つだけ挙げるなら，アメリカではまだ死刑が存続しているが，死刑は州レベルの法律によるので，とうの昔に死刑を廃止した州とそうでない州があり，死刑が残っている州が 30 以上ある．同じ罪を犯しても刑が違うことになるが，これは「法の前の平等」を実現するため法は普遍的でなければならないとするフランスからみれば驚きである．トクヴィルは「諸条件の平等」という意味の民主主義がヨーロッパに先駆けて新大陸のアメリカで進行しているのを観察した．しかし出発点において階級がなく，「諸条件の平等」が初めから現実だったためか，アメリカの民主主義は「平等」よりも「自由」を重視し，特権階級との闘いから生まれたフランス共和国には，「自由」もさることながら「平等」を優先する政治文化がある[15]．

こうして，アメリカでは自由主義が伝統的政治思想だが，ジョン・ロールズのように現代リベラリズムが平等や公正としての正義の問題に取り組むようになると（『正義論』1971 年），個人の自由を至上価値とするリバタリアニズム（自由至上主義）が登場した．もっと遡るなら 1930 年代にフランクリン・ローズヴェルトがとったニューディール政策はリベラリズムの重要な軌道修正だったが，本来，国家は個人の安全と自由な経済活動を保障する「夜警国家」Nachtwächterstaat でいいという考えがアメリカには根強い．リバタリアニズムの「最小国家」という考えはアメリカにしか生まれない発想のように思われる．そ

れに対しヨーロッパ諸国は資本主義の弊害を是正する福祉国家の実現をめざしてきた．なかでもフランスは，自由化・民営化が進む EU のなかで公共サービスの最後の砦になっているほど，資本主義の国としては経済における国家の比重が高かった．国家は一般利益の擁護者という認識が浸透しているからである．一例のみ挙げるなら，フランスの大学は全部国立で，日本で独立行政法人になった国立大学と比べれば授業料はただ同然である．フランスの大学改革には大きな抵抗があり，選抜入試制と授業料の有償性はタブーになっている．

したがってフランスでは，学校から鉄道や郵便局まで公共部門ではたらく公務員の数が多い[16]．パワーエリートは国立のグランゼコールを出た高級官僚団で，高級官僚が国有企業のトップに横滑りするのは頻繁だし，高級官僚の肩書きを保持したまま政治家にもなれる．ピエール・ブルデューによれば，共和国は貴族の特権を廃止したはずだが，革命期にできたグランゼコールによって新しい「国家貴族」noblesse d'Etat が形成された（*La Noblesse d'État*, Minuit, 1989）．もちろん彼らには，国家は一般利益の擁護者であり，国家を通して一般利益に奉仕するという共和国的自負が求められる．しかし共和国的メリトクラシーはエリートと大衆の格差という社会的なマイナスを生んだ．

共和主義はルソーに発した革命の主導理念だが，実際に法的制度的に整備され定着するのは，1889 年に革命 100 周年を迎える第三共和政期である．革命は王権を倒す政治革命だったが，王権と結んだ「教会」を倒す世俗化革命でもあった．しかし，共和国は帝政や王政復古の反動を何度も受け，19 世紀を通して「教会の長女」フランスと反教権主義の共和国という「二つのフランス」の抗争は続く．トクヴィルはアメリカの民主主義に「自由の精神」と「宗教の精神」の幸福な共存をみたが，革命後のフランスでは「三色旗」と「十字架」が激しい鍔迫り合いを演じた．19 世紀末に起こったドレフュス事件は，形を変えた「二つのフランス」の激突だった．1905 年の政教分離法は，国家と諸教会の繋がりを断つことによって，公的空間を中立化し，私的空間における宗教の共存を可能にした．しかし第二次大戦が勃発するとフランスはドイツに占領され，ヴィシーに対独協力の政府が生まれて，「二つのフランス」の争いは悲劇的な結末を迎える．占領中ドゴールがナチスとヴィシー政府に対する「抵抗」を組織し，連合軍の助けを借りてフランスを「解放」して以来，共和国的価値は左の

独占ではなくなり保守も共有するようになった．

　1980年代初め，英米でサッチャーとレーガンの新保守主義革命が進行するなか，フランスではミッテランの革新政権が誕生し，「非宗教的，民主的かつ社会的な不可分の」共和国が，社会主義と親和的であることをあらためて示した．1995年に保守のシラクが当選したのも，失業と「社会的亀裂」fracture socialeの克服をスローガンに掲げたからである．ジュペ首相はユーロ参加の条件である財政赤字削減のため，公務員の年金改革を進めようとしたが，サッチャー流の新自由主義とののしられ，一大社会運動が起こって首相を降板せざるをえなかった．このとき労働組合や，左とみられてきた知識人のなかにジュペ・プランを支持する潮流があらわれ，伝統的左翼とのあいだに亀裂が深まった．それまで国家批判を展開してきたブルデューでさえ，国家の社会的機能（「国家の左手」）を重視して公務員のストを支持し「左の左」を宣言したが，労働組合CFDT（フランス民主主義労働総同盟）出身のロザンヴァロンや多文化主義のアラン・トゥレーヌは改革を支持した．集権化し肥大化した国家は動脈硬化に陥っているから，これを改革し近代化しなければならないとする主張である．国家の役割を重視し社会主義と親和的なジャコバン共和主義に対立する「第二の左翼」の再登場である[17]．分権化や多元主義に注目して「ジロンド派」と呼ばれることもあるこの「リベラル左翼」の形成に，1980年代に始まったトクヴィル復興は関係があるのかないのか．トクヴィル復興は左翼の理論的革新にどれだけ影響を与えているのか，検討に値する問題である．ネオ・トクヴィリアンと呼びうる学者は何人もいるが，政治的感受性はまちまちで，一つの党派をなしているわけではなく，現実政治に関与している者は少ない．

　アメリカ主導のグローバリゼーションを「新自由主義的」グローバル化として，反グローバリズム運動に火をつけたのは，フランス起源の市民運動ATTACである．2001年にブラジルのポルトアレグレで始まった「世界社会フォーラム」は反グローバリズムのメッカになった．フランス政府はこの運動に同調しているわけではないが無視もできず，新自由主義には批判的ないし警戒的なスタンスをとっている．シラク大統領などはATTACが主張する金融取引に課すトービン税を「国際連帯税」と呼びかえて，世界経済のリーダーが集まるスイスのダボス会議で提唱したほどだ．2002年の大統領選挙では保守と

革新の候補者の違いは社会的リベラリズムとリベラル社会主義の違いにすぎないと「左の左」から揶揄されたが，リベラル派とソーシャル派の相互浸透が起こっている．2005年5月29日の国民投票でフランスは欧州憲法にノンを突きつけたが，ヨーロッパがリベラルすぎ，十分ソーシャルでないという議論がかなり効力をもった．レッセ・フェールはフランス語だが，フランス共和国は市場にすべてを委ねる自由放任主義はとらない．Republic の語源は「公共のもの」を意味するラテン語 res publica だが，フランスは「公共性」を市場や市民社会に任せるのでなく，国家こそ一般利益の担い手という思想が伝統的に強い．だが，そのために集権化し肥大化した国家に対し，市場と市民社会の両方から改革と近代化への圧力がかかっている．ソーシャル派は既に獲得された社会権 acquis social を防衛しようとするから保守的になり，むしろリベラル派のほうが改革と近代化を主張する．今日のフランス共和国は，リベラリズムによる改革が試されるまたとない実験室の観を呈している．

以上で，「非宗教的，民主的かつ社会的な不可分の共和国」というフランスの自己定義のなかで，非宗教的 laïque と並んで社会的 social という形容詞がいかに重要な意味をもつかが明らかになったと思う．ハンナ・アレントは『革命について』(1963年)で，フランス革命が政治的自由の確立よりも貧困の除去という「社会問題」の解決を目的としたため悲惨な失敗に終わったとし，逆に「自由の創設」をめざして新しい政治体を樹立したアメリカ革命を高く評価している[18]．この刺激的なテーゼの批判的検討は米仏二つの民主主義の比較に多くの光を与えるはずだが，われわれとしてはとりあえず「社会問題」の解決が今なおフランス共和国の主要課題であることを確認するにとどめたい．アメリカのデモクラシーかフランスの共和国かというレジス・ドゥブレの問題提起は，グローバル化のなかでリベラルかソーシャルかという二項対立に変奏されて討議されつづけているのである[19]．

3. 天皇制デモクラシーの変貌

アメリカをリベラル・デモクラシー，フランスをリパブリカン・デモクラシーと呼んで区別するとして，では日本の民主主義は二つのモデルのあいだにどう

位置づけられるだろうか．トクヴィルの眼にアメリカは，封建的身分制を知らず，したがって革命なしに民主主義を実現した国と映った．事実，アンシャン・レジームを知らないアメリカでは『アンシャン・レジームと革命』に対する関心は薄いという．日本はフランスと同様，近代化の幕開けとなった革命の前に長い旧体制をもっている．だからフランス革命と明治維新はよく比較され，研究されてきた[20]．しかし，戦後の日本はアメリカ占領軍の指導のもとに民主化の改革を進め，アメリカの支援のもとに復興をとげ，今やアメリカに次ぐ第二の経済大国の位置にある．経済や企業経営では1980年代に「ジャパン・モデル」が注目されたが，政治の分野で「日本型民主主義」を特徴づける理念ははたしてあるのか．胸を張っていえるような理念はどうもなさそうである．

消去法でいくと，すぐ気がつくのは，日本には共和主義の伝統がないことだ．自由党，民主党から社会党，共産党まで西欧諸国にみられるあらゆる傾向の政党がある（かあった）が共和党だけは存在したことがない．では日本はリベラル・デモクラシーか．日本で1955年の保守合同以来ほぼ政権を独占してきた政党は「自由民主党」を名のるが，それがアメリカ流のリベラル・デモクラシーを体現する政党かというと留保を付けざるをえない[21]．日本は大統領制ではなく議院内閣制で，首相公選制をとっていないので，宰相は国民が選ぶのではなく政権党内の派閥の力学で決まる[22]．二大政党制ではないので，野党はあるが政権交代はほとんどない．強大な官僚機構に支えられ，財界や票田につながる各種ロビーの利益を優先する金権政治である．経済面では，明治以来，国家主導型の開発に成功した日本は今，グローバル化と国際競争のなかで「公共のもの」から国家が撤退し，市場の競争原理によって経済社会の合理化・効率化をはかろうとしている．1990年ごろまではミシェル・アルベール[23]らによってドイツ型ないしライン型の「社会的市場経済」に近いといわれていた日本の資本主義は，今やアングロサクソン型の新自由主義に接近しており，一億総中流から不平等な格差社会に向かって変質しつつある．

日本の政治文化に共和主義の伝統がないのは，近代日本の民主主義が「天皇制」という枠組みのなかで育った天皇制デモクラシーだからだと考えられる[24]．もちろん敗戦を境に天皇の地位は大きく変わったが，戦後の日本は民主化されたとはいえ，政体としては共和国ではなく立憲君主制の体質を引きずる国であ

る．君主制といっても天皇は憲法が定める国事行為のみを行い，国政に関する権能は有しない（憲法第4条）．したがって，英国がいい例だが，立憲君主制は必ずしも民主主義と矛盾しない．比較できるものを比較するなら，日本と英国との比較は重要である．ただし英国には保守党と労働党の政権交代がある．英国には13世紀のマグナ・カルタ以来，王権を制限するシステムが形成され，17世紀には権利請願（1628年）と権利章典（1689年）によって立憲主義の基礎が築かれた．

　近代天皇制の起源である1868年の明治維新は，徳川家の最後の将軍が朝廷に政権を返上する「大政奉還」によって実現した以上，革命 révolution ではなく王政復古 restauration と呼ぶべきである．王政復古による維新，そこに日本の民主主義の矛盾と両義性の秘密がある．薩長の下級武士を中心とする倒幕運動から生まれた明治維新では，フランスのように「第三身分」が中心になって王権を倒し人民主権の共和国を樹立したわけではない．明治維新には「五箇条の御誓文」はあるが「人と市民の権利宣言」はない．革命によってフランス人は少なくともステータス上，王の「臣民」sujet から法の前に平等な「市民」citoyen になった．それに対し，明治維新で日本人は「四民平等」により封建的身分制から解放されたが，天皇の「臣民」という新たな従属関係のもとに組み込まれた．ただし「一君万民」の従属関係は，トクヴィル的語法に従えば，「平等化」への階梯と見られなくはない．

　もう一つの違いは，フランス革命は王権を支えたカトリック教会の権威を否定し，「非宗教化」laïcisation と「世俗化」sécularisation の大きな一歩を踏み出したが，明治維新は天皇制国家によって文明化・近代化を進めるため，万世一系の皇孫神話をつくりあげ，「国家神道」を諸宗教の上に立つ国教に仕立てたことである．徳川家の将軍の権力は本質的に世俗的な権力だったから，封建的幕藩体制を倒し，より集権化された近代国家を建設するためには，求心力として天皇の神格化が必要だったのである．フランスでは19世紀末の第三共和政期に教育の非宗教化によって教室からキリストの磔刑像が外されたが，同じころ日本では逆に教室に「現人神」たる天皇の御真影が教室に掲げられた．ベクトルが正反対を向いていることに注意されたい．

　明治憲法は，フランス革命からちょうど100年後の1889年に発布されたが，

明治初期の日本におけるフランス法の影響にもかかわらず（ボアソナード），第三共和国憲法（1875年）の影響は受けていない．1870年の普仏戦争でプロイセンがフランスを破って成立したドイツ帝国 Reich とその憲法が，天皇制の日本には格好のモデルになった[25]．「大日本帝国は万世一系の天皇之を統治す」（第1条）とされ，天皇は「元首にして統治権を総攬」（第4条）する紛れもない君主＝主権者だった．しかし明治憲法は自由民権運動の高まりを受けて（あるいは高まりをかわすため）成立しており，帝国議会の開設を定め，制限選挙とはいえ代表制民主主義への道を開いたのも事実である．皇室を国家の基軸に据えた伊藤博文は，「憲法政治とは即ち君主権制限を意味する」とも言っている．しかし1889年憲法は欽定憲法であり，天皇から下賜された憲法という形式をとっている．「君民共治」を目指す天皇制民主主義の基礎はこれで定まった．インペリアル・デモクラシーとは「円い四角」というに等しい撞着語法だが，用語の矛盾は意識的なものである．インペリアルと言ってもローマ帝国やナポレオン帝国ではなく，ここでは日本の天皇制という，天皇を頂点に戴くが中心が空洞の中空権力構造を想定している．空虚な中心ですべての矛盾が中和され，天皇への忠誠（忠君）と愛国を柱にネーションの垂直的統合がはかられる．

　明治はまた，啓蒙の世紀から19世紀までの西洋政治思想が一斉に入ってきた時代だった．一言で要約すると，日本に自由主義や民主主義思想は入ったが，共和主義は紹介されたものの浸透はしなかった．1900年ごろには社会主義が入るが，天皇制国家の暴力装置によって激しい弾圧に会う．3人の代表的思想家の名前をあげよう．

　維新前に三度洋行し西洋事情に通じ，封建的身分制度を憎み，独立自尊を説く文明化の思想家として大きな影響力をもったのは，福沢諭吉である．明治初期のベストセラー『学問のすゝめ』巻頭の一句「天は人の上に人を造らず，人の下に人を造らず」は中学生でも知っている．万人が同じ身分の平等な社会では，人の「貴賤貧富」は生まれながらの身分によって決まるのではなく，学問と個人の努力如何にかかっている．トクヴィルの「境遇の平等」とはやや異なるが，民主主義を「機会の平等」と結びつけ，功利主義的個人主義の効用を説いた．

　第三共和政初期のフランスに留学し，共和国思想を日本に紹介したのは，ル

ソーの『社会契約論』を翻訳した中江兆民である．兆民の『民約訳解』が出るのは 1882 年だが，同じころ『アメリカのデモクラシー』が，抄訳ではあるが英語からの重訳で出ていることは興味深い．明治の日本は封建制から抜け出し民主主義に移行する時期だが，天皇制は絶対主義に近いにもかかわらず，『アンシャン・レジームと革命』は関心を呼ばなかったらしい．邦訳されなかったのは，英訳がなかったためだという．福沢は英学系だが，フランスのギゾーとトクヴィルを英訳ないし英訳からの重訳で読んでいる．

「一身独立して一国独立す」の福沢がリベラルだとすれば，兆民はよりラジカルな共和主義者だった[26]．兆民は仏学系だが，ロックやカントの「永久平和論」にも通じている．明治初期に紹介されたスペンサーの社会進化論の影響もあってか，絶対君主制→立憲君主制→共和制という政体の進化を考えていた．両者は共に 1901 年に亡くなるが，明治の天皇制国家に敵対的でなかった福沢は成功し，より批判的だった兆民は不遇だった[27]．

兆民の弟子で『兆民先生』を書いた幸徳秋水は，日本で最初の社会主義者のひとりであり，『共産党宣言』を英語から共訳している．1904 年に始まる日露戦争への反戦活動で知られるが，1910 年の大逆事件で検挙され翌年初め仲間 11 人とともに死刑になる．兆民から秋水への流れは思想の系譜を考える上で，あまりに示唆的だ．明治憲法では「天皇は神聖にして侵すべからず」（第 3 条）とされ，天皇に危害を加えようとしたという容疑で簡単に人を逮捕処刑できた．大逆事件は日本のドレフュス事件ともいうべき大冤罪事件だが，天皇制に対する抵抗は芽のうちに潰され，抵抗運動が盛り上がることはなかった．フランスから帰って間もない作家の永井荷風は事件に衝撃を受けるが，ゾラのように抗議して立ち上がれない自分をふがいなく思い，江戸の戯作者を気取って徹底した désengagement（負のアンガージュマン）の道を選ぶ．日本共産党ができた 1920 年代初めから，歴史学や社会科学におけるマルクス主義の浸透はめざましかったが，やがて危険思想として取り締まりの対象になる．1923 年の関東大震災で官憲の手で虐殺された大杉栄は幸徳秋水の流れをくむアナーキストである．天皇制に迎合しない限り自由主義は存在できず，共和主義は天皇制とは相いれず，社会主義やアナーキズムは弾圧された．1925 年に男子普通選挙が導入されるが，同じ年に治安維持法が公布されている．1889 年の憲法によって形が定め

られた「天皇制民主主義」は，大正年間(1912–26年)に「大正デモクラシー」と呼ばれる小春日和の時期を経て，1930年代には軍部の専横によって坂を転げるように「天皇制ファシズム」に変質する．

　日本の第一の開国が1853年アメリカの黒船来航を契機にしたとすれば，第二の開国は1945年の敗戦によってもたらされた．アメリカ占領軍による一連の改革によって，軍国主義の帝国は平和主義を掲げる民主主義国家に変貌した．1946年に公布された新憲法は，戦争放棄，主権在民，基本的人権をうたい，みずから「人間宣言」をして神格を否定した天皇を「日本国の象徴であり日本国民統合の象徴」(第1条)であると規定した．しかし，天皇の「この地位は，主権の存する日本国民の総意に基く」(同)とされたものの，「皇位は，世襲のものであって」(第2条)，国民は天皇を選任できるわけではなく，新憲法発布とともにあらためて選任したわけでもない．占領軍総司令部が天皇の戦争責任を不問に付したのは，日本人の世俗宗教として定着した天皇崇拝を利用して，極東における共産主義勢力の台頭を防ぐ防波堤としての役割を天皇制に期待したからだった[28]．日本の完全な武装解除を狙ったアメリカと，二度と戦争を起こすまいと誓った日本人の平和への意志が，戦争の放棄と戦力および交戦権の否認を定めた第9条を生んだのだが，第9条は象徴天皇制という新しい衣装による天皇制の存続とワンセットになって取引されたと考えられる．

　天皇制が存続できたのは，ヒトラーやムソリーニの独裁者と違い，天皇は権力の頂点にいるが重臣たちによって輔弼され，権力構造の「空虚な中心」(ロラン・バルト)であって，誰に対しても責任を負わない仕組みになっていたからである．日本人全員が，家族から始まってそれぞれが帰属する集団の小天皇に従い，小天皇は中天皇に従い，中天皇は大天皇にしたがい，すべての命令は天皇の名によって下されるが，天皇は現人神であり，その責任は追及されない．戦争に負けたのは天皇の責任ではなく，日本人全員の責任だという「一億総懺悔」の逆転した論理がまかり通る．全員に責任があるということは誰にも責任がないということだ．これが丸山眞男の言う「天皇制無責任体制」の要諦である．

　「天皇制民主主義」がいかにして「天皇制ファシズム」に転化したかは，日本の社会科学の最大のテーマだったが，1946年の論文「超国家主義の論理と心理」で天皇制ファシズムのからくりを徹底的に分析し，「戦後民主主義」の基礎

をつくったのは丸山眞男にほかならない[29]．だが，戦前と戦後は断絶としてのみとらえられるだろうか．戦前と戦後に連続性はないだろうか．天皇制民主主義は国民主権にもとづく真のデモクラシーに脱皮しただろうか．私は形を変えて存続した天皇制を，戦前と戦後の連続性を担保するまさに象徴的装置だと考える．

　明治憲法と違い新憲法で天皇は「元首」とは規定されていない．日本は元首のいない国になった．7年間の占領を経て日本はアメリカとの安全保障条約と引き換えに1952年に独立を回復するが，元首の不在という曖昧な権力構造はアメリカが影響力を行使するのに好都合だった．戦後の日本は沖縄の状況ひとつとっても完全な主権国家とはいえない[30]．象徴天皇制の日本は，日本人の心性を深く規定する天皇制とアメリカから輸入したリベラル・デモクラシーの巧まざる結合であり，ふたたびレジス・ドゥブレの用語を借りるならデモクラシーではあるが共和国ではない．新憲法は信教の自由と政教分離を明確に定めたという意味で脱宗教化のライシテ革命だったが，日本人の習俗に深く根を下ろした「天皇教」がいっこうに世俗化されていないことは，1989年の昭和天皇の死で明らかになった[31]．

　ライシテの歴史社会学者ジャン・ボベロは，laïcisation を法制度的「政教分離・脱宗教化」の意味で使い，文化や習俗の「世俗化」sécularisation と区別する．たとえばアメリカは世界で初めて政教分離を憲法で定めた国だが(1791年の「修正第1条」)，政治や社会において宗教の占める比重は高く，世俗化は遅れている．トルコはフランスに先駆けて1924年にライシテ共和国を憲法原理にしたが，相変わらずイスラムの影響は強く，世俗化は進んでいない．日本の場合は多神教がベースなのでユダヤ・キリスト教の西欧と同じ土俵で議論することはできないが，政教分離は憲法に明記されているにもかかわらず，こと「天皇教」に関する限り世俗化は1989年まで進まなかったといえる．しかし2000年に当時の首相が「日本は天皇を中心とする神の国」と発言するなど，習俗の面で天皇制は無意識のなかにすり込まれており，首相の靖国参拝が合憲か違憲かはこの問題を抜きにしては論じられない[32]．

　新憲法のもう一つの弱点は，主権は天皇ではなく「国民」people に存すとしたものの，諸個人を「市民」として定義していないことである．もちろん明治

憲法下での「臣民」の表現は除去され，個人の基本権は保障されている．しかし一歩踏み込んだ「市民」概念は見当たらない．日本の「国民」はエトノスかデモスか，民族的ネーションか公民的ネーションかと聞かれたらどう答えるか．日本は敗戦で一挙にすべての植民地を失い，日本に残った旧植民地人の朝鮮人から日本国籍を奪い，彼らを外国人にした．日本列島は日本人だけの単一民族の国になり，エトノス的ネーション観が「国民」概念のもとにこっそり忍び込んだのである．民族的ネーションと公民的ネーションの違いは国籍概念に反映される．前者には「血統主義」が，後者には「出生地主義」が対応する．日本の国籍法はドイツ譲りの血統主義であり，移民送り出し国から移民受け入れ国になったドイツは1999年ついに出生地主義を導入したが，日本は血統主義を死守している．もちろんアメリカもフランスも出生地主義だから，これは移民国家の特徴であって，ひとりフランス型共和国の特徴とすることはできない．しかし，フランスの場合はライシテ原理と移民統合原理が連動していて，市民権は宗教や民族的出自から切り離されており，アメリカのセンサスのように国民を人種別カテゴリーに分けることは禁じられている．移民統合研究を英語では"ethnic and racial studies"と言うように，エスニシティや人種の違いがアメリカでは重視されるが，フランスでは人種・民族の違いはカッコに入れられる．フランスの社会学的現実は多文化的ネーションだが，理念的にはエトノスの論理を超えた公民的ネーションとして自己規定しているからである．それに対しアメリカは多民族国家であり，みずからを複数のエスニック・グループ（民族集団）の集合体として表象する傾向が強いように思われる[33]．マイノリティに対する積極的差是正策 affirmative action はかつての人種差別の裏返しであり逆差別だとする批判はアメリカにもあるが，フランスではこれは差異を固定化しコミュノタリスム（閉鎖的共同体主義）[34]を助長するものとして評判が悪い．人間のアイデンティティを肌の色の違いなどによる単一帰属に還元してしまい，人は生まれによって与えられた特殊な規定から自由になれないからである．中間団体に積極的な意味を認めるアメリカの多元主義的デモクラシーは，文化的多元主義ひいては多文化主義を生みやすい土壌だったのではないか．行きすぎたポリティカル・コレクトネス（政治的正しさ）は，フランスでは「多数者の圧制」ならぬ「少数者の圧制」につながるとして忌避する論者もいる．エマニュ

エル・トッドは比較移民研究『移民の運命：同化か隔離か』[35]でフランスとアメリカの統合方式の違いを普遍主義と差異主義として対比しているが，アメリカ人は自分たちの方式こそ普遍的と思っているだろうから，トッドの決めつけを知ったら驚くに違いない．

このように，日本からみればアメリカもフランスも同じ出生地主義にもとづく普遍主義的市民権の国だが，人種的民族的差異の扱いについては「同化か隔離か」をめぐる原理的な違いが認められる[36]．同じように政教分離を憲法原理としながら，公共空間からいっさいの宗教色を厳しく排除するフランス[37]と，大統領が就任式で聖書に左手をおいて宣誓し，演説を"God bless America"でしめくくるアメリカ[38]では，政治と宗教の関係がかなり違うと言わざるをえない．問題は，フランスにはトクヴィル以来アメリカを鏡にして自らの姿をかえりみる伝統が断続的にではあれ受け継がれてきたのに対し[39]，アメリカは大国化するにつれフランスを参照して自らを相対化する努力が稀になったように思われることである．フランスには思想としてのアメリカ問題があるが，アメリカでは「フレンチ・セオリー」の限られた流行はあっても，思想としてのフランス問題はなさそうに見える．いずれにせよ，2003年3月のイラク戦争で，米仏間の思想的文化的亀裂は修復困難な地点まで深まった．

4．おわりに：トクヴィル読解の共和主義的転回

最後に，なぜ今の日本になお共和主義的モメントが必要かをもう一度考えてみよう．日本の戦後民主主義はアメリカ型のリベラル・デモクラシーを象徴天皇制に接木したインペリアル・リベラル・デモクラシーである．人民主権の点でも，普遍的市民権の点でも，国籍法や政教分離の点でも，理念と現実のあいだには大きな落差があり，その落差を埋めるには共和主義的モメントが必要だと考える．

日本の民主主義を「天皇制民主主義」と規定することは，戦前に関する限りさほど異論はないだろう．問題は天皇制ファシズムへの批判と反省から生まれたはずの戦後民主主義をも「天皇制民主主義」と呼ぶことにあり，さらには昭和から平成に代替りした現在をもそう呼ぶことにはさらに異論があるだろう．

しかし明治憲法が定めた天皇制民主主義は1946年でどれだけ変わったのか，1989年でどれだけ変わったのかを問うことは，戦後民主主義の空洞化に対する反動から伝統的国家アイデンティティへの回帰が叫ばれている今日，必要な作業だと考える．それぞれの段階を断絶と連続性の二つの面から考量すること，しかもそれを憲法や政治制度面のみならず，社会的価値体系や習俗の変容の視点からも行うことが重要である[40]．

　共和主義は，絶対天皇制であれ象徴天皇制であれ君主制と対立するだけではない．フランス語で言うところのコミュノタリスム（閉鎖的共同体主義）とも鋭く対立する．ところが1960年代から80年代にかけて日本人論・日本文化論が再評価し称揚してきた「文明としてのイエ社会」[41]は，日本を巨大な同質的共同体社会としてとらえてきた．集団ごとに疑似イエ的・疑似ムラ的な閉鎖的共同体をなし，自分が帰属する集団に忠誠を誓う限り安全と保護が与えられるが，集団の暗黙の掟とコンセンサスに背くと排除される．そういう中間集団が横一線に並んで競合し，同時に複数の集団に帰属することは許されない．かかる共同体的集団はさらに垂直的に統合されてより大きな組織をなし，さらには日本という一つの巨大な排他的「国民共同体」をつくっている．単一帰属のコミュニティ原理が強い日本では個人が帰属集団から離脱して自由に横断型アソシアシオンを結成する文化は育ちにくかった．フランスのコミュノタリスムは単一不可分のネーションを複数の異質で閉鎖的な共同体に分裂するとされるが，日本のコミュノタリスムは複数の同質的集団を競わせながら，ネーションを一つの民族共同体として統合するところに特徴がある．日本の国籍原理が血統主義であることは既にみたが，世襲制による万世一系の天皇は「文化共同体」としての日本の国民統合の象徴になってきた．かかる国民共同体にあって，「公」は国家が独占し，「公」の名のもとに国家が個人の自由権を制限することがある（自衛隊員護国神社合祀訴訟や学校での君が代の強制）．自律した個人は育ちにくい環境があり，自由な個人の自発的な結社やネットワークによって市民的公共性がつくりだされているとは言い難い．戦前のように国家が強権を発動して個人の自由を抑圧することはさすがに少なくなった．しかし商業主義に毒されたメディアが人々の公民精神を麻痺させ，「世間」という社会的暴力が個人の自律性を抑圧する（イラクで人質になった日本人ボランティアへのバッシング）．

トクヴィルは，「民主主義的人間」は自分の幸福を求めて個人主義的になり，物質的安寧を求めて精神性を失う傾向があることを指摘した．物質的欲望を肥大化させる大衆消費社会が享楽的個人主義と政治的アパシーを生み，民主主義がその反対物に転化する危険を予言した．安楽な民主主義社会では，人々は自由のなかの不平等より，自由を捨てても隷属状態のなかの平等を求めるからである．トクヴィルが今の日本に必要だとすれば，最近亡くなった政治思想史家が言った「安楽への全体主義」[42]のなかに浮遊する「個人」の問題に帰着するように思う．他律 hétéronomie から自律 autonomie に転じた近代の強い個人を経ずに，大衆社会のポストモダン状況のなかで風化してしまったかにみえる日本の「個人」の問題である[43]．今の日本に，トクヴィルが予言した新しいタイプの専制，民主主義の空洞化による「多数の圧制」を阻止するだけの抵抗力があるだろうか．

アイザイア・バーリンが指摘したように，自由には「〜からの自由」（消極的自由）と「〜への自由」（積極的自由）の二つある．「二つの自由論」の原型は，バンジャマン・コンスタンの1819年の講演「古代人の自由と近代人の自由」にある．コンスタンは，直接民主制を理想としたルソーの「古代人の自由」に対し，代議制民主主義の下の「近代人の自由」を擁護した．近代のリベラリズムが消極的自由に力点をおくとすれば，共和主義は積極的自由を強調する．私はこの自律した個人による cité（ポリスの公共生活）への積極的参加を共和主義モメントとして重視する．フランスではいまトクヴィルをリベラルとしてだけでなく，リベラリズムを基底にした新しいタイプの共和主義者として読み直す試みが進んでいる[44]．自発的結社の活動を通し公共性の形成に参加しようとする「公民精神」esprit de cité を強調するトクヴィルである．

注
1) 本書収録のナンシー・グリーン論文を参照．アンドレア・センプリーニ『多文化主義とは何か』三浦信孝・長谷川秀樹訳（白水社文庫クセジュ，2003年）に付した訳者解説でも触れている．
2) 本書収録のアニェス・アントワーヌ論文は拙論と一見似たようなタイトルだが，トクヴィルの哲学的人間学における市民権と宗教の関係を分析したもので，歴史的アプローチではないため，いささかも時代錯誤的ではない．

3) Régis Debray, *Contretemps, éloges des idéaux perdus* (folio actuel/Gallimard, 1992) に "République ou Démocratie" のタイトルで再録．[水林章がレジス・ドゥブレほか『思想としての〈共和国〉』(みすず書房，2006 年)に訳出した．]
4) 拙編著『普遍性か差異か：共和主義の臨界，フランス』(藤原書店，2001 年)を参照．
5) National-républicain は共和主義のナショナリスト的偏向を指す言葉で，1993 年に社会学者のミシェル・ヴィヴィオルカが初めて使って以来，ジャーナリズムだけでなく政治哲学者のエチエンヌ・バリバールやアラン・ルノーまで広く使うようになった．数年後に登場する「共和主義的原理主義」intégrisme républicain，「共和主義の共同体主義化」communautarisation du républicanisme も同主旨の批判．
6) 拙論「問われるジャコバン共和国」中央大学人文科学研究所編『民族問題とアイデンティティ』(中央大学出版部，2001 年)を参照．
7) 表現は藤原帰一『デモクラシーの帝国』(岩波新書，2002 年)による．
8) Voir "Le médiologue face à l'actualité: entretien avec Régis Debray, interview et propos recueillis par Nobutaka Miura", 中央大学文学部『紀要文学科』92 号(2003 年 3 月)[前掲書『思想としての〈共和国〉』に和訳して収録]．なおこの一句は次期大統領の有力候補(執筆時現在)ニコラ・サルコジも *La république, les religions, l'espérance* (Les Editions du Cerf, 2004) のエピグラフに引いている．
9) Voir Yoichi Higuchi, "Les Quatre Quatre-vingt-neuf", in Michel Vovelle, dir., *L'image de la Révolution française* (Pergamon Press, 1989)．邦語では樋口陽一「フランス革命と世界の立憲主義」深瀬忠一・樋口陽一・吉田克己編『人権宣言と日本』(勁草書房，1990 年)が初出と思われる．ドゥブレの議論を踏まえたその後の樋口理論の展開については樋口陽一『近代国民国家の憲法構造』(東京大学出版会，1994 年)を参照．
10) ルソーが『社会契約論』の巻末で予言した "religion civile" とは，世俗化された近代国家を支える公民宗教，宗教によらずに市民たちを結びつける社会的靭帯のこと．トクヴィル自身はこの表現を使っておらず，アメリカ社会における高い宗教性を「市民宗教」として説明したのは，ロバート・ベラーの有名な論文 "Civil Religion in America" (1967) が最初である．宗教の問題をめぐるルソーとトクヴィルの対話については，とりあえず Paul Thibaud, "Rousseau-Tocqueville, un dialogue sur la religion" [1997], repris in Laurence Guellec, éd., *Tocqueville et l'esprit de la démocratie* (Sciences Po Les Presses, 2005) を参照．
11) Dominique Schnapper, *La communauté des citoyens* (Gallimard, 1991)．シュナペールの立場は教条的共和主義ではなく「寛容の共和主義」と評される．北川忠明『現代フランス「国家」の変容と共和主義・市民社会論論争』(平成 11-12 年度科研費成果報告書，2001 年)を参照．

12) ロザンヴァロンは 2001 年以来コレージュ・ド・フランス教授だが，フランソワ・フュレが EHESS につくったレイモン・アロン政治学研究所をトクヴィル研究家のピエール・マナンと支えてきた存在である．ロザンヴァロンの傾向はリベラル左翼で，レジス・ドゥブレなら「デモクラット」に分類するだろう．
13) 日本の民主主義の起点を 1868 年の明治維新におくとすると，アメリカは南北戦争（1861–65 年）の直後，フランスは普仏戦争とパリ・コミューン（1870–71 年）の直前という，それぞれの歴史の大きな節目に対応する．ところがアメリカの独立は 1776 年，フランス革命は 1789 年だから，明治維新とは 1 世紀近い開きがある．逆に明治維新は，1871 年のドイツ統一，ドイツ帝国の成立に 3 年先行する．
14) 大江健三郎『あいまいな日本の私』（岩波新書，1995 年）［仏訳は *Moi, d'un Japon ambigu* (Gallimard, 2001)］．
15) トクヴィルは，民主主義社会においては平等に対する強い情熱が支配的で，「自由における不平等よりも奴隷状態における平等が偏重される」ため，平等への情熱は人民主権にも専制権力にも順応すると言うが（『アメリカのデモクラシー』第 1 巻第 3 章），ここでの私の議論は一般的によくなされる米仏比較論にすぎない．
16) それに対し，司法権が強く，生活のあらゆる側面が法律問題になるアメリカでは，弁護士が多い．
17) ミッテラン時代のフランス社会党でジャコバン共和主義を代表するのはジャン = ピエール・シュヴェヌマンで，「第二の左翼」を代表するのはミシェル・ロカールである．知識人で前者に近いのがレジス・ドゥブレ，後者に近いのがアラン・トゥレーヌである．
18) ハンナ・アレント『革命について』志水速雄訳（ちくま学芸文庫，1995 年）の「解説」で川崎修は，アレントの米仏革命比較論が，一方でアメリカ革命の自由主義的解釈に対して共和主義的解釈を提起し，他方でフランス革命のマルクス主義的解釈とロシア革命を批判する意味をもっているとしている．トクヴィルの『アンシャン・レジームと革命』によって革命解釈を「修正」したフランソワ・フュレとの共通点と異同を指摘してもいる．川崎の『アレント：公共性の復権』（講談社，1998 年）も参照．
19) こうしたコンテクストのもとで，トクヴィル研究ではその経済社会思想に光があてられ，政治的リベラリズムの思想家を経済的新自由主義の源泉とみることの誤りが指摘されている．事実トクヴィルは 1848 年の二月革命で成立する第二共和政では，社会主義には反対するがリベラル左派の位置にあり，*Mémoire sur le paupérisme* (1835) などで，工業化が「新しい貴族」と大衆の貧困を生み出し，貧困は民主主義の基礎を危うくするとして社会政策の必要を主張した．Voir Alexis de Tocqueville, *Textes économiques*, Anthologie critique par J.-L. Benoit et E. Keslassy (coll. Agora, Pocket, 2005).

20) その中心はマルクス主義者であり，明治維新をブルジョア市民革命として評価するか，絶対主義天皇制の半封建的性格を重視するかをめぐり 1930 年代に展開された「労農派」と「講座派」の論争は有名である．本書所収の渡辺浩論文は，マルクスではなくトクヴィルを使って明治維新を説明した初めての試みとして注目される．
21) 政党の名称が政治思想を反映するものではない例として，アメリカの現在の共和党が政治哲学でいう共和主義と関係がないことをあげておく．
22) 2001 年に成立した小泉政権はメディアがもり立てたポピュリズムによる政権という点で新しい．
23) ミシェル・アルベール『資本主義対資本主義』小池はるひ訳，久水宏之監修(竹内書店新社，1996 年[原著は 1991 年])．イギリスの日本研究者ロナルド・ドーアも同様の分析をしている．
24) 近代日本の民主主義を imperial democracy と規定した例として，アンドリュー・ゴードン「日本近代史におけるインペリアル・デモクラシー」『年報日本現代史』2 号(東出版，1996 年)やジョン・ダワー「天皇制民主主義の誕生」『世界』1999 年 9 月号，同『敗北を抱きしめて』(岩波書店，2001 年)がある．前者は大正デモクラシー期を念頭において，後者は敗戦後占領期に生まれた象徴天皇制を念頭において「天皇制民主主義」という用語を使っている．
25) 統一前のドイツは何十もの領邦国家に分かれていて，革命前に既に集権化が進んでいたフランスとは事情を異にする．江戸時代の幕藩体制とドイツの領邦国家制の比較も重要である．
26) 兆民も明治の人であり，天皇制の現実と共和主義の理想のあいだの矛盾に苦慮し，「君民共治之説」を唱えた．ルソーが法治国家であれば君主制でも共和国であるとしたことを根拠に，立憲君主制の枠内で，上から与えられた「恩賜的の民権」をいかに自らの手で獲得した「恢復的の民権」に転化するかが課題だとしている．
27) これは『日本文学史序説』下(ちくま学芸文庫，1999 年)における加藤周一の評価である．
28) 最新の研究成果に加藤哲郎『象徴天皇制の起源』(平凡社新書，2005 年)がある．
29) シンポジウムの「トクヴィルと日本」セッションを司会した松本礼二はいみじくも「トクヴィルのレイモン・アロンに対する関係は，福沢諭吉の丸山眞男に対する関係に等しい」と言った．生没年を記せば，トクヴィルが 1805–59 年，アロンが 1905–83 年，福沢が 1834–1901 年，丸山が 1914–96 年である．松本の比較は的を射ているが，丸山は非マルクス主義の進歩主義者として戦後の日本ではアロンよりサルトルの位置に近かったこと，また天皇制については「天皇制ファシズム」の分析により明治の福沢よりはるかに批判的だったことは指摘しておく必要がある．
30) 沖縄は 1872–79 年の琉球処分で日本に併合された．敗戦後は米軍の施政権の下におかれ，1972 年に本土復帰を果たしたが，米軍基地は今なお存続している．

31) ノーマ・フィールド『天皇の逝く国で』大島かおり訳(みすず書房，1994年)を参照．なお「天皇教」は哲学者の竹内芳郎の用語である．
32) 高橋哲哉『靖国問題』(ちくま新書，2005年)を参照．
33) アメリカの市民権 citizenship の持ち主に "What is your nationality?" と聞いた場合，それはその人の所属するエスニック・グループを尋ねているのだという．エスニックなナショナリティ概念を示す例である．
34) フランス語の communautarisme「共同体主義」は「共和主義」の対立概念でマイノリティの閉鎖的エスノセントリズムを指す．英語の communitarianism「共同体論」は「リベラリズム」の対立概念で，リベラリズムが抽象的な個人の自由を問題にするのに対し，個人が帰属する共同体の文化的負荷を重視する．
35) Emmanuel Todd, *Le Destin des immigrés* (Seuil, 1994) [邦訳は藤原書店，1999年]．
36) 奴隷解放後も「分離すれど平等」の法理論で黒人に対する隔離政策が正当化され，1960年代まで多くの州で異人種間結婚が禁止されていた．しかしフランスでも，同化主義にもかかわらず人種差別は存在したし，今なお存在する．
37) 公立学校内でイスラム・スカーフなど宗教的標徴の着用を禁ずる2004年3月のライシテ法(通称「反ヴェール法」)を，アメリカは宗教の自由に反するものとして批判した．
38) アメリカ社会の高い宗教性を示すものとして，1ドル紙幣に印刷された "In God we trust"，公立学校の生徒が毎朝星条旗を前に唱える "One Nation under God" を含む忠誠の誓い，がよく引かれる．ブッシュ政権における宗教原理主義とネオコンの結びつきについては，千葉眞「アメリカにおける政治と宗教の現在」『思想』975号(2005年7月)がまとまっているが，トクヴィルへの言及はない．フランス側からの分析には，Denis Lacorne, "God is near, L'instrumentalisation du religieux par le politique aux Etas-Unis", in Thomas Ferenczi, dir., *Religion et politique, Une liaison dangereuse?* (Editions Complexe, 2003) などがある．
39) See Reiji Matsumoto, "From Model to Menace: French Intellectuals and American Civilization", *The Japanese Journal of American Studies* 15 (2004)．
40) 社会科学における理念型やモデルの効用について一言．ロザンヴァロンが近著 *Le modèle politique français* で，フランス革命から今日までのフランスの政治モデルの変容を市民社会によって「修正されたジャコビニスム」と呼びえたのは，「ジャコバン共和国」のモデル規定が初めにあったからである．樋口陽一の「ルソー＝ジャコバン型共和国」モデルも，のちに山元一「〈一にして不可分の共和国〉の揺らぎ：その憲法学的考察」『日仏法学』22号(2000年)や大村敦志『フランスの社交と法』(有斐閣，2002年)のような重要な批判的論考を生む契機になっている．あらゆるモデルには図式的単純化の限界があるが，社会学的現実の変容の歴史的検討を経てモ

デルを修正したり精緻化したりできるメリットがある．

41) 村上泰亮・佐藤誠三郎・公文俊平『文明としてのイエ社会』(1979年)．川島武宜『日本社会の家族的構成』(1950年)，中根千枝『タテ社会の人間関係』(1967年)などと合わせ戦後の日本社会論の変遷をたどる作業を次の課題としたい．そのとき合わせて，夏目漱石の「私の個人主義」(1914年)から山崎正和『柔らかい個人主義の誕生』(1984年)までの日本社会における個人主義の変貌を検証しなければならない．

42) 藤田省三『全体主義の時代経験』(みすず書房，1995年)を参照．「天皇制民主主義」との関連でいえば，藤田省三は『天皇制国家の支配原理』(みすず書房，1998年)の著者でもある．

43) 西永良成は『〈個人〉の行方：ルネ・ジラールと現代社会』(大修館書店，2002年)で，ルネ・ジラールとルイ・デュモンにトクヴィルを対比し個人主義の問題を扱っている．西永のトクヴィル論「民主主義の逆説」拙編『来るべき〈民主主義〉』(藤原書店，2003年)も参照．

44) Alain Renaut, "Républicanisme et modernité", in *Libéralisme et Républicanisme, Cahiers de philosophie de l'université de Caen* 34 (2000) をはじめ，Agnès Antoine, *L'impensé de la démocratie* (Fayard, 2003) や Serge Audier, *Tocqueville retrouvé* (Vrin/EHESS, 2004) はこうした傾向を代表する著作と思われる．

[付記]

　今回のシンポジウムで，日本に入っているのは「アメリカの名誉市民トクヴィル」であって「フランス人作家トクヴィル」は弱いと感じた．トクヴィルを文学・思想を含めたフランス研究の側に取り戻しバランスを回復しなければならない．もう一つは，アメリカではトクヴィルはレオ・シュトラウスに次いでネオコンが多く引用する思想家だという．日本の論壇でもトクヴィルはエドマンド・バークと並び保守系の論客が好んで引用する作家のようである．フランスではどうか．レイモン・アロンや「修正主義者」フランソワ・フュレが再評価に貢献したトクヴィルは，今なお保守から中道が愛好する作家ではないか．トクヴィルをもっとラジカルに読む道を示さない限り，真のトクヴィル復興はないのではないか．最後に，ツヴェタン・トドロフが提起したトクヴィルにおけるアルジェリア植民地問題が，今回のシンポジウムでは積み残しになった．近代民主主義のベースはネーションであり国民国家である．ではネーションとネーションのあいだの民主主義はどうなるのか．文明に質的違いがあり，文明化の段階に差があるとき，トクヴィルの言う「一つの人類」はどのようにして可能になるのか．

　[本稿は2005年6月のトクヴィル・シンポジウムのあと執筆し，中央大学人文科学研究所『人文研紀要』58号(2006年9月)に発表した論文が元になっている．時局的な問題への言及も参照文献も古くなっているがそのままにし，論述の骨子を変えない範囲で手を入れた．]

III

自由主義と共和主義

III–1　市民権と宗教
トクヴィル的視座

アニェス・アントワーヌ

『アメリカのデモクラシー』の準備草稿の中には，ユーモアあふれる短い戯文がいくつかあるが，そのひとつにおいて，トクヴィルはモンテスキューのペルシア人[訳注1]，あるいはヴォルテールのヒューロン[訳注2]やカンディード[訳注3]の役割を演じている．これらの登場人物が発する「素朴な」質問は，初めて出会った異文化の特異性を暴露する一方で，自国の文化の自明性に疑問を投げかけている．〔文中の〕トクヴィルに擬せられる人物は，アメリカに到着した晩に，政治的な宴会に参加する．滞在1日目に見かけた様々な集会に驚かされたこの人物は，アメリカ人客の一人にこう尋ねる．私は存じ上げないのですが，最近，ひょっとして何か厄介なことがあったのですか，と．だが相手は，このような公共活動への熱中は，心配するようなことでも異常なことでもまったくありません，それどころか，アメリカ人のデモクラシーの日常的な実践を示しているのです，と答える．ここでトクヴィルはわざと意に反した役を演じてみせるのだが，この対話はやがて，アメリカのデモクラシーの逆説的な特徴を明らかにすることになる．自由を保持し，同時に幸福と平穏を手にいれた人びとが，なぜ公共の事柄に関与するのかとフランス人は問う．すでに諸権利を享受し，生活のゆとりが広がり，交通手段もよく発達しているのに，どうして人びとはそれらの諸権利の保障と経済成長，また国土整備に関心を寄せるのだろうか．アメリカ人の回答は明快である．「われわれが自由な国民であり，自分たちの事業は自分たちで行なうことをご存知でないのですか」[1]．しかしだからといって，アメリカの公民精神の謎が解かれたわけではない．現地の対話者がこれを裏付けているように見えるが，もしアメリカ人が好んで政治に参加する目的が，国民の物質的な「幸福の総量」を増すためだけなのであれば，ことははっきりしている．しかしながら，トクヴィルのこの小品に登場するアメリカ人は，抑圧された国民——この場合ポーランド人——に対して，無償の連帯を示すために

集まるのである．ヨーロッパ人であれば「他国民のことは彼らの運命に委ねて，放置するであろう」[2]のに．

「あなたは驚かれるでしょうね」[3]，とトクヴィルはアメリカ人の登場人物に言わせている．実際，この問題に関して，トクヴィル自身が，同胞を，とりわけ同時代の自由主義の思想家たちを心底驚かせようと願っていたことは疑いない．現代政治哲学において彼の著作が活発な解釈論議を呼んでいることが証明しているように，トクヴィルが今日なおわれわれを驚かせ続けていることもまた疑いない．彼の素描する文化のあり方は今なお，われわれの思考様式に組み込まれておらず，今後を待つほかないかのごとくである．

1. 古代人の自由と近代人の自由

実際，この架空の対話はわれわれに何を教えるのか，あるいは少なくとも何を復元しているのか．明確にしておかなければならない点があるとすれば，それはまず，トクヴィルはアメリカに到着したときすでに，啓蒙時代のものであると同時に復古王政期のものでもある，フランスの哲学的・政治的な議論に由来する質問のカテゴリーを用意していたことである．次に，彼は今日なお古典的である概念上の対立の幾つかを疑問に付し，新たな回答を提示していることである．あるいは，より正確には，それらを二律背反的に考えないようにしているのである．

この寓話——および『デモクラシー』のなかの幾つかの章で，トクヴィルが，アメリカの公民的生活に関してより理論的に展開した分析——はなにより，バンジャマン・コンスタンが，1819年の有名な演説「古代人の自由と近代人の自由」で主張した論理の否定，あるいはむしろその克服にはかならない．コンスタンは，パラダイムとして多大な意義をもつこのテキストにおいて，二つの自由の「類型」を描き，これを人類の社会‐政治史上の相異なる二つの時代に結びつけている．「古代人」——コンスタンはアリストテレスの都市とプラトンの国家のある種の混合を念頭に置いている——において，自由は主として公務の遂行に直接的に参加する権利であった．奴隷が労働によって都市の経済的機能を請け負う任務を担わされていたのと対照的に，この全き活動こそが市民の特

徴をなしていた．市民は政治的領域においては明らかに至高の存在であったが，逆に他の領域では，生活のもっとも身近な次元においてさえ，社会の権力に従属した．そのような自由と束縛の組み合わせは，領土の狭さのために本質的に好戦的な社会の必要に合致していた．

「近代人」の自由は，まったく異なる本質をもち，あたかも古代人の自由と対をなすがごとくである．近代の諸国家は，より大きいために，また特に商業が戦争にとってかわったために，より平和的になった．今後，商業が個人や集団の欲求を方向づけることになる．近代社会は，「平和を欲する．また，平和とともに安楽と，その源泉としての産業を欲する」[4]．かくして「高貴になった」経済活動は，おしなべて諸個人の主要な活動になる．その結果，各人は公務を担うための暇がほとんどなくなる．それどころか，近代の人間にとって，政治生活に満足感はなく，魅力も感じない．自分の影響力はいずれにせよささいなものであると感じ，基本的には，集団生活より個人の独立のほうにはるかに価値をおく．近代の人間が公的諸制度に期待するのは，なによりもまず，私生活における安全と自由を保証することである．そしてコンスタンは，他の箇所で，政治的代表のメカニズムを通して，そのような最小の政府が機能することを可能にした新しい分業を称賛することになる．〔これに対し〕代表制という装置の哲学的正当性を拒むことで，ルソーは，一般意志への献身を古代人的に理解した革命家たちによる権力濫用への扉を開いたのである．

コンスタンが着想を得たモンテスキューは，近代人の創意の道徳的な性質をさらに強調している．コンスタンが古代人の自由と呼んだものは，モンテスキューが共和国に不可欠と考えた徳である．なぜなら徳とはまさに，共和国への排他的な愛，自分の利益より公共の利益を優先させることにあったからである[5]．しかしながら，このような禁欲は，商業がそれ固有の効果によって別の道徳的な性向を生み出す近代社会においては，もはや必要とされない．穏和さが好戦的な暴力にとってかわっていくのである．モンテスキュー自身は，商業と徳に関する議論を非常に明確なかたちで定式化したにすぎないが，その議論は 18 世紀いっぱい続き，アングロサクソンの著述家たちを介して，階層的な諸価値の世界のなかに自由主義的な諸価値を溢れさせた．とりわけアダム・スミスは，人間が自分のおかれた境遇を改善しようとすることは自然なことであ

る，という普遍的な心理的側面を持ち出すことで，福利と安楽の追求を正当化した．フランスの唯物主義的な哲学者たちは，特に利益の追求の正当性を力説した．すべては，多かれ少なかれ明示的に，効用の概念に場所を譲ったのである．

かくして，ある近代的自由の観念を永続的に描く哲学の舞台装置が整った．その近代的自由とは，本質的に私的なもので，個人の独立と同義であり，古代の公共精神あるいは愛国心という，要求が多く，危険でさえあり，それゆえに時代遅れの道徳と対比される．この道徳的かつ政治的な議論の最初の定式化は消滅したが――トクヴィルは明示的に商業と徳の問題枠組みで思考した最後の著述家の一人である[6]――，議論のなかで用いられた古代人と近代人の対比は，西洋の精神性のなかで永続した．近代自由主義の出現にせよ，また少なくとも，その道徳的な諸効果の展開にせよ，そこには拭いがたい影響があるだろう．現代政治哲学の諸カテゴリーもまた，古代人と近代人のパラダイムを反映している．問題は，その諸帰結を是認するか，それとも争うかである．例えば，消極的自由と積極的自由，民主政と共和政といった対比や，個人主義的社会と全体論的社会の対比から生まれた用語法のことを考えてみよう．

2. 偉大さへの民主的な「小道」

こういった議論がひとたび思い起こされるなら，トクヴィルのアメリカ研究をめぐる争点はより明らかなものとなる．古代人と近代人のパラダイムの二律背反に閉じこもり，啓蒙思想の支配的なイデオロギーによって定義されるような「近代」の条件に決定的に同意しなければならないのか．すなわち，「正義を顧みずに効用を求め，信仰とかけ離れた知識，徳性と切り離された幸福を追う」[7]のか．それとも，民主的生活の枠組みのなかで生き，人間性を発揮する別の方法があるのか．アメリカの例によって，トクヴィルは「新たな政治学」と同時に，哲学的排他性とは決別した思考様式を展開できるようになる．コンスタンは，彼の有名な演説を終えるにあたって，古代人の自由と近代人の自由の和解を望んだ．しかし，彼自身の哲学は，この問題に解決をもたらさなかった．これに対して，寓話のアメリカ人が唖然とするフランス人に明らかにしたことは，二つの自由の和解に至ることが実際に可能だということであった．歴史家たち

には気にいるまいが，トクヴィルが本当にアメリカのタウンシップでそのように活発な公民精神に遭遇したのか，ニューイングランドの例を不当に一般化したのか，この主題に関して一部のアメリカの政治的思潮に影響されたのかは問題でない．というのも，アメリカで現実の何ごとかを観察することで，トクヴィルは，彼自身の根本にあった哲学的選択を具体化することができたからである．その選択とは，平等の政治 – 社会体制において，「人間を物質のように見なす」[8]ことなく，基本的に正義にかなった生き方をすることは可能なはずだ，というものであった．

アメリカがユートピアでしかありえなかったものを具体化しているとすれば，それはおそらく，非常に逆説的なのだが，アメリカがなによりトクヴィルの批判する近代文明のモデルとして現れるからである．初めてアメリカを目の当たりにしたとき，この哲学者が寓話の語り手として実際に驚いたのは，住民の公共精神ではなく，逆にアメリカ文化における功利主義的原理の力であった[9]．功利主義はまさに，近代人の商業社会のある種の典型として現れる，この新しいデモクラシーの社会理論である[10]．「カンディード」に扮したトクヴィルの発した問いは，この最初の解釈に戻る．すなわち，「幸福の総量」，「生活のゆとり」，享楽，「平穏」，「諸権利」，人間同士のコミュニケーションに十分な道路と運河の整備といったものはすべて，フランスではフィジオクラート〔重農主義〕の思想，アメリカではベンジャミン・フランクリンの思想が象徴的にあらわしている概念世界を指し示している．それはまた，アメリカの独立宣言後にフランスに伝わった，アメリカ神話でもある[11]．

ところで，トクヴィルはすでに大西洋を横断したとき，この進歩の文化が固有の破壊力を内包していることを知っていた．そしてこの哲学者は，『アメリカのデモクラシー』のなかで，近代社会の利点を誉めそやすというよりもむしろ，新しい世界にはっきりと賛成しつつも，平等状態に固有の諸々の危険を執拗に強調し分析するであろう[12]．その危険とは，結果的にはひとつのものに行き着く．すなわち，民主的社会は，各人に平等な自由の恩恵を授けると同時に，構造上，人間を互いに分離させる．階層社会が事実として生み出した諸関係の体系から解放され，また階層社会に固有の伝統文化からも切り離されることで，あたかも物質的に固定された存在の枠組みから解き放たれたごとく，人間は個

III–1 市民権と宗教

人主義者，合理主義者，唯物主義者になる．彼らは私的領域に閉じ籠もり，自分だけの福利に関心をもちがちである．また，家族や友人などの親近者の輪より大きな集団に属しているという意識がなくなる．そして，進んで権力を多数者に，またそれ以上に国家に委ねてしまう．その非人格性と合理性が，彼らの精神，共通の事柄への関心を満足させるからである．したがって，人類史上はじめて，万人が集団的運命を形成する作業に参加する可能性を開く民主的体制は，長い目で見れば危険な，公共の事柄への無関心，政治的なものへの興味の喪失をもたらしうるのである．

そうだとすれば，アメリカのデモクラシーが，平等の分離化の傾向に独自な対抗力を示し，民主的体制に独自な政治学の構築に道を開いたということは，これ以上ない驚きであり，また貴重なことである．トクヴィルによれば，それはまず「正しく理解された利益」の道徳を広めることで可能になった．この教説は，功利主義の支配的なイデオロギーと矛盾することはないが，一般の利益を追求することが個人的な利益にもつながることを各人に理解させることで，その目的の方向性を変えるのである[13]．この道徳は，古代の共和国の徳ほど高尚なものではないが，普通の人間により手が届きやすく，現実的なものである．利益こそ，人間の心のなかにある唯一の恒常的動機であり，より古い諸徳が理想化されることで覆い隠されていたものではないか．トクヴィルは，この教説の普及をアメリカの道徳家たちに帰しているが，現代の注釈者には，その痕跡は見出しにくい．実のところトクヴィルは，人間を動かすための自然な——すなわち宗教的ではない——道徳の正当性，および唯物主義的ではない功利主義の可能性をめぐるフランスの議論に位置を占めていたのである[14]．

しかし，教育面においてトクヴィルが信じるのは，教説の効力より，実践の効力である．アメリカ人たちはまさに，人が実際に市民になるのは，市民権を行使することによってであることを理解した．そして彼らは，共同で行為する機会や場所を多様化することで，制度をアド・ホックに発展させ，いわば公的舞台を拡大したのである[15]．タウンシップがきわめて重要な理念的モデルである，政治的・行政的な諸制度の分権化がそうであるし，寓話の素朴な旅行者がその豊富さにかくも驚いた，自発的な結社の発展もそうである．アメリカの例があることで，トクヴィルは，本質的に人間を「分離する」[16]傾向がある民主

的文化のなかにあって，政治的諸制度自体が恒常的な結社に他ならず，政治の学はなにより結社の学であるべきことを論証することができた．そして平等が人間社会のなかで現実のものになればなるほど，いっそう人間社会は，その目的が直接政治的であろうとなかろうと，結社の形式を発展させなければならないと彼は判断した．他者と結びつくことで，民主的人間は，自らの本質である個人主義だけでなく，合理的な抽象化の性向をも乗り越えることを実際に学ぶのである．というのも，他者と遭遇し，言葉を交わすことで，心と体は通い合い，こうして結社の相互行為から生じる共通観念が，実際に経験や現実の生活のなかで定着したものになるからである．最初は，正しく理解された利益や，もっぱら物質的な卑小な目的に動機づけられていたとしても，彼は公的生活への好みを徐々にもつようになり，市民の意識の地平を少しずつ広げていき，やがては，寓話のアメリカ人のように，他国民の運命や人類の運命に関心をもつような真の徳を獲得するに至る[17]．

したがってトクヴィルは，コンスタンのように，ルソーに反対してモンテスキューを選択する必要はない．なぜなら，結社は，代表制の問題でつまずき，結果として小さな共和国を選んだルソーの理論的限界を乗り越えながらも，『社会契約』の精神あるいはトクヴィルが「公共精神」esprit de cité と呼んだものを保持することを可能にするからである．結社は，モンテスキューがあれほど称賛した，中央権力を均衡させる中間集団の民主的な対応物であり，個別と普遍の媒介であり，ルソーが批判した代表制の欠陥を補う一般意志の基盤である[18]．

ある解釈的伝統が，トクヴィルを自由主義の中心人物にさえしようとしたように，彼は「自由主義的な」思想家なのか．このような解釈は，明らかに，アングロ・サクソン流の自由主義や，その経済学的な社会観の人類学的前提について，この哲学者がことさらに示した批判的な姿勢を黙殺している[19]．だからといって，トクヴィルは，政治的自由やデモクラシーについての彼の参加型の理解がそう考えさせがちなように，「共和主義者」なのか．多くの特徴ゆえに，彼は，私たちが今日「シヴィック・ヒューマニズム」と呼ぶ貴族主義的な潮流に結びつけられるが，他方で，フランス革命のもっともラディカルな思想が主張したような，理性や法についての平等主義的な哲学を中核とする，このヒュー

マニズムの超共和主義的伝統とも対立している．彼自身は自らを「新しい種類の自由主義者」としているが，はたしてこれを「共和主義的な自由主義者」あるいは「自由主義的な共和主義者」と呼ぶべきなのか[20]．しかし，これらの名称カテゴリーに形容詞を付け加えることで，分類の価値は部分的に失なわれてしまう．とりあえずは，トクヴィルの思想は，われわれを「〔分類上の〕それの他」に導くということを記憶にとどめ，驚かされるままでいよう．

3. 宗教と市民権

　トクヴィルは，かつてない市民権の哲学を彫琢するばかりでなく，それ以上に，公民的意識の形成や民主的ダイナミズムにおける宗教の重要な役割を認める．ここでもトクヴィルは，アメリカの例ゆえに，デモクラシーと宗教は和解不能だとするフランスのイデオロギーを再度問題にすることが可能となる．このような支配的見解は，宗教を，かつて密接に結びついていた政治的な「旧体制」とともに拒絶させることになった，特殊な歴史的状況に起因するものと考えなければならない．これに対し，アメリカが示す完成されたデモクラシーにおいてのように，政治と宗教がもはや権力関係にたたないよう，政教分離が制度的にも法律的にも明確に確立されるならば，そのとき二つの次元の間には豊かな補完性が構築されうる．トクヴィルの立論の利点は，人類学と同時に社会学の，すなわち神学的ではない地平に位置づけられることにある．彼の目に，宗教が結局のところ政治的な役割をはたしていると映るとしても，それは間接的な仕方，すなわち宗教が民主的文化において生みだす，象徴的であると同時に道徳的な効果によってである．宗教——あるいはより一般的には形而上学的体系——は実際，すべてが許されているわけではないことを思い起こさせ，諸個人の欲求を「非物質化する」ことで，一般に広まっている考えへの対抗となる．宗教は，社会のなかで強力な希望のベクトルを涵養し維持するのに寄与することで，現在の「一瞬一瞬」に集中する民主的時間性を一変させ，これを未来に向け，長期的な視点に立たせる．一言でいえば，宗教は平等社会のナルシシズムに裂け目をいれ，社会が完全に自閉的になることを妨げるのである．

　トクヴィルは，およそ市民権について思索するときそうなのだが，問題となっ

ている人間経験の感受性の次元を強調する．彼は「感情」あるいは「宗教的本能」を，人間の有限性の意識や，それがもたらす無限や不死の欲求とむすびついた，普遍的なものとみなす．宗教は，この欲求の表現であると同時にこの欲求への応答でもある．宗教が近代文化のなかであまりに抑圧されるならば，ある人々はトクヴィルが「宗教的狂気」と呼んだものに向かい，あるいはさらに，指針となるものへのノスタルジーのために，権威の回復を欲するかもしれない．それとは逆に，世俗の領域に正当性を認めることに同意する，正しく理解された宗教においては，信仰に固有のエネルギーやその作用による脱中心化に可能なことは，責任ある活動的な市民を生み出すことだけである．近代社会において，立法者や道徳家が野心的な計画や未来への好みを市民に与えることに成功したならば，人びとが無意識に信仰への内的な性向を再発見することさえあるかもしれない．

　この宗教の領域において，トクヴィルは再び古典的な哲学のカテゴリーの位置をずらす．宗教の政治的「効用」についての議論を見れば，今度こそトクヴィルをシヴィック・ヒューマニズムの伝統に結びつけることに，なんらの議論の余地もないようにみえる．この伝統は，マキアヴェリからルソー，さらにはモンテスキューへと至るもので，宗教は諸個人の公民精神 civisme を強化するのに必要であるとみなす．これとは反対に，最初の闘争のひとつが信教の自由を得ることであったアングロサクソンの自由主義の伝統では，宗教は人間存在の私的領域のものとされる．

　しかしトクヴィルは，すでにみたように，宗教が政治権力に完全に従属することに反対し，逆に精神的権力と世俗的権力の分離を推奨するという意味で，マキアヴェリ的な潮流からは根本的に区別される[21]．他方，マキアヴェリから継承された伝統にあって，宗教を政治的に興味深くするものは，宗教が吹き込む神々への恐れ，あるいはモンテスキューがいうところの「抑制的動機」である．この場合，ローマ人たちの宗教が，「有益な」宗教のモデルとなる．これに対し，キリスト教は，市民の目を地の国の現実からそらし，完全な天上の祖国へと向かわせる，反政治的な宗教としてあらわれる[22]．トクヴィルについていえば，宗教の鼓舞する希望は強調するが，恐れは強調しない．また彼の思想においては，キリスト教は平等の観念の起源であり，むしろ民主的宗教となりう

るもののモデルとなる[23]．この哲学者は，ルソーによってよみがえらされた「市民」civile 宗教の観念を，民主的にともに生きることへの責任をより自覚したという意味で，「公民的」civique になった宗教として理解し，「古代ローマ」の理念から切り離した．トクヴィルは，自由と宗教を和解させようとするが，だからといって政治の領域を神聖化しようとはしない．

　トクヴィルは，このような宗教観，および結社や分権の思想によって，後に「世俗性」と呼ばれるようになるものの構想を展開したが，それは第三共和制の建国の父祖たちが制度化したものとは大きく異なっていた．フランスは，その文化的伝統ゆえに，理性を自らの宗教にするに至ったほどの，「合理的な」デモクラシーの理念型となった．それは歴史の神秘であり，『アンシャン・レジームと革命』はこれを解明しようと試みたものである．そのようなフランスにあって，トクヴィルは，感性によって合理性が現実に根をおろすという意味で，より「感受性の強い」デモクラシーという選択肢を示した．この選択肢は，部分的には，フランスと対になるアメリカという事例によって生み出されたものである．彼にとって，そのような対策を講ずることだけが，平等と自由の均衡の尊重を保証できたのである．私的領域と公的領域を厳密に分離された現実と考えるのではなく，両領域は，いかに区別されるとしても，相互に作用し対話する関係のあり方に強調が置かれる．私的人間は必ずしも市民の敵ではないし，市民が私的人間の敵なのでもない．このような，普遍的なものへの接近を構築するもう一つの道は，今日，私たちに何ごとかを語っているのではないか．

　トクヴィルは，弁証法的思考法に立脚している．この思考法において，絶対的な真理は決してなく，あるのは，本質的に緊張関係にあるが，それでも必ず相互依存し補完しあう諸々の現実のあいだでたえず探求すべき均衡，「中庸」である．民主社会と貴族社会が根本的に別のものであるのは，反対の根本原理に従うからである．しかしながら，平等への歴史的前進は，貴族的な社会状態が前面に出した人間の諸側面を退けなければならないことを意味しない．また，情念に対して理性を，多なるものに対して一なるものを，あるいは社会に対して個人を選ばなければならないというわけでもない．アメリカのデモクラシーは自然にそれを理解した．すなわち，貴族的世界に由来する文化の諸形式を自らのものとすることで，平等主義の文化を均衡させることができたのである．

宗教が階層的社会の遺産であるのとまったく同じように，アメリカの市民権は，部分的にはイギリス貴族階級の政治的慣行の遺産ではないだろうか．結局のところ，来たるべきデモクラシーに固有の新しい政治学とは，平等の構造化の両義的な効果を意識することからはじめ，時と場所に応じてたえず現実化すべき弁証法の技術であろう．

注

1) Alexis de Tocqueville, "L'activé politique en Amérique" (titre donné par l'éditeur), reproduit dans *De la démocratie en Amérique*, éd. Eduardo Nolla (Paris: Vrin, 1990) [以下，*DA*], t. II, p. 321. この論稿で主張する論点についてさらに展開したものとして，Agnès Antoine, *L'impensé de la démocratie. Tocqueville, la citoyenneté et la religion* (Paris: Fayard, 2003) 参照．
2) *DA*, t. II, p. 322.
3) Ibid., p. 321.
4) Benjamin Constant, *De la liberté chez les Modernes*, présentés par Marcel Gauchet (Paris: Hachette-Pluriel, 1980), p. 496.
5) モンテスキュー『法の精神』第4篇第5章参照．
6) この主題については，Jean-Fabien Spitz, préface à J. G. A. Pocock, *Le Moment machiavélien. La pensée politique florentine et la tradition républicaine atlantique*, tr. fr. Luc Borot (Paris: PUF, 1997), p. XLIV 参照．
7) *DA*, t. I, introduction, p. 13 〔松本礼二訳『アメリカのデモクラシー』全4冊（岩波文庫，2005-8年），第1巻(上)，25頁〕．
8) Ibid. 〔同上〕
9) 1831年6月10日シャブロル宛書簡．Alexis de Tocqueville, *Œuvres*, Bibliothèque de la Pléiade, t. I (Paris: Gallimard, 1991), p. 29 参照．
10) この主題については特に，Christian Laval, *L'ambition sociologique* (Paris: La Découverte, 2002), chapitre III, "Tocqueville. La démocratie utilitariste" 参照．
11) サン・ジョン・ド・クレヴクールの『あるアメリカ農夫の手紙』は，とりわけこのアメリカ神話を顕著にあらわしたものである．Antoine, *L'impensé de la démocratie*, pp. 290-92 参照．
12) トクヴィルにとっては，デモクラシーは政治体制である以前に，境遇の平等という社会状態であることに留意されたい．
13) モンテスキューはすでに君主制の名誉について次のように述べていた．「各々が個別の利益に向かっていると信じながら共通善にいたることがある」（『法の精神』第3篇第7章）．

III–1　市民権と宗教

14) スタール夫人とコンスタンは特に「正しく理解された利益」の概念を批判する．
15) 以上は，アメリカの建国の父祖たちの「抑制と均衡」checks and balances 理論のトクヴィル的解釈である．
16) 彼の同時代人であるピエール・ルルーの表現に従う．
17) しかしトクヴィルは，この当初の経験のおかげで，ルソーの恐れた「誰も愛さない権利をもつために，万人を愛していることを自慢する」博愛的で世界市民的な哲学者のようになるおそれはなかった．Jean-Jacques Rousseau, *Du Contrat Social*, éd. Bertrand de Jouvenel (Paris: Hachette-Pluriel, 1978), p. 384 の削除された章参照．
18) トクヴィルは，結社の理論を展開する際に，フーリエやビュシェのような彼と同時代の社会主義的思想家たちと同様に，団体精神にノスタルジーを抱く正統王朝派(レジテイミスト)たちの思想から多くを学んでいることに留意されたい．もっとも，彼の描写する結社の人間的徳は，ルソーが『ジュネーブ草稿へのダランベールの言葉』において祝祭に認めた徳に近い．
19) トクヴィルは，経済の面においては，1830, 40 年代から「経済学」に対抗して結成され，資本のメカニズムと集中を批判しながら，資本主義社会のメカニズムの規制とその道徳的改革を要求した「社会経済学」の思想に近い．
20) 1836 年 7 月 24 日ウジェーヌ・ストッフェル宛書簡．*Lettres Choisies – Souvenirs*, éd. Françoise Mélonio et Laurence Guellec (Paris: Gallimard, 2003), p. 354.
21) 例えば，トクヴィルは，たとえフランスが 1801 年のコンコルダート〔教皇ピエ七世とナポレオンのあいだで結ばれた政教条約〕によって支配されていても，彼には宗教に対する政治権力の偽装支配の形態に見えた，政教条約による解決を批判した．
22) このヒューマニズムの伝統のなかにあって，モンテスキューは，その伝統に反して，キリスト教の公民的徳を称賛する点で他とは区別される．
23) 宗教の「抑制的動機」の思想家たちとは違い，トクヴィルは，社会を道徳化するために多くの宗教的教説が約束する最期の苦痛と報いの利点を強調しない．

訳　注

〔1〕 書簡体小説『ペルシア人の手紙』(1721 年)の主人公，旅行先のフランスで当時の政治の頽廃や経済の破綻を諷刺するペルシア人のユスベックとリカ．
〔2〕 当時の政治や宗教を批判した諷刺小説『ランヂェニュー（ばか正直）』(1767 年)の主人公，もともとヒューロン湖のインディアン部族を指す言葉．
〔3〕 当時の政治や社会を批判した諷刺小説『カンディードあるいは楽天主義』(1759 年)の主人公．

(髙山裕二　訳)

III-2 トクヴィルと政治哲学の再生
大西洋両岸におけるトクヴィル

宇野 重規

1. はじめに

　本稿ではトクヴィルを，現代政治哲学の変容との関係において捉えてみたい．とくに，現在米仏両国においてトクヴィルへの関心のめざましい再生が見られるが，これと同じく両国に見られる政治哲学の再生との関係を探ることが，その課題である[1]．

　北米における過去30年の間の政治哲学の復活には著しいものがあるが，その主たる原因はジョン・ロールズの『正義論』(1971年)とそれが引き起こした論争にあった．フランスにおいても，過去20年の間に類似した政治哲学の再生が見られたが，その原因は，むしろマルクス主義の衰退による知的状況の変容に見いだせる．このような大西洋両岸における政治哲学の再生の主役は，アメリカにおいては，ジョン・ロールズ，チャールズ・テイラー，マイケル・サンデルらであり，フランスにおいては，ミシェル・フーコー，フランソワ・フュレ，クロード・ルフォールらである．ここで政治哲学が「再生」したと表現したが，このことは逆に言えば，その再生以前には，政治哲学への関心が低調であったことを意味する．この低調さの原因はアメリカとフランスとで異なる．アメリカにおいては，政治科学における実証主義の圧倒的影響力によって，政治哲学を含む規範的理論が影に隠れてしまっていたとすれば，対照的にフランスにおいては，左右の間の激しいイデオロギー対立が政治哲学の論争を不毛なものにしてしまっていた．

　ここで注目すべきなのは，両国における政治哲学の再生においてトクヴィルがはたした役割の重要性である．アメリカにおいて，現代政治哲学を代表する論争である「自由主義（リベラル）―共同体主義（コミユニタリアン）論争」の双方の陣営が，さかんにトクヴィルに言及していることはよく知られている．フランスにおいても，トクヴィル

の再発見と政治哲学の再生はともに近年になって目立つようになった現象であり，両者は密接に連動している[2]．

　ここで注意しなければならないのは，大西洋両岸においてトクヴィルが論じられる知的・政治的な文脈の違いである．セルジュ・オーディエが指摘しているように[3]，現在のそれぞれの国の政治哲学の動向からいうと，フランスにおけるトクヴィルはしばしば「自由主義」哲学者として分類され，アメリカにおけるトクヴィルはその「共和主義」的側面が強調されている．フランスにおいては，現在，これまで知的にも政治的にも抑圧されてきた自由主義の「復権」が見られるが，トクヴィルは明らかにその代表的人物である．対するに，アメリカにおいて，他の問題ではつねに鋭く理論的に対立しているロールズとサンデルが，共和主義と自由主義を伝統的なライバルであるとした上で，トクヴィルが共和主義的な政治哲学者だとする点では一致している．もちろん，「自由主義」と「共和主義」という言葉自体が米仏両国において微妙に意味が異なることについては留意しておかなければならない．しかしながら，それにしても，トクヴィルがいったい自由主義的なのか，それとも共和主義的なのかは，考察に値する問題であると思われる．自由主義か共和主義かは，現代政治哲学においてきわめて熱心に論じられている二項図式であるだけに，この問題はなおさら重要である．両国において，はたしてトクヴィルはまったく異なった読まれ方をしているのであろうか．もしそうであるならば，その違いは何を意味するのか．この論文の目的は，アメリカとフランスにおけるトクヴィルの読まれ方の比較を通じて，自由主義と共和主義という二項図式について再考察することにある．

2. 米仏におけるトクヴィル：共和主義的か自由主義的か

アメリカにおけるトクヴィル

　アメリカとフランスの現代政治哲学においてトクヴィルがどのように理解されているのか，より詳細に検討してみたい．まずアメリカにおいて，トクヴィルの『アメリカのデモクラシー』は古典的なテキストとして読まれており，アメリカ人が自国について理解しようとするときの重要な手助けとなっている．

トクヴィルの視座において，アメリカ社会は，封建制の過去がなかったことが幸いして，境遇の平等がほぼその完成に到達した社会として描かれている．自由とデモクラシーはアメリカの地において，はじめてその十全な展開を見せた．この種の理解は，自由主義こそアメリカにおいて唯一にして最大のイデオロギーだと主張するルイス・ハーツによってさらに発展させられた[4]．封建制の過去がなかったことから，伝統から力を得る保守主義も，伝統との対決から力を得る社会主義も，アメリカにおいてともに発展することがなかったのである．結果として自由主義のみが有力なイデオロギーとして残ることになったが，そのような自由主義的なアメリカの原像は，まさしくトクヴィルが『アメリカのデモクラシー』で描いたものである．

このように，従来トクヴィルはアメリカ自由主義の代表的思想家と見なされてきた．しかしながら，近年，トクヴィルへの言及の仕方に，ある重要な変化が見られる．この変化を一言で要約すれば，共和主義的なトクヴィルの出現ということになろう．「共和主義」，あるいは少なくとも，現代英語でいう「共和主義」という言葉の用法は比較的新しいものであり，その用法は政治思想史研究からもたらされている．ジョン・ポーコックによって主導された17・18世紀イギリス思想史研究，およびバーナード・ベイリンによって主導された独立期アメリカ研究は，現代における共和主義への関心を呼び覚ました重要な源泉である．これらの共和主義概念は，当初は歴史研究の領域に限定されていたが，やがて現代政治理論家たちによって採用され，より広く一般的な文脈において展開されることになる．一例をあげると，ジョン・ロールズは，古典的共和主義を「民主的社会に生きる市民が，その基本権と自由を保持しようとするならば，十分な『政治的徳』を持ち，公的生活に進んで参加しなければならないとする見方」と定義している[5]．もう一つの例はマイケル・サンデルであり，彼は自由主義と共和主義の対立を強調し，アメリカにおいて両者が異なる伝統を形づくってきたとする．サンデルによれば，共和主義者が自由を自治として理解するのに対し，自由主義者は自由を選択の権利として理解する[6]．この二人の例をとってみても，現代英語の用法における「共和主義」が，政治的徳や自治の観念と密接に結びつけられ，権利や利益の言説に基礎を置く個人主義的な自由主義と対置されていることがわかるであろう．トクヴィルは，ロールズと

サンデルの双方によって，このように定義されるところの共和主義の代表例としてあげられているのである．したがって，現代アメリカ政治哲学においてトクヴィルは，権利志向で個人主義的な自由主義に対する，政治的徳とコミュニティの重要性を説く「共和主義」的な政治哲学者として理解される傾向にあると結論づけることができよう．

フランスにおけるトクヴィル

これに対し，現代フランスにおける政治哲学の理論的風景はまったく異なっている．トクヴィルは1970年代末までフランスにおいてほとんど忘れられた思想家であった．彼が急激に一般的な関心の対象となったのは，1980年代以降のことである．もちろん，現代フランスにおけるトクヴィルの再発見に多大な貢献をしたレイモン・アロンの役割を忘れるわけにはいかない．しかしながら，アロンは主として社会学の先駆者としてトクヴィルを論じたのであり，結果として，トクヴィルは限定された領域の専門家の間でのみ知られるに過ぎなかった．このような状況が1980年代に劇的に変化したのである．以下，その変化の理由を論じていきたい．

第一に，フランス革命研究の分野を見ておく必要がある．この分野におけるキーパーソンは，フランソワ・フュレである．彼の『フランス革命を考える』(1978年)によって，トクヴィルの『アンシャン・レジームと革命』は，フランス革命解釈の基本テキストの一つとなった[7]．『アンシャン・レジームと革命』において，トクヴィルは革命の前後における断絶よりも，むしろ連続性を強調している．というのも，彼は，中央政府による権力の集中が革命によって断絶するどころか，むしろますます加速したことに注目しているからである．トクヴィルによれば，フランス革命の真の起源は，中間集団としての貴族制が解体していくアンシャン・レジームの歴史の中に見いだすことができる．この視点からすれば，革命は絶対王権から中央集権を継承したとも言えるのである．この種のトクヴィル的な解釈は，フランス革命をブルジョワ革命であるとし，その前後を通じての根源的な社会変革を主張してきた正統派の革命史学から逸脱するものであった．トクヴィルの考えでは，社会変革はアンシャン・レジームにおいてすでに始まっており，そうだとすれば，革命の勃発は他の要因によっ

て説明されなければならない[8]．トクヴィル的な視座にとって重要なのは，革命を特別視することではなく，むしろ革命を通じて加速した政治的な中央集権化の意味を再考することであった．

　第二に，トクヴィルは全体主義批判との関連で再評価された．この批判において主導的な人物はクロード・ルフォールである[9]．ルフォールにとって，トクヴィルはデモクラシーのもっとも重要な理論家である．ということは，同時に，トクヴィルは全体主義についての洞察力あふれる理論家でもあった．というのも，ルフォールによれば，全体主義とは単にデモクラシーの反対物ではなく，むしろデモクラシーの実現を前提に発展するものであったからである．デモクラシーの本質は，いかなる超越的な基礎付けをも持たず，それゆえに無限の批判に開かれているという意味で，不確実性と両義性にある．したがって，デモクラシーは，その中核が空虚な象徴的秩序であるといえる．全体主義とは，「単一の人民」の象徴，およびそれを体現すると称する「党」によって，この空虚を埋め合わせようとする試みである．したがって，イデオロギーの優越と遍在する党の存在によって，社会のいかなる分裂も抑圧されるのが，全体主義社会の特徴となる．このようなルフォールのデモクラシー理解が，はたしてほんとうにトクヴィル的と言えるかどうかはさらに検討すべきであるが，いずれにせよ，トクヴィルが，デモクラシーこそを近代の中心的問題であるとし，そこに見られる，近代に内在する脆弱性について警告を発したということは間違いない．ルフォールは，このようなトクヴィルの問題意識を継承することで，自らのデモクラシーの理論を形成したのである．

　こうしてみると，フランスにおけるトクヴィルの再発見は，マルクス主義の衰退と密接に結びついていることがわかる．フュレは，トクヴィルを用いて，マルクス主義の影響を強く受けたフランス革命研究における正統派に挑んだ．ルフォールはマルクス主義の内部から出発し，やがてトクヴィルに依拠することで，ソビエト社会主義体制における全体主義的傾向を批判することになった．この意味で，フランスにおける新たなトクヴィル的視座とでも呼ぶべきものの出現は，自由主義の「復権」となんらかの関係を有している．トクヴィルは自由主義的というレッテルを貼られたことから，過去1世紀以上の間，忘却の淵に陥ったが，彼は今日むしろ自由主義者として新たな脚光を浴びている．

ちなみに、アメリカにおいて、自由主義がつねに最強のイデオロギーであったとすれば、フランス政治はむしろ左右対立によってこそ彩られ、自由主義はこの左右の分極化によってはじき飛ばされてしまった存在であった．結果としてフランス自由主義は、20世紀の後半に至るまで不活発なままであった．しかしながら、今日のフランスにおいては、自由主義の勃興が見られる．もちろんその場合、トクヴィルが自由主義者として分類されるとしても、彼の思想は古典的な自由主義や、いわんや現代の市場主義的な新自由主義とはまったく異質なものである．むしろ彼の自由主義は、フランス近代における中央集権的傾向と、ある意味でそれをもっとも純粋に継承することになるフランス共和主義に対する内在的批判として評価できるだろう[10]．フランスにおける共和主義をあえて単純化すれば、王政主義者とカトリック教会に対し、あくまで単一不可分の共和国を擁護する知的・政治的な立場ということになるだろう．この立場によれば、個人の権利と自由はあくまで、人民の一般意思を体現する共和国によって保障される．しかしながら、フランスのデモクラシーは、このように過度に一元化され集権化された共和国観によって取り憑かれてきたともいえるのであり、結果として、フランスにおける多様性や地域性は否定されがちであった．トクヴィルの自由の理論とは、フランス近代史に深く埋め込まれたこのような傾向に対する挑戦に他ならなかった．

3. 政治社会とその推進力

 次に検討すべきは、なぜトクヴィルはアメリカとフランスで、一見したところまったく正反対のアドバイス、すなわち、アメリカにおいては「共和主義」的な処方箋を、フランスにおいては「自由主義」的な処方箋を与えているように見えるのかという問題である．もちろん二つの政治社会が、一人の著者のまったく異なる側面を評価しているとしても、それ自体は何ら不思議なことでない．しかしながら、問題は、これら異なった諸側面が、ほんとうに相互に無関係であるのかどうか、である．本稿では、ここで一つの仮説を提示してみたい．すなわち、「アメリカにおける共和主義的なトクヴィルと、フランスにおける自由主義的なトクヴィルは、けっして正反対のものではなく、むしろ同じ主題に異

なる角度からアプローチしたものにほかならない．両者はともに，ある民主的社会が発展するにあたって，複合的で，かつ効果的に機能する政治社会の存在が不可欠であるとする点において，一致している」というのがその仮説である．ここでいう政治社会とは，政府と区別されるだけでなく，市民社会とも区別される領域である．この政治社会の観念について，以下検討していきたい．

政治社会と市民社会

　トクヴィルが「政治的」と「市民的(民事的)」という二つの形容詞を，しばしば対照して用いることはよく知られている．例えば，政治的制度と市民的(民事的)制度，政治的結社と市民的(民事的)結社，政治的法と市民的(民事的)法といったような言い回しがトクヴィルの著作には頻出する．『アンシャン・レジームと革命』から印象的な一節を引用しよう．ここでトクヴィルはヨーロッパにおける封建制の崩壊過程を描写し，「市民社会が文明化されるにいたったのに，政治社会は逆に未開状態に陥っているかのようだ」[11]と指摘している．すなわちトクヴィルは，政治社会の没落を市民社会の文明化と対立的に捉えているのである．トクヴィルによれば，市民社会の文明化はヨーロッパ近代史において共通の傾向であるが，政治社会の変容の仕方には国ごとの違いが見られる．フランス，イギリス，ドイツの三国に関していうと，その初発の条件はきわめて類似しており，古い封建的・都市的な諸制度は三国において等しく衰退していった．しかしながら，イギリスにおいては，新しい政治的原理が古い封建的諸制度の名称と形式の下に次第に導入されていったのに対し，フランスでは，古い諸制度が破壊されただけであり，それに取って代わるべき自由な諸制度は導入されなかった．この違いこそが，両国の政治的近代化の過程のあり方を決定したと言うのである．

　『アメリカのデモクラシー』において，トクヴィルは政治的結社と市民的(民事的)結社を区別し，アメリカはこの両方を享受する世界で唯一の国であると論じている．

　　政治的目的で結社をつくる無制限の自由が日々行使されている国は地上に
　　一つしかない．この国はまた市民が結社の権利を市民生活の中で持続的に

行使することを思い立ち、それによって文明の提供しうるあらゆる恩恵を手にすることに成功した世界でただ一つの国でもある[12]。

このように政治的結社と市民的(民事的)結社との間には密接な結びつきが存在する。にもかかわらず、トクヴィルがとくに強調したのは、政治的結社が元来持つ独特な性格であった。「市民生活においては、誰でも仕方がなければ、自分は一人で満足であると思い込むことができる。政治においては決してそうは思えまい。それゆえ、一国の人民が公共の生活を営むとき、結社の観念と結合の意欲はあらゆる市民の精神に毎日現れる」[13]。人に他者とともにある技術を教えるのは政治的結社なのである。

かくして、トクヴィルは政治的結社からなる政治社会と市民的結社からなる市民社会とを区別した。その場合、両者が理論的には厳密に区別されるといっても、実際には互いに支え合う関係にあることは間違いない。とはいえ、トクヴィルがより大きな重要性を見いだしたのは政治社会であり、彼がある社会を分析するにあたって鍵概念として利用したのも、政治社会であった。もしある社会における政治社会が効果的に組織化され、政治的自由に富むならば、社会全体としても繁栄するであろう。逆に、どれだけ市民社会が発展しても、政治社会の方は衰弱する社会もある。そしてその場合、その社会におけるデモクラシーは特有の脆弱性を有する。このようなトクヴィルの論理について、さらに見ていこう。

求心力と遠心力

トクヴィルの理論的貢献は、政治社会の発見だけではない。政治社会において作用する求心・遠心の二つの推進力を発見したことも、その貢献であると言える。この二つの力を説明するためには、政治的集権と行政的集権という、トクヴィルの有名な区別に言及しなければならない。トクヴィルによれば、政治的集権とは、国民全体に共通する利害にかかわる指導権力を一つの手に集中することであるのに対し、行政的集権とは、国民のある部分にのみかかわる特別な利害に関してまで中央権力の指導に委ねてしまうことである。政治的集権なしにはいかなる国も存続できないが、行政的集権はその国民を無気力にしてし

まう．言い換えれば，いかなる社会も求心力なくしては維持されないが，かといってあらゆる遠心力を否定してしまっては，その社会は弱体化するばかりである．したがって，ある社会の発展には，求心と遠心の二つの力の両方が不可欠なのである．

合衆国における隠された求心力

アメリカにおいて，その遠心力はたやすく見つかる．トクヴィルはその原因を，国土の広大さ，巨大なフロンティアの存在，連邦憲法，連邦政府の限定された権限，権力分立，そして強力な司法の権限など，数限りなく指摘している．これらはいずれも政治社会としてのアメリカにおいて遠心的な作用を果たしている．『アメリカのデモクラシー』において，遠心的作用を論じるトクヴィルの熱意を見れば，彼がアメリカにおける分権的な傾向に魅了されていると結論するのはたやすい．しかしながら，忘れてはならないのは，この傾向がトクヴィルのアメリカ観察の一面でしかないことである．すなわち，トクヴィルは同時に，このような遠心的作用に富むアメリカ合衆国がなぜ解体しないのかということを，つねに考えていた．実はこのことこそ，『アメリカのデモクラシー』の隠されたライトモチーフとあると言えるほどである．

連邦制度について考えてみよう．トクヴィルは，いかなる人民であれこの制度を採用し，その利点を享受できるとは考えていない．その一つの理由は，連邦制が持つ脆弱性にある．連邦制における複合的な主権のあり方は，単一主権に比べ，とくに戦時において，その脆弱性を露呈する．トクヴィルによれば，この点に関してアメリカは二つの特別な利点を持っていた．一つは歴史的な利点であり，アメリカ社会はその起源，言語，文明の程度などにおいて，きわめて同質性の高い社会であった．その同質性ゆえに，アメリカ社会は内部分裂を相対的には免れていた．もう一つの利点は地理的なものであり，アメリカは大西洋によって旧大陸から隔離され，孤立的な環境にあった．結果として，アメリカ合衆国は旧大陸からの干渉を受けたり，その戦争に巻き込まれたりすることがなかった．新大陸においても強力な隣国が存在しないことから，アメリカ合衆国は独立を保持するのが容易であった．これらはいずれも偶然的な要因であるが，これらの要因ゆえに，連邦制はその脆弱性にもかかわらず，アメリカ

III-2　トクヴィルと政治哲学の再生　　　　　379

の地で成功を収めることができた．

　実を言えば，連邦制の適用可能性を制限する要因はもう一つあり，トクヴィルはむしろこの要因の方を重視している．それはすなわち，連邦政府の複雑さである．連邦政府は自らの内部に複数の主権を有し，これらを統合し，調整する必要をかかえている．トクヴィルの見るところ，この複雑さに耐え，連邦制をよりよく維持・運営していくために求められるのが，被統治者の政治的成熟である．「このような政府では，すべてが約束と工夫に基づいており，したがって自分の問題を自分で処理することに長い間慣れており，政治の知識が社会の最底辺まで行き渡っている国民でなければこれに適さない」[14]と，トクヴィルは指摘する．この成熟は，各個人が自らの理性を日々の公務の中で使用することを通じてのみ養成されるものであるが，トクヴィルは，この成熟なくして，人民がこのように複雑なシステムを運営できるとは思えないと強調する．

　政治理論家のシェルドン・ウォーリンは，『アメリカのデモクラシー』には「政治的なもののユートピア」の諸要素が見られると指摘している[15]．このユートピアは，アメリカのデモクラシーに正確に対応するものではないが，トクヴィルがアメリカで見つけたと信じたもの，とくにニューイングランドのタウンで見つけたと信じたものと密接に結びついている．トクヴィルがアメリカ滞在中に行った観察のうち，ある意味でもっとも意義があったのは，アメリカにおいて実際に政治の公務を処理しているのは，限定されたエリートではなく，普通の市民である，というものであった．彼らを突き動かしているのは利他的な精神ではなく，自己利益と物質的必要であった．にもかかわらず，彼らは長期的に見た自己利益が政治体全体の利益と一致していることをよく理解しており，結果として彼らは自らのタウンシップにかかわることがらに進んで参加し，このような市民としての関与によって市民的な活力が生み出されている．このようなトクヴィルの見たアメリカ社会のイメージは，たしかに「政治的なもののユートピア」であったかもしれない．トクヴィルによれば，アメリカにおいて，「社会はそれ自身の力で，それ自身に働きかけている．力は社会の内部にしか存在しない」[16]．ここで描かれているのは，あたかも国家の力を借りずに，自らの力のみで成り立っている政治社会の姿である．中央権力による外からの指導や統制なしに，社会は普通の市民のエネルギーによって維持されている．これこ

そ，アメリカのデモクラシーを突き動かす推進力に他ならない．ここで考慮に入れておかなければならないのは，この推進力が一人ひとりの市民の日々の営みに埋め込まれている点である．この隠された求心力は，アメリカにおいて，その政治的諸制度と習俗によってたえず養われている．このような「政治的なもののユートピア」が生み出す政治社会の求心力は多分に理念化され神話化されたものであるとはいえ，今日のアメリカにおける共和主義が強調しているのも，この隠された求心力であろう．

フランスにおける抑圧された遠心力

ここで再度，議論をアメリカからフランスに転じるとともに，力点を『アメリカのデモクラシー』から『アンシャン・レジームと革命』に移したい．言うまでもなく，『アンシャン・レジームと革命』は歴史研究の古典であるばかりでなく，政治哲学と省察の本でもある．この本の中でフランスは，強力な集権，すなわち，政治的集権が同時に行政的集権を伴うことによって，中間集団が衰退し，暴力的な革命が不可避となった国として描かれている．本稿の関心にとって重要なのは，トクヴィルがこの本において，その冒頭から「政治的」と「市民的(民事的)」という二項図式をしばしば提示していることである．フランスにおいて，古来の制度を腐敗させ，不毛にしたのはいったい何であったのか．トクヴィルによれば，「封建制は，政治制度でなくなったあとも，フランス市民社会のあらゆる制度のうちで最も重要なものとして存続していた」[17]ことこそ，その原因であった．すなわち，古来の諸制度はその政治的機能を失いながらも存続し続け，結果として，批判の対象となっていった．具体的に言えば，封建的貴族たちは早くから地域における具体的な政治的権力を王の派遣した官僚たちに奪われ，実質的には周りの他の臣民たちと何ら変わらない存在になっていた．にもかかわらず，彼らは特権を維持し続け，それが周りの人々の反発と憎悪を買う原因となった．貴族たちの特権は差別の象徴と見なされ，彼らへの憎悪は破壊的な革命への傾向を促進することとなった，というのがトクヴィルの説明である．

このようなフランスの状況はイギリスと対照的であった．というのも，イギリスでは，新しい政治的諸原理が古い封建秩序の中に漸進的かつ慎重に導入さ

れ，新たな活力をそこに導入することになったからである．トクヴィルがとくに強調しているのが，諸身分間の混交と開かれた貴族制である．イギリスでは諸身分間の通婚がさかんであり，何よりも，その政治的自由ゆえに，平民と貴族が「必要に応じて相互理解を生み出せるよう，つねに交流を保った」[18]ことが重要であった．政治的活動が活発であるため，古来の諸制度は政治的であることをやめず，政治社会は無力になることがなかった．このように，効果的な政治社会が存続したことで，イギリスの古い体制は平和裡に近代的なものへと変容していった．これに対し，フランスのアンシャン・レジームにおいては，効果的な政治社会の欠如が致命的であった．その結果，強大な国家権力が中間集団を排除して，市民社会に対して直接的に統制・介入を行うことになったのである．もしアメリカにおいて，国家なき政治社会が見られるとすれば，フランスにおいて見られるのは，政治社会なき国家の姿であった．

そのような意味で，トクヴィルにとって真に重要だったのは，二項図式ではなく，三項図式であったと言える．すなわち，国家，政治社会，市民社会が効果的に分離・分化されていることが重要だったのである．その中でとくに重要なのはもちろん政治社会であり，トクヴィルによれば，政治社会が十分に発達しなかったことが，フランスの政治的近代にとって致命的であった．中央政府による過剰な中央集権は，その痛ましい帰結であった．言い換えれば，政治社会の未発達のため，遠心力はフランスにおいて抑圧されたままであり，そのような状況は革命の前と後で何ら変化がなかったのである．

以上の議論を踏まえるならば，現代フランスにおける自由主義の復権が，同じくフランスにおけるトクヴィルの再発見と密接不可分であることはきわめて自然なことであることがわかる．なぜなら，ここで言う自由主義とは，フランスにおける政治的近代の全面的な再考を意味するのであり，この再考のために必要な，フランスの政治的近代に対する知的距離感覚を可能にしたのが，まさしくトクヴィル的な視座に他ならなかったからである．

4．結び，および日本への含意

以上，この論文では，大西洋両岸におけるトクヴィルへの関心の増大と政治

哲学の再生との間の関係を考察することを試みてきた．封建的伝統が不在なために，自由主義がつねに優越的なイデオロギーであり続けたアメリカにおいて，共和主義的な関心が近年大きくなっている．この場合の共和主義とは，利益と選択の権利に基礎づけられた個人主義的な自由主義に対する内在的批判の視点を意味した．現代英語の用法における共和主義は，政治参加や自治という観念と密接な関係を持っている．その意味で，現代アメリカにおいて，共和主義とは，優越的な自由主義に変容を迫る，もしくは少なくとも，そこに何かを付け加えるための試みなのである．

これに対し，フランスにおいては，共和主義が大革命以後，有力イデオロギーであり続け，とくに第三共和制以後は正統的イデオロギーの地位を獲得した．この場合のフランス共和主義とは，王政主義者やカトリック教会に対抗してあくまで共和国を支持するという，政治的立場である．この共和主義の優越の歴史に比べ，自由主義の復権は近年の現象に過ぎない．もちろんこの場合，「共和主義」の意味も「自由主義」の意味も，アメリカとフランスで大きく異なっていることを忘れてはならない．フランス自由主義とは，フランスの政治的近代，とくに共和主義とその中央集権的傾向を批判する立場を意味する．その意味で，フランスにおける自由主義とは共和主義的な正統派を修正するために求められたものであると言っていい．

したがって，アメリカにおける共和主義とフランスにおける自由主義は，それぞれの国における主流派的な政治的伝統を批判する視座を提供するものである．ここで興味深いのは，米仏の両国における政治哲学の復権において，トクヴィルが重要な役割を果たしていることである．トクヴィルは，アメリカにおいて自由主義の共和主義的修正の象徴であり，フランスにおいて共和主義の自由主義的修正の象徴なのである．

しかしながら，だからといって，トクヴィルが大西洋の両岸において，まったく異なる読まれ方をしているというわけではない．アメリカにおける共和主義的なトクヴィルと，フランスにおける自由主義的なトクヴィルは，同じコインの裏表である．トクヴィルにとって重要だったのは，複合的かつ効果的に機能する政治社会の存在であり，この場合の政治社会とは，国家と市民社会の双方から区別されるものである．政治的結社と政治的自由の領域であると言って

もいい．政治社会は，人々に他の市民と協力することへの願望と能力を発展させる重要な役割をはたす場なのである．

　トクヴィルは，アメリカにおいては隠された求心力の，フランスにおいては抑圧されてきた遠心力の重要性を強調した．このようなトクヴィルの異なった処方箋は，それぞれの国のデモクラシーの状態についてのトクヴィルの診断を反映している．アメリカは，その自然的，歴史的，そして制度的な条件により，分権化への傾向が強く，そのために重要になってくるのが，社会の各部分に埋め込まれた求心力である．これに対しフランスでは，封建的な中間団体の政治的機能は新しい政治的結社によって取って代わられることなく，中央政府の強大な権力のみが社会の上に君臨するようになった．トクヴィルにとって，政治社会が健全に機能するためには，求心力と遠心力の両方が不可欠であった．フランスの政治的近代において欠けていたのは，この遠心力を巧みに政治社会の中に制度化することであった．

　最後に，これらの結論が持ちうる日本への含意について，いくつかのコメントをしておきたい．

　第一に，自由主義と共和主義の二項図式であるが，日本の状況はアメリカにもフランスにも似ていない．すでに論じたように，米仏における現代政治哲学は，自由主義と共和主義の二項図式によって，よりよく説明できる．しかしながら，日本においては，自由主義の伝統も，共和主義の伝統も，ともに弱いと言わざるをえない．近代日本において，個人の権利の擁護のために多大な努力がなされてきたにもかかわらず，自由主義はいまだ日本において十分に根づいてはいないように思われる．共和主義をめぐる状況はさらに難しい．天皇制が一種の君主制であるとしても，近代日本において共和制か君主制かという選択はけっして本格的に論じられることがなかった．日本において，公の観念はしばしば国家に吸収されてしまい，国家と区別される形で公が定義されることはまれであった．したがって，今日，公と私の境界線が日本において重要なテーマになっているとはいえ，このテーマが自由主義と共和主義の二項図式で論じられることは，ほとんどない．逆に言えば，日本の政治を自由主義と共和主義の二項図式で論じることを妨げているものを明らかにすることが，重要な課題として残されている．

第二に，政治社会としての日本における求心力と遠心力についてであるが，一見したところ，相矛盾した諸要素を指摘することができる．一方において，日本社会の観察者のうちの何人かは，日本においては強大な国家が社会のあらゆる領域にまで統制を及ぼしているという．その場合，バス停の位置までも中央政府が決めるという例がしばしば言及される．他方で，別の論者は，日本社会においては権力と権威とがきわめて広く分散しており，誰が究極的な責任を持つのか，きわめてあいまいであると指摘している．これらの議論はきわめて錯綜したものであり，ここで詳しく論じる余裕はないが，とりあえず一つの仮説を示しておきたい．すなわち，日本社会における，このような一見して互いに矛盾した諸側面は，政治社会の未発達によって説明される，というのがその仮説である．というのも，ある社会における求心力と遠心力とを調整し，調和させるのは，まさに政治社会の働きであるからである．この政治社会が十分に発展しないとき，一方において中央政府への過度な集権化が進み，他方において，重要な決定に関して十分に公的な議論がなされないという事態が生じる．日本社会の現状は，まさにこの状態に他ならないように思えるのである．

　本稿の視座からすれば，トクヴィルが日本社会に与える最大の教訓は，複合的で，かつ効果的な政治社会を発展させることの必要性であろう．逆にデモクラシーの発展に関して日本を比較の視座に加えるならば，それは国際的な議論をより実り多いものにするということも最後に指摘しておきたい．

　トクヴィルをめぐる比較の視座に，日本を加えて考えてみること，すなわち「日本のデモクラシー」を論じることこそが，現代においてトクヴィルの知的遺産を継承するにふさわしい営みであると言えるだろう．

注
1) 本稿は，トクヴィル研究と現代政治哲学とを結びつけようとする筆者の試みの一環をなすものである．「リベラリズムと共和主義的自由の再統合：トクヴィルの遺産」『思想』965 号（2004 年 9 月）：84–101 頁，および「トクヴィル復興の意味」日仏哲学会編『フランス哲学・思想研究』11 号（2006 年 8 月）：40–48 頁は，リベラリズム，あるいはフランス哲学と，重点を移しつつも相互に関連しあっており，参照していただければ幸いである．
2) この点については，宇野「トクヴィル復興の意味」を参照．

3) Serge Audier, *Tocqueville retrouvé* (Paris: Vrin/EHESS), p. 16.
4) Louis Hartz, *The Liberal Tradition in America: An Interpretation of American Political Thought since the Revolution* (New York: Harcourt, Brace & World, 1955)［ルイス・ハーツ『アメリカ自由主義の伝統』有賀貞訳(講談社学術文庫，1994年)］.
5) John Rawls, *Political Liberalism* (New York: Columbia University Press, 1993), p. 205f.
6) Michael J. Sandel, *Democracy's Discontent: America in Search of a Public Philosophy* (Cambridge: Harvard University Press, 1996).
7) François Furet, *Penser la Révolution française* (Paris: Gallimard, 1978)［フランソワ・フュレ『フランス革命を考える』大津真作訳(岩波書店，1989年)］.
8) この点についてトクヴィルは，貴族が脱政治化したにもかかわらず保持し続けた特権への反感と，「抽象的・文芸的な政治理論」の急進化について，詳しく検討している．
9) Claude Lefort, *L'invention démocratique. Les limites de la domination totalitaire* (Paris: Fayard, 1981); *Essais sur le politique. XIXe–XXe siècle* (Paris: Seuil, 1986).
10) もちろん，フランスにおいて共和主義が確立するのは，トクヴィルの死後のことであり，その限りで，トクヴィルの自由主義を共和主義批判として位置づけることは，アナクロニズムであるといえなくもない．しかしながら，ここで言わんとしているのは，ある意味で，トクヴィルの批判が，その後の共和主義において顕在化するフランスの政治的近代の特定の傾向を，前もって鋭く批判していたということである．
11) Alexis de Tocqueville, *L'Ancien Régime et la Révolution*, *Œuvres complétes*, II-i (Paris: Gallimard, 1952), p. 93［小山勉訳『旧体制と大革命』(ちくま学芸文庫，1998年)，120頁］.
12) Alexis de Tocqueville, *De la démocratie en Amérique*, t. 2, *Œuvres complétes*, I-ii (Paris: Gallimard, 1951), p. 122［松本礼二訳『アメリカのデモクラシー』全4冊(岩波文庫，2005-8年)，第2巻(上)，202頁］.
13) Ibid.［同上，203頁］
14) Tocqueville, *De la démocratie en Amérique*, t. 1, *Œuvres complétes*, I-i, p. 169［同上，第1巻(上)，269頁］.
15) Sheldon S. Wolin, *Tocqueville between Two Worlds: The Making of a Political and Theoretical Life* (Princeton: Princeton University Press, 2001)．なお，この点について，森政稔「現代アメリカと『政治的なもの』の危機」『現代思想』30巻12号(2002年10月)：214-36頁も参照．

16) Tocqueville, *De la démocratie en Amérique*, t. 1, p. 56 [松本訳, 第1巻(上), 93頁].
17) Tocqueville, *L'Ancien Régime et la Révolution*, p. 106 [小山訳, 144頁].
18) Ibid., p. 159 [同上, 244頁, ただし一部訳は変更].

執筆者一覧

[編者]

松本礼二(まつもと・れいじ)　　　　早稲田大学教育・総合科学学術院教授

三浦信孝(みうら・のぶたか)　　　　中央大学文学部教授

宇野重規(うの・しげき)　　　　　　東京大学社会科学研究所准教授

[執筆者](執筆順)

ベルナール・ド・モンフェラン　　　前駐日フランス大使(現駐独大使)
　　(Bernard de Montferrand)

佐々木毅(ささき・たけし)　　　　　学習院大学法学部教授

樋口陽一(ひぐち・よういち)　　　　日本学士院会員

オリヴィエ・ザンズ (Olivier Zunz)　ヴァージニア大学歴史学部教授

フランソワーズ・メロニオ　　　　　パリ第四(ソルボンヌ)大学仏文科教授
　　(Françoise Mélonio)

ジェームズ・シュライファー　　　　ニューロシェル大学歴史学部名誉教授
　　(James T. Schleifer)

ドニ・ラコルヌ (Denis Lacorne)　　パリ政治学院国際問題研究所教授

ロジャーズ・M. スミス　　　　　　ペンシルヴェニア大学政治学部教授
　　(Rogers M. Smith)

リュシアン・ジョーム (Lucien Jaume)　パリ政治学院フランス政治研究所教授

アラン・カハーン (Alan Kahan)　　パリ・アメリカン・ビジネススクール
　　　　　　　　　　　　　　　　　客員教授

富永茂樹(とみなが・しげき)　　　　京都大学人文科学研究所教授

渡辺浩(わたなべ・ひろし)　　　　　東京大学大学院法学政治学研究科教授

松田宏一郎(まつだ・こういちろう)　立教大学法学部教授

古矢旬(ふるや・じゅん)　　　　　　東京大学大学院総合文化研究科教授

スティーヴン・ホームズ （Stephen Holmes）	ニューヨーク大学法科大学院・政治学部教授
ナンシー・L. グリーン （Nancy L. Green）	社会科学高等研究院歴史研究所教授
アニェス・アントワーヌ （Agnès Antoine）	社会科学高等研究院レイモン・アロン政治研究所専任教員

［訳者］

高山裕二（たかやま・ゆうじ）	早稲田大学政治経済学術院助手
杉本圭子（すぎもと・けいこ）	明治学院大学文学部准教授
原千砂子（はら・ちさこ）	桐蔭横浜大学法学部教授
川崎亜紀子（かわさき・あきこ）	東海大学文学部専任講師

トクヴィルとデモクラシーの現在

2009年6月23日　初　版

［検印廃止］

編　者　松本礼二・三浦信孝・宇野重規

発行所　財団法人　東京大学出版会
　　　　代 表 者　長谷川寿一
　　　　113-8654 東京都文京区本郷 7-3-1 東大構内
　　　　http://www.utp.or.jp/
　　　　電話 03-3811-8814　Fax 03-3812-6958
　　　　振替 00160-6-59964

印刷所　研究社印刷株式会社
製本所　矢嶋製本株式会社

© 2009　Reiji Matsumoto et al.
ISBN 978-4-13-036233-7　Printed in Japan

Ⓡ〈日本複写権センター-委託出版物〉
本書の全部または一部を無断で複写複製(コピー)することは、著作権法上での例外を除き、禁じられています。本書からの複写を希望される場合は、日本複写権センター (03-3401-2382) にご連絡ください。

松本礼二著	トクヴィル研究	A5・4800円
宇野重規著	政治哲学へ	A5・3500円
佐々木毅著	政治学講義	A5・2800円
樋口陽一著	近代国民国家の憲法構造	四六・3800円
渡辺浩著	東アジアの王権と思想	四六・3400円
古矢旬著	アメリカニズム	A5・5800円
五十嵐武士著	覇権国アメリカの再編	A5・7000円
福田有広 谷口将紀 編	デモクラシーの政治学	A5・5400円

ここに表示された価格は本体価格です．御購入の際には消費税が加算されますので御了承下さい．